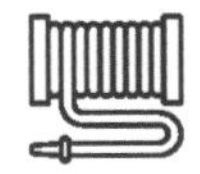

소방공무원은 화재를 예방 · 진압하고 재난 · 재해 등의 위급한 상황에서의 구급 · 구조 활동 등을 통해 국민의 생명과 신체 및 재산을 보호함으로써 공공의 안녕과 질서 유지, 복리증진에 이바지함을 목적으로 한다. 또한 화재예방 및 구조와 구급 업무 이외에 지령실 업무 및 각 시설물들에 대한 소방점검을 비롯해 각종 긴급재난 예방활동도 하며, 해마다 각종 화재사고가 증가하고 있어 소방공무원의 선발인원은 매년 증가하고 있는 추세이다.

## 소방공무원(공채) 필기시험과목

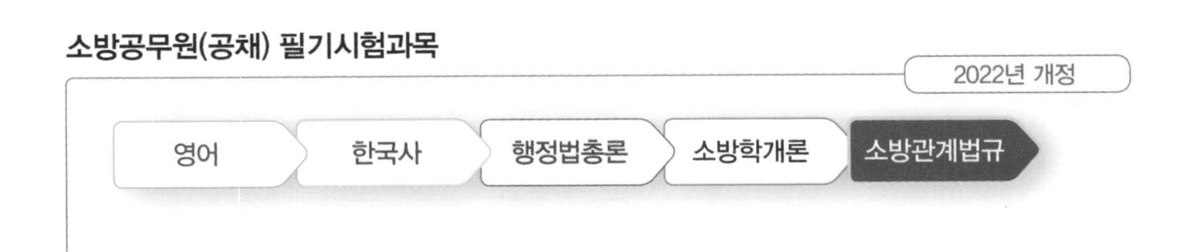


시험의 출제수준은 소방업무수행에 필요한 기본적인 능력 · 지식을 검정할 수 있는 정도로 각 과목별로 변경된 출제분야에 대해 유의하여 학습전략을 세워야 한다.

본서는 각 소방관계법규의 핵심 내용을 최신 개정 내용을 반영하였을 뿐 아니라, 시행예정 조문도 함께 수록하였으며 해당 내용과 관련된 2018~2021년 기출문제를 연계하여 효율적인 학습이 이루어지도록 하였다. 또한, 풍성한 출제예상문제를 풀어봄으로써 각 법령에 대해 이해하고 암기하는 것이 수월하도록 하였다. 본서가 수험생 여러분을 합격의 길로 안내하기를 희망한다.

# STRUCTURE

특징 및 구성

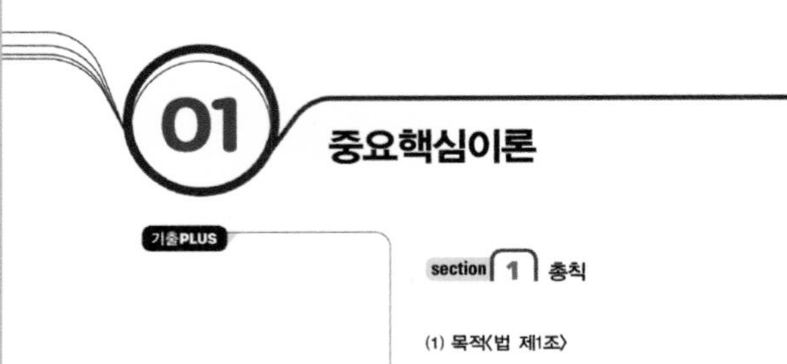

01 중요핵심이론

기출PLUS

section 1 총칙

(1) 목적〈법 제1조〉

「소방기본법」은 ①화재를 예방 · 경계하거나 진압하고 ②화재, 재난 · 재
위급한 상황에서의 구조 · 구급 활동 등을 통하여 ③국민의 생명 · 신체 및
함으로써 ④공공의 안녕 및 질서 유지와 복리증진에 이바지함을 목적으로

※ 소방기본법의 궁극적인 목적은 복리증진이다.

※ 모든 법령은 법률과 시행령, 시행규칙으로 이루어지며, 행정규칙인 고시로
규제한다. 소방기본법은 법률이고 그 하위에 대통령령인 시행령, 행전안전
규칙 그리고 소방청장 고시로 구성되고, 지방소방본부의 업무인 경우에는

## 01

### 핵심이론정리

각 소방관계법규의 핵심 내용을 최신 개정 내용을 반영하여 담았으며, 관련 시행령 및 시행규칙을 POINT로 정리하여 법령 체계를 알기 쉽게 정리하였습니다. 또한 해당 내용과 관련된 기출문제를 연계하여 효율적인 학습이 이루어지도록 하였습니다.

## 02

### 출제예상문제

다양한 난도와 유형으로 엄선한 예상문제 풀이를 통해 문제해결능력을 높이고 자신의 학습도를 다시 한 번 점검할 수 있습니다.

Let's check it out

02 출제예상문제

1 소방시설공사업법의 목적이다. 빈칸에 들어갈 가장 적당한 것은?

이 법은 소방시설공사 및 소방기술의 관리에 필요한 사항을 규정함으로써 소방시설업을 건전하게 발전시키고 (　　　) 시켜 화재로부터 (　　　)을 확보하고 국민경제에 이바지함을 목적으로 한다.

① 소방기술을 혁신, 공공의 안전을 확보
② 소방기술을 혁신, 국민의 생명 · 신체를 보호
③ 소방기술을 진흥, 공공의 안전을 확보
④ 소방기술을 진흥, 국민의 생명 · 신체를 보호

TIPS!

소방시설공사업법 제1조(목적)

소방시설공사업법은 소방시설공사 및 소방기술의 관리에 필요한 사항을 규정함으로써 소방시설업을 건전하게 발전시키고 소방기술을 진흥시켜 화재로부터 공공의 안전을 확보하고 국민경제에 이바지함을 목적으로 한다.

## 03

### 최신기출문제

2021년에 시행된 실제 기출문제를 풀어보면서 최종적으로 마무리하여 합격에 한 걸음 더 가까이 다가갈 수 있습니다.

2021. 4. 3. 소방공무원 채용

1 「소방기본법」 및 같은 법 시행령상 화재의 예방조치 등으로 옳지 않은 것은?

① 소방본부장 또는 소방서장은 보관기간이 종료되는 때에는 보관하고 있는 위험물 또는 물건을 매각하여야 한다.
② 위험물 또는 물건의 보관기간은 소방본부 또는 소방서의 게시판에 공고하는 기간의 종료일 다음 날부터 7일로 한다.
③ 위험물 또는 물건을 보관하는 경우에는 그 날부터 14일 동안 소방본부 또는 소방서의 게시판에 그 사실을 공고하여야 한다.
④ 시 · 도지사는 폐기된 위험물의 소유자가 보상을 요구하는 경우에는 보상금액에 대하여 소유자와 협의를 거쳐 이를 보상하여야 한다.

Point

④ 소방본부장 또는 소방서장은 「소방기본법 시행령」 제3조 제2항의 규정에 의하여 매각되거나 폐기된 위험물 또는 물건의 소유자가 보상을 요구하는 경우에는 보상금액에 대하여 소유자와 협의를 거쳐 이를 보상하여야 한다〈「소방기본법 시행령」 제3조(위험물 또는 물건의 보관기간 및 보관기간 경과후 처리 등) 제4항〉.

① 소방본부장 또는 소방서장은 「소방기본법 시행령」 제3조 제1항에 따른 보관기간이 종료되는 때에는 보관하고 있는 위험물 또는 물건을 매각해야 한다. 다만, 보관하고 있는 위험물 또는 물건이 부패 · 파손 또는 이와 유사한 사유로 정해진 용도에 계속 사용할 수 없는 경우에는 폐기할 수 있다〈「소방기본법 시행령」 제3조(위험물 또는 물건의 보관기간 및 보관기간 경과 후 처리 등) 제2항〉.

# 소 방
# 공무원

## 소방관계법규

# PREFACE

차 례 CONTENTS

# PART 01

# 소방기본법

# 중요핵심이론

## section 1 총칙

### (1) 목적〈법 제1조〉

「소방기본법」은 ①화재를 예방·경계하거나 진압하고 ②화재, 재난·재해, 그 밖의 위급한 상황에서의 구조·구급 활동 등을 통하여 ③국민의 생명·신체 및 재산을 보호함으로써 ④공공의 안녕 및 질서 유지와 복리증진에 이바지함을 목적으로 한다.

※ 소방기본법의 궁극적인 목적은 복리증진이다.

※ 모든 법령은 법률과 시행령, 시행규칙으로 이루어지며, 행정규칙인 고시로 세부 사항을 규제한다. 소방기본법은 법률이고 그 하위에 대통령령인 시행령, 행정안전부령인 시행규칙 그리고 소방청장 고시로 구성되고, 지방소방본부의 업무인 경우에는 시·도의 조례 및 규칙이 추가된다.

### (2) 용어의 정의〈법 제2조〉

① "소방대상물"이라 함은 건축물, 차량, 선박(「선박법」에 따른 선박으로서 항구에 매어둔 선박만 해당한다), 선박 건조 구조물, 산림, 그 밖의 인공 구조물 또는 물건을 말한다.

② "관계지역"이란 소방대상물이 있는 장소 및 그 이웃 지역으로서 화재의 예방·경계·진압, 구조·구급 등의 활동에 필요한 지역을 말한다.

③ "관계인"이란 소방대상물의 소유자·관리자 또는 점유자를 말한다.

④ "소방본부장"이란 특별시·광역시·특별자치시·도 또는 특별자치도(이하 "시·도"라 한다)에서 화재의 예방·경계·진압·조사 및 구조·구급 등의 업무를 담당하는 부서의 장을 말한다.

⑤ "소방대(消防隊)"란 화재를 진압하고 화재, 재난·재해, 그 밖의 위급한 상황에서 구조·구급 활동 등을 하기 위하여 다음의 사람으로 구성된 조직체를 말한다.

✡ 2020 기출

㉠ 「소방공무원법」에 따른 소방공무원

㉡ 「의무소방대설치법」에 따라 임용된 의무소방원

㉢ 「의용소방대 설치 및 운영에 관한 법률」에 따른 의용소방대원

⑥ "소방대장(消防隊長)"이란 소방본부장 또는 소방서장 등 화재, 재난·재해, 그 밖의 위급한 상황이 발생한 현장에서 소방대를 지휘하는 사람을 말한다.

---

**기출PLUS**

기출 2020. 6. 20. 소방공무원

**「소방기본법」상 소방대의 구성원으로 옳은 것은?**

보기

㉠ 소방안전관리자
㉡ 의무소방원
㉢ 자체소방대원
㉣ 의용소방대원
㉤ 자위소방대원

① ㉠, ㉢
② ㉡, ㉣
③ ㉡, ㉤
④ ㉢, ㉤

TIP

'소방대'란 소방공무원, 의무소방원, 의용소방대원으로 구성된 조직체를 말한다(동법 제2조 제5항).

〈정답 ②

기출PLUS

### (3) 국가와 지방자치단체의 책무〈법 제2조의2〉

국가와 지방자치단체는 화재, 재난 · 재해, 그 밖의 위급한 상황으로부터 국민의 생명 · 신체 및 재산을 보호하기 위하여 필요한 시책을 수립 · 시행하여야 한다.

① 소방관계법규에 따른 각 업무와 책임

- 소방청장, 소방본부장 또는 소방서장의 업무 및 책임 : 소방활동 및 소방 · 교육훈련, 소방특별조사, 소방특별조치명령, 화재조사, 출입조사, 119 종합상황실의 설치와 운영, 방화 · 실화 피의자조사(단, 직접 체포나 압수권한은 없음)
- 소방본부장 또는 소방서장의 업무 및 책임 : 화재의 예방조치, 소방용수 및 지리조사, 소방업무의 응원요청, 이상기상의 예보 또는 특보에 따른 화재 경보 발령
- 소방본부장, 소방서장, 소방대장 : 소방활동 종사명령, 강제처분, 피난명령, 위험시설에 대한 긴급조치
- 소방대장 : 소방활동 구역의 설정
- 소방청장 : 소방박물관의 설치 및 운영, 소방력의 동원, 화재경계지구 지정 요청
- 시 · 도지사 : 소방 응원협정, 소방체험관의 설치 및 운영, 소방용수설치, 소방업무의 세부계획 및 소방장비의 확충(매년), 소방자동차의 보험가입, 화재경계지구 지정, 소방활동 비용지급, 소방업무에 관하여 소방본부장 · 소방서장 지휘 · 감독, 의용소방대 대장 및 부대장의 임명, 소방업체의 등록 · 변경 · 폐지, 위험물시설의 설치 및 변경 등 허가
- 소방청장, 시 · 도지사 : 손실보상
- 시 · 도지사, 소방서장 : 의용소방대의 설치 및 운영
- 대통령 : 특별재난구역 선포권
- 행정안전부장관(중앙재난대책본부장) : (지역)재난구역 선포권
- 국무총리(중안재난대책위원회 위원장) : 재난지역 선포의 심의
- 행정안전부장관, 시 · 도지사, 시 · 군 · 구청장 : 재난안전상황실 설치 · 운영자

기출PLUS

② 법령에 근거한 규정 분류

| - 대통령령(시행령)에 근거한 규정 | - 행정안전부령(시행규칙)에 근거한 규정 |
|---|---|
| • 국고보조 대상사업의 범위와 기준보조율<br>• 위험물 또는 물건의 보관기간 및 보관기간 경과 후 처리<br>• 소방특별조사<br>• 특정소방대상물의 관계인에 대한 소방 교육 및 훈련<br>• 보일러, 난로, 건조설비, 가스 · 전기시설, 설비 등의 위치 · 구조 및 관리에 관한 사항<br>• 특수가연물의 저장 및 취급 기준<br>• 소방대원에 대한 교육 및 훈련<br>• 소방안전교육사의 시험에 관한 사항<br>• 소방안전교육사의 배치<br>• 손실보상의 기준 및 보상금액<br>• 손실보상의 지급절차 및 방법<br>• 손실보상심의위원회의 설치 및 구성 | • 119종합상황실의 설치 범위<br>• 소방박물관의 구성<br>• 소방력(인력, 장비 등)의 확충 기준<br>• 비상 소화장치의 설치기준<br>• 집단 시설의 소방 교육 및 훈련<br>• 소방안전교육사 시험의 출제범위<br>• 소방신호에 대한 종류와 방법<br>• 화재조사전담부서의 설치 · 운영<br>• 의용소방대원의 해임절차 등에 필요한 사항<br>• 의용소방대의 조직 등에 필요한 사항<br>• 손실보상위원회의 결정내용을 청구인에게 통지(결정일부터 10일 이내)<br>• 소방업무의 상호응원 협정사항<br>• 소방체험관의 설치 및 운영<br>• 화재조사 방법 |

### (4) 소방기관의 설치 등〈법 제3조〉

① 시 · 도의 화재 예방 · 경계 · 진압 및 조사, 소방안전교육 · 홍보와 화재, 재난 · 재해, 그 밖의 위급한 상황에서의 구조 · 구급 등의 업무(이하 "소방업무"라 한다)를 수행하는 소방기관의 설치에 필요한 사항은 대통령령으로 정한다.

② 소방업무를 수행하는 소방본부장 또는 소방서장은 그 소재지를 관할하는 특별시장 · 광역시장 · 특별자치시장 · 도지사 또는 특별자치도지사(이하 "시 · 도지사"라 한다)의 지휘와 감독을 받는다.

③ 제2항에도 불구하고 소방청장은 화재 예방 및 대형 재난 등 필요한 경우 시 · 도 소방본부장 및 소방서장을 지휘 · 감독할 수 있다.

④ 시 · 도에서 소방업무를 수행하기 위하여 시 · 도지사 직속으로 소방본부를 둔다.

POINT **소방공무원의 배치**〈법 제3조의2〉 … 소방기관 및 소방본부에는 「지방자치단체에 두는 국가공무원의 정원에 관한 법률」에도 불구하고 대통령령으로 정하는 바에 따라 소방공무원을 둘 수 있다.

POINT **다른 법률과의 관계**〈법 제3조의3〉 … 제주특별자치도에는 「제주특별자치도 설치 및 국제자유도시 조성을 위한 특별법」에도 불구하고 이 법 제3조의2를 우선하여 적용한다.

### (5) 119종합상황실의 설치와 운영〈법 제4조〉

① 소방청장, 소방본부장 및 소방서장은 화재, 재난 · 재해, 그 밖에 구조 · 구급이 필요한 상황이 발생하였을 때에 신속한 소방활동(소방업무를 위한 모든 활동을 말한다. 이하 같다)을 위한 정보의 수집 · 분석과 판단 · 전파, 상황관리, 현장 지휘 및 조정 · 통제 등의 업무를 수행하기 위하여 119종합상황실을 설치 · 운영하여야 한다. ✡ 2021 기출

② 119종합상황실의 설치 · 운영에 필요한 사항은 행정안전부령으로 정한다.

③ 종합상황실 실장의 보고 업무〈시행규칙 제3조 제2항〉… 다음에 해당하는 상황이 발생하는 때에는 그 사실을 지체 없이 서면 · 모사전송 또는 컴퓨터통신 등으로 소방서의 종합상황실의 경우는 소방본부의 종합상황실에, 소방본부의 종합상황실의 경우는 소방청의 종합상황실에 각각 보고하여야 한다.

㉠ 다음에 해당하는 화재

ⓐ 사망자가 5인 이상 발생하거나 사상자가 10인 이상 발생한 화재

ⓑ 이재민이 100인 이상 발생한 화재

ⓒ 재산피해액이 50억 원 이상 발생한 화재

ⓓ 관공서 · 학교 · 정부미도정공장 · 문화재 · 지하철 또는 지하구의 화재

ⓔ 관광호텔, 층수(「건축법 시행령」산정한 층수)가 11층 이상인 건축물, 지하상가, 시장, 백화점, 「위험물안전관리법」에 의한 지정수량의 3천 배 이상의 위험물의 제조소 · 저장소 · 취급소, 층수가 5층 이상이거나 객실이 30실 이상인 숙박시설, 층수가 5층 이상이거나 병상이 30개 이상인 종합병원 · 정신병원 · 한방병원 · 요양소, 연면적 1만 5천 제곱미터 이상인 공장 또는 소방기본법 시행령에 따른 화재경계지구에서 발생한 화재

ⓕ 철도차량, 항구에 매어둔 총 톤수가 1천 톤 이상인 선박, 항공기, 발전소 또는 변전소에서 발생한 화재

ⓖ 가스 및 화약류의 폭발에 의한 화재

ⓗ 「다중이용업소의 안전관리에 관한 특별법」에 따른 다중이용업소의 화재

㉡ 「긴급구조대응활동 및 현장지휘에 관한 규칙」에 의한 통제단장의 현장지휘가 필요한 재난상황

㉢ 언론에 보도된 재난상황

㉣ 그 밖에 소방청장이 정하는 재난상황

④ **종합상황실의 근무 방법** … 종합상황실 근무자의 근무방법 등 종합상황실의 운영에 관하여 필요한 사항은 종합상황실을 설치하는 소방청장, 소방본부장 또는 소방서장이 각각 정한다.

### (6) 소방기술민원센터의 설치와 운영〈법 제4조의2〉

① 소방청장 또는 소방본부장은 소방시설, 소방공사 및 위험물 안전관리 등과 관련된 법령해석 등의 민원을 종합적으로 접수하여 처리할 수 있는 기구(이하 이 조에서 "소방기술민원센터"라 한다)를 설치 · 운영할 수 있다.

② 소방기술민원센터의 설치 · 운영 등에 필요한 사항은 대통령령으로 정한다.

기출PLUS

TIP

**종합상황실의 설치 · 운영〈시행규칙 제2조〉**

① 「소방기본법」의 규정에 의한 종합상황실은 소방청과 특별시 · 광역시 · 특별자치시 · 도 또는 특별자치도(이하 "시 · 도"라 한다)의 소방본부 및 소방서에 각각 설치 · 운영하여야 한다.

② 소방청장, 소방본부장 또는 소방서장은 신속한 소방활동을 위한 정보를 수집 · 전파하기 위하여 종합상황실에 「소방력 기준에 관한 규칙」에 의한 전산 · 통신요원을 배치하고, 소방청장이 정하는 유 · 무선통신시설을 갖추어야 한다.

③ 종합상황실은 24시간 운영체제를 유지하여야 한다.

## (7) 소방박물관 등의 설립과 운영〈법 제5조〉

① 소방의 역사와 안전문화를 발전시키고 국민의 안전의식을 높이기 위하여 소방청장은 소방박물관을, 시 · 도지사는 소방체험관(화재 현장에서의 피난 등을 체험할 수 있는 체험관을 말한다. 이하 이 조에서 같다)을 설립하여 운영할 수 있다.

② 소방박물관의 설립과 운영에 필요한 사항은 행정안전부령으로 정하고, 소방체험관의 설립과 운영에 필요한 사항은 행정안전부령으로 정하는 기준에 따라 시 · 도의 조례로 정한다.

## (8) 소방업무에 관한 종합계획의 수립 · 시행 등〈법 제6조〉

① 소방청장은 화재, 재난 · 재해, 그 밖의 위급한 상황으로부터 국민의 생명 · 신체 및 재산을 보호하기 위하여 소방업무에 관한 종합계획(이하 이 조에서 "종합계획"이라 한다)을 5년마다 수립 · 시행하여야 하고, 이에 필요한 재원을 확보하도록 노력하여야 한다. ✡ 2020 기출

② 종합계획에는 다음 각 호의 사항이 포함되어야 한다.
- ㉠ 소방서비스의 질 향상을 위한 정책의 기본방향
- ㉡ 소방업무에 필요한 체계의 구축, 소방기술의 연구 · 개발 및 보급
- ㉢ 소방업무에 필요한 장비의 구비
- ㉣ 소방전문인력 양성
- ㉤ 소방업무에 필요한 기반 조성
- ㉥ 소방업무의 교육 및 홍보(소방자동차의 우선 통행 등에 관한 홍보를 포함한다)
- ㉦ 그 밖에 소방업무의 효율적 수행을 위하여 필요한 사항으로서 대통령령으로 정하는 사항

③ 소방청장은 수립한 종합계획을 관계 중앙행정기관의 장, 시 · 도지사에게 통보하여야 한다.

④ 시 · 도지사는 관할 지역의 특성을 고려하여 종합계획의 시행에 필요한 세부계획(이하 이 조에서 "세부계획"이라 한다)을 매년 수립하여 소방청장에게 제출하여야 하며, 세부계획에 따른 소방업무를 성실히 수행하여야 한다.

⑤ 소방청장은 소방업무의 체계적 수행을 위하여 필요한 경우 시 · 도지사가 제출한 세부계획의 보완 또는 수정을 요청할 수 있다.

⑥ 그 밖에 종합계획 및 세부계획의 수립 · 시행에 필요한 사항은 대통령령으로 정한다.

**POINT** 종합계획 및 세부계획 수립기한〈시행령 제1조의2〉

① 소방청장은 「소방기본법」에 따른 소방업무에 관한 종합계획을 관계 중앙행정기관의 장과의 협의를 거쳐 계획 시행 전년도 10월 31일까지 수립하여야 한다.

② 특별시장 · 광역시장 · 특별자치시장 · 도지사 또는 특별자치도지사는 「소방기본법」에 따른 종합계획의 시행에 필요한 세부계획을 계획 시행 전년도 12월 31일까지 수립하여 소방청장에게 제출하여야 한다.

---

**기출PLUS**

**TIP**

**소방박물관의 설립과 운영〈시행규칙 제4조〉**

① 소방청장은 소방박물관을 설립 · 운영하는 경우에는 소방박물관에 소방박물관장 1인과 부관장 1인을 두되, 소방박물관장은 소방공무원 중에서 소방청장이 임명한다.

② 소방박물관은 국내 · 외의 소방의 역사, 소방공무원의 복장 및 소방장비 등의 변천 및 발전에 관한 자료를 수집 · 보관 및 전시한다.

③ 소방박물관에는 그 운영에 관한 중요한 사항을 심의하기 위하여 7인 이내의 위원으로 구성된 운영위원회를 둔다.

④ 소방박물관의 관광업무 · 조직 · 운영위원회의 구성 등에 관하여 필요한 사항은 소방청장이 정한다.

기출 2020. 6. 20. 소방공무원

**「소방기본법」상 소방업무에 관한 종합계획의 수립 · 시행 등에 대한 설명이다. (   ) 안에 들어갈 내용으로 옳은 것은?**

보기

( 가 )은 화재, 재난 · 재해, 그 밖의 위급한 상황으로부터 국민의 생명 · 신체 및 재산을 보호하기 위하여 소방업무에 관한 종합계획을 ( 나 )마다 수립 · 시행하여야 하고, 이에 필요한 재원을 확보하도록 노력하여야 한다.

| | (가) | (나) |
|---|---|---|
| ① | 소방청장 | 3년 |
| ② | 소방청장 | 5년 |
| ③ | 행정안전부장관 | 3년 |
| ④ | 행정안전부장관 | 5년 |

**TIP**

법 제6조 제1항에 따라 소방청장은 5년마다 종합계획을 수립 · 시행하여야 한다.

정답 ②

### (9) 소방의 날 제정과 운영 등〈법 제7조〉

① 국민의 안전의식과 화재에 대한 경각심을 높이고 안전문화를 정착시키기 위하여 매년 11월 9일을 소방의 날로 정하여 기념행사를 한다.

② 소방의 날 행사에 관하여 필요한 사항은 소방청장 또는 시 · 도지사가 따로 정하여 시행할 수 있다.

③ 소방청장은 다음에 해당하는 사람을 명예직 소방대원으로 위촉할 수 있다.

㉠ 「의사상자 등 예우 및 지원에 관한 법률」에 따른 의사상자(義死傷者)로서 천재지변, 수난(水難), 화재, 건물 · 축대 · 제방의 붕괴 등으로 위해에 처한 다른 사람의 생명 · 신체 또는 재산을 구하다가 사망하거나 부상을 입는 구조행위를 한 사람 또는 천재지변, 수난, 화재, 건물 · 축대 · 제방의 붕괴 등으로 일어날 수 있는 불특정 다수인의 위해를 방지하기 위하여 긴급한 조치를 하다가 사망하거나 부상을 입는 구조행위를 한 사람

㉡ 소방행정 발전에 공로가 있다고 인정되는 사람

## section 2 소방장비 및 소방용수시설 등

### (1) 소방력의 기준 등〈법 제8조〉

① 소방력의 개념 … 소방활동은 소방대(消防隊)를 기초로 한 조직활동이다. 이 대(隊)를 구성하는 것은 ①대원(인원)과 ②차량(장비)이며 이것에 ③소방용수를 합하여 소방력의 3요소라 한다.

※ 소방력의 4요소는 3요소에 소방전용 통신설비가 추가된다.

㉠ 대원(소방대원) : 소방력의 3요소로서 인원, 장비, 소방용수를 들지만 이 세 가지가 반드시 같은 정도의 중요성을 갖는 것은 아니며 그 기반이 되는 것은 인원 즉, 소방대원이다.

ⓐ 지휘자

ⓑ 대원

㉡ 장비(차량 등) : 소방장비란 소방업무를 효과적으로 수행하기 위하여 필요한 기동장비 · 화재진압장비 · 구조장비 · 구급장비 · 보호장비 · 정보통신장비 · 측정장비 및 보조장비를 말한다(「소방장비관리법」 제2조).

㉢ 소방용수 ✡ 2018 기출

ⓐ 소방용수(消防用水)의 정의 : 소방용수라 함은 소방기본법에 규정하는 소방에 필요한 소방용수시설을 말한다. 다만 그 외에도 소방용의 목적으로 설치되거나 사용하는 소방용수로서 다음과 같은 것이 있다.

• 자위소방대, 시민들이 활용하는 초기소화용수

• 「소방시설 설치 · 유지 및 안전관리에 관한 법률」에 규정하는 소방의 목적에 쓰이는 설비의 수원 및 소방용수
• 기타 미지정용수

ⓑ 소방용수의 종류 : 소방용수의 구분방법으로 소화전과 소화전 이외의 것으로 구분하는 방법이 있으며 (소화전 이외의 용수를 달리 자연용수라고 하는 경우도 있다) 일반적으로는 인공적인 것과 자연적인 것으로 구분된다.

ⓒ 소방용수시설의 설치기준 : 소방용수는 소방대가 화재 시 소화활동을 하기 위한 충분한 수량과 소방용기계기구를 유효하게 활용할 수 있는 위치, 구조이어야 한다.〈시행규칙 별표3 참조〉

• 공통기준
–「국토의 계획 및 이용에 관한 법률」 제36조 제1항 제1호의 규정에 의한 주거지역 · 상업지역 및 공업지역에 설치하는 경우 : 소방대상물과의 수평거리를 100미터 이하가 되도록 할 것 ✡ 2021 기출
–위에 해당하는 지역 외에 설치하는 경우 : 소방대상물과의 수평거리를 140미터 이하가 되도록 할 것

• 소화전 ✡ 2019 기출
–상수도와 연결하여 지하식 또는 지상식의 구조로 한다.
–소방용 호스와 연결하는 소화전의 연결금속구의 구경은 65밀리미터로 한다.

• 급수탑 ✡ 2019 기출
–급수배관의 구경은 100밀리미터 이상으로 한다.
–개폐밸브는 지상에서 1.5미터 이상 1.7미터 이하의 위치에 설치한다.

• 저수조 ✡ 2018 기출
–지면으로부터 낙차가 4.5미터 이하로 한다.
–흡수부분의 수심은 0.5미터 이상으로 한다.
–소방펌프자동차가 쉽게 접근할 수 있도록 한다.
–저수조에 물을 공급하는 방법은 상수도에 연결하여 자동으로 급수되는 구조이어야 한다.
–흡수관의 투입구가 사각형인 경우에는 한 변의 길이가 60센티미터 이상, 원형인 경우에는 지름이 60센티미터 이상이어야 한다.
–흡수에 지장이 없도록 토사 및 쓰레기 등을 제거할 수 있는 설비를 갖추어야 한다.

ⓓ 소방용수 배치기준 : 소방용수 배치기준에 관해서는 소방대의 유효활동 범위와 지역의 건축물 밀집도, 인구 및 기상상황을 고려하여 평상시의 설치기준으로서 소방기본법 시행규칙에 정해져 있다. 평상시의 소방대의 유효활동 범위는 소방활동의 신속, 정확성을 고려하여 연장 수관 10본(150m) 이내일 것으로 하고 있다. 이 수관(호스, hose)연장은 도로를 따라서 연장한 경우 수관의 굴곡을 고려하여 기하학적으로 산출하면 반경 약 100m의 범위 내가 된다.

② **소방력의 계획수립** … 시 · 도지사는 소방력의 기준에 따라 관할구역의 소방력을 확충하기 위하여 필요한 계획을 수립하여 시행하여야 한다. (매년)

**기출PLUS**

기출 2018. 10. 13 소방공무원

**「소방기본법 시행규칙」상 저수조의 설치기준으로 옳지 않은 것은?**

① 지면으로부터의 낙차가 10미터 이하일 것
② 흡수부분의 수심이 0.5미터 이상일 것
③ 흡수관의 투입구가 사각형인 경우에는 한 변의 길이가 60센티미터 이상, 원형의 경우에는 지름이 60센티미터 이상일 것
④ 저수조에 물을 공급하는 방법은 상수도에 연결하여 자동으로 급수되는 구조일 것

TIP
지면으로부터 낙차가 4.5미터 이하여야 한다.

< 정답 ①

③ 소방자동차 등 소방장비의 분류 · 표준화와 그 관리 등에 필요한 사항은 따로 법률에서 정한다.

### (2) 소방장비 등에 대한 국고보조〈법 제9조〉

① 국가는 소방장비의 구입 등 시 · 도의 소방업무에 필요한 경비의 일부를 보조한다.

② 보조 대상사업의 범위와 기준보조율은 대통령령으로 정한다.

**POINT 국고보조 대상사업의 범위와 기준보조율**〈시행령 제2조〉

㉠ 소방활동 장비와 설비의 구입 및 설치
ⓐ 소방자동차
ⓑ 소방헬리콥터 및 소방정
ⓒ 소방전용 통신설비 및 전산설비
ⓓ 그 밖에 방화복 등 소방활동에 필요한 소방장비
㉡ 소방관서용 청사의 건축(「건축법」에 근거) : 건축물을 신축 · 증축 · 개축 · 재축(再築)하거나 건축물을 이전하는 것을 말한다.
㉢ 소방활동장비 및 설비의 종류와 규격은 행정안전부령으로 정한다. [부록 Ⅱ 참조]
㉣ 국고보조 대상사업의 기준보조율 : 「보조금 관리에 관한 법률 시행령」에 따라 국고보조산정을 위한 기준가격

### (3) 소방용수시설

① **소방용수시설의 설치 및 관리** 〈법 제10조〉 … 시 · 도지사는 소방활동에 필요한 소방용수시설[①소화전(消火栓) · ②급수탑(給水塔) · ③저수조(貯水槽)]를 설치하고 유지 · 관리하여야 한다. 다만, 「수도법」에 따라 소화전을 설치하는 일반수도업자는 관할 소방서장과 사전협의를 거친 후 소화전을 설치하여야 하며, 설치 사실을 관할 소방서장에게 통지하고, 그 소화전을 유지 · 관리하여야 한다. ✡ 2020 기출 2019 기출

② **소방용수시설 및 지리조사**〈시행규칙 제7조 참조〉 … 소방본부장 또는 소방서장은 원활한 소방활동을 위하여 조사를 실시한다.
㉠ **조사 횟수** : 소방본부장 또는 소방서장이 월 1회 이상
㉡ **지리조사 대상** : 도로의 폭, 교통상황, 도로주변 토지의 고저, 건축물의 개황 그 밖의 소방활동에 필요한 지리에 대한 조사

### (4) 소방업무의 응원〈법 제11조〉

① 소방본부장이나 소방서장은 소방활동을 할 때에 긴급한 경우에는 이웃한 소방본부장 또는 소방서장에게 소방업무의 응원(應援)을 요청할 수 있다.

② 소방업무의 응원 요청을 받은 소방본부장 또는 소방서장은 정당한 사유 없이 그 요청을 거절하여서는 아니 된다.

---

**기출PLUS**

기출 2019. 4. 6 소방공무원

**「소방기본법」 및 같은 법 시행규칙상 소방용수시설 설치 기준 등에 대한 설명으로 옳지 않은 것은?**

① 시 · 도지사는 소방활동에 필요한 소방용수시설을 설치하고 유지 · 관리하여야 하고, 「수도법」 제45조에 따라 소화전을 설치하는 일반수도사업자는 관할 소방서장과 사전협의를 거친 후 소화전을 설치하여야 하며, 설치사실을 관할 소방서장에게 통지하고, 그 소화전은 소방서장이 유지 · 관리하여야 한다.
② 정당한 사유 없이 소방용수시설 또는 비상소화장치를 사용하거나 소방용수시설 또는 비상소화장치의 효용을 해치거나 그 정당한 사용을 방해한 사람에 대해서는 5년 이하의 징역 또는 5천만 원 이하의 벌금에 처한다.
③ 소방본부장 또는 소방서장은 원활한 소방활동을 위하여 소방용수시설에 대한 조사, 소방대상물에 인접한 도로의 폭 · 교통상황, 도로주변의 토지의 고저 · 건축물의 개황 그 밖의 소방활동에 필요한 지리에 대한 조사를 월 1회 이상 실시하여야 하며, 조사결과는 2년간 보관하여야 한다.
④ 소화전은 상수도와 연결하여 지하식 또는 지상식의 구조로 하고 소방용 호스와 연결하는 소화전의 연결 금속구의 구경은 65밀리미터로 하여야 하며, 급수탑은 급수배관의 구경을 100밀리미터 이상으로 하고 개폐밸브는 지상에서 1.5미터 이상 1.7미터 이하의 높이에 설치할 수 있다.

**TIP**

수도법에 따라 일반수도사업자가 소화전을 설치한 경우 그 소화전의 유지 및 관리자는 일반수도사업자가 된다.
② 법 제50조 제4호
③ 시행규칙 제7조
④ 시행규칙 별표3

〈정답 ①

기출PLUS

기출 2020. 6. 20. 소방공무원

**「소방기본법」상 시·도지사가 소방활동에 필요하여 설치하고 유지·관리하는 소방용수시설로 옳지 않은 것은?**

① 소화전
② 저수조
③ 급수탑
④ 상수도소화용수설비

소방용수시설에는 소화전, 급수탑, 저수조가 있다(법 제10조 제1항).

<정답 ④

③ 소방업무의 응원을 위하여 파견된 소방대원은 응원을 요청한 소방본부장 또는 소방서장의 지휘에 따라야 한다.

④ 시·도지사는 소방업무의 응원을 요청하는 경우를 대비하여 출동 대상지역 및 규모와 필요한 경비의 부담 등에 관하여 필요한 사항을 행정안전부령으로 정하는 바에 따라 이웃하는 시·도지사와 협의하여 미리 규약(規約)으로 정하여야 한다.

POINT **소방업무의 상호응원협정**〈시행규칙 제8조〉

시·도지사는 이웃하는 다른 시·도지사와 소방업무에 관하여 상호응원협정을 체결하고자 하는 때에는 다음의 사항이 포함되도록 하여야 한다.

① 소방활동에 관한 사항
　㉠ 화재의 경계·진압활동
　㉡ 구조·구급업무의 지원
　㉢ 화재조사활동
② 응원출동대상지역 및 규모
③ 소요경비의 부담에 관한 사항
　㉠ 출동대원의 수당·식사 및 피복의 수선
　㉡ 소방장비 및 기구의 정비와 연료의 보급
　㉢ 그 밖의 경비
④ 응원출동의 요청방법
⑤ 응원출동훈련 및 평가

### (5) 소방력의 동원〈법 제11조의2〉

① 소방청장은 해당 시·도의 소방력만으로는 소방활동을 효율적으로 수행하기 어려운 화재, 재난·재해, 그 밖의 구조·구급이 필요한 상황이 발생하거나 특별히 국가적 차원에서 소방활동을 수행할 필요가 인정될 때에는 각 시·도지사에게 행정안전부령으로 정하는 바에 따라 소방력을 동원할 것을 요청할 수 있다.

② 동원 요청을 받은 시·도지사는 정당한 사유 없이 요청을 거절하여서는 아니 된다.

③ 소방청장은 시·도지사에게 동원된 소방력을 화재, 재난·재해 등이 발생한 지역에 지원·파견하여 줄 것을 요청하거나 필요한 경우 직접 소방대를 편성하여 화재진압 및 인명구조 등 소방에 필요한 활동을 하게 할 수 있다.

④ 동원된 소방대원이 다른 시·도에 파견·지원되어 소방활동을 수행할 때에는 특별한 사정이 없으면 화재, 재난·재해 등이 발생한 지역을 관할하는 소방본부장 또는 소방서장의 지휘에 따라야 한다. 다만, 소방청장이 직접 소방대를 편성하여 소방활동을 하게 하는 경우에는 소방청장의 지휘에 따라야 한다.

⑤ 소방활동을 수행하는 과정에서 발생하는 경비 부담에 관한 사항, 소방활동을 수행한 민간 소방 인력이 사망하거나 부상을 입었을 경우의 보상주체·보상기준 등에 관한 사항, 그 밖에 동원된 소방력의 운용과 관련하여 필요한 사항은 대통령령으로 정한다.

기출PLUS

## section 3 화재의 예방과 경계(警戒)

### (1) 화재의 예방조치 등〈법 제12조〉

① 소방본부장이나 소방서장은 화재의 예방상 위험하다고 인정되는 행위를 하는 사람이나 소화(消火) 활동에 지장이 있다고 인정되는 물건의 소유자 · 관리자 또는 점유자에게 다음의 명령을 할 수 있다.

㉠ 불장난, 모닥불, 흡연, 화기(火氣) 취급, 풍등 등 소형 열기구 날리기, 그 밖에 화재예방상 위험하다고 인정되는 행위의 금지 또는 제한

㉡ 타고 남은 불 또는 화기가 있을 우려가 있는 재의 처리

㉢ 함부로 버려두거나 그냥 둔 위험물, 그 밖에 불에 탈 수 있는 물건을 옮기거나 치우게 하는 등의 조치

② 소방본부장이나 소방서장은 그 위험물 또는 물건의 소유자 · 관리자 또는 점유자의 주소와 성명을 알 수 없어서 필요한 명령을 할 수 없을 때에는 소속 공무원으로 하여금 그 위험물 또는 물건을 옮기거나 치우게 할 수 있다.

③ 소방본부장이나 소방서장은 옮기거나 치운 위험물 또는 물건을 보관하여야 한다.

④ 소방본부장이나 소방서장은 위험물 또는 물건을 보관하는 경우에는 그 날부터 14일 동안 소방본부 또는 소방서의 게시판에 그 사실을 공고하여야 한다.

⑤ 소방본부장이나 소방서장이 보관하는 위험물 또는 물건의 보관기간 및 보관기간 경과 후 처리 등에 대하여는 대통령령으로 정한다.

**POINT** 위험물 또는 물건의 보관기간 및 보관기간 경과 후 처리 등〈시행령 제3조〉

① 규정에 의한 위험물 또는 물건의 보관기간은 소방본부 또는 소방서의 게시판에 공고하는 기간의 종료일 다음 날부터 7일로 한다.

② 소방본부장 또는 소방서장은 보관기간이 종료되는 때에는 보관하고 있는 위험물 또는 물건을 매각하여야 한다. 다만, 보관하고 있는 위험물 또는 물건이 부패 · 파손 또는 이와 유사한 사유로 정해진 용도에 계속 사용할 수 없는 경우에는 폐기할 수 있다.

③ 소방본부장 또는 소방서장은 보관하던 위험물 또는 물건을 매각한 경우에는 지체없이 「국가재정법」에 의하여 세입조치를 하여야 한다.

④ 소방본부장 또는 소방서장은 매각되거나 폐기된 위험물 또는 물건의 소유자가 보상을 요구하는 경우에는 보상금액에 대하여 소유자와 협의를 거쳐 이를 보상하여야 한다. ✡ 2021 기출

주인을 알 수 없는 위험물은 14일간 소방본부 또는 소방서 게시판에 공고하고, 공고 종료 후 7일간 보관 후 폐기 또는 매각한다.

### (2) 화재경계지구의 지정〈법 제13조〉

① 시 · 도지사는 다음의 어느 하나에 해당하는 지역 중 화재가 발생할 우려가 높거나 화재가 발생하는 경우 그로 인하여 피해가 클 것으로 예상되는 지역을 화재경계지구(火災警戒地區)로 지정할 수 있다. ✡ 2018 기출

**기출PLUS**

기출 2018. 10. 13 소방공무원

**「소방기본법」상 화재경계지구의 지정에 대한 내용으로 옳지 않은 것은?**

① 소방본부장 또는 소방서장은 화재가 발생하는 경우 그로 인하여 피해가 클 것으로 예상되는 지역을 화재경계지구로 지정할 수 있다.
② 석유화학제품을 생산하는 공장이 있는 지역을 화재경계지구로 지정할 수 있다.
③ 위험물의 저장 및 처리시설이 밀집한 지역을 화재경계지구로 지정할 수 있다.
④ 공장·창고가 밀집한 지역을 화재경계지구로 지정할 수 있다.

TIP

화재경계지구를 지정할 수 있는 주체는 시·도지사이다.

<정답 ①

㉠ 시장지역
㉡ 공장·창고가 밀집한 지역
㉢ 목조건물이 밀집한 지역
㉣ 위험물의 저장 및 처리 시설이 밀집한 지역
㉤ 석유화학제품을 생산하는 공장이 있는 지역
㉥ 「산업입지 및 개발에 관한 법률」에 따른 산업단지
㉦ 소방시설·소방용수시설 또는 소방출동로가 없는 지역
㉧ 그 밖에 ㉠에서 ㉦까지에 준하는 지역으로서 소방청장·소방본부장 또는 소방서장이 화재경계지구로 지정할 필요가 있다고 인정하는 지역

② ①에도 불구하고 시·도지사가 화재경계지구로 지정할 필요가 있는 지역을 화재경계지구로 지정하지 아니하는 경우 소방청장은 해당 시·도지사에게 해당 지역의 화재경계지구 지정을 요청할 수 있다.

③ 소방본부장이나 소방서장은 대통령령으로 정하는 바에 따라 화재경계지구 안의 소방대상물의 위치·구조 및 설비 등에 대하여 「화재예방, 소방시설 설치·유지 및 안전관리에 관한 법률」에 따른 소방특별조사를 하여야 한다.

**POINT** 화재경계지구의 관리〈시행령 제4조 제2항〉
소방본부장 또는 소방서장은 법 제13조 제3항에 따라 화재경계지구 안의 소방대상물의 위치·구조 및 설비 등에 대한 소방특별조사를 연 1회 이상 실시하여야 한다.

④ 소방본부장이나 소방서장은 소방특별조사를 한 결과 화재의 예방과 경계를 위하여 필요하다고 인정할 때에는 관계인에게 소방용수시설, 소화기구, 그 밖에 소방에 필요한 설비의 설치를 명할 수 있다.

⑤ 소방본부장이나 소방서장은 화재경계지구 안의 관계인에 대하여 대통령령으로 정하는 바에 따라 소방에 필요한 훈련 및 교육을 실시할 수 있다.

**POINT** 화재경계지구의 관리〈시행령 제4조 제3항 및 제4항〉
㉠ 소방본부장 또는 소방서장은 화재경계지구 안의 관계인에 대하여 소방상 필요한 훈련 및 교육을 연 1회 이상 실시할 수 있다.
㉡ 소방본부장 또는 소방서장은 제3항의 규정에 의한 소방상 필요한 훈련 및 교육을 실시하고자 하는 때에는 화재경계지구 안의 관계인에게 훈련 또는 교육 10일 전까지 그 사실을 통보하여야 한다.

⑥ 시·도지사는 대통령령으로 정하는 바에 따라 화재경계지구의 지정 현황, 소방특별조사의 결과, 소방설비 설치 명령 현황, 소방교육의 현황 등이 포함된 화재경계지구에서의 화재예방 및 경계에 필요한 자료를 매년 작성·관리하여야 한다.

**POINT** 화재경계지구의 관리〈시행령 제4조 제5항〉
시·도지사는 법 제13조 제6항에 따라 다음의 사항을 행정안전부령으로 정하는 화재경계지구 관리대장에 작성하고 관리하여야 한다.
① 화재경계지구의 지정 현황
② 소방특별조사의 결과

③ 소방설비의 설치 명령 현황
④ 소방교육의 실시 현황
⑤ 소방훈련의 실시 현황
⑥ 그 밖에 화재예방 및 경계에 필요한 사항

**[화재경계지구 대상과 사전통지 지역(화재오인 및 연막소독 등) 비교]**

| 화재경계지구 지정 대상[법 제13조] | 화재오인 및 연막소독 등 통지사항[법 제19조] |
|---|---|
| ㉠ 시장지역<br>㉡ 공장 · 창고가 밀집한 지역<br>㉢ 목조건물이 밀집한 지역<br>㉣ 위험물의 저장 및 처리 시설이 밀집한 지역<br>㉤ 석유화학제품을 생산하는 공장이 있는 지역<br>㉥ 「산업입지 및 개발에 관한 법률」에 따른 산업단지<br>㉦ 소방시설 · 소방용수시설 또는 소방출동로가 없는 지역<br>㉧ 소방청장 · 소방본부장 또는 소방서장이 화재경계지구로 지정할 필요가 있다고 인정하는 지역 | ㉠ 시장지역<br>㉡ 공장 · 창고가 밀집한 지역<br>㉢ 목조건물이 밀집한 지역<br>㉣ 위험물의 저장 및 처리시설이 밀집한 지역<br>㉤ 석유화학제품을 생산하는 공장이 있는 지역<br>㉥ 그 밖에 시 · 도의 조례로 정하는 지역 또는 장소 |

### (3) 화재에 관한 위험경보〈법 제14조〉

소방본부장이나 소방서장은 「기상법」에 따른 이상기상(異常氣象)의 예보 또는 특보가 있을 때에는 화재에 관한 경보를 발령하고 그에 따른 조치를 할 수 있다.

### (4) 불을 사용하는 설비의 관리〈법 제15조〉 ✡ 2019 기출

① 보일러, 난로, 건조설비, 가스 · 전기시설, 그 밖에 화재 발생 우려가 있는 설비 또는 기구 등의 위치 · 구조 및 관리와 화재 예방을 위하여 불을 사용할 때 지켜야 하는 사항은 대통령령으로 정한다.

※ 시행령 별표1(시행령 제5조 관련)

㉠ 보일러

ⓐ 가연성 벽 · 바닥 또는 천장과 접촉하는 증기기관 또는 연통의 부분은 규조토 · 석면 등 난연성 단열재로 덮어씌워야 한다.

ⓑ 경유 · 등유 등 액체연료를 사용하는 경우 다음의 사항을 지켜야 한다.

- 연료탱크는 보일러 본체로부터 수평거리 1미터 이상의 간격을 두어 설치할 것
- 연료탱크에는 화재 등 긴급 상황이 발생하는 경우 연료를 차단할 수 있는 개폐밸브를 연료탱크로부터 0.5미터 이내에 설치할 것
- 연료탱크 또는 연료를 공급하는 배관에는 여과장치를 설치할 것
- 사용이 허용된 연료 외의 것을 사용하지 아니할 것

**기출PLUS**

기출 2019. 4. 6 소방공무원

**「소방기본법」상 불을 사용하는 설비의 관리기준 등에 대한 설명이다. ( ) 안에 들어갈 숫자로 옳은 것은?**

보기
- 보일러 : 보일러와 벽 · 천장 사이의 거리는 ( 가 )미터 이상 되도록 하여야 한다.
- 난로 : 연통은 천장으로부터 ( 나 )미터 이상 떨어지고, 건물 밖으로 0.6미터 이상 나오게 설치하여야 한다.
- 건조설비 : 건조설비와 벽 · 천장 사이의 거리는 ( 다 ) 미터 이상 되도록 하여야 한다.
- 음식조리를 위하여 설치하는 설비 : 열을 발생하는 조리기구는 반자 또는 선반으로부터 ( 라 ) 미터 이상 떨어지게 해야 한다.

| | (가) | (나) | (다) | (라) |
|---|---|---|---|---|
| ① | 0.5 | 0.6 | 0.6 | 0.6 |
| ② | 0.6 | 0.6 | 0.5 | 0.6 |
| ③ | 0.6 | 0.5 | 0.6 | 0.6 |
| ④ | 0.6 | 0.6 | 0.5 | 0.5 |

TIP

시행령 제5조

| (가) | (나) | (다) | (라) |
|---|---|---|---|
| 0.6 | 0.6 | 0.5 | 0.6 |

〈정답 ②

기출PLUS

• 연료탱크에는 불연재료(「건축법 시행령」의 규정에 의한 것을 말한다.)로 된 받침대를 설치하여 연료탱크가 넘어지지 아니하도록 할 것

ⓒ 기체연료를 사용하는 경우에는 다음에 의한다.

• 보일러를 설치하는 장소에는 환기구를 설치하는 등 가연성 가스가 머무르지 않도록 할 것
• 연료를 공급하는 배관은 금속관으로 할 것
• 화재 등 긴급 시 연료를 차단할 수 있는 개폐밸브를 연료용기 등으로부터 0.5미터 이내에 설치할 것
• 보일러가 설치된 장소에는 가스누설경보기를 설치할 것

ⓓ 보일러와 벽 · 천장 사이의 거리는 0.6미터 이상 되도록 하여야 한다. ✡ 2019 기출

ⓔ 보일러를 실내에 설치하는 경우에는 콘크리트바닥 또는 금속 외의 불연재료로 된 바닥 위에 설치하여야 한다.

㉡ 난로

ⓐ 연통은 천장으로부터 0.6미터 이상 떨어지고, 건물 밖으로 0.6미터 이상 나오게 설치하여야 한다. ✡ 2019 기출

ⓑ 가연성 벽 · 바닥 또는 천장과 접촉하는 연통의 부분은 규조토 · 석면 등 난연성 단열재로 덮어씌워야 한다.

ⓒ 이동식 난로는 다음의 장소에서 사용하여서는 아니 된다. 다만, 난로가 쓰러지지 아니하도록 받침대를 두어 고정시키거나 쓰러지는 경우 즉시 소화되고 연료의 누출을 차단할 수 있는 장치가 부착된 경우에는 그러하지 아니하다.

• 「다중이용업소의 안전관리에 관한 특별법」에 따른 다중이용업의 영업소
• 「학원의 설립 · 운영 및 과외교습에 관한 법률」의 규정에 의한 학원
• 「학원의 설립 · 운영 및 과외교습에 관한 법률 시행령」의 규정에 의한 독서실
• 「공중위생관리법」의 규정에 의한 숙박업 · 목욕장업 · 세탁업의 영업장
• 「의료법」에 의한 종합병원 · 병원 · 치과병원 · 한방병원 · 요양병원 · 의원 · 치과의원 · 한의원 및 조산원
• 「식품위생법 시행령」에 따른 휴게음식점 영업, 일반음식점 영업, 단란주점 영업, 유흥주점 영업 및 제과점 영업의 영업장
• 「영화 및 비디오물의 진흥에 관한 법률」에 따른 영화상영관
• 「공연법」의 규정에 의한 공연장
• 「박물관 및 미술관 진흥법」에 의한 박물관 및 미술관
• 「유통산업발전법」의 규정에 의한 상점가
• 「건축법」에 따른 가설 건축물
• 역 · 터미널

㉢ 건조설비 ✡ 2019 기출

ⓐ 건조설비와 벽 · 천장 사이의 거리는 0.5미터 이상 되도록 하여야 한다.

ⓑ 건조물품이 열원과 직접 접촉하지 아니하도록 하여야 한다.

ⓒ 실내에 설치하는 경우에 벽 · 천장 또는 바닥은 불연재료로 하여야 한다.

㉣ 수소가스를 넣는 기구

ⓐ 연통 그 밖의 화기를 사용하는 시설의 부근에서 띄우거나 머물게 하여서는 아니 된다.

ⓑ 건축물의 지붕에서 띄워서는 아니 된다. 다만, 지붕이 불연재료로 된 평지붕으로서 그 넓이가 기구 지름의 2배 이상인 경우에는 그러지 아니하다.

ⓒ 다음의 장소에서 운반하거나 취급하여서는 아니 된다.

- 공연장 : 극장 · 영화관 · 연예장 · 음악당 · 서커스장 그 밖의 이와 비슷한 것
- 집회장 : 회의장 · 공회장 · 예식장 그 밖의 이와 비슷한 것
- 관람장 : 운동경기 관람장(운동시설에 해당하는 것을 제외) · 경마장 · 자동차 경주장 그 밖의 이와 비슷한 것
- 전시장 : 박물관 · 미술관 · 과학관 · 기념관 · 산업전시장 · 박람회장 그 밖의 이와 비슷한 것

ⓓ 수소가스를 넣거나 빼는 때에는 다음의 사항을 지켜야 한다.

- 통풍이 잘 되는 옥외의 장소에서 할 것
- 조작자 외의 사람이 접근하지 아니하도록 할 것
- 전기시설이 부착된 경우에는 전원을 차단하고 할 것
- 마찰 또는 충격을 주는 행위를 하지 말 것
- 수소가스를 넣을 때에는 기구 안에 수소가스 또는 공기를 제거한 후 감압기를 사용할 것

ⓔ 수소가스는 용량의 90퍼센트 이상을 유지하여야 한다.

ⓕ 띄우거나 머물게 하는 때에는 감시인을 두어야 한다. 다만, 건축물 옥상에서 띄우거나 머물게 하는 경우에는 그러하지 아니하다.

ⓖ 띄우는 각도는 지표면에 대하여 45도 이하로 유지하고 바람이 초속 7미터 이상 부는 때에는 띄워서는 아니 된다.

㉤ 불꽃을 사용하는 용접 · 용단기구 : 용접 · 용단 작업장에서는 다음의 사항을 지켜야 한다. 다만, 「산업안전보건법」 제38조(안전조치)의 적용을 받는 사업장의 경우에는 적용하지 아니한다. ✡ 2020 기출

ⓐ 용접 또는 용단 작업자로부터 반경 5m 이내에 소화기를 갖추어 둘 것

ⓑ 용접 또는 용단 작업장 주변 반경 10m 이내에는 가연물을 쌓아두거나 놓아두지 말 것. 다만, 가연물의 제거가 곤란하여 방지포 등으로 방호조치를 한 경우는 제외한다.

㉥ 전기시설

ⓐ 전류가 통하는 전선에는 과전류차단기를 설치하여야 한다.

ⓑ 전선 및 접속기구는 내열성이 있는 것으로 하여야 한다.

㉦ 노 · 화덕설비

ⓐ 실내에 설치하는 경우에는 흙바닥 또는 금속 외의 불연재료로 된 바닥이나 흙바닥에 설치하여야 한다.

ⓑ 노 또는 화덕을 설치하는 장소의 벽 · 천장은 불연재료로 된 것이어야 한다.

ⓒ 노 또는 화덕의 주위에는 녹는 물질이 확산되지 아니하도록 높이 0.1미터 이상의 턱을 설치하여야 한다.

**기출PLUS**

기출 2020. 6. 20. 소방공무원

**「소방기본법 시행령」상 보일러 등의 위치 · 구조 및 관리와 화재예방을 위하여 불의 사용에 있어서 지켜야 하는 사항으로, 용접 또는 용단 작업장에서 지켜야 할 사항이다. ( ) 안에 들어갈 내용으로 옳은 것은? (단, 「산업안전보건법」 제38조의 적용을 받는 사업장의 경우에는 적용하지 아니한다.)**

보기

- 용접 또는 용단 작업자로부터 ( 가 ) 이내에 소화기를 갖추어 둘 것
- 용접 또는 용단 작업장 주변 ( 나 ) 이내에는 가연물을 쌓아두거나 놓아두지 말 것. 다만, 가연물의 제거가 곤란하여 방지포 등으로 방호조치를 한 경우는 제외한다.

| | (가) | (나) |
|---|---|---|
| ① | 반경 5m | 반경 10m |
| ② | 반경 6m | 반경 12m |
| ③ | 직경 5m | 직경 10m |
| ④ | 직경 6m | 직경 12m |

TIP

시행령 제5조(불을 사용하는 설비의 관리기준 등) 별표1

< 정답 ①

기출PLUS

ⓓ 시간당 열량이 30만 킬로칼로리 이상인 노를 설치하는 경우에는 다음의 사항을 지켜야 한다.
- 주요구조부(「건축법」에 따른 것을 말한다)는 불연재료로 할 것
- 창문과 출입구는 「건축법 시행령」에 의한 갑종 방화문 또는 을종 방화문으로 설치할 것
- 노 주위에는 1미터 이상 공간을 확보할 것

ⓔ 음식조리를 위하여 설치하는 설비 : 일반음식점에서 조리를 위하여 불을 사용하는 설비를 설치하는 경우에는 다음의 사항을 지켜야 한다. ✡ 2019 기출
- 주방설비에 부속된 배기닥트는 0.5밀리미터 이상의 아연도금강판 또는 이와 동등 이상의 내식성 불연재료로 설치할 것
- 주방시설에는 동물 또는 식물의 기름을 제거할 수 있는 필터 등을 설치할 것
- 열을 발생하는 조리기구는 반자 또는 선반으로부터 0.6미터 이상 떨어지게 할 것
- 열을 발생하는 조리기구로부터 0.15미터 이내의 거리에 있는 가연성 주요 구조부는 석면판 또는 단열성이 있는 불연재료로 덮어씌울 것

※ 내화 · 방화는 구조를 의미하며, 불연(준불연) · 난연은 재료를 말한다.

② 화재가 발생하는 경우 불길이 빠르게 번지는 고무류 · 면화류 · 석탄 및 목탄 등 대통령령으로 정하는 특수가연물(特殊可燃物)의 저장 및 취급 기준

㉠ 특수가연물 〈시행령 제6조〉

ⓐ 대통령령으로 정하는 특수가연물(特殊可燃物) 〈시행령 별표2〉

| 품명 | | 수량 |
|---|---|---|
| 면화류 | | 200 킬로그램 이상 |
| 나무껍질 및 대팻밥 | | 400 킬로그램 이상 |
| 넝마 및 종이부스러기 | | 1,000 킬로그램 이상 |
| 사류(絲類) | | |
| 볏짚류 | | |
| 가연성 고체류 | | 3,000 킬로그램 이상 |
| 석탄 · 목탄류 | | 10,000 킬로그램 이상 |
| 가연성 액체류 | | 2 세제곱미터 이상 |
| 목재가공품 및 나무부스러기 | | 10 세제곱미터 이상 |
| 합성수지류 | 발포시킨 것 | 20 세제곱미터 이상 |
| | 그 밖의 것 | 3,000 킬로그램 이상 |

ⓑ 특수가연물의 저장 및 취급 〈시행령 제7조〉
- 특수가연물을 저장 또는 취급하는 장소에는 품명 · 최대수량 및 화기취급의 금지표지를 설치할 것
- 다음의 기준에 따라 쌓아 저장할 것. 다만, 석탄 · 목탄류를 발전(發電)용으로 저장하는 경우에는 그러하지 아니하다.

– 품명별로 구분하여 쌓을 것

– 쌓는 높이는 10미터 이하가 되도록 하고, 쌓는 부분의 바닥면적은 50제곱미터(석탄 · 목탄류의 경우에는 200제곱미터) 이하가 되도록 할 것. 다만, 살수설비를 설치하거나, 방사능력 범위에 해당 특수가연물이 포함되도록 대형수동식소화기를 설치하는 경우에는 쌓는 높이를 15미터 이하, 쌓는 부분의 바닥면적을 200제곱미터(석탄 · 목탄류의 경우에는 300제곱미터) 이하로 할 수 있다.

– 쌓는 부분의 바닥면적 사이는 1미터 이상이 되도록 할 것

**용어의 정리**

1. "면화류"라 함은 불연성 또는 난연성이 아닌 면상 또는 팽이모양의 섬유와 마사(麻絲) 원료를 말한다.
2. 넝마 및 종이부스러기는 불연성 또는 난연성이 아닌 것(동 · 식물유가 깊이 스며들어 있는 옷감 · 종이 및 이들의 제품을 포함)에 한한다.
3. "사류"라 함은 불연성 또는 난연성이 아닌 실(실부스러기와 솜털을 포함한다)과 누에고치를 말한다.
4. "볏짚류"라 함은 마른 볏짚, 마른 북더기와 이들의 제품 및 건초를 말한다.
5. "가연성고체류"라 함은 고체로서 다음 각 목의 것을 말한다.
   가. 인화점이 섭씨 40도 이상 100도 미만인 것
   나. 인화점이 100도 이상 200도 미만이고, 연소열량이 1그램당 8킬로칼로리 이상인 것
   다. 인화점이 섭씨 200도 이상이고 연소열량이 1그램당 8킬로칼로리 이상인 것으로서 융점이 100도 미만인 것
   라. 1기압과 섭씨 20도 초과 40도 이하에서 액상인 것으로서 인화점이 섭씨 70도 이상 섭씨 200도 미만이거나 나목 또는 다목에 해당하는 것
6. 석탄 · 목탄류에는 코크스, 석탄가루를 물에 갠 것, 조개탄, 연탄, 석유코크스, 활성탄 및 이와 유사한 것을 포함한다.
7. "가연성 액체류"라 하은 다음 각 목의 것을 말한다.
   가. 1기압과 섭씨 20도 이하에서 액상인 것으로서 가연성 액체량이 40중량퍼센트 이하이면서 인화점이 섭씨 40도 이상 섭씨 70도 미만이고 연소점이 섭씨 60도 이상인 물품
   나. 1기압과 섭씨 20도에서 액상인 것으로서 가연성 액체량이 40중량퍼센트 이하이고 인화점이 섭씨 70도 이상 섭씨 250도 미만인 물품
   다. 동물의 기름기와 살코기 또는 식물의 씨나 과일의 살로부터 추출한 것으로서 다음에 해당하는 것
      ㉠ 1기압과 섭씨 20도에서 액상이고 인화점이 250도 미만인 것으로서 「위험물안전관리법」의 규정에 의한 용기 기준과 수납 · 저장 기준에 적합하고 용기 외부에 물품명, 수량 및 "화기엄금" 등의 표시를 한 것
      ㉡ 1기압과 섭씨 20도에서 액상이고 인화점이 섭씨 250도 이상인 것
8. "합성수지류"라 함은 불연성 또는 난연성이 아닌 고체의 합성수지제품, 합성수지반제품, 원료합성수지 및 합성수지 부스러기(불연성 또는 난연성이 아닌 고무제품, 고무반제품, 원료고무 및 고무 부스러기를 포함한다)를 말한다. 다만, 합성수지의 섬유 · 옷감 · 종이 및 실과 이들의 넝마와 부스러기를 제외한다.

기출PLUS

기출 2018. 10. 13 소방공무원

「소방기본법」 및 같은 법 시행규칙상 소방지원활동으로 옳지 않은 것은?

① 집회·공연 등 각종 행사 시 사고에 대비한 근접대기 등 지원활동
② 소방시설 오작동 신고에 따른 조치활동
③ 방송제작 또는 촬영 관련 지원활동
④ 위해동물, 벌 등의 포획 및 퇴치활동

TIP

① 법 제16조의 2
②③ 시행규칙 제8조의 4

<정답 ④

## section 4 소방활동 등

### (1) 소방활동〈법 제16조〉

① 소방청장, 소방본부장 또는 소방서장은 화재, 재난·재해, 그 밖의 위급한 상황이 발생하였을 때에는 소방대를 현장에 신속하게 출동시켜 화재진압과 인명구조·구급 등 소방에 필요한 활동(이하 "소방활동"이라 한다)을 하게 하여야 한다.
② 누구든지 정당한 사유 없이 출동한 소방대의 소방활동을 방해하여서는 아니 된다.

### (2) 소방지원활동〈법 제16조의2〉

① 소방청장·소방본부장 또는 소방서장은 공공의 안녕질서 유지 또는 복리증진을 위하여 필요한 경우 소방활동 외에 다음의 활동(이하 "소방지원활동"이라 한다)을 하게 할 수 있다. ✡ 2018 기출
  ㉠ 산불에 대한 예방·진압 등 지원활동
  ㉡ 자연재해에 따른 급수·배수 및 제설 등 지원활동
  ㉢ 집회·공연 등 각종 행사 시 사고에 대비한 근접대기 등 지원활동
  ㉣ 화재, 재난·재해로 인한 피해복구 지원활동
  ㉤ 그 밖에 행정안전부령으로 정하는 활동

POINT 소방지원활동〈시행규칙 제8조의4〉 ✡ 2020 기출
① 군·경찰 등 유관기관에서 실시하는 훈련지원 활동
② 소방시설 오작동 신고에 따른 조치활동
③ 방송제작 또는 촬영 관련 지원활동

② 소방지원활동은 소방활동 수행에 지장을 주지 아니하는 범위에서 할 수 있다.

③ 유관기관·단체 등의 요청에 따른 소방지원활동에 드는 비용은 지원요청을 한 유관기관·단체 등에게 부담하게 할 수 있다. 다만, 부담금액 및 부담방법에 관하여는 지원요청을 한 유관기관·단체 등과 협의하여 결정한다.

### (3) 생활안전활동〈법 제16조의3〉

① 소방청장·소방본부장 또는 소방서장은 신고가 접수된 생활안전 및 위험제거 활동(화재, 재난·재해, 그 밖의 위급한 상황에 해당하는 것은 제외한다)에 대응하기 위하여 소방대를 출동시켜 다음의 활동(이하 "생활안전활동"이라 한다)을 하게 하여야 한다. ✡ 2020 기출
  ㉠ 붕괴, 낙하 등이 우려되는 고드름, 나무, 위험 구조물 등의 제거활동
  ㉡ 위해동물, 벌 등의 포획 및 퇴치 활동

㉢ 끼임, 고립 등에 따른 위험제거 및 구출 활동
㉣ 단전사고 시 비상전원 또는 조명의 공급
㉤ 그 밖에 방치하면 급박해질 우려가 있는 위험을 예방하기 위한 활동

② 누구든지 정당한 사유 없이 ①에 따라 출동하는 소방대의 생활안전활동을 방해하여서는 아니 된다.

### (4) 소방자동차의 보험 가입 등〈법 제16조의4〉

① 시 · 도지사는 소방자동차의 공무상 운행 중 교통사고가 발생한 경우 그 운전자의 법률상 분쟁에 소요되는 비용을 지원할 수 있는 보험에 가입하여야 한다.

② 국가는 보험 가입비용의 일부를 지원할 수 있다.

### (5) 소방활동에 대한 면책〈법 제16조의5〉

소방공무원이 소방활동으로 인하여 타인을 사상(死傷)에 이르게 한 경우 그 소방활동이 불가피하고 소방공무원에게 고의 또는 중대한 과실이 없는 때에는 그 정상을 참작하여 사상에 대한 형사책임을 감경하거나 면제할 수 있다.

### (6) 소송지원〈법 제16조의6〉

소방청장, 소방본부장 또는 소방서장은 소방공무원이 소방활동, 소방지원활동, 생활안전활동으로 인하여 민 · 형사상 책임과 관련된 소송을 수행할 경우 변호인 선임 등 소송수행에 필요한 지원을 할 수 있다.

### (7) 소방교육 · 훈련〈법 제17조〉

① 소방청장, 소방본부장 또는 소방서장은 소방업무를 전문적이고 효과적으로 수행하기 위하여 소방대원에게 필요한 교육 · 훈련을 실시하여야 한다.

② 소방청장, 소방본부장 또는 소방서장은 화재를 예방하고 화재 발생 시 인명과 재산피해를 최소화하기 위하여 다음에 해당하는 사람을 대상으로 행정안전부령으로 정하는 바에 따라 소방안전에 관한 교육과 훈련을 실시할 수 있다. 이 경우 소방청장, 소방본부장 또는 소방서장은 해당 어린이집 · 유치원 · 학교의 장과 교육일정 등에 관하여 협의하여야 한다.

㉠ 「영유아보육법」에 따른 어린이집의 영유아
㉡ 「유아교육법」에 따른 유치원의 유아
㉢ 「초 · 중등교육법」에 따른 학교의 학생

**기출PLUS**

기출 2020. 6. 20. 소방공무원

**「소방기본법」상 소방대의 생활안전활동으로 옳지 않은 것은?**

① 단전사고 시 비상전원 또는 조명 공급
② 소방시설 오작동 신고에 따른 조치 활동
③ 위해동물, 벌 등의 포획 및 퇴치 활동
④ 끼임, 고립 등에 따른 위험제거 및 구출 활동

TIP

'소방시설 오작동 신고에 따른 조치 활동'은 '소방지원활동(동법 시행규칙 제8조의4)'에 해당한다.

〈정답 ②

기출PLUS

③ 소방청장, 소방본부장 또는 소방서장은 국민의 안전의식을 높이기 위하여 화재 발생 시 피난 및 행동 방법 등을 홍보하여야 한다.

④ 교육·훈련의 종류 및 대상자, 그 밖에 교육·훈련의 실시에 필요한 사항은 행정안전부령으로 정한다.

**[소방대원에게 실시할 교육·훈련의 종류 등(시행규칙 제9조 제1항 관련)]**

| 종 류 | 교육·훈련을 받아야 할 대상자 |
|---|---|
| 1. 화재진압훈련 | 1) 화재진압 업무를 담당하는 소방공무원<br>2) 「의무소방대설치법 시행령」에 따른 임무를 수행하는 의무소방원<br>3) 「의용소방대 설치 및 운영에 관한 법률」에 따라 임명된 의용소방대원 |
| 2. 인명구조훈련 | 1) 구조업무를 담당하는 소방공무원<br>2) 「의무소방대 설치법 시행령」에 따른 임무를 수행하는 의무소방원<br>3) 「의용소방대 설치 및 운영에 관한 법률」에 따라 임명된 의용소방대원 |
| 3. 응급처치훈련 | 1) 구급업무를 담당하는 소방공무원<br>2) 「의무소방대설치법」에 따라 임용된 의무소방원<br>3) 「의용소방대 설치 및 운영에 관한 법률」에 따라 임명된 의용소방대원 |
| 4. 인명대피훈련 | 1) 소방공무원<br>2) 「의무소방대설치법」에 따라 임용된 의무소방원<br>3) 「의용소방대 설치 및 운영에 관한 법률」에 따라 임명된 의용소방대원 |
| 5. 현장지휘훈련 | 소방공무원 중 다음의 계급에 있는 사람<br>1) 지방소방정<br>2) 지방소방령<br>3) 지방소방경<br>4) 지방소방위 |

※ 교육·훈련 횟수는 2년마다 1회, 기간은 2주 이상으로 한다.

### (8) 소방안전교육사〈법 제17조의2〉

① 소방청장은 소방안전교육을 위하여 소방청장이 실시하는 시험에 합격한 사람에게 소방안전교육사 자격을 부여한다.

② 소방안전교육사는 소방안전교육의 기획·진행·분석·평가 및 교수업무를 수행한다.

③ 소방안전교육사 시험의 응시자격, 시험방법, 시험과목, 시험위원, 그 밖에 소방안전교육사 시험의 실시에 필요한 사항은 대통령령으로 정한다.

④ 소방안전교육사 시험에 응시하려는 사람은 대통령령으로 정하는 바에 따라 수수료를 내야 한다.

### (9) 소방안전교육사의 결격사유〈법 제17조의3〉

① 피성년후견인

② 금고 이상의 실형을 선고받고 그 집행이 끝나거나(집행이 끝난 것으로 보는 경우를 포함한다) 집행이 면제된 날부터 2년이 지나지 아니한 사람

③ 금고 이상의 형의 집행유예를 선고받고 그 유예기간 중에 있는 사람

④ 법원의 판결 또는 다른 법률에 따라 자격이 정지되거나 상실된 사람

### ⑽ 부정행위자에 대한 조치〈제17조의4〉

① 소방청장은 소방안전교육사 시험에서 부정행위를 한 사람에 대하여는 해당 시험을 정지시키거나 무효로 처리한다.

② 시험이 정지되거나 무효로 처리된 사람은 그 처분이 있은 날부터 2년간 소방안전교육사 시험에 응시하지 못한다.

### ⑾ 소방안전교육사의 배치〈법 제17조의5〉

① 소방안전교육사를 소방청, 소방본부 또는 소방서, 그 밖에 대통령령으로 정하는 대상에 배치할 수 있다.

② 소방안전교육사의 배치대상 및 배치기준, 그 밖에 필요한 사항은 대통령령으로 정한다.

[소방안전교육사 배치 기준]

| 배치대상 | 배치기준(단위: 명) |
|---|---|
| 소방청 | 2명 이상 |
| 소방본부 | 2명 이상 |
| 소방서 | 1명 이상 |
| 한국소방안전원 | 본회: 2명 이상 /시 · 도지부: 1명 이상 |
| 한국소방산업기술원 | 2명 이상 |

### ⑿ 한국119청소년단〈법 제17조의6〉

① 청소년에게 소방안전에 관한 올바른 이해와 안전의식을 함양시키기 위하여 한국119청소년단을 설립한다.

② 한국119청소년단은 법인으로 하고, 그 주된 사무소의 소재지에 설립등기를 함으로써 성립한다.

③ 국가나 지방자치단체는 한국119청소년단에 그 조직 및 활동에 필요한 시설 · 장비를 지원할 수 있으며, 운영경비와 시설비 및 국내외 행사에 필요한 경비를 보조할 수 있다.

④ 개인 · 법인 또는 단체는 한국119청소년단의 시설 및 운영 등을 지원하기 위하여 금전이나 그 밖의 재산을 기부할 수 있다.

⑤ 이 법에 따른 한국119청소년단이 아닌 자는 한국119청소년단 또는 이와 유사한 명칭을 사용할 수 없다.

기출PLUS

기출PLUS

⑥ 한국119청소년단의 정관 또는 사업의 범위 · 지도 · 감독 및 지원에 필요한 사항은 행정안전부령으로 정한다.

⑦ 한국119청소년단에 관하여 이 법에서 규정한 것을 제외하고는 「민법」 중 사단법인에 관한 규정을 준용한다.

### ⒀ 소방신호〈법 제18조〉

화재예방, 소방활동 또는 소방훈련을 위하여 사용되는 소방신호의 종류와 방법은 행정안전부령으로 정한다.

**POINT** 소방신호의 종류 및 방법〈시행규칙 제10조〉

① 소방신호의 종류
- ㉠ 경계신호 : 화재예방상 필요하다고 인정되거나 화재위험 경보 시 발령
- ㉡ 발화신호 : 화재가 발생한 때 발령
- ㉢ 해제신호 : 소화활동이 필요 없다고 인정되는 때 발령
- ㉣ 훈련신호 : 훈련상 필요하다고 인정되는 때 발령

② 소방신호의 방법
- ㉠ 타종 및 사이렌

| | 타종 신호 | 사이렌 신호 |
|---|---|---|
| 경계 신호 | 1타와 연2타를 반복 | 5초 간격을 두고 30초씩 3회 |
| 발화 신호 | 난타 | 5초 간격을 두고 5초씩 3회 |
| 해제 신호 | 상당한 간격을 두고 1타씩 반복 | 1분간 1회 |
| 훈련 신호 | 연3타 반복 | 10초 간격을 두고 1분씩 3회 |

- ㉡ 그 밖의 신호

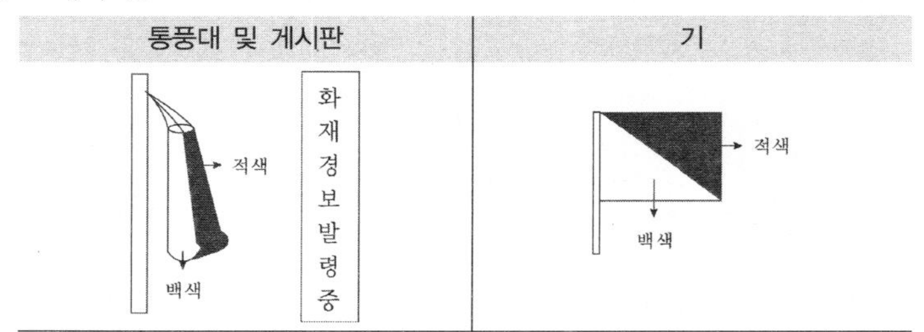


- ㉢ 소방신호, 통풍대 및 게시판 기 사용 시 유의 사항
  - ⓐ 소방신호의 방법은 그 전부 또는 일부를 함께 사용할 수 있다.
  - ⓑ 게시판을 철거하거나 통풍대 또는 기를 내리는 것으로 소방 활동이 해제되었음을 알린다.
  - ⓒ 소방대의 비상소집을 하는 경우에는 훈련신호를 사용할 수 있다.

### ⒁ 화재 등의 통지〈법 제19조〉

① 화재 현장 또는 구조 · 구급이 필요한 사고 현장을 발견한 사람은 그 현장의 상황을 소방본부, 소방서 또는 관계 행정기관에 지체 없이 알려야 한다.

기출PLUS

② 다음의 어느 하나에 해당하는 지역 또는 장소에서 화재로 오인할 만한 우려가 있는 불을 피우거나 연막(煙幕) 소독을 하려는 자는 시 · 도의 조례로 정하는 바에 따라 관할 소방본부장 또는 소방서장에게 신고하여야 한다.

㉠ 시장지역

㉡ 공장 · 창고가 밀집한 지역

㉢ 목조건물이 밀집한 지역

㉣ 위험물의 저장 및 처리시설이 밀집한 지역

㉤ 석유화학제품을 생산하는 공장이 있는 지역

㉥ 그 밖에 시 · 도의 조례로 정하는 지역 또는 장소

### ⒂ 관계인의 소방활동〈법 제20조〉

관계인은 소방대상물에 화재, 재난 · 재해, 그 밖의 위급한 상황이 발생한 경우에는 소방대가 현장에 도착할 때까지 경보를 울리거나 대피를 유도하는 등의 방법으로 사람을 구출하는 조치 또는 불을 끄거나 불이 번지지 아니하도록 필요한 조치를 하여야 한다.

### ⒃ 소방자동차의 우선 통행 등〈법 제21조〉

① 모든 차와 사람은 소방자동차(지휘를 위한 자동차 및 구조 · 구급차를 포함한다)가 화재진압 및 구조 · 구급활동을 위하여 출동을 하는 때에는 이를 방해하여서는 아니 된다.

② 소방자동차가 화재진압 및 구조 · 구급 활동을 위하여 출동하거나 훈련을 위하여 필요할 때에는 사이렌을 사용할 수 있다.

③ 모든 차와 사람은 소방자동차가 화재진압 및 구조 · 구급 활동을 위하여 제2항에 따라 사이렌을 사용하여 출동하는 경우에는 다음 각 호의 행위를 하여서는 아니 된다.

㉠ 소방자동차에 진로를 양보하지 아니하는 행위

㉡ 소방자동차 앞에 끼어들거나 소방자동차를 가로막는 행위

㉢ 그 밖에 소방자동차의 출동에 지장을 주는 행위

④ ③의 경우를 제외하고 소방자동차의 우선 통행에 관하여는 「도로교통법」에서 정하는 바에 따른다.

### ⒄ 소방자동차 전용구역〈법 제21조의2〉

① 「건축법」에 따른 공동주택 중 대통령령으로 정하는 공동주택의 건축주는 소방활동의 원활한 수행을 위하여 공동주택에 소방자동차 전용구역을 설치하여야 한다.

② 누구든지 전용구역에 차를 주차하거나 전용구역에의 진입을 가로막는 등의 방해 행위를 하여서는 아니 된다.

기출PLUS

③ 전용구역의 설치 기준 · 방법, 전용구역 진입 방해 행위의 기준, 그 밖의 필요한 사항은 대통령령으로 정한다.

**POINT** **전용구역 방해 행위 기준**〈시행령 제7조의 14〉

㉠ 전용구역에 물건 등을 쌓거나 주차하는 행위

㉡ 전용구역의 앞면, 뒷면 또는 양 측면에 물건 등을 쌓거나 주차하는 행위. 다만, 「주차장법」 제19조에 따른 부설주차장의 주차구획 내에 주차하는 경우는 제외한다.

㉢ 전용구역 진입로에 물건 등을 쌓거나 주차하여 전용구역으로의 진입을 가로막는 행위

㉣ 전용구역 노면표지를 지우거나 훼손하는 행위

㉤ 그 밖의 방법으로 소방자동차가 전용구역에 주차하는 것을 방해하거나 전용구역으로 진입하는 것을 방해하는 행위

**POINT** **소방자동차 전용구역의 설치 기준 · 방법**〈시행령 제7조의13〉

㉠ 아파트 중 세대수가 100세대 이상인 아파트와 3층 이상의 기숙사의 경우 공동주택의 건축주는 소방자동차가 접근하기 쉽고 소방활동이 원활하게 수행될 수 있도록 각 동별 전면 또는 후면에 소방자동차 전용구역을 1개소 이상 설치하여야 한다. 다만, 하나의 전용구역에서 여러 동에 접근하여 소방활동이 가능한 경우로서 소방청장이 정하는 경우에는 각 동별로 설치하지 아니할 수 있다.

㉡ 전용구역의 설치 방법

[전용구역의 설치 방법〈시행령 별표2의5〉]

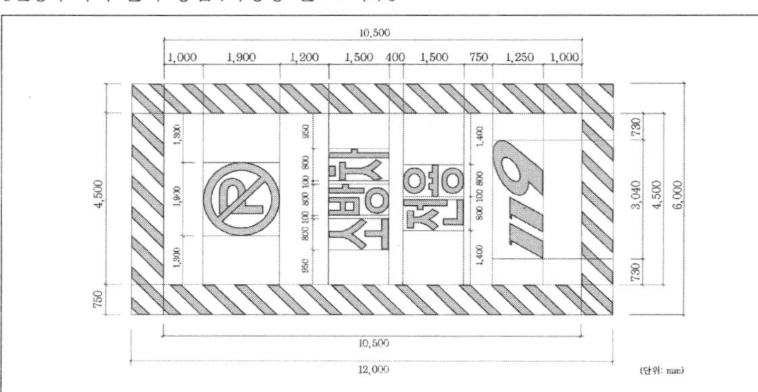


1. 전용구역 노면표지의 외곽선은 빗금무늬로 표시하되, 빗금은 두께를 30센티미터로 하여 50센티미터 간격으로 표시한다.
2. 전용구역 노면표지 도료의 색채는 황색을 기본으로 하되, 문자(P, 소방차 전용)는 백색으로 표시한다.

### (18) 소방대의 긴급통행〈법 제22조〉

소방대는 화재, 재난 · 재해, 그 밖의 위급한 상황이 발생한 현장에 신속하게 출동하기 위하여 긴급할 때에는 일반적인 통행에 쓰이지 아니하는 도로 · 빈터 또는 물 위로 통행할 수 있다.

### (19) 소방활동구역의 설정〈법 제23조〉

① 소방대장은 화재, 재난 · 재해, 그 밖의 위급한 상황이 발생한 현장에 소방활동구역을 정하여 소방활동에 필요한 사람으로서 대통령령으로 정하는 사람 외에는 그 구역에 출입하는 것을 제한할 수 있다.

② 경찰공무원은 소방대가 소방활동구역에 있지 아니하거나 소방대장의 요청이 있을 때에는 출입을 제한하는 조치를 할 수 있다.

POINT 소방활동구역의 출입자〈시행령 제8조〉
① 소방활동구역 안에 있는 소방대상물의 소유자 · 관리자 또는 점유자
② 전기 · 가스 · 수도 · 통신 · 교통의 업무에 종사하는 사람으로서 원활한 소방활동을 위하여 필요한 사람
③ 의사 · 간호사, 그 밖의 구조 · 구급업무에 종사하는 사람
④ 취재인력 등 보도업무에 종사하는 사람
⑤ 수사업무에 종사하는 사람
⑥ 그 밖에 소방대장이 소방활동을 위하여 출입을 허가한 사람

### (20) 소방활동 종사 명령〈법 제24조〉 ✡ 2021 기출

① 소방본부장, 소방서장 또는 소방대장은 화재, 재난 · 재해, 그 밖의 위급한 상황이 발생한 현장에서 소방활동을 위하여 필요할 때에는 그 관할구역에 사는 사람 또는 그 현장에 있는 사람으로 하여금 사람을 구출하는 일 또는 불을 끄거나 불이 번지지 아니하도록 하는 일을 하게 할 수 있다. 이 경우 소방본부장, 소방서장 또는 소방대장은 소방활동에 필요한 보호장구를 지급하는 등 안전을 위한 조치를 하여야 한다.

② 소방활동에 종사한 사람은 시 · 도지사로부터 소방활동의 비용을 지급받을 수 있다. 다만, 다음의 어느 하나에 해당하는 사람의 경우에는 그러하지 아니하다.
㉠ 소방대상물에 화재, 재난 · 재해, 그 밖의 위급한 상황이 발생한 경우 그 관계인
㉡ 고의 또는 과실로 화재 또는 구조 · 구급 활동이 필요한 상황을 발생시킨 사람
㉢ 화재 또는 구조 · 구급 현장에서 물건을 가져간 사람

### (21) 강제처분 등〈법 제25조〉 ✡ 2019 기출

① 소방본부장, 소방서장 또는 소방대장은 사람을 구출하거나 불이 번지는 것을 막기 위하여 필요할 때에는 화재가 발생하거나 불이 번질 우려가 있는 소방대상물 및 토지를 일시적으로 사용하거나 그 사용의 제한 또는 소방활동에 필요한 처분을 할 수 있다.

② 소방본부장, 소방서장 또는 소방대장은 사람을 구출하거나 불이 번지는 것을 막기 위하여 긴급하다고 인정할 때에는 소방대상물 또는 토지 외의 소방대상물과 토지에 대하여 ①의 처분을 할 수 있다.

③ 소방본부장, 소방서장 또는 소방대장은 소방활동을 위하여 긴급하게 출동할 때에는

---

**기출PLUS**

기출 2019. 4. 6 소방공무원

**「소방기본법」상 소방활동에 필요한 처분(강제처분 등)을 할 수 있는 처분권자로 옳은 것은?**

보기
㉠ 소방서장 ㉡ 소방본부장
㉢ 소방대장 ㉣ 소방청장
㉤ 시 · 도지사

① ㉠, ㉡, ㉢ ② ㉠, ㉡, ㉣
③ ㉠, ㉢, ㉤ ④ ㉠, ㉣, ㉤

TIP
소방활동에 필요한 '소화활동종사명령, 강제처분, 피난명령, 위험시설 등에 대한 긴급조치' 등에 대한 권한은 소방서장, 소방본부장, 소방대장에게 있다.

〈정답 ①

기출PLUS

소방자동차의 통행과 소방활동에 방해가 되는 주차 또는 정차된 차량 및 물건 등을 제거하거나 이동시킬 수 있다.

④ 소방본부장, 소방서장 또는 소방대장은 ③에 따른 소방활동에 방해가 되는 주차 또는 정차된 차량의 제거나 이동을 위하여 관할 지방자치단체 등 관련 기관에 견인차량과 인력 등에 대한 지원을 요청할 수 있고, 요청을 받은 관련 기관의 장은 정당한 사유가 없으면 이에 협조하여야 한다.

⑤ 시 · 도지사는 ④에 따라 견인차량과 인력 등을 지원한 자에게 시 · 도의 조례로 정하는 바에 따라 비용을 지급할 수 있다.

### (22) 피난명령〈법 제26조〉

① 소방본부장, 소방서장 또는 소방대장은 화재, 재난 · 재해, 그 밖의 위급한 상황이 발생하여 사람의 생명을 위험하게 할 것으로 인정할 때에는 일정한 구역을 지정하여 그 구역에 있는 사람에게 그 구역 밖으로 피난할 것을 명할 수 있다.

② 소방본부장, 소방서장 또는 소방대장은 명령을 할 때 필요하면 관할 경찰서장 또는 자치경찰단장에게 협조를 요청할 수 있다.

### (23) 위험시설 등에 대한 긴급조치〈법 제27조〉

① 소방본부장, 소방서장 또는 소방대장은 화재 진압 등 소방활동을 위하여 필요할 때에는 소방용수 외에 댐 · 저수지 또는 수영장 등의 물을 사용하거나 수도(水道)의 개폐장치 등을 조작할 수 있다.

② 소방본부장, 소방서장 또는 소방대장은 화재 발생을 막거나 폭발 등으로 화재가 확대되는 것을 막기 위하여 가스 · 전기 또는 유류 등의 시설에 대하여 위험물질의 공급을 차단하는 등 필요한 조치를 할 수 있다.

### (24) 방해행위의 제지 등〈법 제27조의2〉

소방대원은 소방활동 또는 생활안전활동을 방해하는 행위를 하는 사람에게 필요한 경고를 하고, 그 행위로 인하여 사람의 생명 · 신체에 위해를 끼치거나 재산에 중대한 손해를 끼칠 우려가 있는 긴급한 경우에는 그 행위를 제지할 수 있다.

### (25) 소방용수시설의 사용금지 등〈법 제28조〉

① 정당한 사유 없이 소방용수시설 또는 비상소화장치를 사용하는 행위

② 정당한 사유 없이 손상 · 파괴, 철거 또는 그 밖의 방법으로 소방용수시설 또는 비상소화장치의 효용(效用)을 해치는 행위

③ 소방용수시설 또는 비상소화장치의 정당한 사용을 방해하는 행위

기출PLUS

## section 5 화재의 조사

### (1) 화재의 원인 및 피해 조사〈법 제29조〉

① 소방청장, 소방본부장 또는 소방서장은 화재가 발생하였을 때에는 화재의 원인 및 피해 등에 대한 화재조사를 하여야 한다.

② 화재조사의 방법 및 전담조사반의 운영과 화재조사자의 자격 등 화재조사에 필요한 사항은 행정안전부령으로 정한다.

**POINT** 화재조사 방법 등〈시행규칙 제11조〉

㉠ 화재조사는 관계 공무원이 화재사실을 인지하는 즉시 시행규칙 제12조 제4항에 따른 장비를 활용하여 실시되어야 한다.

㉡ 화재조사의 종류 및 조사의 범위〈시행규칙 별표5 참조〉

• 화재원인조사

| 종류 | 조사 범위 |
|---|---|
| 가. 발화원인 조사 | 화재가 발생한 과정, 화재가 발생한 지점 및 불이 붙기 시작한 물질 |
| 나. 발견·통보 및 초기 소화상황 조사 | 화재의 발견·통보 및 초기소화 등 일련의 과정 |
| 다. 연소상황 조사 | 화재의 연소경로 및 확대원인 등의 상황 |
| 라. 피난상황 조사 | 피난경로, 피난상의 장애요인 등의 상황 |
| 마. 소방시설 등 조사 | 소방시설의 사용 또는 작동 등의 상황 |

• 화재피해 조사

| 종류 | 조사 범위 |
|---|---|
| 가. 인명피해 조사 | • 소방활동 중 발생한 사망자 및 부상자<br>• 그 밖에 화재로 인한 사망자 및 부상자 |
| 나. 재산피해 조사 | • 열에 의한 탄화, 용융, 파손 등의 피해<br>• 소화활동 중 사용된 물로 인한 피해<br>• 그 밖에 연기, 물품반출, 화재로 인한 폭발 등에 의한 피해 |

**POINT** 화재조사전담부서의 설치·운영 등〈시행규칙 제12조〉

㉠ 화재의 원인과 피해 조사를 위하여 소방청, 시·도의 소방본부와 소방서에 화재조사를 전담하는 부서를 설치·운영한다.

㉡ 화재조사전담부서장의 업무

• 화재조사의 총괄·조정
• 화재조사의 실시
• 화재조사의 발전과 조사요원의 능력향상에 관한 사항
• 화재조사를 위한 장비의 관리운영에 관한 사항
• 그 밖의 화재조사에 관한 사항

기출PLUS

㉢ 화재조사 전담부서의 장은 소속 소방공무원 가운데 다음 각 호의 어느 하나에 해당하는 자로서 소방청장이 실시하는 화재조사에 관한 시험에 합격한 자로 하여금 화재조사를 실시하도록 하여야 한다. 다만, 화재조사에 관한 시험에 합격한 자가 없는 경우에는 소방공무원 중 「국가기술자격법」에 의한 건축 · 위험물 · 전기 · 안전관리(가스 · 소방 · 소방설비 · 전기안전 · 화재감식평가 종목에 한한다) 분야 산업기사 이상의 자격을 취득한 자 또는 소방공무원으로서 화재조사 분야에서 1년 이상 근무한 자로 하여금 화재조사를 실시하도록 할 수 있다.
- 소방교육기관(중앙 · 지방소방학교 및 시 · 도에서 설치 · 운영하는 소방교육대를 말한다)에서 8주 이상 화재조사에 관한 전문교육을 이수한 자
- 국립과학수사연구원 또는 외국의 화재조사 관련 기관에서 8주 이상 화재조사에 관한 전문교육을 이수한 자

㉣ 화재조사전담부서에는 별표 6의 기준에 의한 장비 및 시설을 갖추어야 한다(*부록 Ⅳ 참조).

㉤ 소방청장 · 소방본부장 또는 소방서장은 화재조사 전담부서에서 근무하는 자의 업무능력 향상을 위하여 국내 · 외의 소방 또는 안전에 관련된 전문기관에 위탁교육을 실시할 수 있다.

㉥ 화재전담부서의 운영 및 화재조사에 관한 시험의 응시자격, 시험방법, 시험과목, 그 밖에 시험의 시행에 필요한 사항은 소방청장이 정한다.

### ⑵ 출입 · 조사 등〈법 제30조〉

① 소방청장, 소방본부장 또는 소방서장은 화재조사를 하기 위하여 필요하면 관계인에게 보고 또는 자료 제출을 명하거나 관계 공무원으로 하여금 관계 장소에 출입하여 화재의 원인과 피해의 상황을 조사하거나 관계인에게 질문하게 할 수 있다.

② 화재조사를 하는 관계 공무원은 그 권한을 표시하는 증표를 지니고 이를 관계인에게 보여 주어야 한다.

③ 화재조사를 하는 관계 공무원은 관계인의 정당한 업무를 방해하거나 화재조사를 수행하면서 알게 된 비밀을 다른 사람에게 누설하여서는 아니 된다.

### ⑶ 수사기관에 체포된 사람에 대한 조사〈법 제31조〉

소방청장, 소방본부장 또는 소방서장은 수사기관이 방화(放火) 또는 실화(失火)의 혐의가 있어서 이미 피의자를 체포하였거나 증거물을 압수하였을 때에 화재조사를 위하여 필요한 경우에는 수사에 지장을 주지 아니하는 범위에서 그 피의자 또는 압수된 증거물에 대한 조사를 할 수 있다. 이 경우 수사기관은 소방청장, 소방본부장 또는 소방서장의 신속한 화재조사를 위하여 특별한 사유가 없으면 조사에 협조하여야 한다.

기출PLUS

#### (4) 소방공무원과 경찰공무원의 협력 등〈법 제32조〉

① 소방공무원과 경찰공무원은 화재조사를 할 때에 서로 협력하여야 한다.

② 소방본부장이나 소방서장은 화재조사 결과 방화 또는 실화의 혐의가 있다고 인정하면 지체 없이 관할 경찰서장에게 그 사실을 알리고 필요한 증거를 수집·보존하여 그 범죄수사에 협력하여야 한다.

#### (5) 소방기관과 관계 보험회사의 협력〈법 제33조〉

소방본부, 소방서 등 소방기관과 관계 보험회사는 화재가 발생한 경우 그 원인 및 피해상황을 조사할 때 필요한 사항에 대하여 서로 협력하여야 한다.

## section 6 구조 및 구급

#### (1) 구조대의 편성과 운영〈법 제34조〉

구조대 및 구급대의 편성과 운영에 관하여는 별도의 법률로 정한다.

#### (2) 목적〈119구조·구급에 관한 법률 제1조〉

119구조·구급에 관한 법률은 화재, 재난·재해 및 테러, 그 밖의 위급한 상황에서 119구조·구급의 효율적 운영에 관하여 필요한 사항을 규정함으로써 국가의 구조·구급 업무 역량을 강화하고 국민의 생명·신체 및 재산을 보호하며 삶의 질 향상에 이바지함을 목적으로 한다.

#### (3) 용어의 정의〈동법 제2조〉

이 법에서 사용하는 용어의 뜻은 다음과 같다.

① 구조란 화재, 재난·재해 및 테러, 그 밖의 위급한 상황에서 외부의 도움을 필요로 하는 사람의 생명, 신체 및 재산을 보호하기 위하여 수행하는 모든 활동을 말한다.

② 119구조대란 탐색 및 구조 활동에 필요한 장비를 갖추고 소방공무원으로 편성된 단위조직을 말한다.

③ 구급이란 응급환자에 대하여 행하는 상담, 응급처치 및 이송 등의 활동을 말한다.

④ 119구급대란 구급활동에 필요한 장비를 갖추고 소방공무원으로 편성된 단위조직을 말한다.

⑤ 응급환자란 「응급의료에 관한 법률」의 응급환자를 말한다.

기출PLUS

⑥ 응급처치란 「응급의료에 관한 법률」의 응급처치를 말한다.

⑦ 구급차 등이란 「응급의료에 관한 법률」의 구급차 등을 말한다.

⑧ 지도의사란 「응급의료에 관한 법률」의 지도의사를 말한다.

⑨ 119항공대란 항공기, 구조 · 구급 장비 및 119항공대원으로 구성된 단위조직을 말한다.

⑩ 119항공대원이란 구조 · 구급을 위한 119항공대에 근무하는 조종사, 정비사, 항공교통관제사, 운항관리사, 119구조 · 구급대원을 말한다.

#### (4) 국가의 책무〈동법 제3조〉

① 국가와 지방자치단체는 119구조 · 구급과 관련된 새로운 기술의 연구 · 개발 및 구조 · 구급서비스의 질을 향상시키기 위한 시책을 강구하고 추진하여야 한다.

② 국가와 지방자치단체는 구조 · 구급업무를 효과적으로 수행하기 위한 체계의 구축 및 구조 · 구급장비의 구비, 그 밖에 구조 · 구급활동에 필요한 기반을 마련하여야 한다.

③ 국가와 지방자치단체는 국민이 위급상황에서 자신의 생명과 신체를 보호할 수 있는 대응능력을 향상시키기 위한 교육과 홍보에 적극 노력하여야 한다.

#### (5) 국민의 권리와 의무〈동법 제4조〉

① 누구든지 위급상황에 처한 경우에는 국가와 지방자치단체로부터 신속한 구조와 구급을 통하여 생활의 안전을 영위할 권리를 가진다.

② 누구든지 119구조대원 · 119구급대원 · 119항공대원이 위급상황에서 구조 · 구급활동을 위하여 필요한 협조를 요청하는 경우에는 특별한 사유가 없으면 이에 협조하여야 한다.

③ 누구든지 위급상황에 처한 요구조자를 발견한 때에는 이를 지체 없이 소방기관 또는 관계 행정기관에 알려야 하며, 119구조대 · 119구급대 · 119항공대가 도착할 때까지 요구조자를 구출하거나 부상 등이 악화되지 아니하도록 노력하여야 한다.

#### (6) 구조된 사람과 물건의 인도 · 인계〈동법 제16조〉

① 소방청장, 소방본부장 또는 소방서장은 구조 활동으로 구조된 사람 또는 신원이 확인된 사망자를 그 보호자 또는 유족에게 지체 없이 인도하여야 한다.

② 소방청장, 소방본부장 또는 소방서장은 구조 · 구급활동과 관련하여 회수된 물건(구조된 물건)의 소유자가 있는 경우에는 소유자에게 그 물건을 인계하여야 한다.

③ 소방청장, 소방본부장 또는 소방서장은 다음 각 호의 어느 하나에 해당하는 때에는 구조된 사람, 사망자 또는 구조된 물건을 특별자치도지사 · 시장 · 군수 · 구청장(「재난 및 안전관리 기본법」 제14조 또는 제16조에 따른 재난안전대책본부가 구성된 경우 해당 재난안전대책본부장을 말한다. 이하 같다)에게 인도하거나 인계하여야 한다.

㉠ 구조된 사람이나 사망자의 신원이 확인되지 아니한 때
㉡ 구조된 사람이나 사망자를 인도받을 보호자 또는 유족이 없는 때
㉢ 구조된 물건의 소유자를 알 수 없는 때

## section 7 의용소방대

### (1) 의용소방대의 설치 및 운영〈법 제37조〉

의용소방대의 설치 및 운영에 관하여는 별도의 법률로 정한다.

### (2) 의용소방대의 목적〈의용소방대 설치 및 운영에 관한 법률 제1조〉

의용소방대설치 및 운영에 관한 법률은 화재진압, 구조·구급 등의 소방업무를 체계적으로 보조하기 위하여 의용소방대 설치 및 운영 등에 필요한 사항을 규정함을 목적으로 한다.

### (3) 의용소방대의 설치〈동법 제2조〉

① 특별시장·광역시장·특별자치시장·도지사·특별자치도지사 또는 소방서장은 재난현장에서 화재진압, 구조·구급 등의 활동과 화재예방활동에 관한 소방업무를 보조하기 위하여 의용소방대를 설치할 수 있다.

② 의용소방대는 특별시·광역시·특별자치시·도·특별자치도, 시·읍 또는 면에 둔다.

③ 시·도지사 또는 소방서장은 필요한 경우 관할 구역을 따로 정하여 그 지역에 의용소방대를 설치할 수 있다.

④ 시·도지사 또는 소방서장은 필요한 경우 의용소방대를 화재진압 등을 전담하는 전담 의용소방대로 운영할 수 있다. 이 경우 관할 구역의 특성과 관할 면적 또는 출동거리 등을 고려하여야 한다.

⑤ 그 밖에 의용소방대의 설치 등에 필요한 사항은 행정안전부령으로 정한다.

### (4) 의용소방대원의 임명·해임 및 조직 등

① 의용소방대원의 임명〈동법 제3조〉 … 시·도지사 또는 소방서장은 그 지역에 거주 또는 상주하는 주민 가운데 희망하는 사람으로서 다음의 어느 하나에 해당하는 사람을 의용소방대원으로 임명한다.
㉠ 관할 구역 내에서 안정된 사업장에 근무하는 사람
㉡ 신체가 건강하고 협동정신이 강한 사람
㉢ 희생정신과 봉사정신이 투철하다고 인정되는 사람

기출PLUS

기출PLUS

㉣ 「소방시설공사업법」에 따른 소방기술 관련 자격 · 학력 또는 경력이 있는 사람
㉤ 의사 · 간호사 또는 응급구조사 자격을 가진 사람
㉥ 기타 의용소방대의 활동에 필요한 기술과 재능을 보유한 사람

② **의용소방대원의 해임**〈동법 제4조〉
㉠ 소재를 알 수 없는 경우
㉡ 관할 구역 외로 이주한 경우. 다만, 신속한 재난현장 도착 등 대원으로서 활동하는 데 지장이 없다고 인정되는 경우에는 그러하지 아니하다.
㉢ 심신장애로 직무를 수행할 수 없다고 인정되는 경우
㉣ 직무를 태만히 하거나 직무상의 의무를 이행하지 아니한 경우
㉤ 행위금지 의무를 위반한 경우
㉥ 그 밖에 행정안전부령으로 정하는 사유에 해당하는 경우
※ 의용소방대의 해임은 시 · 도지사 또는 소방서장이 한다. 그 밖에 의용소방대원의 해임절차 등에 필요한 사항은 행정안전부령으로 정한다.

③ **의용소방대의 정년**〈동법 제5조〉 … 의용소방대원의 정년은 65세로 한다.

④ **의용소방대의 조직**〈동법 제6조〉
㉠ 의용소방대에는 대장 · 부대장 · 부장 · 반장 또는 대원을 둔다.
㉡ 대장 및 부대장은 의용소방대원 중 관할 소방서장의 추천에 따라 시 · 도지사가 임명한다.
㉢ 그 밖에 의용소방대의 조직 등에 필요한 사항은 행정안전부령으로 정한다.

⑤ **의용소방대의 임무**〈동법 제7조〉
㉠ 화재의 경계와 진압업무의 보조
㉡ 구조 · 구급 업무의 보조
㉢ 화재 등 재난 발생 시 대피 및 구호업무의 보조
㉣ 화재예방업무의 보조
㉤ 그 밖에 행정안전부령으로 정하는 사항

### (5) 금지행위〈동법 제11조〉

의용소방대원은 의용소방대의 명칭을 사용하여 다음에 해당하는 행위를 하여서는 아니 된다.

① 기부금을 모금하는 행위

② 영리목적으로 의용소방대의 명의를 사용하는 행위

③ 정치활동에 관여하는 행위

④ 소송 · 분쟁 · 쟁의에 참여하는 행위

⑤ 그 밖에 의용소방대의 명예가 훼손되는 행위

기출PLUS

## section 8 소방산업의 육성 · 진흥 및 지원 등

### (1) 국가의 책무〈법 제39조의3〉

국가는 소방산업(소방용 기계 · 기구의 제조, 연구 · 개발 및 판매 등에 관한 일련의 산업을 말한다. 이하 같다)의 육성 · 진흥을 위하여 필요한 계획의 수립 등 행정상 · 재정상의 지원시책을 마련하여야 한다.

### (2) 소방산업과 관련된 기술개발 등의 지원〈법 제39조의5〉

① 국가는 소방산업과 관련된 기술(이하 "소방기술"이라 한다)의 개발을 촉진하기 위하여 기술개발을 실시하는 자에게 그 기술개발에 드는 자금의 전부나 일부를 출연하거나 보조할 수 있다.

② 국가는 우수소방제품의 전시 · 홍보를 위하여 「대외무역법」에 따른 무역전시장 등을 설치한 자에게 다음에서 정한 범위에서 재정적인 지원을 할 수 있다.
  - ㉠ 소방산업전시회 운영에 따른 경비의 일부
  - ㉡ 소방산업전시회 관련 국외 홍보비
  - ㉢ 소방산업전시회 기간 중 국외의 구매자 초청 경비

### (3) 소방기술의 연구 · 개발사업 수행〈법 제39조의6〉

① 국가는 국민의 생명과 재산을 보호하기 위하여 다음의 어느 하나에 해당하는 기관이나 단체로 하여금 소방기술의 연구 · 개발사업을 수행하게 할 수 있다.
  - ㉠ 국 · 공립 연구기관
  - ㉡ 「과학기술분야 정부출연연구기관 등의 설립 · 운영 및 육성에 관한 법률」에 따라 설립된 연구기관
  - ㉢ 「특정연구기관 육성법」에 따른 특정연구기관
  - ㉣ 「고등교육법」에 따른 대학 · 산업대학 · 전문대학 및 기술대학
  - ㉤ 「민법」이나 다른 법률에 따라 설립된 소방기술 분야의 법인인 연구기관 또는 법인 부설 연구소
  - ㉥ 「기초연구진흥 및 기술개발지원에 관한 법률」에 따라 인정받은 기업부설연구소
  - ㉦ 「소방산업의 진흥에 관한 법률」에 따른 한국소방산업기술원
  - ㉧ 그 밖에 대통령령으로 정하는 소방에 관한 기술개발 및 연구를 수행하는 기관 · 협회

② 국가가 기관이나 단체로 하여금 소방기술의 연구 · 개발사업을 수행하게 하는 경우에는 필요한 경비를 지원하여야 한다.

기출PLUS

### (4) 소방기술 및 소방산업의 국제화사업〈법 제39조의7〉

① 국가는 소방기술 및 소방산업의 국제경쟁력과 국제적 통용성을 높이는 데에 필요한 기반 조성을 촉진하기 위한 시책을 마련하여야 한다.

② 소방청장은 소방기술 및 소방산업의 국제경쟁력과 국제적 통용성을 높이기 위하여 다음의 사업을 추진하여야 한다.
- ㉠ 소방기술 및 소방산업의 국제 협력을 위한 조사 · 연구
- ㉡ 소방기술 및 소방산업에 관한 국제 전시회, 국제 학술회의 개최 등 국제 교류
- ㉢ 소방기술 및 소방산업의 국외시장 개척
- ㉣ 그 밖에 소방기술 및 소방산업의 국제경쟁력과 국제적 통용성을 높이기 위하여 필요하다고 인정하는 사업

## section 9 한국소방안전원

### (1) 한국소방안전원의 설립 등〈법 제40조〉

① 소방기술과 안전관리기술의 향상 및 홍보, 그 밖의 교육 · 훈련 등 행정기관이 위탁하는 업무의 수행과 소방 관계 종사자의 기술 향상을 위하여 한국소방안전안전원(이하 "안전원"라 한다)을 설립한다.

② 설립되는 안전원은 법인으로 한다.

③ 안전원에 관하여 이 법에 규정된 것을 제외하고는 「민법」 중 재단법인에 관한 규정을 준용한다.

### (2) 교육계획의 수립 및 평가 등〈법 제40조의2〉

① 안전원의 장(이하 "안전원장"이라 한다)은 소방기술과 안전관리의 기술향상을 위하여 매년 교육 수요조사를 실시하여 교육계획을 수립하고 소방청장의 승인을 받아야 한다.

② 안전원장은 소방청장에게 해당 연도 교육결과를 평가 · 분석하여 보고하여야 하며, 소방청장은 교육평가 결과를 ①의 교육계획에 반영하게 할 수 있다.

③ 안전원장은 ②의 교육결과를 객관적이고 정밀하게 분석하기 위하여 필요한 경우 교육 관련 전문가로 구성된 위원회를 운영할 수 있다.

④ ③에 따른 위원회의 구성 · 운영에 필요한 사항은 대통령령으로 정한다.

기출PLUS

### (3) 안전원의 업무〈법 제41조〉 ✡ 2021 기출

① 소방기술과 안전관리에 관한 교육 및 조사 · 연구

② 소방기술과 안전관리에 관한 각종 간행물 발간

③ 화재 예방과 안전관리의식의 고취를 위한 대국민 홍보

④ 소방업무에 관하여 행정기관이 위탁하는 업무

⑤ 소방안전에 관한 국제협력

⑥ 그 밖에 회원에 대한 기술지원 등 정관으로 정하는 사항

### (4) 회원의 자격〈법 제42조〉

① 「화재예방, 소방시설 설치 · 유지 및 안전관리에 관한 법률」, 「소방시설공사업법」 또는 「위험물안전관리법」에 따라 등록을 하거나 허가를 받은 사람으로서 회원이 되려는 사람

② 「화재예방, 소방시설 설치 · 유지 및 안전관리에 관한 법률」, 「소방시설공사업법」 또는 「위험물안전관리법」에 따라 소방안전관리자, 소방기술자 또는 위험물안전관리자로 선임되거나 채용된 사람으로서 회원이 되려는 사람

③ 그 밖에 소방분야에 관심이 있거나 관한 학식과 경험이 풍부한 사람으로서 회원이 되려는 사람

### (5) 안전원의 정관〈법 제43조〉

① 안전원의 정관에는 다음 각 호의 사항이 포함되어야 한다.

㉠ 목적

㉡ 명칭

㉢ 주된 사무소의 소재지

㉣ 사업에 관한 사항

㉤ 이사회에 관한 사항

㉥ 회원과 임원 및 직원에 관한 사항

㉦ 재정 및 회계에 관한 사항

㉧ 정관의 변경에 관한 사항

② 안전원은 정관을 변경하려면 소방청장의 인가를 받아야 한다.

기출PLUS

TIP

**안전원의 임원〈법 제44조의2〉**
① 안전원에 임원으로 원장 1명을 포함한 9명 이내의 이사와 1명의 감사를 둔다.
② ①에 따른 원장과 감사는 소방청장이 임명한다.

TIP

**유사명칭의 사용금지〈법 제44조의3〉**
이 법에 따른 안전원이 아닌 자는 한국소방안전원 또는 이와 유사한 명칭을 사용하지 못한다.

기출 2018. 10. 13 소방공무원

**「소방기본법」상 소방청장 또는 시·도지사가 손실보상 심의위원회의 심사·의결에 따라 정당한 손실보상을 하여야 하는 대상으로 옳지 않은 것은?**

① 생활안전활동에 따른 조치로 인하여 손실을 입은 자
② 화재가 확대되는 것을 막기 위하여 가스·전기 또는 유류 등의 시설에 대하여 위험물질의 공급을 차단하는 등의 조치로 인하여 손실을 입은 자
③ 소방활동 종사명령으로 인하여 사망하거나 부상을 입은 자
④ 소방활동에 방해가 되는 불법주차 차량을 제거하거나 이동시키는 처분으로 인하여 손실을 입은 자

TIP

소방기본법 제49조의2 제1항

《정답 ④

### (6) 안전원의 운영 경비〈법 제44조〉

안전원의 운영 및 사업에 소요되는 경비는 다음 각 호의 재원으로 충당한다.

㉠ 제41조 제1호 및 제4호의 업무 수행에 따른 수입금
㉡ 제42조에 따른 회원의 회비
㉢ 자산운영수익금
㉣ 그 밖의 부대수입

## section 10 보칙

### (1) 감독〈법 제48조〉

① 소방청장은 안전원의 업무를 감독한다.

② 소방청장은 안전원에 대하여 업무·회계 및 재산에 관하여 필요한 사항을 보고하게 하거나, 소속 공무원으로 하여금 안전원의 장부·서류 및 그 밖의 물건을 검사하게 할 수 있다.

③ 소방청장은 ②에 따른 보고 또는 검사의 결과 필요하다고 인정되면 시정명령 등 필요한 조치를 할 수 있다.

### (2) 권한의 위임〈법 제49조〉

소방청장은 이 법에 따른 권한의 일부를 대통령령으로 정하는 바에 따라 시·도지사, 소방본부장 또는 소방서장에게 위임할 수 있다.

### (3) 손실보상〈제49조의2〉

① 소방청장 또는 시·도지사는 다음의 어느 하나에 해당하는 자에게 손실보상심의위원회의 심사·의결에 따라 정당한 보상을 하여야 한다. ✡ 2018 기출

㉠ 제16조의3(생활안전활동) 제1항에 따른 조치로 인하여 손실을 입은 자
㉡ 제24조(소방활동 종사 명령) 제1항 전단에 따른 소방활동 종사로 인하여 사망하거나 부상을 입은 자
㉢ 제25조(강제처분 등) 제2항 또는 제3항에 따른 처분으로 인하여 손실을 입은 자. 다만, 같은 조 제3항에 해당하는 경우로서 법령을 위반하여 소방자동차의 통행과 소방활동에 방해가 된 경우는 제외한다.
㉣ 제27조(위험시설 등에 대한 긴급조치) 제1항 또는 제2항에 따른 조치로 인하여 손실을 입은 자

㉤ 그 밖에 소방기관 또는 소방대의 적법한 소방업무 또는 소방활동으로 인하여 손실을 입은 자

② 손실보상을 청구할 수 있는 권리는 손실이 있음을 안 날부터 3년, 손실이 발생한 날부터 5년간 행사하지 아니하면 시효의 완성으로 소멸한다. ✡ 2019 기출

③ 손실보상청구 사건을 심사 · 의결하기 위하여 손실보상심의위원회를 둔다.

④ 손실보상의 기준, 보상금액, 지급절차 및 방법, 손실보상심의위원회의 구성 및 운영, 그 밖에 필요한 사항은 대통령령으로 정한다.

㉠ **손실보상의 기준 및 보상금액**〈시행령 제11조〉

ⓐ 법 제49조의2 제1항 각 호(㉡ 제외)의 어느 하나에 해당하는 자에게 물건의 멸실 · 훼손으로 인한 손실보상을 하는 때에는 다음 각 호의 기준에 따른 금액으로 보상한다. 이 경우 영업자가 손실을 입은 물건의 수리나 교환으로 인하여 영업을 계속할 수 없는 때에는 영업을 계속할 수 없는 기간의 영업이익액에 상당하는 금액을 더하여 보상한다.

- 손실을 입은 물건을 수리할 수 있는 때: 수리비에 상당하는 금액
- 손실을 입은 물건을 수리할 수 없는 때: 손실을 입은 당시의 해당 물건의 교환가액

ⓑ 물건의 멸실 · 훼손으로 인한 손실 외의 재산상 손실에 대해서는 직무집행과 상당한 인과관계가 있는 범위에서 보상한다.

ⓒ 법 제49조의2 제1항 ㉡에 따른 사상자의 보상금액 등의 기준은 별표2의4와 같다.

※ **소방활동 종사 사상자의 보상금액 등의 기준**〈시행령 별표2의4〉

- 사망자의 보상금액 기준 : 「의사상자 등 예우 및 지원에 관한 법률 시행령」 제12조 제1항에 따라 보건복지부장관이 결정하여 고시하는 보상금에 따른다.
- 부상등급의 기준 : 「의사상자 등 예우 및 지원에 관한 법률 시행령」 제2조 및 별표1에 따른 부상범위 및 등급에 따른다.
- 부상등급별 보상금액 기준 : 「의사상자 등 예우 및 지원에 관한 법률 시행령」 제12조 제2항 및 별표2에 따른 의상자의 부상등급별 보상금에 따른다.
- 보상금 지급순위의 기준 : 「의사상자 등 예우 및 지원에 관한 법률」 제10조의 규정을 준용한다.
- 보상금의 환수 기준 : 「의사상자 등 예우 및 지원에 관한 법률」 제19조의 규정을 준용한다.

**기출PLUS**

기출 2019. 4. 6 소방공무원

**「소방기본법」 및 같은 법 시행령상 손실보상에 관한 설명 중 ( ) 안에 들어갈 숫자로 옳은 것은?**

보기

- 손실보상을 청구할 수 있는 권리는 손실이 있음을 안 날부터 ( 가 )년, 손실이 발생한 날부터 ( 나 )년간 행사하지 아니하면 시효의 완성으로 소멸한다.
- 소방청장 등은 손실보상심의위원회의 심사 · 의결을 거쳐 특별한 사유가 없으면 보상금 지급 청구서를 받은 날부터 ( 다 )일 이내에 보상금 지급 여부 및 보상금액을 결정하여야 한다.
- 소방청장 등은 결정일부터 ( 라 )일 이내에 행정안전부령으로 정하는 바에 따라 결정 내용을 청구인에게 통지하고, 보상금을 지급하기로 결정한 경우에는 특별한 사유가 없으면 통지한 날부터 ( 마 )일 이내에 보상금을 지급하여야 한다.

| | (가) | (나) | (다) | (라) | (마) |
|---|---|---|---|---|---|
| ① | 3 | 5 | 60 | 10 | 30 |
| ② | 5 | 3 | 60 | 12 | 20 |
| ③ | 3 | 5 | 50 | 12 | 30 |
| ④ | 5 | 3 | 50 | 10 | 20 |

TIP

(가), (나) : 소방기본법 제49조의2 제2항
(다) : 시행령 제12조 제2항
(라), (마) : 시행령 제12조 제4항

정답 ①

기출PLUS

⑤ 손실보상의 지급절차 및 방법〈시행령 제12조〉 ✡ 2019 기출

㉠ 손실보상심의위원회의 심사·의결에 따라 정당한 보상을 하여야 하는 규정에 따라 소방기관 또는 소방대의 적법한 소방업무 또는 소방활동으로 인하여 발생한 손실을 보상받으려는 자는 행정안전부령으로 정하는 보상금 지급 청구서에 손실내용과 손실금액을 증명할 수 있는 서류를 첨부하여 소방청장 또는 시·도지사(이하 "소방청장 등"이라 한다)에게 제출하여야 한다. 이 경우 소방청장 등은 손실보상금의 산정을 위하여 필요하면 손실보상을 청구한 자에게 증빙·보완 자료의 제출을 요구할 수 있다.

㉡ 소방청장 등은 손실보상심의위원회의 심사·의결을 거쳐 특별한 사유가 없으면 보상금 지급 청구서를 받은 날부터 60일 이내에 보상금 지급 여부 및 보상금액을 결정하여야 한다.

㉢ 소방청장 등은 다음의 어느 하나에 해당하는 경우에는 그 청구를 각하(却下)하는 결정을 하여야 한다.

ⓐ 청구인이 같은 청구 원인으로 보상금 청구를 하여 보상금 지급 여부 결정을 받은 경우. 다만, 기각 결정을 받은 청구인이 손실을 증명할 수 있는 새로운 증거가 발견되었음을 소명(疎明)하는 경우는 제외한다.

ⓑ 손실보상 청구가 요건과 절차를 갖추지 못한 경우. 다만, 그 잘못된 부분을 시정할 수 있는 경우는 제외한다.

㉣ 소방청장 등은 ㉡ 또는 ㉢에 따른 결정일부터 10일 이내에 행정안전부령으로 정하는 바에 따라 결정 내용을 청구인에게 통지하고, 보상금을 지급하기로 결정한 경우에는 특별한 사유가 없으면 통지한 날부터 30일 이내에 보상금을 지급하여야 한다.

㉤ 소방청장 등은 보상금을 지급받을 자가 지정하는 예금계좌(「우체국예금·보험에 관한 법률」에 따른 체신관서 또는 「은행법」에 따른 은행의 계좌를 말한다)에 입금하는 방법으로 보상금을 지급한다. 다만, 보상금을 지급받을 자가 체신관서 또는 은행이 없는 지역에 거주하는 등 부득이한 사유가 있는 경우에는 그 보상금을 지급받을 자의 신청에 따라 현금으로 지급할 수 있다.

㉥ 보상금은 일시불로 지급하되, 예산 부족 등의 사유로 일시불로 지급할 수 없는 특별한 사정이 있는 경우에는 청구인의 동의를 받아 분할하여 지급할 수 있다.

㉦ ㉠부터 ㉥까지에서 규정한 사항 외에 보상금의 청구 및 지급에 필요한 사항은 소방청장이 정한다.

⑥ 손실보상심의위원회의 설치 및 구성〈시행령 제13조〉

㉠ 소방청장 또는 시·도지사는 손실보상심의 위원회 설치 규정에 따라 손실보상청구 사건을 심사·의결하기 위하여 각각 손실보상심의위원회(이하 "보상위원회"라 한다)를 둔다.

㉡ 보상위원회는 위원장 1명을 포함하여 5명 이상 7명 이하의 위원으로 구성한다.

㉢ 보상위원회의 위원은 다음의 어느 하나에 해당하는 사람 중에서 소방청장 등이 위촉하거나 임명한다. 이 경우 위원의 과반수는 성별을 고려하여 소방공무원이 아닌 사람으로 하여야 한다.

기출PLUS

ⓐ 소속 소방공무원
ⓑ 판사 · 검사 또는 변호사로 5년 이상 근무한 사람
ⓒ 「고등교육법」 제2조에 따른 학교에서 법학 또는 행정학을 가르치는 부교수 이상으로 5년 이상 재직한 사람
ⓓ 「보험업법」 제186조에 따른 손해사정사
ⓔ 소방안전 또는 의학 분야에 관한 학식과 경험이 풍부한 사람

㉣ ㉢에 따라 위촉되는 위원의 임기는 2년으로 하며, 한 차례만 연임할 수 있다.
㉤ 보상위원회의 사무를 처리하기 위하여 보상위원회에 간사 1명을 두되, 간사는 소속 소방공무원 중에서 소방청장 또는 시 · 도지사가 지명한다.

⑦ **보상위원회 위원장**〈시행령 제14조〉
㉠ 보상위원회의 위원장은 위원 중에서 호선한다.
㉡ 보상위원장은 보상위원회를 대표하며, 보상위원회의 업무를 총괄한다.
㉢ 보상위원장이 부득이한 사유로 직무를 수행할 수 없는 때에는 보상위원장이 미리 지명한 위원이 그 직무를 대행한다.

⑧ **보상위원회의 운영**〈시행령 제15조〉
㉠ 보상위원장은 보상위원회의 회의를 소집하고, 그 의장이 된다.
㉡ 보상위원회의 회의는 재적위원 과반수의 출석으로 개의(開議)하고, 출석위원 과반수의 찬성으로 의결한다.
㉢ 보상위원회는 심의를 위하여 필요한 경우에는 관계 공무원이나 관계 기관에 사실조사나 자료의 제출 등을 요구할 수 있으며, 관계 전문가에게 필요한 정보의 제공이나 의견의 진술 등을 요청할 수 있다.

⑨ **보상위원회 위원의 제척 · 기피 · 회피**〈시행령 제16조〉
㉠ 보상위원회의 위원이 다음에 해당하는 경우에는 보상위원회의 심의 · 의결에서 제척(除斥)된다.
ⓐ 위원 또는 그 배우자나 배우자였던 사람이 심의 안건의 청구인인 경우
ⓑ 위원이 심의 안건의 청구인과 친족이거나 친족이었던 경우
ⓒ 위원이 심의 안건에 대하여 증언, 진술, 자문, 용역 또는 감정을 한 경우
ⓓ 위원이나 위원이 속한 법인(법무조합 및 공증인가합동법률사무소를 포함한다)이 심의 안건 청구인의 대리인이거나 대리인이었던 경우
ⓔ 위원이 해당 심의 안건의 청구인인 법인의 임원인 경우

㉡ 청구인은 보상위원회의 위원에게 공정한 심의 · 의결을 기대하기 어려운 사정이 있는 때에는 보상위원회에 기피 신청을 할 수 있고, 보상위원회는 의결로 이를 결정한다. 이 경우 기피 신청의 대상인 위원은 그 의결에 참여하지 못한다.
㉢ 보상위원회의 위원이 ㉠ 각 호에 따른 제척 사유에 해당하는 경우에는 스스로 해당 안건의 심의 · 의결에서 회피(回避)하여야 한다.

기출PLUS

⑩ **보상위원회 위원의 해촉 및 해임**〈시행령 제17조〉 … 소방청장 또는 시 · 도지사는 보상위원회의 위원이 다음에 해당하는 경우에는 해당 위원을 해촉(解囑)하거나 해임할 수 있다.
  ㉠ 심신장애로 인하여 직무를 수행할 수 없게 된 경우
  ㉡ 직무태만, 품위손상이나 그 밖의 사유로 위원으로 적합하지 아니하다고 인정되는 경우
  ㉢ 보상위원회 위원의 제척 사유(시행령 제16조 제1항)에 해당하는 데에도 불구하고 회피하지 아니한 경우
  ㉣ 보상위원회의 비밀 누설 금지 규정을 위반하여 직무상 알게 된 비밀을 누설한 경우

⑪ **보상위원회의 비밀 누설 금지**〈시행령 제17조의2〉 … 보상위원회의 회의에 참석한 사람은 직무상 알게 된 비밀을 누설해서는 아니 된다.

⑫ **보상위원회의 운영 등에 필요한 사항**〈시행령 제18조〉 … 보상위원회에서 규정한 사항 외에 보상위원회의 운영 등에 필요한 사항은 소방청장등이 정한다.

**형법 제129조~제132조**
- 제129조(수뢰, 사전수뢰)
- 제130조(제삼자 뇌물제공)
- 제131조(수뢰 후 부정처사, 사후수뢰)
- 제132조(알선수뢰)

#### (4) 벌칙적용 특례〈법 제49조의3(벌칙 적용에서 공무원 의제)〉

소방업무에 관하여 행정기관이 위탁하는 업무에 종사하는 안전원의 임직원은 「형법」 제129조부터 제132조까지를 적용할 때에는 공무원으로 본다.

## section 11 벌칙

#### (1) 5년 이하의 징역 또는 5천만 원 이하의 벌금〈법 제50조〉

① 소방활동을 방해하는 행위로 다음의 어느 하나에 해당하는 행위를 한 사람
  ㉠ 위력(威力)을 사용하여 출동한 소방대의 화재진압 · 인명구조 또는 구급활동을 방해하는 행위
  ㉡ 소방대가 화재진압 · 인명구조 또는 구급활동을 위하여 현장에 출동하거나 현장에 출입하는 것을 고의로 방해하는 행위
  ㉢ 출동한 소방대원에게 폭행 또는 협박을 행사하여 화재진압 · 인명구조 또는 구급활동을 방해하는 행위
  ㉣ 출동한 소방대의 소방장비를 파손하거나 그 효용을 해하여 화재진압 · 인명구조 또는 구급활동을 방해하는 행위

② 화재진압 및 구조 · 구급 활동을 위하여 출동하는 소방자동차의 출동을 방해한 사람

③ 소방활동 종사 명령에 의해 사람을 구출하는 일 또는 불을 끄거나 불이 번지지 아니하도록 하는 일을 방해한 사람

④ 정당한 사유 없이 소방용수시설 또는 비상소화장치를 사용하거나 소방용수시설 또는 비상소화장치의 효용을 해치거나 그 정당한 사용을 방해한 사람 ✿ 2019 기출

### (2) 3년 이하의 징역 또는 3천만 원 이하의 벌금〈법 제51조〉

제25조(강제처분 등) 제1항에 따른 처분을 방해한 자 또는 정당한 사유 없이 그 처분에 따르지 아니한 자는 3년 이하의 징역 또는 3천만 원 이하의 벌금에 처한다.

### (3) 300만 원 이하의 벌금〈법 제52조〉

① 제25조(강제처분 등) 제2항 및 제3항에 따른 처분을 방해한 자 또는 정당한 사유 없이 그 처분에 따르지 아니한 자

② 제30조(출입 · 조사 등) 제3항을 위반하여 관계인의 정당한 업무를 방해하거나 화재조사를 수행하면서 알게 된 비밀을 다른 사람에게 누설한 사람

### (4) 200만 원 이하의 벌금〈법 제53조〉

① 정당한 사유 없이 제12조(화재예방조치 등) 제1항 각 호의 어느 하나에 따른 명령에 따르지 아니하거나 이를 방해한 자

② 정당한 사유 없이 제30조(출입 · 조사 등) 제1항에 따른 관계 공무원의 출입 또는 조사를 거부 · 방해 또는 기피한 자

### (5) 100만 원 이하의 벌금〈법 제54조〉

① 화재경계지구 안의 소방대상물에 대한 소방특별조사를 거부 · 방해 또는 기피한 자

② 정당한 사유 없이 소방대의 생활안전활동을 방해한 자

③ 관계인의 소방활동 의무를 위반하여 정당한 사유 없이 소방대가 현장에 도착할 때까지 사람을 구출하는 조치 또는 불을 끄거나 불이 번지지 아니하도록 하는 조치를 하지 아니한 사람

④ 소방본부장, 소방서장 또는 소방대장의 피난 명령을 위반한 사람

⑤ 위험시설 등에 대한 긴급 조치로 소방용수 외에 댐 · 저수지 또는 수영장 등의 물을 사용하거나 수도(水道)의 개폐장치 등을 조작할 수 있음에도 불구하고 정당한 사유 없이 물의 사용이나 수도의 개폐장치의 사용 또는 조작을 하지 못하게 하거나 방해한 자

기출PLUS

TIP

**법 제25조**(강제처분 등)

① 소방본부장, 소방서장 또는 소방대장은 사람을 구출하거나 불이 번지는 것을 막기 위하여 필요할 때에는 화재가 발생하거나 불이 번질 우려가 있는 소방대상물 및 토지를 일시적으로 사용하거나 그 사용의 제한 또는 소방활동에 필요한 처분을 할 수 있다.

② 소방본부장, 소방서장 또는 소방대장은 사람을 구출하거나 불이 번지는 것을 막기 위하여 긴급하다고 인정할 때에는 제1항에 따른 소방대상물 또는 토지 외의 소방대상물과 토지에 대하여 제1항에 따른 처분을 할 수 있다.

③ 소방본부장, 소방서장 또는 소방대장은 소방활동을 위하여 긴급하게 출동할 때에는 소방자동차의 통행과 소방활동에 방해가 되는 주차 또는 정차된 차량 및 물건 등을 제거하거나 이동시킬 수 있다.

기출PLUS

⑥ 위험시설 등에 대한 긴급 조치로 화재 발생을 막거나 폭발 등으로 화재가 확대되는 것을 막기 위하여 가스 · 전기 또는 유류 등의 시설에 대하여 위험물질의 공급을 차단하는 등 필요한 조치에 대하여 정당한 사유 없이 방해한 자

### (6) 양벌규정〈제55조〉

법인의 대표자나 법인 또는 개인의 대리인, 사용인, 그 밖의 종업원이 그 법인 또는 개인의 업무에 관하여 벌칙에 해당하는 위반행위를 하면 그 행위자를 벌하는 외에 그 법인 또는 개인에게도 해당 조문의 벌금형을 과(科)한다. 다만, 법인 또는 개인이 그 위반행위를 방지하기 위하여 해당 업무에 관하여 상당한 주의와 감독을 게을리 하지 아니한 경우에는 그러하지 아니하다.

### (7) 500만 원 이하의 과태료〈법 제56조 제1항〉

화재 또는 구조 · 구급이 필요한 상황을 거짓으로 알린 사람에게는 500만 원 이하의 과태료를 부과한다.

### (8) 200만 원 이하의 과태료〈법 제56조 제2항〉

① 소방특별조사 결과 화재 예방상 필요한 소방용수시설, 소화기구 및 설비 등의 설치 명령을 위반한 자

② 보일러, 난로, 건조설비 등의 불을 사용할 때 지켜야 하는 사항 및 특수가연물의 저장 및 취급 기준을 위반한 자

③ 한국119청소년단 또는 이와 유사한 명칭을 사용한 자

④ 소방자동차의 우선통행권에 의한 긴급출동 시 소방자동차의 출동에 지장을 준 자

⑤ 소방대장이 지정한 소방활동구역 출입자가 아님에도 소방활동구역을 출입한 사람

⑥ 화재조사 시 관계인의 보고 또는 자료제출 의무에도 불구하고 보고 또는 자료 제출을 하지 아니하거나 거짓으로 보고 또는 자료 제출을 한 자

⑦ 한국소방안전원 또는 이와 유사한 명칭을 사용한 자

### (9) 100만 원 이하의 과태료〈법 제56조 제3항〉

소방 자동차의 전용구역에 차를 주차하거나 전용구역에의 진입을 가로막는 등의 방해행위를 한 자에게는 100만 원 이하의 과태료를 부과한다.

### ⑽ 20만 원 이하의 과태료〈법 제57조〉

제19조(화재 등의 통지) 제2항*에 따른 신고를 하지 아니하여 소방자동차를 출동하게 한 자에게는 20만 원 이하의 과태료를 부과한다.

### ⑾ 과태료의 부과 · 징수

① ⑺과 ⑼에 따른 과태료는 대통령령으로 정하는 바에 따라 관할 시 · 도지사, 소방본부장 또는 소방서장이 부과 · 징수한다.

② ⑽에 따른 과태료는 조례로 정하는 바에 따라 관할 소방본부장 또는 소방서장이 부과 · 징수한다.

## 부록 – 별표

### Ⅰ. 과태료의 부과기준〈시행령 제19조 관련〉

1. 일반기준

가. 과태료 부과권자는 위반행위자가 다음 중 어느 하나에 해당하는 경우에는 개별기준의 과태료 금액의 100분의 50의 범위에서 그 금액을 감경하여 부과할 수 있다. 다만, 감경할 사유가 여러 개 있는 경우라도 「질서위반행위규제법」에 따른 감경을 제외하고는 감경의 범위는 100분의 50을 넘을 수 없다.

1) 위반행위자가 화재 등 재난으로 재산에 현저한 손실이 발생한 경우 또는 사업의 부도 · 경매 또는 소송 계속 등 사업여건이 악화된 경우로서 과태료 부과권자가 자체위원회의 의결을 거쳐 감경하는 것이 타당하다고 인정하는 경우[위반행위자가 최근 1년 이내에 소방 관계 법령(「소방기본법」, 「화재예방, 소방시설 설치 · 유지 및 안전관리에 관한 법률」, 「소방시설공사업법」, 「위험물안전관리법」, 「다중이용업소의 안전관리에 관한 특별법」 및 그 하위법령을 말한다)을 2회 이상 위반한 자는 제외한다]

2) 위반행위자가 위반행위로 인한 결과를 시정하거나 해소한 경우

나. 위반행위의 횟수에 따른 과태료의 부과기준은 최근 1년간 같은 위반행위로 과태료를 부과받은 경우에 적용한다. 이 경우 위반행위에 대하여 과태료 부과처분을 한 날과 다시 같은 위반행위를 적발한 날을 기준으로 하여 위반횟수를 계산한다.

다. 나목에 따라 가중된 부과처분을 하는 경우 가중처분의 적용 차수는 그 위반행위전 부과처분 차수(나목에 따른 기간 내에 과태료 부과처분이 둘 이상 있었던 경우에는 높은 차수를 말한다)의 다음 차수로 한다.

기출PLUS

TIP

**제19조 제2항**

다음 각 호의 어느 하나에 해당하는 지역 또는 장소에서 화재로 오인할 만한 우려가 있는 불을 피우거나 연막(煙幕) 소독을 하려는 자는 시 · 도의 조례로 정하는 바에 따라 관할 소방본부장 또는 소방서장에게 신고하여야 한다.

1. 시장지역
2. 공장 · 창고가 밀집한 지역
3. 목조건물이 밀집한 지역
4. 위험물의 저장 및 처리시설이 밀집한 지역
5. 석유화학제품을 생산하는 공장이 있는 지역
6. 그 밖에 시 · 도의 조례로 정하는 지역 또는 장소

기출PLUS

2. 개별기준

(단위 : 만 원)

| 위반사항 | 근거법령 | 과태료액 |
|---|---|---|
| 소방용수시설·소화기구 및 설비 등의 설치명령을 위반한 경우 | 법 제56조 제2항 제1호 | 1회 위반 시 : 50<br>2회 위반 시 : 100<br>3회 위반 시 : 150<br>4회 이상 위반 시 : 200 |
| 불의 사용에 있어서 지켜야 하는 사항을 위반한 경우<br>(1) 위반행위로 인하여 화재가 발생한 경우<br>(2) 위반행위로 인하여 화재가 발생하지 않은 경우 | 법 제56조 제2항 제2호 | 1회 위반 시 : (1) 100 (2) 50<br>2회 위반 시 : (1) 150 (2) 100<br>3회 위반 시 : (1) 200 (2) 150<br>4회 이상 위반 시 : (1) 200<br>(2) 200 |
| 특수가연물의 저장 및 취급의 기준을 위반한 경우 | 법 제56조 제2항 제2호 | 1회 위반 시 : 20<br>2회 위반 시 : 50<br>3회 위반 시 : 100<br>4회 이상 위반 시 : 100 |
| 한국119청소년단 또는 이와 유사한 명칭을 사용한 경우 | 법 제56조 제2항 제2호의2 | 1회 위반 시 : 50<br>2회 위반 시 : 100<br>3회 위반 시 : 150<br>4회 위반 시 : 200 |
| 화재 또는 구조·구급이 필요한 상황을 허위로 알린 경우 | 법 제56조 제1항 | 1회 위반 시 : 200<br>2회 위반 시 : 400<br>3회 위반 시 : 500<br>4회 이상 위반 시 : 500 |
| 소방자동차의 출동에 지장을 준 경우 | 법 제56조 제2항 제3호의2 | 100 |
| 전용구역에 차를 주차하거나 전용구역에의 진입을 가로막는 등의 방해행위를 한 경우 | 법 제56조 제3항 | 1회 위반 시 : 50<br>2회 위반 시 : 100<br>3회 위반 시 : 100<br>4회 위반 시 : 100 |
| 소방활동구역을 출입한 경우 | 법 제56조 제2항 제4호 | 100 |
| 명령을 위반하여 보고 또는 자료제출을 하지 아니하거나 거짓으로 보고 또는 자료제출을 한 경우 | 법 제56조 제2항 제5호 | 1회 위반 시 : 50<br>2회 위반 시 : 100<br>3회 위반 시 : 150<br>4회 이상 위반 시 : 200 |
| 한국소방안전원 또는 이와 유사한 명칭을 사용한 경우 | 법 제56조 제2항 제6호 | 200 |

## II. 국고보조의 대상이 되는 소방활동장비 및 설비의 종류와 규격〈시행규칙 제5조 제1항 관련〉

| 구분 | 종류 | | | | 규격 |
|---|---|---|---|---|---|
| 소방활동장비 | 소방자동차 | 펌프차 | 대형 | | 240마력 이상 |
| | | | 중형 | | 170마력 이상 240마력 미만 |
| | | | 소형 | | 120마력 이상 170마력 미만 |
| | | 물탱크 소방차 | 대형 | | 240마력 이상 |
| | | | 중형 | | 170마력 이상 240마력 미만 |
| | | 화학 소방차 | 비활성가스를 이용한 소방차 | | |
| | | | 고성능 | | 340마력 이상 |
| | | | 내폭 | | 340마력 이상 |
| | | | 일반 | 대형 | 240마력 이상 |
| | | | | 중형 | 170마력 이상 240마력 미만 |
| | | 사다리 소방차 | 고가(사다리의 길이가 33m 이상인 것에 한한다) | | 330마력 이상 |
| | | | 굴절 | 27m 이상급 | 330마력 이상 |
| | | | | 18m 이상 27m 미만급 | 240마력 이상 |
| | | 조명차 | 중형 | | 170마력 |
| | | 배연차 | 중형 | | 170마력 이상 |
| | | 구조차 | 대형 | | 240마력 이상 |
| | | | 중형 | | 170마력 이상 240마력 미만 |
| | | 구급차 | 특수 | | 90마력 이상 |
| | | | 일반 | | 85마력 이상 90마력 미만 |
| | 소방정 | | 소방정 | | 100톤 이상급, 50톤급 |
| | | | 구조정 | | 30톤급 |
| | 소방헬리콥터 | | | | 5~17인승 |
| 통신설비 | 유선통신장비 | | 디지털전화교환기 | | 국내 100회선 이상, 내선 1,000회선 이상 |
| | | | 키폰장치 | | 국내 100회선 이상, 내선 200회선 이상 |
| | | | 팩스 | | 일제 개별 동보장치 |
| | | | 영상장비다중화장치 | | 동화상 및 정지화상 E1급 이상 |

기출PLUS

기출PLUS

<table>
<tr><td rowspan="24">소방전용통신설비 및 전산설비</td><td rowspan="8">통신설비</td><td rowspan="8">무선통신기기</td><td rowspan="3">극초단파 무선기기</td><td>고정용</td><td>공중전력 50와트 이하</td></tr>
<tr><td>이동용</td><td>공중전력 20와트 이하</td></tr>
<tr><td>휴대용</td><td>공중전력 5와트 이하</td></tr>
<tr><td rowspan="3">초단파 무선기기</td><td>고정용</td><td>공중전력 50와트 이하</td></tr>
<tr><td>이동용</td><td>공중전력 20와트 이하</td></tr>
<tr><td>휴대용</td><td>공중전력 5와트 이하</td></tr>
<tr><td rowspan="2">단파무전기</td><td>고정용</td><td>공중전력 100와트 이하</td></tr>
<tr><td>이동용</td><td>공중전력 50와트 이하</td></tr>
<tr><td rowspan="16">전산설비</td><td rowspan="3">주전산기기</td><td>중앙처리장치</td><td colspan="2">클럭속도 : 90메가헤르츠 이상, 워드길이 : 32비트 이상</td></tr>
<tr><td>주기억장치</td><td colspan="2">용량 : 125메가바이트 이상<br>전송속도 : 초당 22메가바이트 이상<br>캐시메모리 : 1메가바이트 이상</td></tr>
<tr><td>보조기억장치</td><td colspan="2">용량 5기가바이트 이상</td></tr>
<tr><td rowspan="3">보조전산기기</td><td>중앙처리장치</td><td colspan="2">성능 : 26밉스 이상<br>클럭속도 : 25메가헤르츠 이상<br>워드길이 : 32비트 이상</td></tr>
<tr><td>주기억장치</td><td colspan="2">용량 : 32메가바이트 이상<br>전송속도 : 초당 22메가바이트 이상<br>캐시메모리 : 128킬로바이트 이상</td></tr>
<tr><td>보조기억장치</td><td colspan="2">용량 : 22기가바이트 이상</td></tr>
<tr><td rowspan="3">서버</td><td>중앙처리장치</td><td colspan="2">성능 : 80밉스 이상<br>클럭속도 : 100메가헤르츠 이상<br>워드길이 : 32비트 이상</td></tr>
<tr><td>주기억장치</td><td colspan="2">용량 : 초당 32메가바이트 이상<br>전송속도 : 초당 22메가바이트 이상<br>캐시메모리 : 128킬로바이트 이상</td></tr>
<tr><td>보조기억장치</td><td colspan="2">용량 : 3기가바이트 이상</td></tr>
<tr><td rowspan="4">단말기</td><td>중앙처리장치</td><td colspan="2">클럭속도 : 100메가헤르츠 이상</td></tr>
<tr><td>주기억장치</td><td colspan="2">용량 : 16메가바이트 이상</td></tr>
<tr><td>보조기억장치</td><td colspan="2">용량 : 1기가바이트 이상</td></tr>
<tr><td>모니터</td><td colspan="2">칼라, 15인치 이상</td></tr>
<tr><td colspan="2">라우터</td><td colspan="2">6시리얼포트 이상</td></tr>
<tr><td colspan="2">스위칭허브</td><td colspan="2">16이더넷포트 이상</td></tr>
<tr><td colspan="2">디에스유, 씨에스유</td><td colspan="2">초당 56킬로바이트 이상</td></tr>
</table>

| | | 스캐너 | A4사이즈, 칼라 600, 인치당 2,400도트 이상 |
|---|---|---|---|
| | | 플로터 | A4사이즈, 칼라 300, 인치당 600도트 이상 |
| | | 빔프로젝트 | 밝기 400룩스 이상 컴퓨터 데이터 접속 가능 |
| | | 액정프로젝트 | 밝기 400룩스 이상 컴퓨터 데이터 접속 가능 |
| | | 무정전 전원장치 | 5킬로볼트암페어 이상 |

## Ⅲ. 화재조사의 종류 및 조사의 범위〈시행규칙 제11조 제2항 관련〉

1. 화재원인조사

| 종류 | 조사범위 |
|---|---|
| 발화원인 조사 | 화재가 발생한 과정, 화재가 발생한 지점 및 불이 붙기 시작한 물질 |
| 발견·통보 및 초기 소화상황 조사 | 화재의 발견·통보 및 초기소화 등 일련의 과정 |
| 연소상황 조사 | 화재의 연소경로 및 확대원인 등의 상황 |
| 피난상황 조사 | 피난경로, 피난상의 장애요인 등의 상황 |
| 소방시설 등 조사 | 소방시설의 사용 또는 작동 등의 상황 |

2. 화재피해조사

| 종류 | 조사범위 |
|---|---|
| 인명피해조사 | (1) 소방활동 중 발생한 사망자 및 부상자<br>(2) 그 밖에 화재로 인한 사망자 및 부상자 |
| 재산피해조사 | (1) 열에 의한 탄화, 용융, 파손 등의 피해<br>(2) 소화활동 중 사용된 물로 인한 피해<br>(3) 그 밖에 연기, 물품반출, 화재로 인한 폭발 등에 의한 피해 |

기출PLUS

## Ⅳ. 화재조사전담부서에 갖추어야 할 장비 및 시설〈시행규칙 제12조 제4항 관련〉

1. 소방본부(거점소방서 포함)

| 구분 | 기자재명 및 시설규모 |
|---|---|
| 발굴용구(1종세트) | 공구류(니퍼, 펜치, 와이어커터, 드라이버세트, 스패너세트, 망치, 등), 톱(나무, 쇠), 전동 드릴, 전동 그라인더, 다용도 칼, U형 자석, 뜰채, 붓, 빗자루, 양동이, 삽, 긁개, 휴대용 진공청소기 |
| 기록용 기기(16종) | 디지털카메라(DSLR)세트, 비디오카메라세트, 소형 디지털방수카메라, 촬영용 고무매트, TV, 디지털녹음기, 거리측정기, 초시계, 디지털온도·습도계, 디지털풍향풍속기록계, 정밀저울, 줄자, 버니어캘리퍼스, 웨어러블캠, 외장용 하드, 3D 스캐너 |
| 감식·감정용 기기(16종) | 절연저항계, 멀티테스터기, 클램프미터, 정전기측정장치, 누설전류계, 검전기, 복합가스측정기, 가스(유증)검지기, 확대경, 실체현미경, 적외선열상카메라, 접지저항계, 휴대용디지털현미경, 탄화심도계, 슈미트해머, 내시경카메라 |
| 조명 기기(4종) | 발전기, 이동용조명기, 휴대용랜턴, 헤드랜턴 |
| 안전장비(8종) | 보호용 작업복, 보호용 장갑, 안전화, 안전모, 마스크(방진마스크, 방독마스크), 보안경, 안전고리, 공기호흡기 세트 |
| 화재조사차량(2종) | 화재조사용 전용차량, 화재조사 첨단 분석차량(비파괴 검사기, 실체현미경 등 탑재) |
| 증거수집 장비(6종) | 증거물 수집기구세트(핀셋류, 가위류 등), 증거물 보관세트(상자, 봉투, 밀폐용기, 유증수집용 캔 등), 증거물 표지(번호, 화살·○표, 스티커), 증거물 태그, 접자, 라텍스 장갑 |
| 보조장비(7종) | 노트북 컴퓨터, 소화기, 전선 릴, 이동용 에어컴프레서, 접이식 사다리, 화재조사 전용 피복, 화재조사용 가방 |
| 추가 권장 장비(20종) | 가스크로마토그래피, 고속카메라 세트, 화재시뮬레이션 시스템, X선 촬영기, 금속현미경, 시편절단기, 시편성형기, 시편연마기, 접점저항계, 직류전압전류계, 교류전압전류계, 오실로스코프, 주사전자현미경, 인화점측정기, 발화점측정기, 미량융점측정기, 온도기록계, 폭발압력측정기 세트, 전압조정기(직류, 교류), 적외선 분광광도계 |
| 화재조사분석실 | 화재조사분석실 구성장비를 유효하게 보존·사용할 수 있고, 환기 및 수도·배관시설이 있는 30㎡ 이상의 실(室) |
| 화재조사분석실 구성장비(10종) | 증거물보관함, 시료보관함, 실험작업대, 바이스, 개수대, 초음파 세척기, 실험용 기구류(비커, 피펫, 유리병 등), 드라이어, 항온항습기, 오토 데시케이터 |

기출PLUS

2. 소방서

| 구분 | 기자재명 |
|---|---|
| 발굴용구 (1종세트) | 공구류(니퍼, 펜치, 와이어커터, 드라이버세트, 스패너세트, 망치 등), 톱(나무, 쇠), 전동 드릴, 전동 그라인더, 다용도 칼, U형 자석, 뜰채, 붓, 빗자루, 양동이, 삽, 긁개, 휴대용 진공청소기 |
| 기록용 기기 (15종) | 디지털카메라(DSLR)세트, 비디오카메라 세트, 소형 디지털방수카메라, 촬영용 고무매트, TV, 디지털녹음기, 거리측정기, 초시계, 디지털온도 · 습도계, 디지털풍향풍속기록계, 정밀저울, 줄자, 버니어캘리퍼스, 웨어러블캠, 외장용 하드 |
| 감식용 기기 (10종) | 절연저항계, 멀티테스터기, 클램프미터, 누설전류계, 검전기, 복합가스측정기, 가스(유증)검지기, 확대경, 실체현미경, 탄화심도계 |
| 조명 기기 (4종) | 발전기, 이동용조명기, 휴대용랜턴, 헤드랜턴 |
| 안전장비 (8종) | 보호용작업복, 보호용장갑, 안전화, 안전모, 마스크(방진마스크, 방독마스크), 보안경, 안전고리, 공기호흡기세트 |
| 증거수집 장비(6종) | 증거물 수집기구세트(핀셋류, 가위류 등), 증거물 보관세트(상자, 봉투, 밀폐용기, 유증수집용 캔 등), 증거물 표지(번호, 화살 · ㅇ표, 스티커), 증거물 태그, 접자, 라텍스장갑 |
| 화재조사차량 (1종) | 화재조사용 전용차량 |
| 보조장비 (7종) | 노트북컴퓨터, 소화기, 전선 릴, 이동용 에어 컴프레서, 접이식 사다리, 화재조사 전용 피복, 화재조사용 가방 |
| 추가 권장 장비(2종) | 휴대용디지털현미경, 정전기측정장치 |
| 화재조사 분석실 | 화재조사분석실 구성장비를 유효하게 보존 · 사용할 수 있고, 환기 및 수도 · 배관시설이 있는 20㎡ 이상의 실(室) |
| 화재조사 분석실 구성장비 (10종) | 증거물보관함, 시료보관함, 실험작업대, 바이스, 개수대, 초음파세척기, 실험용기구류(비커, 피펫, 유리병 등), 드라이어, 항온항습기, 오토 데시케이터 |

기출PLUS

※ 비고

1. 거점소방서란 화재발생 빈도와 화재조사의 중요성을 감안하여 시 · 도 소방본부장이 권역별로 별도로 지정한 소방서를 말한다.
2. 촬영용 고무매트란 증거물 등을 올려놓고 사진을 촬영하기 위한 격자 표시형 고무매트를 말한다.
3. 화재조사차량은 탑승공간과 장비 적재공간이 구분되어 주요 장비의 적재 · 활용이 가능하여야 하며, 차량 내부에 기초 조사사무용 테이블을 설치할 수 있는 차량을 말한다.
4. 화재조사 전용 피복은 화재진압대원, 구조대원 및 구급대원의 피복과 구별이 가능하고 화재조사 활동에 적합한 기능을 가진 것을 말한다.
5. 화재조사용 가방은 일상적인 외부 충격에 가방 내부의 장비 및 물품이 손상되지 않을 정도의 강도를 갖춘 재질로 제작되고 휴대가 간편한 가방을 말한다.
6. 추가 권장 장비는 화재조사 및 감식 · 감정 등에 유용하게 활용되는 것으로써 보유가 권장되는 장비를 말한다.
7. 화재조사분석실의 면적은 청사 공간의 효율적 활용을 위하여 불가피한 경우에만 기준면적의 절반 이상의 면적으로 조정할 수 있다.

### V. 화재조사에 관한 전문교육과정의 교육과목〈시행규칙 제13조 제1항 관련〉

| 구분 | 과목 |
|---|---|
| 소양교육 | 국정시책, 기초소양, 심리상담기법 등 |
| 전문교육 | 기초화학, 기초전기, 구조물과 화재, 화재조사 관계법령, 화재학, 화재패턴, 화재조사방법론, 보고서작성법, 화재피해액산정, 발화지점판정, 전기화재감식, 화학화재감식, 가스화재감식, 폭발화재감식, 차량화재감식, 미소화원감식, 방화화재감식, 증거물수집보존, 화재모델링, 범죄심리학, 법과학(의학), 방 · 실화수사, 조사와 법적문제, 소방시설조사, 촬영기법, 법정 증언기법, 형사소송의 기본절차 |
| 실습교육 | 화재조사실습, 현장실습, 사례연구 및 발표 |
| 행정 | 입교식, 과정소개, 평가, 교육효과측정, 수료식 등 |

※ 비고

전문교육의 경우 교육과목의 본질적인 내용을 훼손하지 않는 필요 최소한의 범위에서 교육과목을 병합 · 세분 · 추가 · 변경하여 운영할 수 있다.

Let's check it out

## 02 출제예상문제

**1** **소방기본법의 목적으로 볼 수 없는 것은?**

① 화재를 예방 및 경계하거나 진압한다.
② 공공의 안녕과 질서 유지와 복리증진에 이바지한다.
③ 공공의 보호와 안전을 하달한다.
④ 국민의 생명 · 신체 및 재산을 보호한다.

TIPS!

소방기본법 제1조(목적)

소방기본법은 ① 화재를 예방 · 경계하거나 진압하고 ② 화재, 재난 · 재해, 그 밖의 위급한 상황에서의 구조 · 구급 활동 등을 통하여 ③ 국민의 생명 · 신체 및 재산을 보호함으로써 ④ 공공의 안녕 및 질서유지와 복리증진에 이바지함을 목적으로 한다.

**2** **소방기본법상 소방의 궁극적인 최종목적은?**

① 복리증진
② 화재예방
③ 화재진압
④ 재해 · 재난 방지

TIPS!

소방기본법의 목적에서 국민의 생명 · 신체 및 재산을 보호함으로써 "공공의 안녕 및 질서 유지와 복리증진에 이바지함을 목적으로 한다."로 규정하여 궁극적인 최종 목적을 복리증진으로 하고 있다.

Answer 1.③ 2.①

## 3 다음 중 괄호 안에 들어갈 말로 적절한 것을 고르시오.

> 이 법은 화재를 예방 · 경계하거나 진압하고 화재, ( ㉠ ) · 재해, 그 밖의 ( ㉡ )한 상황에서의 구조 · 구급 활동 등을 통하여 국민의 생명 · 신체 및 재산을 보호함으로써 공공의 ( ㉢ ) 및 질서 유지와 ( ㉣ ) 증진에 이바지함을 목적으로 한다.

| | ㉠ | ㉡ | ㉢ | ㉣ |
|---|---|---|---|---|
| ① | 재난 | 위급 | 안녕 | 복리 |
| ② | 재난 | 위급 | 구조 | 안녕 |
| ③ | 재난 | 위험 | 구조 | 안녕 |
| ④ | 재난 | 위험 | 안녕 | 복리 |

**TIPS!**

소방기본법 제1조

이 법은 화재를 예방 · 경계하거나 진압하고 화재, 재난 · 재해, 그 밖의 위급한 상황에서의 구조 · 구급 활동 등을 통하여 국민의 생명 · 신체 및 재산을 보호함으로써 공공의 안녕 및 질서유지와 복리증진에 이바지함을 목적으로 한다.

## 4 다음 중 소방력의 3요소에 해당하지 않는 것은?

① 대원
② 차량
③ 소방용수
④ 소방전용 통신설비

**TIPS!**

소방력의 기준[법 제8조]및 시행규칙 근거

소방기관이 소방업무를 수행하는 데에 필요한 인력과 장비 등을 "소방력"(消防力)이라 하며, ① 대원(인원)과 ② 차량(장비)이며 이것에 ③ 소방용수를 합하여 소방력의 3요소라 한다.

※ 소방전용 통신설비는 소방의 4요소에 해당한다.

## 5 소방력의 장비와 인력 등의 기준에 대한 근거 법령은?

① 대통령령
② 총리령
③ 행정안전부령
④ 조례

**TIPS!**

소방력의 기준[법 제8조]

소방기관이 소방업무를 수행하는 데에 필요한 인력과 장비 등에 관한 기준은 행정안전부령으로 정한다.

**Answer** 3.① 4.④ 5.③

**6** **다음 중 소방기본법 용어의 뜻이 틀린 것은?**

① 소방대상물 : 건축물, 차량, 선박(항구에 매어둔 선박만 해당), 선박 건조 구조물, 산림, 그 밖의 인공 구조물 또는 물건을 말한다.
② 관계인 : 소방대상물의 소유자 · 관리자 또는 점유자를 말한다.
③ 소방대장 : 소방본부장 또는 소방의용대장 등 화재, 재난 · 재해, 그 밖의 위급한 상황이 발생한 현장에서 소방대를 지휘하는 사람을 말한다.
④ 소방본부장 : 특별시 · 광역시 · 특별자치시 · 도 또는 특별자치도에서 화재의 예방 · 경계 · 진압 · 조사 및 구조 · 구급 등의 업무를 담당하는 부서의 장을 말한다.

TIPS!

소방기본법 제2조
**소방대장** : 소방본부장 또는 소방서장 등 화재, 재난 · 재해, 그 밖의 위급한 상황이 발생한 현장에서 소방대를 지휘하는 사람을 말한다.

**7** **소방기본법에서 소방대상물로 바른 것을 고르시오.**

| | |
|---|---|
| ㉠ 인공 구조물 | ㉡ 건축물 |
| ㉢ 산림 | ㉣ 달리는 차량 |
| ㉤ 나는 항공기 | ㉥ 항해 중인 선박 |

① ㉠, ㉡, ㉢
② ㉠, ㉡, ㉢, ㉣
③ ㉠, ㉡, ㉢, ㉣, ㉤
④ ㉠, ㉡, ㉢, ㉣, ㉤, ㉥

TIPS!

**소방대상물** : 건축물, 차량, 선박(「선박법」에 따른 선박으로서 항구에 매어둔 선박만 해당), 선박 건조 구조물, 산림, 그 밖의 인공 구조물 또는 물건을 말한다.

Answer 6.③ 7.②

**8** **다음 중 소방대상물이라 보기 어려운 것은?**

① 건축물 ② 운항중인 선박
③ 선박 건조 구조물 ④ 인공구조물

**TIPS!**

용어의 정의[법 제2조]

**소방대상물** : 건축물, 차량, 선박(「선박법」에 따른 선박으로서 항구에 매어둔 선박만 해당), 선박 건조 구조물, 산림, 그 밖의 인공 구조물 또는 물건을 말한다.

**9** **소방기본법에서 정의하는 소방대상물이 있는 장소 및 그 이웃지역을 일컫는 용어는?**

① 인접지역 ② 인린지역
③ 근접지역 ④ 관계지역

**TIPS!**

용어의 정의[법 제2조]

**관계지역** : 소방대상물이 있는 장소 및 그 이웃 지역으로서 화재의 예방 · 경계 · 진압, 구조 · 구급 등의 활동에 필요한 지역을 말한다.

**10** **다음 소방기본법의 내용 중 옳지 않은 것은?**

① 관할구역 안에서 소방업무를 수행하는 소방서장은 관할구역의 시 · 군 · 구청장의 지휘를 받는다.
② 소방대는 의용소방대를 포함한다.
③ 소방대장은 위급한 상황이 발생한 현장에서 필요한 때 그 현장에 있는 사람으로 하여금 사람을 구출하게 하는 일을 하게 할 수 있다.
④ 소방대장은 불이 번질 우려가 있는 소방대상물 및 토지의 일부를 일시적으로 사용 또는 제한 등 소방활동에 필요한 처분을 할 수 있다.

**TIPS!**

소방기본법 제3조 제2항

소방업무를 수행하는 소방본부장 또는 소방서장은 그 소재지를 관할하는 특별시장 · 광역시장 · 특별자치시장 · 도지사 또는 특별자치도지사의 지휘와 감독을 받는다.

**Answer** 8.② 9.④ 10.①

**11** 다음 중 소방본부의 종합상황실의 실장이 소방청의 종합상황실에 보고해야 하는 경우에 해당하지 않는 것은?

① 재산피해액이 50억 원 이상 발생한 화재
② 언론에 보도된 재난상황
③ 통제단장의 현장지휘가 필요한 재난상황
④ 사망자가 5인 이상 발생하거나 사상자가 5인 이상 발생한 화재

TIPS!

소방기본법 시행규칙 제3조

**종합상황실 실장의 보고 업무**: 다음에 해당하는 상황이 발생하는 때에는 그 사실을 지체 없이 서면 · 모사전송 또는 컴퓨터통신 등으로 소방서의 종합상황실의 경우는 소방본부의 종합상황실에, 소방본부의 종합상황실의 경우는 소방청의 종합상황실에 각각 보고하여야 한다.

㉠ 다음에 해당하는 화재
가. 사망자가 5인 이상 발생하거나 사상자가 10인 이상 발생한 화재
나. 이재민이 100인 이상 발생한 화재
다. 재산피해액이 50억 원 이상 발생한 화재
라. 관공서 · 학교 · 정부미 도정공장 · 문화재 · 지하철 또는 지하구의 화재
마. 관광호텔, 층수(「건축법 시행령」에서 산정한 층수)가 11층 이상인 건축물, 지하상가, 시장, 백화점, 「위험물안전관리법」에 의한 지정수량의 3천 배 이상의 위험물의 제조소 · 저장소 · 취급소, 층수가 5층 이상이거나 객실이 30실 이상인 숙박시설, 층수가 5층 이상이거나 병상이 30개 이상인 종합병원 · 정신병원 · 한방병원 · 요양소, 연면적 1만 5천 제곱미터 이상인 공장 또는 소방기본법 시행령에 따른 화재경계지구에서 발생한 화재
바. 철도차량, 항구에 매어둔 총 톤수가 1천 톤 이상인 선박, 항공기, 발전소 또는 변전소에서 발생한 화재
사. 가스 및 화약류의 폭발에 의한 화재
아. 「다중이용업소의 안전관리에 관한 특별법」에 따른 다중이용업소의 화재

㉡ 「긴급구조 대응활동 및 현장지휘에 관한 규칙」에 의한 통제단장의 현장지휘가 필요한 재난상황
㉢ 언론에 보도된 재난상황
㉣ 그 밖에 소방청장이 정하는 재난상황

**12** 다음 중 종합상황실 근무자의 근무방법을 지정하는 권한이 없는 자는?

① 소방청장
② 종합상황실 실장
③ 소방본부장
④ 소방서장

TIPS!

소방기본법 시행규칙 제3조 제3항

종합상황실 근무자의 근무방법 등 종합상황실의 운영에 관하여 필요한 사항은 종합상황실을 설치하는 소방청장, 소방본부장 또는 소방서장이 각각 정한다.

Answer 11.④ 12.②

**13** **종합상황실의 설치 · 운영에 관한 내용 중 잘못된 것은?**

① 종합상황실은 행정안전부에 설치 · 운영하여야 한다.
② 종합상황실에는 소방서에 설치 · 운영하여야 한다.
③ 종합상황실은 소방청에 설치 · 운영하여야 한다.
④ 종합상황실의 소방본부에 설치 · 운영하여야 한다.

TIPS!

**종합상황실의 설치 · 운영** [소방기본법 시행규칙 제2조]
종합상황실은 소방청과 특별시 · 광역시 · 특별자치시 · 도 또는 특별자치도의 소방본부 및 소방서에 각각 설치 · 운영하여야 한다.

**14** **다음 중 119종합상황실에 즉시 보고사항이 아닌 것은?**

① 사망자 수가 5명 이상인 화재
② 재산피해액 50억 원 이상의 화재
③ 이재민 50명 이상인 화재
④ 연면적 1만 5천$m^2$ 이상인 공장에서 발생한 화재

TIPS!

이재민 100명 이상인 화재인 경우에 즉시 보고한다.

**15** **다음 중 소방본부장 또는 소방서장의 권한이 아닌 것은?**

① 소방특별조치명령
② 화재의 예방조치
③ 소방박물관 설립 · 운영
④ 소방업무의 응원요청

TIPS!

**소방기본법 제5조 제1항**
소방의 역사와 안전문화를 발전시키고 국민의 안전의식을 높이기 위하여 소방청장은 소방박물관을, 시 · 도지사는 소방체험관(화재 현장에서의 피난 등을 체험할 수 있는 체험관)을 설립하여 운영할 수 있다.

Answer 13.① 14.③ 15.③

## 16 다음의 빈칸에 들어갈 말로 적절한 것은?

> 소방의 역사와 안전문화를 발전시키고 국민의 안전의식을 높이기 위하여 소방청장은 (　　)을, 시 · 도지사는 (　　)을 설립하여 운영할 수 있다.

① 소방체험관, 소방박물관
② 소방박물관, 소방체험관
③ 한국소방안전원, 소방체험관
④ 소방박물관, 한국소방안전원

**TIPS!**

소방기본법 제5조 제1항
소방의 역사와 안전문화를 발전시키고 국민의 안전의식을 높이기 위하여 소방청장은 소방박물관을, 시 · 도지사는 소방체험관(화재 현장에서의 피난 등을 체험할 수 있는 체험관)을 설립하여 운영할 수 있다.

## 17 소방업무에 관한 종합계획의 수립 · 시행은 몇 년 주기로 해야 하는가?

① 1년
② 3년
③ 5년
④ 10년

**TIPS!**

소방기본법 제6조
소방청장은 화재, 재난 · 재해, 그 밖의 위급한 상황으로부터 국민의 생명 · 신체 및 재산을 보호하기 위하여 소방업무에 관한 종합계획을 5년마다 수립 · 시행하여야 하고, 이에 필요한 재원을 확보하도록 노력하여야 한다.

**Answer** 16.② 17.③

**18** **소방업무에 관한 종합계획 및 세부계획의 수립 · 시행에 대하여 옳지 않은 것은?**

① 소방청장은 소방업무에 관한 종합계획을 관계 중앙행정기관의 장과의 협의를 거쳐 계획 시행 전년도 10월 31일까지 수립하여야 한다.
② 재난 · 재해 환경 변화에 따른 소방업무에 필요한 대응 체계를 마련해야 한다.
③ 장애인, 노인, 임산부, 영유아 및 어린이 등 이동이 어려운 사람을 대상으로 소방활동에 필요한 조치를 한다.
④ 시 · 도지사 또는 시 · 군 · 구청장은 소방기본법에 따른 종합계획의 시행에 필요한 세부계획을 수립하여 소방청장에게 제출하여야 한다.

TIPS!

소방기본법 시행령 제1조의2

① 소방청장은 「소방기본법」에 따른 소방업무에 관한 종합계획을 관계 중앙행정기관의 장과의 협의를 거쳐 계획 시행 전년도 10월 31일까지 수립하여야 한다.
② 소방기본법의 대통령령으로 정하는 사항
㉠ 재난 · 재해 환경 변화에 따른 소방업무에 필요한 대응 체계 마련
㉡ 장애인, 노인, 임산부, 영유아 및 어린이 등 이동이 어려운 사람을 대상으로 한 소방활동에 필요한 조치
③ 특별시장 · 광역시장 · 특별자치시장 · 도지사 또는 특별자치도지사는 소방기본법에 따른 종합계획의 시행에 필요한 세부계획을 전년도 12월 31일까지 수립하여 소방청장에게 제출하여야 한다.

**19** **다음 중 바르게 설명한 것을 모두 고르시오.**

㉠ 소방자동차 등 소방장비의 분류 · 표준화와 그 관리 등에 필요한 사항은 따로 법률에서 정한다.
㉡ 일부 국고보조 대상사업의 범위와 기준 보조율은 대통령령으로 정한다.
㉢ 소방기관이 소방업무를 수행하는 데에 필요한 인력과 장비 등에 관한 기준은 시 · 도의 조례로 정한다.

① ㉠
② ㉠, ㉡
③ ㉡, ㉢
④ ㉠, ㉡, ㉢

TIPS!

소방기본법 제8조 제1항

소방기관이 소방업무를 수행하는 데에 필요한 인력과 장비 등에 관한 기준은 행정안전부령으로 정한다.
㉠ 소방기본법 제8조 제3항 규정
㉡ 소방기본법 제9조 제2항 규정

Answer 18.④ 19.②

**20** **소방대 구성 조직체의 대원으로 보기 어려운 것은?**

① 자체소방대원
② 소방공무원
③ 의무소방원
④ 의용소방대원

**TIPS!**

용어의 정의[법 제2조]

**소방대** : 화재를 진압하고 화재, 재난·재해, 그 밖의 위급한 상황에서 구조·구급 활동 등을 하기 위하여 다음의 사람으로 구성된 조직체를 말한다.

㉠ 「소방공무원법」에 따른 소방공무원
㉡ 「의무소방대설치법」에 따라 임용된 의무소방원
㉢ 「의용소방대 설치 및 운영에 관한 법률」에 따른 의용소방대원

**21** **소방용수시설의 설치 기준으로 바르지 않은 것은?**

① 소화전은 상수도와 연결하여 지하식 또는 지상식의 구조로 한다.
② 급수탑의 급수배관의 구경은 100밀리미터 이상으로 한다.
③ 저수조는 지면으로부터 낙차가 4.5미터 이상, 흡수부분의 수심은 0.5미터 이상으로 한다.
④ 소방용수 배치기준에 관해서는 소방대의 유효활동 범위와 지역의 건축물 밀집도, 인구 및 기상상황을 고려하여 화재 시의 설치기준으로서 소방기본법 시행규칙에 정해져 있다.

**TIPS!**

**소방기본법 시행규칙 별표3** … 저수조는 지면으로부터 낙차가 4.5미터 이하, 흡수 부분의 수심은 0.5미터 이상으로 한다.

**22** **지하에 설치하는 소화전 또는 저수조의 경우 소방용수표지의 맨홀 뚜껑은 지름 몇 mm 이상의 것으로 해야 하는가? (다만, 승하강식 소화전의 경우에는 이를 적용하지 아니한다.)**

① 65mm
② 100mm
③ 140mm
④ 648mm

**TIPS!**

**소방용수시설의 설치기준**(소방기본법 시행규칙 별표2)

맨홀뚜껑은 지름 648밀리미터 이상의 것으로 할 것. 다만, 승하강식 소화전의 경우에는 이를 적용하지 아니한다.

**Answer** 20.① 21.③ 22.④

**23** 저수조의 설치기준으로 바르지 않은 것은?

① 지면으로부터 낙차가 4.5미터 이하
② 흡수부분의 수심은 0.5미터 이상
③ 흡수관의 투입구가 사각형인 경우에는 한 변의 길이가 50센티미터 이상
④ 흡수에 지장이 없도록 토사 및 쓰레기 등을 제거할 수 있는 설비를 갖추어야 한다.

TIPS!

**소방기본법 시행규칙 별표3** … 흡수관의 투입구가 사각형인 경우에는 한 변의 길이가 60센티미터 이상

**24** 소방장비 등에 대한 국고보조금의 대상이 아닌 것은?

① 소방장비
② 소방자동차
③ 소방용수시설
④ 소방관서용 청사의 건축

TIPS!

**소방기본법 시행령 제2조** : 국고보조 대상사업의 범위
① 소방활동장비와 설비의 구입 및 설치
㉠ 소방자동차
㉡ 소방헬리콥터 및 소방정
㉢ 소방전용통신설비 및 전산설비
㉣ 그 밖에 방화복 등 소방활동에 필요한 소방장비
② 소방관서용 청사의 건축(「건축법」에 근거)
건축물을 신축·증축·개축·재축(再築)하거나 건축물을 이전하는 것을 말한다.

Answer 23.③ 24.③

**25** **소방활동에 필요한 소화전, 급수탑, 저수조를 설치 · 유지 및 관리하는 사람은?**

① 소방서장
② 소방청장
③ 시 · 도지사
④ 소방본부장

**소방기본법 제10조**(소방용수시설의 설치 및 관리 등) **제1항**
시 · 도지사는 소방활동에 필요한 소화전(消火栓) · 급수탑(給水塔) · 저수조(貯水槽)를 설치하고 유지 · 관리하여야 한다.

**26** **다음 중 소방기본법의 지리조사 대상이 아닌 것은?**

① 건축물의 개황
② 도로의 폭
③ 소방용수조사
④ 교통상황

**TIPS!**

③ 소방용수시설에 대한 조사이다.
※ **소방기본법 시행규칙 제7조**(소방용수시설 및 지리조사)
㉠ 설치된 소방용수시설에 대한 조사
㉡ 소방대상물에 인접한 도로의 폭 · 교통상황, 도로주변의 토지의 고저 · 건축물의 개황 그 밖의 소방활동에 필요한 지리에 대한 조사

**Answer** 25.③ 26.③

**27** **다음 중 소방업무에 대한 내용으로 옳지 않은 것은?**

① 소방활동에 종사한 사람은 시 · 도지사로부터 소방활동의 비용을 지급받을 수 있다.
② 시 · 도지사는 응원 요청하는 경우 출동 대상지역 및 규모와 필요한 경비의 부담 등을 화재진압 이후 이웃하는 시 · 도지사와 협의하여 정하여야 한다.
③ 소방본부장이나 소방서장은 소방활동을 할 때에 긴급한 경우에는 이웃한 소방본부장 또는 소방서장에게 소방업무의 응원을 요청할 수 있다.
④ 시 · 도지사는 그 관할구역 안에서 발생하는 화재, 재난 · 재해, 그 밖의 위급한 상황에 있어서 필요한 소방업무를 성실히 수행하여야 한다.

소방기본법 제11조 제4항

시 · 도지사는 소방업무의 응원을 요청하는 경우를 대비하여 출동 대상지역 및 규모와 필요한 경비의 부담 등에 관하여 필요한 사항을 행정안전부령으로 정하는 바에 따라 이웃하는 시 · 도지사와 협의하여 미리 규약(規約)으로 정하여야 한다.

**28** **소방업무의 상호응원협정 중 소방활동에 관한 사항이 아닌 것은?**

① 화재의 경계 · 진압활동
② 응원 출동대상지역
③ 구조 · 구급업무의 지원
④ 화재조사활동

**소방업무의 상호응원협정** [시행규칙 제8조]

시 · 도지사는 이웃하는 다른 시 · 도지사와 소방업무에 관하여 상호응원 협정을 체결하고자 하는 때에는 다음의 사항이 포함되도록 하여야 한다.

㉠ 소방활동에 관한 사항
　가. 화재의 경계 · 진압활동
　나. 구조 · 구급업무의 지원
　다. 화재조사활동
㉡ 응원출동대상지역 및 규모
㉢ 소요경비의 부담에 관한 사항
　가. 출동대원의 수당 · 식사 및 피복의 수선
　나. 소방장비 및 기구의 정비와 연료의 보급
　다. 그 밖의 경비
㉣ 응원출동의 요청방법
㉤ 응원출동훈련 및 평가

**Answer** 27.② 28.②

**29** 다음 중 소방업무의 응원에 대한 설명으로 바르지 않은 것은?

① 소방업무의 응원을 위하여 파견된 소방대원은 응원요청을 받은 소방본부장 또는 소방서장의 지휘에 따라야 한다.
② 소방본부장이나 소방서장은 소방활동을 할 때에 긴급한 경우에는 이웃한 소방본부장 또는 소방서장에게 소방업무의 응원을 요청할 수 있다.
③ 시·도지사는 소방업무의 응원을 요청하는 경우를 대비하여 출동 대상지역 및 규모와 필요한 경비의 부담 등에 관하여 필요한 사항을 행정안전부령으로 정하는 바에 따라 이웃하는 시·도지사와 협의하여 미리 규약으로 정하여야 한다.
④ 소방업무의 응원 요청을 받은 소방본부장 또는 소방서장은 정당한 사유 없이 그 요청을 거절하여서는 아니 된다.

**소방기본법 제11조 제3항**
소방업무의 응원을 위하여 파견된 소방대원은 응원을 요청한 소방본부장 또는 소방서장의 지휘에 따라야 한다.

**30** 소방기본법 기준에 관련하여 그 내용이 가장 옳은 것은?

① 소방본부장 또는 소방서장은 소유자가 없는 위험물을 14일 동안 보관 후 종료일로부터 7일 이내에 매각 혹은 폐기할 수 있다.
② 소방본부장이나 소방서장은 소방활동을 할 때에 긴급한 경우에는 이웃한 소방본부장 또는 소방서장에게 소방업무의 응원을 협정할 수 있다.
③ 소방본부장, 소방서장, 시·도지사의 피난 명령을 듣지 않으면 100만 원 이하의 벌금을 부과한다.
④ 소방본부장 또는 소방서장은 화재경계지구 안의 관계인에 대하여 소방상 필요한 훈련 및 교육을 연 1회 이상 실시할 수 있다.

TIPS!

㉠ **소방기본법 제12조 및 시행령 제3조** : 소방본부장이나 소방서장은 위험물 또는 물건을 보관하는 경우에는 그 날부터 14일 동안 소방본부 또는 소방서의 게시판에 그 사실을 공고하여야 한다. 위험물 또는 물건의 보관기간은 소방본부 또는 소방서의 게시판에 공고하는 기간의 종료일 다음 날부터 7일로 한다.
㉡ **소방기본법 제11조 제1항** : 소방본부장이나 소방서장은 소방활동을 할 때에 긴급한 경우에는 이웃한 소방본부장 또는 소방서장에게 소방업무의 <u>응원을 요청할</u> 수 있다.
㉢ **소방기본법 제54조 제3호** : 소방본부장, 소방서장, <u>소방대장</u>의 피난명령을 위반하면 100만 원 이하의 벌금을 부과한다.

**Answer** 29.① 30.④

**31** **화재의 예방상 위험하다고 인정되는 행위를 하는 사람이나 소화활동에 지장이 있다고 인정되는 물건의 소유자·관리자 또는 점유자에게 취할 수 있는 명령으로 바르지 않은 것은?**

① 불장난, 모닥불, 흡연, 화기취급 등 화재 예방상 위험하다고 인정되는 행위의 금지 또는 제한
② 타고 남은 불 또는 화기가 있을 우려가 있는 재의 처리
③ 함부로 버려두거나 그냥 둔 위험물 등의 물건을 옮기거나 치우게 하는 등의 조치
④ 연소 가능 물건 보관행위의 승낙

TIPS!

소방기본법 제12조
소방본부장이나 소방서장은 화재의 예방상 위험하다고 인정되는 행위를 하는 사람이나 소화활동에 지장이 있다고 인정되는 물건의 소유자·관리자 또는 점유자에게 다음의 명령을 할 수 있다.
㉠ 불장난, 모닥불, 흡연, 화기(火氣) 취급, 풍등 등 소형 열기구 날리기, 그 밖에 화재예방상 위험하다고 인정되는 행위의 금지 또는 제한
㉡ 타고 남은 불 또는 화기가 있을 우려가 있는 재의 처리
㉢ 함부로 버려두거나 그냥 둔 위험물, 그 밖에 불에 탈 수 있는 물건을 옮기거나 치우게 하는 등의 조치

**32** **기상법에 따른 이상기상의 예보 시 화재에 관한 경보를 발령할 수 있는 권한은 누구에게 있는가?**

① 국무총리
② 행정안전부장관
③ 시·도지사
④ 소방서장

TIPS!

소방기본법 제14조
소방본부장이나 소방서장은 「기상법」에 따른 이상기상(異常氣象)의 예보 또는 특보가 있을 때에는 화재에 관한 경보를 발령하고 그에 따른 조치를 할 수 있다.

Answer 31.④ 32.④

## 33 화재경계지구의 지정에 관한 설명으로 바르지 않은 것은?

① 시 · 도지사는 화재가 발생할 우려가 높거나 화재가 발생하는 경우 그로 인하여 피해가 클 것으로 예상되는 지역을 화재경계지구로 지정할 수 있다.
② 화재경계지구 지정 사유가 있음에도 불구하고 시 · 도지사가 화재경계지구로 지정할 필요가 있는 지역을 화재경계지구로 지정하지 아니하는 경우 소방청장은 해당 시 · 도지사에게 해당 지역의 화재경계지구 지정을 요청할 수 있다.
③ 소방본부장이나 소방서장은 소방특별조사를 한 결과 화재의 예방과 경계를 위하여 필요하다고 인정할 때에는 관계인에게 소방용수시설, 소화기구, 그 밖에 소방에 필요한 설비의 설치를 명할 수 있다.
④ 시 · 도지사는 화재경계지구 안의 관계인에 대하여 대통령령으로 정하는 바에 따라 소방에 필요한 훈련 및 교육을 실시할 수 있다.

**소방기본법 제13조 제5항**
소방본부장이나 소방서장은 화재경계지구 안의 관계인에 대하여 대통령령으로 정하는 바에 따라 소방에 필요한 훈련 및 교육을 실시할 수 있다.

## 34 화재경계지구 지정 대상지역으로 바르지 않은 것은?

① 상가지역
② 공장 · 창고가 밀집한 지역
③ 위험물의 저장 및 처리 시설이 밀집한 지역
④ 소방시설 · 소방용수시설 또는 소방출동로가 없는 지역

TIPS!

**화재경계지구 지정 대상 지역** [소방기본법 제13조]
㉠ 시장지역
㉡ 공장 · 창고가 밀집한 지역
㉢ 목조건물이 밀집한 지역
㉣ 위험물의 저장 및 처리 시설이 밀집한 지역
㉤ 석유화학제품을 생산하는 공장이 있는 지역
㉥ 「산업입지 및 개발에 관한 법률」에 따른 산업단지
㉦ 소방시설 · 소방용수시설 또는 소방출동로가 없는 지역
㉧ 그 밖에 지역으로서 소방청장 · 소방본부장 또는 소방서장이 화재경계지구로 지정할 필요가 있다고 인정하는 지역

Answer 33.④ 34.①

**35** **다음 중 화재경계지구 지정에 대한 설명으로 옳지 않은 것은?**

① 시 · 도지사가 화재경계지구로 지정하지 아니하는 경우 소방청장은 해당 지역을 화재경계지구로 지정할 수 있다.
② 소방본부장이나 소방서장은 대통령령으로 정하는 바에 따라 화재경계지구 안의 소방대상물의 위치 · 구조 및 설비 등에 대하여 소방특별조사를 하여야 한다.
③ 소방본부장이나 소방서장은 화재경계지구 안의 관계인에 대하여 대통령령으로 정하는 바에 따라 소방에 필요한 훈련 및 교육을 실시할 수 있다.
④ 시 · 도지사는 화재경계지구의 지정 현황, 소방특별조사의 결과 등 화재경계지구에서의 화재예방 및 경계에 필요한 자료를 매년 작성 · 관리하여야 한다.

TIPS!

소방기본법 제13조(화재경계지구의 지정 등)

시 · 도지사가 화재경계지구로 지정할 필요가 있는 지역을 화재경계지구로 지정하지 아니하는 경우 소방청장은 해당 시 · 도지사에게 해당 지역의 화재경계지구 지정을 요청할 수 있다.

**36** **보일러에 기체연료를 사용하는 경우에 지켜야 하는 사항으로 바르지 않은 것은?**

① 보일러를 설치하는 장소에는 환기구를 설치하는 등 가연성 가스가 머무르지 아니하도록 한다.
② 화재 등 긴급 시 연료를 차단할 수 있는 개폐밸브를 연료용기 등으로부터 0.5m 이내에 설치한다.
③ 보일러가 설치된 장소에는 가스누설경보기를 설치한다.
④ 연료를 공급하는 배관의 재질은 금속관 또는 플라스틱 합성관으로 한다.

TIPS!

소방기본법 시행령 제5조 관련 시행령 별표1

보일러 중 기체연료를 사용하는 경우의 지켜야 할 사항

㉠ 보일러를 설치하는 장소에는 환기구를 설치하는 등 가연성가스가 머무르지 아니하도록 할 것
㉡ 연료를 공급하는 배관은 금속관으로 할 것
㉢ 화재 등 긴급 시 연료를 차단할 수 있는 개폐밸브를 연료용기 등으로부터 0.5미터 이내에 설치할 것
㉣ 보일러가 설치된 장소에는 가스누설경보기를 설치할 것

Answer 35.① 36.④

**37** **보일러, 난로, 건조설비, 가스 · 전기시설, 그 밖에 화재 발생 우려가 있는 설비 또는 기구 등의 위치 · 구조 및 관리와 화재 예방을 위하여 불을 사용할 때 지켜야 하는 사항은 무엇으로 정하는가?**

① 대통령령
② 행정안전부령
③ 시 · 도 조례
④ 시 · 도 규칙

소방기본법 제15조(불을 사용하는 설비 등의 관리와 특수가연물의 저장 · 취급)
보일러, 난로, 건조설비, 가스 · 전기시설, 그 밖에 화재 발생 우려가 있는 설비 또는 기구 등의 위치 · 구조 및 관리와 화재 예방을 위하여 불을 사용할 때 지켜야 하는 사항은 대통령령으로 정한다.

**38** **다음 중 보일러 등의 위치 · 구조 및 관리와 불의 사용에 있어서 지켜야 하는 사항으로 틀린 것은?**

① 난로의 경우 연통은 천장으로부터 1m 이상 떨어지고, 건물 1m 이상 나오게 설치하여야 한다.
② 수소가스를 넣는 기구는 수소가스가 용량의 90 퍼센트 이상을 유지하여야 한다.
③ 보일러를 실내에 설치하는 경우에는 콘크리트 바닥 또는 금속 외의 불연재료로 된 바닥 위에 설치하여야 한다.
④ 건조설비의 경우 건조설비와 벽 · 천장 사이의 거리는 0.5미터 이상 되도록 하여야 한다.

TIPS!

소방기본법 시행령 제5조 관련 시행령 별표1
난로의 경우 연통은 천장으로부터 0.6m 이상 떨어지고, 건물 0.6m 이상 나오게 설치하여야 한다.

**39** **다음 중 특수가연물의 저장 취급에 관한 기준으로 틀린 것은?**

① 특수가연물을 저장 또는 취급하는 장소에는 품명 · 최대수량 및 안전관리자 성명을 기재하여 설치한다.
② 특수가연물을 품명별로 구분하여 쌓을 것
③ 방사능력 범위에 해당 특수가연물이 포함되도록 대형 수동식 소화기를 설치하는 경우에는 쌓는 높이를 15m 이하로 할 수 있다.
④ 쌓는 부분의 바닥면적 사이는 1m 이상이 되도록 할 것

TIPS!

소방기본법 시행령 제7조(특수가연물의 저장 및 취급의 기준)
특수가연물을 저장 또는 취급하는 장소에는 품명 · 최대수량 및 <u>화기 취급의 금지표지</u>를 설치할 것

Answer 37.① 38.① 39.①

## 40 특수가연물에 대한 설명 중 옳은 것은?

① 발전용 석탄 · 목탄류는 품목별로 쌓는다.
② 쌓이는 부분의 바닥면적 사이는 1m 이하가 되도록 할 것
③ 쌓는 부분 바닥면적은 $50m^2$ 이하, 석탄 · 목탄류의 경우에 쌓는 부분의 바닥면적은 $200m^2$ 이하가 되도록 한다.
④ 발전용 석탄 · 목탄류에 살수설비를 설치하였을 경우에 쌓는 높이는 20m 이하로 한다.

TIPS!

시행령 제7조(특수가연물의 저장 및 취급의 기준) 제2호
다음의 기준에 따라 쌓아 저장할 것. 다만, 석탄 · 목탄류를 발전용으로 저장하는 경우에는 그러하지 아니하다.
- 품명별로 구분하여 쌓을 것
- 쌓이는 부분의 바닥면적 사이는 1m 이상이 되도록 할 것
- 살수설비를 설치하였을 경우에 쌓는 높이는 15m 이하, 쌓는 부분의 바닥면적을 200제곱미터(석탄 · 목탄류의 경우에는 300제곱미터)이하로 할 수 있다.
- 쌓는 높이는 10미터 이하가 되도록 하고, 쌓는 부분의 바닥면적은 50제곱미터(석탄 · 목탄류의 경우에는 200제곱미터) 이하가 되도록 할 것

## 41 다음 중 소방활동의 지휘권자가 아닌 자는?

① 시 · 도지사
② 소방청장
③ 소방본부장
④ 소방서장

TIPS!

소방기본법 제16조
소방청장, 소방본부장 또는 소방서장은 화재, 재난 · 재해, 그 밖의 위급한 상황이 발생하였을 때에는 소방대를 현장에 신속하게 출동시켜 화재진압과 인명구조 · 구급 등 소방에 필요한 활동을 하게 하여야 한다.

## 42 소방지원활동과 거리가 먼 것은?

① 자연재해에 따른 급수 · 배수 및 제설 등 지원활동
② 집회 · 공연 등 각종 행사 시 사고에 대비한 근접대기 등 지원활동
③ 소방시설 오작동 신고에 따른 조치활동
④ 단전사고 시 비상전원 또는 조명의 공급

TIPS!

단전사고 시 비상전원 또는 조명의 공급은 생활안전 활동이다.

Answer 40.③ 41.① 42.④

**43** 소방안전교육사의 업무 범위가 아닌 것은?

① 소방안전교육의 기획 ② 소방안전교육의 진행
③ 소방안전교육의 분석 ④ 소방안전교육의 감독

TIPS!

소방기본법 제17조의2 제2항

소방안전교육사는 소방안전교육의 기획 · 진행 · 분석 · 평가 및 교수업무를 수행한다.

**44** 다음 중 소방안전교육사의 결격사유로 바르지 않은 것은?

① 피성년후견인
② 금고 이상의 형의 집행유예를 선고받고 그 유예기간 중에 있는 사람
③ 법원의 판결 또는 다른 법률에 따라 자격이 정지되거나 상실된 사람
④ 금고 이상의 실형을 선고받고 그 집행이 끝나거나 집행이 면제된 날부터 1년이 지나지 아니한 사람

TIPS!

소방기본법 제17조의3 제1항

- 결격사유
  - 피성년후견인
  - 금고 이상의 실형을 선고받고 그 집행이 끝나거나(집행이 끝난 것으로 보는 경우를 포함한다) 집행이 면제된 날부터 2년이 지나지 아니한 사람
  - 금고 이상의 형의 집행유예를 선고받고 그 유예기간 중에 있는 사람
  - 법원의 판결 또는 다른 법률에 따라 자격이 정지되거나 상실된 사람

**45** 다음 중 소방안전교육사 배치 인원으로 옳은 것은?

① 소방청에 1명 이상 ② 소방서에 3명 이상
③ 한국소방안전원 지부에 3명 이상 ④ 한국소방산업기술원 2명 이상

TIPS!

소방안전교육사 배치기준〈시행령 별표 2의3〉

| 배치대상 | 배치기준(단위 : 명) |
|---|---|
| 소방청 | 2 이상 |
| 소방본부 | 2 이상 |
| 소방서 | 1 이상 |
| 한국소방안전원 | 본회 : 2 이상<br>시 · 도지부 : 1 이상 |
| 한국소방산업기술원 | 2 이상 |

Answer 43.④ 44.④ 45.④

## 46 소방훈련의 종류에 해당하지 않는 것은?

① 피난방법 훈련
② 화재진압 훈련
③ 인명대피 훈련
④ 현장지휘 훈련

TIPS!

소방기본법 시행규칙 제9조 관련
- 소방훈련의 종류
  - 화재진압훈련
  - 인명구조훈련
  - 응급처치훈련
  - 인명대피훈련
  - 현장지휘훈련

## 47 다음 중 소방신호의 종류 및 방법(타종 신호의 경우)에 대한 설명으로 옳지 않은 것은?

① 경계신호 : 1타와 연2타를 반복
② 발화신호 : 난타
③ 해제신호 : 상당한 간격을 두고 1타씩 반복
④ 소방대의 비상소집을 할 경우에는 훈련신호를 사용할 수 없다.

TIPS!

소방신호의 방법〈시행규칙 별표4〉

| | 타종 신호 | 사이렌 신호 |
|---|---|---|
| 경계신호 | 1타와 연2타를 반복 | 5초 간격을 두고 30초씩 3회 |
| 발화신호 | 난타 | 5초 간격을 두고 5초씩 3회 |
| 해제신호 | 상당한 간격을 두고 1타씩 반복 | 1분간 1회 |
| 훈련신호 | 연3타 반복 | 10초 간격 1분씩 3회 |

※ 비고
- 소방신호의 방법은 그 전부 또는 일부를 함께 사용할 수 있다.
- 게시판을 철거하거나 통풍대 또는 기를 내리는 것으로 소방활동이 해제되었음을 알린다.
- 소방대의 비상소집을 하는 경우에는 훈련 신호를 사용할 수 있다.

Answer 46.① 47.④

**48** **화재로 오인할 만한 우려가 있는 불을 피우거나 연막 소독을 하는 지정된 지역에서는 신고 후 행하여야 한다. 그 해당 지역으로 바르지 않은 것은?**

① 소방출동로가 없는 지역
② 공장 · 창고가 밀집한 지역
③ 목조건물이 밀집한 지역
④ 위험물의 저장 및 처리시설이 밀집한 지역

TIPS!

소방기본법 제19조 제2항
다음의 어느 하나에 해당하는 지역 또는 장소에서 화재로 오인할 만한 우려가 있는 불을 피우거나 연막(煙幕) 소독을 하려는 자는 시 · 도의 조례로 정하는 바에 따라 관할 소방본부장 또는 소방서장에게 신고하여야 한다.
㉠ 시장지역
㉡ 공장 · 창고가 밀집한 지역
㉢ 목조건물이 밀집한 지역
㉣ 위험물의 저장 및 처리시설이 밀집한 지역
㉤ 석유화학제품을 생산하는 공장이 있는 지역
㉥ 그 밖에 시 · 도의 조례로 정하는 지역 또는 장소

**49** **소방자동차의 통행에 대한 설명으로 옳지 않은 것은?**

① 소방자동차의 우선 통행은 소방기본법에 규정된 경우를 제외하고 도로교통법에 따른다.
② 관계인은 소방대가 현장에 도착할 때까지 경보를 울리거나 대피유도를 하는 등의 방법으로 사람을 구출하는 인명구조 또는 불이 번지지 아니하도록 소화 작업 등의 필요한 조치를 하여야 한다.
③ 소방대는 긴급할 때에는 일반적인 통행에 쓰이지 아니하는 도로, 빈터 또는 물 위로 통행할 수 있다.
④ 사이렌은 구조 · 구급 활동을 위하여 출동하는 경우에만 사용한다.

TIPS!

소방기본법 제21조 제2항
소방자동차가 화재진압 및 구조 · 구급 활동을 위하여 출동하거나 훈련을 위하여 필요할 때에는 사이렌을 사용할 수 있다.

Answer 48.① 49.④

**50** **다음 중 소방대의 긴급통행에 대한 내용으로 옳은 것은?**

① 소방대는 화재, 재난 · 재해, 그 밖의 위급한 상황이 발생한 현장에 신속하게 출동하기 위하여 긴급할 때에는 일반적인 통행에 쓰이지 아니하는 도로 · 빈터 또는 물 위로 통행할 수 있다.

② 모든 차와 사람은 소방자동차(지휘를 위한 자동차와 구조 · 구급차 포함)가 화재진압 및 구조 · 구급 활동을 위하여 출동을 할 때에는 이를 방해하여서는 아니 된다.

③ 소방자동차의 우선 통행에 관하여는 소방기본법 제21조 제3항의 경우를 제외하고 「도로교통법」에서 정하는 바에 따른다.

④ 소방자동차가 화재진압 및 구조 · 구급 활동을 위하여 출동하거나 훈련을 위하여 필요할 때에는 사이렌을 사용할 수 있다.

TIPS!

- **소방대의 긴급통행**[법 제22조]
  소방대는 화재, 재난 · 재해, 그 밖의 위급한 상황이 발생한 현장에 신속하게 출동하기 위하여 긴급할 때에는 일반적인 통행에 쓰이지 아니하는 도로 · 빈터 또는 물 위로 통행할 수 있다.
- **소방차동차의 우선통행**[법 제21조]
  ㉠ 모든 차와 사람은 소방자동차(지휘를 위한 자동차와 구조 · 구급차 포함)가 화재진압 및 구조 · 구급 활동을 위하여 출동을 할 때에는 이를 방해하여서는 아니 된다.
  ㉡ 소방자동차의 우선 통행에 관하여는 「도로교통법」에서 정하는 바에 따른다.
  ㉢ 소방자동차가 화재진압 및 구조 · 구급 활동을 위하여 출동하거나 훈련을 위하여 필요할 때에는 사이렌을 사용할 수 있다.

**51** **다음 중 소방활동 구역의 출입자로 볼 수 없는 사람은?**

① 전기 · 가스 · 수도 · 통신 · 기계의 업무에 종사하는 사람

② 소방활동 구역 안의 관계인

③ 취재인력 등 보도업무에 종사하는 사람

④ 소방대장이 소방활동을 위하여 출입을 허가한 사람

TIPS!

**소방활동 출입자**[시행령 제8조]

㉠ 소방활동구역 안에 있는 소방대상물의 소유자 · 관리자 또는 점유자

㉡ 전기 · 가스 · 수도 · 통신 · 교통의 업무에 종사하는 사람으로서 원활한 소방활동을 위하여 필요한 사람

㉢ 의사 · 간호사 그 밖의 구조 · 구급업무에 종사하는 사람

㉣ 취재인력 등 보도업무에 종사하는 사람

㉤ 수사업무에 종사하는 사람

㉥ 그 밖에 소방대장이 소방활동을 위하여 출입을 허가한 사람

Answer 50.① 51.①

**52** **화재조사에 대한 설명으로 바른 것은?**

① 시 · 도지사는 화재가 발생하였을 때에는 화재의 원인 및 피해 등에 대한 화재조사를 하여야 한다.
② 소방공무원과 경찰공무원은 화재조사를 할 때에 서로 협력하여야 한다.
③ 화재의 원인 조사에는 발화원인, 재산피해 조사 등이 있다.
④ 화재피해 조사는 인명피해, 피난상황 조사로 나누어진다.

TIPS!

• 소방기본법 제29조 제1항
– 소방청장, 소방본부장 또는 소방서장은 화재가 발생하였을 때에는 화재의 원인 및 피해 등에 대한 화재조사를 하여야 한다.
• 시행규칙 별표5
– 화재원인조사 : 발화원인 조사, 발견 · 통보 및 초기 소화상황 조사, 연소상황 조사, 피난상황 조사, 소방시설 등 조사
– 화재피해조사 : 인명피해조사, 재산피해조사

**53** **화재의 원인조사 중 발화원인 조사의 범위로 옳은 것은?**

① 화재의 발견 · 통보 및 초기소화 등 일련의 과정
② 화재의 연소경로 및 확대원인 등의 상황
③ 피난경로, 피난상의 장애요인 등의 상황
④ 화재가 발생한 과정, 화재가 발생한 지점 및 불이 붙기 시작한 물질

TIPS!

소방기본법 시행규칙 제11조(화재조사의 방법 등) 별표5

| 종류 | 조사 범위 |
|---|---|
| 발화원인 조사 | 화재가 발생한 과정, 화재가 발생한 지점 및 불이 붙기 시작한 물질 |
| 발견 · 통보 및 초기 소화상황 조사 | 화재의 발견 · 통보 및 초기소화 등 일련의 과정 |
| 연소상황 조사 | 화재의 연소경로 및 확대원인 등의 상황 |
| 피난상황 조사 | 피난경로, 피난상의 장애요인 등의 상황 |
| 소방시설 등 조사 | 소방시설의 사용 또는 작동 등의 상황 |

Answer 52.② 53.④

**54** **다음 중 화재조사에 관한 내용으로 틀린 것은?**

① 재산피해조사는 화재의 연소경로 및 연소확대물, 연소확대 사유 등에 해당한다.
② 소방청, 시 · 도의 소방본부와 소방서에 화재조사를 전담하는 부서를 설치 · 운영한다.
③ 화재조사의 방법 및 전담조사반의 운영과 화재조사자의 자격 등 화재조사에 필요한 사항은 행정안전부령으로 정한다.
④ 소방청장, 소방본부장 또는 소방서장은 화재가 발생하였을 때에는 화재의 원인 및 피해 등에 대한 조사를 하여야 한다.

화재의 연소경로 및 연소확대물, 연소확대 사유 등은 화재원인조사 중 연소상황 조사에 해당된다.
※ 재산피해조사는 ㉠열에 의한 탄화, 용융, 파손 등의 피해, ㉡소화활동 중 사용된 물로 인한 피해, ㉢그 밖에 연기, 물품반출, 화재로 인한 폭발 등에 의한 피해를 조사하는 것이다.

**55** **다음 중 화재조사 시 요구할 수 없는 것은?**

① 압수 · 수사권
② 관계인에게 자료제출명령권
③ 관계 공무원의 관계장소에 대한 출입 · 조사권
④ 관계인에 보고 또는 질문권

TIPS!

관계인에 대한 증거에 대한 압수는 경찰공무원의 권한이다.

Answer 54.① 55.①

**56** **다음 중 구조된 사람, 사망자 또는 구조된 물건을 특별자치도지사 · 시장 · 군수 · 구청장에게 인도하거나 인계하여야 하는 경우에 해당되지 않는 것은?**

① 구조된 사람이나 사망자의 신원이 확인되지 아니한 때
② 구조된 사람이나 사망자를 인도받을 보호자 또는 유족이 없는 때
③ 구조된 물건의 소유자를 알 수 없는 때
④ 구조된 물건의 망실이 있을 때

TIPS!

119구조 · 구급에 관한 법률 제16조 제3항
소방청장, 소방본부장 또는 소방서장은 다음에 해당하는 때에는 구조된 사람, 사망자 또는 구조된 물건을 특별자치도지사 · 시장 · 군수 · 구청장(「재난 및 안전관리 기본법」 제14조 또는 제16조에 따른 재난안전대책본부가 구성된 경우 해당 재난안전대책본부장을 말한다. 이하 같다)에게 인도하거나 인계하여야 한다.
㉠ 구조된 사람이나 사망자의 신원이 확인되지 아니한 때
㉡ 구조된 사람이나 사망자를 인도받을 보호자 또는 유족이 없는 때
㉢ 구조된 물건의 소유자를 알 수 없는 때

**57** **다음의 (  )안의 내용으로 바른 것은?**

> 특별시장 · 광역시장 · 특별자치시장 · 도지사 · 특별자치도지사 또는 소방서장은 재난현장에서 화재진압, 구조 · 구급 등의 활동과 화재예방활동에 관한 소방업무를 보조하기 위하여 (    )를 설치할 수 있다.

① 의무소방대
② 의용소방대
③ 자치소방대
④ 종합상황실

TIPS!

의용소방대 설치 및 운영에 관한 법률 제2조 제1항
특별시장 · 광역시장 · 특별자치시장 · 도지사 · 특별자치도지사 또는 소방서장은 재난현장에서 화재진압, 구조 · 구급 등의 활동과 화재예방활동에 관한 소방업무를 보조하기 위하여 의용소방대를 설치할 수 있다.

Answer 56.④ 57.②

**58** **소방기술 및 소방산업의 국제경쟁력과 국제적 통용성을 높이기 위해 소방청장이 추진해야 하는 사업으로 바르지 않은 것은?**

① 소방기술 및 소방산업의 국제 협력을 위한 조사 · 연구
② 소방기술 및 소방산업에 관한 국제 전시회, 국제 학술회의 개최 등 국제 교류
③ 소방기술 및 소방산업의 국내시장 개척
④ 소방기술 및 소방산업의 국제경쟁력과 국제적 통용성을 높이기 위하여 필요하다고 인정하는 사업

**TIPS!**

**소방기본법 제39조의7 제2항** : 소방청장은 소방기술 및 소방산업의 국제경쟁력과 국제적 통용성을 높이기 위하여 다음의 사업을 추진하여야 한다.
㉠ 소방기술 및 소방산업의 국제 협력을 위한 조사 · 연구
㉡ 소방기술 및 소방산업에 관한 국제 전시회, 국제 학술회의 개최 등 국제 교류
㉢ 소방기술 및 소방산업의 국외시장 개척
㉣ 그 밖에 소방기술 및 소방산업의 국제경쟁력과 국제적 통용성을 높이기 위하여 필요하다고 인정하는 사업

**59** **소방안전원의 업무로 바르지 않은 것은?**

① 소방기술과 안전관리에 관한 교육 및 조사 · 연구
② 소방기술과 안전관리에 관한 각종 간행물 발간
③ 화재 예방과 안전관리의식 고취를 위한 대국민 홍보
④ 소방안전원의 수익사업

**TIPS!**

**안전원의 업무**[법 제41조]
㉠ 소방기술과 안전관리에 관한 교육 및 조사 · 연구
㉡ 소방기술과 안전관리에 관한 각종 간행물 발간
㉢ 화재 예방과 안전관리의식 고취를 위한 대국민 홍보
㉣ 소방업무에 관하여 행정기관이 위탁하는 업무
㉤ 소방안전에 관한 국제협력
㉥ 그 밖에 회원에 대한 기술지원 등 정관으로 정하는 사항

**Answer** 58.③ 59.④

**60** 소방기본법에서 규정하고 있는 설명이다. (　　)안에 들어갈 숫자를 옳게 연결한 것은?

> 가. 화재경계지구에서 소방본부장 또는 소방서장은 소방상 필요한 훈련 및 교육을 실시하고자 하는 때에는 화재경계지구 안의 관계인에게 훈련 또는 교육 ( ㉠ )일 전까지 그 사실을 통보하여야 한다.
> 나. 특수가연물의 쌓는 높이는 ( ㉡ ) 미터 이하가 되도록 하고, 쌓는 부분의 바닥면적은 50 제곱미터(석탄 · 목탄류의 경우에는 200 제곱미터) 이하가 되도록 할 것. 다만, 살수 설비를 설치하거나, 방사 능력 범위에 해당 특수가연물이 포함되도록 대형 수동식 소화기를 설치하는 경우에는 쌓는 높이를 ( ㉢ ) 미터 이하, 쌓는 부분의 바닥면적을 200 제곱 미터(석탄 · 목탄류의 경우에는 300 제곱미터) 이하로 할 수 있다.
> 다. 소방청장 등은 손실보상심의위원회의 심사 · 의결을 거쳐 특별한 사유가 없으면 보상금 지급 청구서를 받은 날부터 ( ㉣ )일 이내에 보상금 지급 여부 및 보상금액을 결정하여야 한다.
> 라. 소방청장 등은 보상금 지급여부 및 보상금액 결정일로부터 ( ㉤ )일 이내에 행정안전부령으로 정하는 바에 따라 결정 내용을 청구인에게 통지하고, 보상금을 지급하기로 결정한 경우에는 특별한 사유가 없으면 통지한 날부터 30일 이내에 보상금을 지급하여야 한다.
> 마. 소방전용 자동차의 전용구역에 차를 주차하거나 전용구역에의 진입을 가로막는 등의 방해행위를 한 자에게는 ( ㉥ ) 만 원 이하의 과태료를 부과한다.

| | ㉠ | ㉡ | ㉢ | ㉣ | ㉤ | ㉥ |
|---|---|---|---|---|---|---|
| ① | 7 | 7 | 14 | 40 | 15 | 200 |
| ② | 7 | 10 | 15 | 60 | 15 | 200 |
| ③ | 10 | 7 | 14 | 40 | 10 | 100 |
| ④ | 10 | 10 | 15 | 60 | 10 | 100 |

**TIPS!**

㉠ 시행령 제4조(화재경계지구의 관리) 제4항
㉡㉢ 시행령 제7조(특수가연물의 저장 및 취급의 기준) 제2호
㉣ 시행령 제12조(손실보상의 지급절차 및 방법) 제2항
㉤ 시행령 제12조(손실보상의 지급절차 및 방법) 제4항
㉥ 법 제56조(과태료) 제3항

**Answer** 60.④

**61** **소방청장 또는 시 · 도지사는 손실보상위원회의 심사 · 의결에 따라 정당한 보상을 하여야 한다. 다음 중 그 대상이라 보기 어려운 자는?**

① 생활안전활동에 따른 조치로 인하여 손실을 입은 자
② 소방활동 종사로 인하여 사망하거나 부상을 입은 자
③ 유류 등의 시설에 대하여 위험물질의 공급을 차단하는 등 필요한 조치에 따른 조치로 인하여 손실을 입은 자
④ 소방기관의 위법한 소방업무로 인하여 손실을 입은 자

소방기관의 위법한 소방업무의 경우는 국가손해배상법상의 배상 대상이지 손실보상의 대상이 아니다.

**62** **손실보상 위원회에 대한 설명으로 바르지 않은 것은?**

① 보상위원회는 위원장 1명을 포함하여 5명 이상 7명 이하의 위원으로 구성한다.
② 보상위원회의 위원은 소방청장 또는 소방본부장이 위촉하거나 임명한다. 이 경우 위원의 과반수는 성별을 고려하여 소방공무원이 아닌 사람으로 하여야 한다.
③ 보상위원회의 위원장은 위원 중에서 호선한다.
④ 보상위원회의 위원 또는 그 배우자나 배우자였던 사람이 심의 안건의 청구인인 경우 보상위원회의 심의 · 의결에서 제척(除斥)된다.

TIPS!

**소방기본법 시행령 제13조 제3항** : 보상위원회의 위원은 (중략) 소방청장 또는 시 · 도지사가 위촉하거나 임명한다. 이 경우 위원의 과반수는 성별을 고려하여 소방공무원이 아닌 사람으로 하여야 한다.

**Answer** 61.④ 62.②

**63** 다음 중 5년 이하의 징역 또는 5천만 원 이하의 벌금에 처하는 행위가 아닌 것은?

① 소방대상물의 사용제한 처분을 따르지 아니한 사람
② 소방자동차의 출동을 방해한 사람
③ 사람을 구출하는 일 또는 불을 끄거나 불이 번지지 아니하도록 하는 일을 방해한 사람
④ 정당한 사유 없이 소방용수시설을 사용하거나 소방용수시설의 효용을 해치거나 그 정당한 사용을 방해한 사람

소방대상물의 사용제한 처분을 따르지 아니한 경우는 3년 이하의 징역 또는 3천만 원 이하의 벌금에 해당된다.

**64** 다음 중 100만 원 이하의 벌금에 해당하지 않는 행위는?

① 정당한 사유 없이 관계 공무원의 출입 또는 조사를 거부·방해 또는 기피한 자
② 화재경계지구 안의 소방대상물에 대한 소방특별조사를 거부·방해 또는 기피한 자
③ 정당한 사유 없이 소방대의 생활안전활동을 방해한 자
④ 소방본부장, 소방서장 또는 소방대장의 피난 명령을 위반한 사람

TIPS!

정당한 사유 없이 관계 공무원의 출입 또는 조사를 거부·방해 또는 기피한 자는 200만 원 이하의 벌금에 해당된다.

**65** 매년 11월 9일은 소방의 날이다. 소방의 날 제정의 이유로 타당한 것은?

① 국민의 안전의식과 화재에 대한 경각심을 높이고 안전문화를 정착시키기 위하여
② 재난·재해 환경 변화에 따른 소방업무에 필요한 대응 체계를 마련하기 위하여
③ 장애인, 노인, 임산부, 영유아 및 어린이 등 이동이 어려운 사람을 대상으로 한 소방활동에 필요한 조치를 취하기 위하여
④ 업무의 효율적 수행을 위하여 필요한 사항을 정하기 위하여

TIPS!

법 제7조 제1항
국민의 안전의식과 화재에 대한 경각심을 높이고 안전문화를 정착시키기 위하여 매년 11월 9일을 소방의 날로 정하여 기념행사를 한다.

Answer 63.① 64.① 65.①

# PART 02

# 소방시설공사업법

01 중요핵심이론
02 출제예상문제

# 중요핵심이론

## section 1 총칙

### (1) 목적〈법 제1조〉

「소방시설공사업법」은 소방시설공사 및 소방기술의 관리에 필요한 사항을 규정함으로써 소방시설업을 건전하게 발전시키고 소방기술을 진흥시켜 화재로부터 공공의 안전을 확보하고 국민경제에 이바지함을 목적으로 한다.

### (2) 용어의 정의〈법 제2조〉

① "소방시설업"이란 다음의 영업을 말한다. ✡ 2018 기출

- ㉠ **소방시설설계업**: 소방시설공사에 기본이 되는 공사계획, 설계도면, 설계 설명서, 기술계산서 및 이와 관련된 서류(이하 "설계도서"라 한다)를 작성(이하 "설계"라 한다)하는 영업
- ㉡ **소방시설공사업**: 설계도서에 따라 소방시설을 신설, 증설, 개설, 이전 및 정비(이하 "시공"이라 한다)하는 영업
- ㉢ **소방공사감리업**: 소방시설공사에 관한 발주자의 권한을 대행하여 소방시설공사가 설계도서와 관계 법령에 따라 적법하게 시공되는지를 확인하고, 품질 · 시공 관리에 대한 기술지도를 하는(이하 "감리"라 한다) 영업
- ㉣ **방염처리업**: 「화재예방, 소방시설 설치 · 유지 및 안전관리에 관한 법률」에 따른 방염대상물품에 대하여 방염처리(이하 "방염"이라 한다)하는 영업

② "소방시설업자"란 소방시설업을 경영하기 위하여 소방시설업을 등록한 자를 말한다.

③ "감리원"이란 소방공사감리업자에 소속된 소방기술자로서 해당 소방시설공사를 감리하는 사람을 말한다.

④ "소방기술자"란 소방기술 경력 등을 인정받은 사람과 다음의 어느 하나에 해당하는 사람으로서 소방시설업과 「화재예방, 소방시설 설치 · 유지 및 안전관리에 관한 법률」에 따른 소방시설관리업의 기술인력으로 등록된 사람을 말한다.

- ㉠ 「화재예방, 소방시설 설치 · 유지 및 안전관리에 관한 법률」에 따른 소방시설관리사
- ㉡ 국가기술자격 법령에 따른 소방기술사, 소방설비기사, 소방설비산업기사, 위험물기능장, 위험물산업기사, 위험물기능사

**POINT** 소방시설공사 등 관련 주체의 책무〈법 제2조의2〉

① 소방청장은 소방시설공사 등의 품질과 안전이 확보되도록 소방시설공사 등에 관한 기준 등을 정하여 보급하여야 한다.

---

**기출PLUS**

기출 2018. 10. 13. 소방공무원

**「소방시설공사업법」상 '소방시설업의 영업에 해당하지 않는 것은?**

① 소방시설공사에 기본이 되는 공사계획, 설계도면, 설계설명서, 기술계산서 및 이와 관련된 서류를 작성하는 영업
② 설계도서에 따라 소방시설을 신설, 증설, 개설, 이전 및 정비하는 영업
③ 소방안전관리 업무의 대행 또는 소방시설 등의 점검 및 유지 · 관리하는 영업
④ 방염대상물품에 대하여 방염처리하는 영업

**TIP**

소방시설업에는 소방시설설계업(①), 소방시설공사업(②), 소방공사감리업, 방염처리업(④)이 있다. 소방시설감리업은 시공을 적법하게 하는지 확인하고 품질 · 시공 관리에 대한 기술지도를 하는 것을 말한다.

〈정답 ③

② 발주자는 소방시설이 공공의 안전과 복리에 적합하게 시공되도록 공정한 기준과 절차에 따라 능력 있는 소방시설업자를 선정하여야 하고, 소방시설공사 등이 적정하게 수행되도록 노력하여야 한다.
③ 소방시설업자는 소방시설공사 등의 품질과 안전이 확보되도록 소방시설공사 등에 관한 법령을 준수하고, 설계도서·시방서(示方書) 및 도급계약의 내용 등에 따라 성실하게 소방시설공사 등을 수행하여야 한다.

⑤ "발주자"란 소방시설의 설계, 시공, 감리 및 방염(이하 "소방시설공사 등"이라 한다)을 소방시설업자에게 도급하는 자를 말한다. 다만, 수급인으로서 도급받은 공사를 하도급하는 자는 제외한다.

⑥ 이 법에서 사용하는 용어의 뜻은 「소방시설공사업법」에서 규정하는 것을 제외하고는 「소방기본법」, 「화재예방, 소방시설 설치·유지 및 안전관리에 관한 법률」, 「위험물안전관리법」 및 「건설산업기본법」에서 정하는 바에 따른다.

### (3) 다른 법률과의 관계〈법 제3조〉

소방시설공사 및 소방기술의 관리에 관하여 이 법에서 규정하지 아니한 사항에 대하여는 「화재예방, 소방시설 설치·유지 및 안전관리에 관한 법률」과 「위험물안전관리법」을 적용한다.

## section 2 소방시설업

### (1) 소방시설업의 등록〈법 제4조〉

① 특정소방대상물의 소방시설공사 등을 하려는 자는 업종별로 자본금(개인인 경우에는 자산 평가액을 말한다), 기술인력 등 대통령령으로 정하는 요건을 갖추어 특별시장·광역시장·특별자치시장·도지사 또는 특별자치도지사(이하 "시·도지사"라 한다)에게 소방시설업을 등록하여야 한다.

② 소방시설업의 업종별 영업범위는 대통령령으로 정한다.(※ 부록 별표Ⅰ 참조)

③ 소방시설업의 등록신청과 등록증·등록수첩의 발급·재발급 신청, 그 밖에 소방시설업 등록에 필요한 사항은 행정안전부령으로 정한다.

④ 「공공기관의 운영에 관한 법률」에 따른 공기업·준정부기관 및 「지방공기업법」에 따라 설립된 지방공사나 지방공단이 다음의 요건을 모두 갖춘 경우에는 시·도지사에게 등록을 하지 아니하고 자체 기술인력을 활용하여 설계·감리를 할 수 있다. 이 경우 대통령령으로 정하는 기술인력을 보유하여야 한다.
㉠ 주택의 건설·공급을 목적으로 설립되었을 것
㉡ 설계·감리 업무를 주요 업무로 규정하고 있을 것

기출PLUS

**소방시설업 등록증 및 등록수첩의 발급 등〈시행규칙 제3조〉**
시·도지사는 접수일부터 15일 이내에 협회를 경유하여 소방시설업 등록증 및 소방시설업 등록수첩을 신청인에게 발급해 주어야 한다.

기출PLUS

POINT 소방시설업의 등록신청〈시행규칙 제2조〉

① 소방시설업을 등록하려는 자는 소방시설업 등록신청서(전자문서로 된 소방시설업 등록신청서를 포함한다)에 다음의 서류(전자문서를 포함한다)를 첨부하여 소방시설업자협회(이하 "협회"라 한다)에 제출해야 한다. 다만, 「전자정부법」에 따른 행정정보의 공동이용을 통하여 첨부서류에 대한 정보를 확인할 수 있는 경우에는 그 확인으로 첨부서류를 갈음할 수 있다.

㉠ 신청인(외국인을 포함하되, 법인의 경우에는 대표자를 포함한 임원을 말한다)의 성명, 주민등록번호 및 주소지 등의 인적사항이 적힌 서류

㉡ 등록기준 중 기술인력에 관한 사항을 확인할 수 있는 다음 각 목의 어느 하나에 해당하는 서류(이하 "기술인력 증빙서류"라 한다)

- 국가기술자격증
- 소방기술 인정 자격수첩(이하 "자격수첩"이라 한다) 또는 소방기술자 경력수첩(이하 "경력수첩"이라 한다)

㉢ 「소방시설공사업법 시행령」에 따라 소방청장이 지정하는 금융회사 또는 소방산업공제조합에 출자·예치·담보한 금액 확인서(이하 "출자·예치·담보 금액 확인서"라 한다) 1부(소방시설공사업만 해당한다). 다만, 소방청장이 지정하는 금융회사 또는 소방산업공제조합에 해당 금액을 확인할 수 있는 경우에는 그 확인으로 갈음할 수 있다.

㉣ 다음의 어느 하나에 해당하는 자가 신청일 전 최근 90일 이내에 작성한 자산평가액 또는 소방청장이 정하여 고시하는 바에 따라 작성된 기업진단 보고서(소방시설공사업만 해당한다)

- 「공인회계사법」에 따라 금융위원회에 등록한 공인회계사
- 「세무사법」에 따라 기획재정부에 등록한 세무사
- 「건설산업기본법」에 따른 전문경영진단기관

㉤ 신청인(법인인 경우에는 대표자를 말한다)이 외국인인 경우에는 등록의 결격사유의 어느 하나에 해당하는 사유와 같거나 비슷한 사유에 해당하지 아니함을 확인할 수 있는 서류로서 다음의 어느 하나에 해당하는 서류

- 해당 국가의 정부나 공증인(법률에 따른 공증인의 자격을 가진 자만 해당한다), 그 밖의 권한이 있는 기관이 발행한 서류로서 해당 국가에 주재하는 우리나라 영사가 확인한 서류
- 「외국공문서에 대한 인증의 요구를 폐지하는 협약」을 체결한 국가의 경우에는 해당 국가의 정부나 공증인(법률에 따른 공증인의 자격을 가진 자만 해당한다), 그 밖의 권한이 있는 기관이 발행한 서류로서 해당 국가의 아포스티유(Apostille) 확인서 발급 권한이 있는 기관이 그 확인서를 발급한 서류

② 신청서류는 업종별로 제출하여야 한다.

③ 등록신청을 받은 협회는 「전자정부법」에 따른 행정정보의 공동이용을 통하여 다음 각 호의 서류를 확인하여야 한다. 다만, 신청인이 ㉡에서 ㉣까지의 서류의 확인에 동의하지 아니하는 경우에는 해당 서류를 제출하도록 하여야 한다.

㉠ 법인등기사항 전부증명서(법인인 경우만 해당한다)

㉡ 사업자등록증(개인인 경우만 해당한다)

㉢ 「출입국관리법」에 따른 외국인등록 사실증명(외국인인 경우만 해당한다)

㉣ 「국민연금법」에 따른 국민연금가입자 증명서(이하 "국민연금가입자 증명서"라 한다) 또는 「국민건강보험법」에 따라 건강보험의 가입자로서 자격을 취득하고 있다는 사실을 확인할 수 있는 증명서("건강보험자격취득 확인서"라 한다)

### (2) 등록의 결격사유〈법 제5조〉

① 피성년후견인

② 이 법, 「소방기본법」, 「화재예방, 소방시설 설치 · 유지 및 안전관리에 관한 법률」 또는 「위험물안전관리법」에 따른 금고 이상의 실형을 선고받고 그 집행이 끝나거나(집행이 끝난 것으로 보는 경우를 포함한다) 면제된 날부터 2년이 지나지 아니한 사람

③ 이 법, 「소방기본법」, 「화재예방, 소방시설 설치 · 유지 및 안전관리에 관한 법률」 또는 「위험물안전관리법」에 따른 금고 이상의 형의 집행유예를 선고받고 그 유예기간 중에 있는 사람

④ 등록하려는 소방시설업 등록이 취소된 날부터 2년이 지나지 아니한 자

⑤ 법인의 대표자가 ①부터 ④까지의 규정에 해당하는 경우 그 법인

⑥ 법인의 임원이 ②부터 ④까지의 규정에 해당하는 경우 그 법인

### (3) 등록사항의 변경신고〈법 제6조〉

소방시설업자는 등록한 사항 중 행정안전부령으로 정하는 중요 사항을 변경할 때에는 행정안전부령으로 정하는 바에 따라 시 · 도지사에게 신고하여야 한다.

### (4) 휴업 · 폐업 신고 등〈법 제6조의2〉

① 소방시설업자는 소방시설업을 휴업 · 폐업 또는 재개업하는 때에는 행정안전부령으로 정하는 바에 따라 시 · 도지사에게 신고하여야 한다.

② 폐업신고를 받은 시 · 도지사는 소방시설업 등록을 말소하고 그 사실을 행정안전부령으로 정하는 바에 따라 공고하여야 한다.

③ 폐업신고를 한 자가 소방시설업 등록이 말소된 후 6개월 이내에 같은 업종의 소방시설업을 다시 등록한 경우 해당 소방시설업자는 폐업신고 전 소방시설업자의 지위를 승계한다.

④ 소방시설업자의 지위를 승계한 자에 대해서는 폐업신고 전의 소방시설업자에 대한 행정처분의 효과가 승계된다.

### (5) 소방시설업자의 지위승계〈법 제7조〉

① 다음의 어느 하나에 해당하는 자가 종전의 소방시설업자의 지위를 승계하려는 경우에는 그 상속일, 양수일 또는 합병일부터 30일 이내에 행정안전부령으로 정하는 바에 따라 그 사실을 시 · 도지사에게 신고하여야 한다.

㉠ 소방시설업자가 사망한 경우 그 상속인

기출PLUS

**등록사항의 변경신고 사항〈시행규칙 제5조〉**

① 상호(명칭) 또는 영업소 소재지

② 대표자

③ 기술인력

기출PLUS

㉡ 소방시설업자가 그 영업을 양도한 경우 그 양수인

㉢ 법인인 소방시설업자가 다른 법인과 합병한 경우 합병 후 존속하는 법인이나 합병으로 설립되는 법인

② 다음의 어느 하나에 해당하는 절차에 따라 소방시설업자의 소방시설의 전부를 인수한 자가 종전의 소방시설업자의 지위를 승계하려는 경우에는 그 인수일부터 30일 이내에 행정안전부령으로 정하는 바에 따라 그 사실을 시·도지사에게 신고하여야 한다.

㉠ 「민사집행법」에 따른 경매

㉡ 「채무자 회생 및 파산에 관한 법률」에 따른 환가(換價)

㉢ 「국세징수법」, 「관세법」 또는 「지방세징수법」에 따른 압류재산의 매각

㉣ 그 밖에 ㉠부터 ㉢까지의 규정에 준하는 절차

③ 시·도지사는 신고를 받은 경우 그 내용을 검토하여 이 법에 적합하면 신고를 수리하여야 한다.

④ ①이나 ②에 따른 지위승계에 관하여는 제5조를 준용한다. 다만, 상속인이 제5조 각 호의 어느 하나에 해당하는 경우 상속받은 날부터 3개월 동안은 그러하지 아니하다.

⑤ 신고가 수리된 경우에는 ①의 각 호에 해당하는 자 또는 소방시설업자의 소방시설의 전부를 인수한 자는 그 상속일, 양수일, 합병일 또는 인수일부터 종전의 소방시설업자의 지위를 승계한다.

POINT 지위승계 신고 등〈시행규칙 제7조〉

① 소방시설업자 지위 승계를 신고하려는 자는 그 상속일, 양수일, 합병일 또는 인수일부터 30일 이내에 다음의 구분에 따른 서류(전자문서를 포함한다)를 협회에 제출하여야 한다.

㉠ **양도·양수의 경우**(분할 또는 분할합병에 따른 양도·양수의 경우를 포함한다. 이하 이 조에서 같다)
- 소방시설업 지위승계신고서
- 양도인 또는 합병 전 법인의 소방시설업 등록증 및 등록수첩
- 양도·양수 계약서 사본, 분할계획서 사본 또는 분할합병계약서 사본(법인의 경우 양도·양수에 관한 사항을 의결한 주주총회 등의 결의서 사본을 포함한다)
- 제2조(소방시설업의 등록신청) 제1항 각 호에 해당하는 서류. 이 경우 같은 항 제1호 및 제5호의 "신청인"은 "신고인"으로 본다.
- 양도·양수 공고문 사본

㉡ **상속의 경우**
- 소방시설업 지위승계신고서
- 피상속인의 소방시설업 등록증 및 등록수첩
- 제2조(소방시설업의 등록신청) 제1항 각 호에 해당하는 서류. 이 경우 같은 항 제1호 및 제5호의 "신청인"은 "신고인"으로 본다.
- 상속인임을 증명하는 서류

㉢ **합병의 경우**
- 소방시설업 합병신고서
- 합병 전 법인의 소방시설업 등록증 및 등록수첩

- 합병계약서 사본(합병에 관한 사항을 의결한 총회 또는 창립총회 결의서 사본을 포함한다)
- 제2조(소방시설업의 등록신청) 제1항 각 호에 해당하는 서류. 이 경우 같은 항 제1호 및 제5호의 "신청인"은 "신고인"으로 본다.
- 합병공고문 사본

② 소방시설업자 지위 승계를 신고하려는 상속인이 폐업 신고를 함께 하려는 경우에는 소방시설업의 등록신청 시 제출해야 하는 서류 중 제2조 제1항 제1호[1] 및 제5호[2]의 서류만을 첨부하여 제출할 수 있다. 이 경우 "신청인"은 "신고인"으로 본다.

③ 신고서를 제출받은 협회는 「전자정부법」에 따라 행정정보의 공동이용을 통하여 다음의 서류를 확인하여야 하며, 신고인이 ㉡부터 ㉣까지의 서류의 확인에 동의하지 아니하는 경우에는 해당 서류를 첨부하게 하여야 한다.
  ㉠ 법인등기사항 전부증명서(지위승계인이 법인인 경우에만 해당한다)
  ㉡ 사업자등록증(지위승계인이 개인인 경우에만 해당한다)
  ㉢ 「출입국관리법」에 따른 외국인등록 사실증명(지위승계인이 외국인인 경우에만 해당한다)
  ㉣ 국민연금가입자 증명서 또는 건강보험자격취득 확인서

④ 지위승계 신고 서류를 제출받은 협회는 접수일부터 7일 이내에 지위를 승계한 사실을 확인한 후 그 결과를 시 · 도지사에게 보고하여야 한다.

⑤ 시 · 도지사는 소방시설업의 지위승계 신고의 확인 사실을 보고받은 날부터 3일 이내에 협회를 경유하여 지위승계인에게 등록증 및 등록수첩을 발급하여야 한다.

⑥ 지위승계 신고 서류를 제출받은 협회는 소방시설업 등록대장에 지위승계에 관한 사항을 작성하여 관리(전자문서를 포함한다)하여야 한다.

⑦ 지위승계 신고 서류의 보완에 관하여는 제2조의2를 준용한다. 이 경우 "소방시설업의 등록신청 서류"는 "소방시설업의 지위승계 신고 서류"로 본다.

### (6) 소방시설업의 운영〈법 제8조〉

① 소방시설업자는 다른 자에게 자기의 성명이나 상호를 사용하여 소방시설공사 등을 수급 또는 시공하게 하거나 소방시설업의 등록증 또는 등록수첩을 빌려 주어서는 아니 된다.

② 영업정지처분이나 등록취소처분을 받은 소방시설업자는 그 날부터 소방시설공사 등을 하여서는 아니 된다. 다만, 소방시설의 착공신고가 수리(受理)되어 공사를 하고 있는 자로서 도급계약이 해지되지 아니한 소방시설공사업자 또는 소방공사감리업자가 그 공사를 하는 동안이나 방염처리업을 등록한 자가 도급을 받아 방염중인 것으로서 도급계약이 해지되지 아니한 상태에서 그 방염을 하는 동안에는 그러하지 아니하다.

③ 소방시설업자는 다음의 어느 하나에 해당하는 경우에는 소방시설공사 등을 맡긴 특정소방대상물의 관계인에게 지체 없이 그 사실을 알려야 한다. ✡ 2019 기출
  ㉠ 소방시설업자의 지위를 승계한 경우
  ㉡ 소방시설업의 등록취소처분 또는 영업정지처분을 받은 경우
  ㉢ 휴업하거나 폐업한 경우

**기출PLUS**

**TIP**

1) 신청인(외국인을 포함하되, 법인의 경우에는 대표자를 포함한 임원을 말한다)의 성명, 주민등록번호 및 주소지 등의 인적사항이 적힌 서류
2) 신청인(법인인 경우 대표자)이 외국인인 경우
- 해당 국가의 정부나 공증인(법률에 따른 공증인의 자격을 가진 자만 해당한다), 그 밖의 권한이 있는 기관이 발행한 서류로서 해당 국가에 주재하는 우리나라 영사가 확인한 서류
- 「외국공문서에 대한 인증의 요구를 폐지하는 협약」을 체결한 국가의 경우에는 해당 국가의 정부나 공증인(법률에 따른 공증인의 자격을 가진 자만 해당한다), 그 밖의 권한이 있는 기관이 발행한 서류로서 해당 국가의 아포스티유(Apostille) 확인서 발급 권한이 있는 기관이 그 확인서를 발급한 서류

기출 2019. 4. 6 소방공무원

**「소방시설공사업법」상 소방시설업자가 소방시설공사 등을 맡긴 특정소방대상물의 관계인에게 지체 없이 그 사실을 알려야 하는 사항으로 옳지 않은 것은?**

① 소방시설업을 휴업한 경우
② 소방시설업자의 지위를 승계한 경우
③ 소방시설업에 대한 행정처분 중 등록취소 처분을 받은 경우
④ 소방시설업에 대한 행정처분 중 영업정지 또는 경고 처분을 받은 경우

**TIP**

소방시설업에 대한 경고처분은 법 제8조 제3항에 해당하는 사항이 아니다.

**〈정답 ④**

기출PLUS

④ 소방시설업자는 행정안전부령으로 정하는 관계 서류를 하자보수 보증기간 동안 보관하여야 한다.

POINT 소방시설업자가 보관하여야 하는 관계 서류〈시행규칙 제8조〉
① **소방시설설계업** : 소방시설 설계기록부 및 소방시설 설계도서
② **소방시설공사업** : 소방시설공사 기록부
③ **소방공사감리업** : 소방공사 감리기록부, 소방공사 감리일지 및 소방시설의 완공 당시 설계도서

### (7) 등록취소와 영업정지 등〈법 제9조〉

① 시 · 도지사는 소방시설업자가 다음의 어느 하나에 해당하면 행정안전부령으로 정하는 바에 따라 그 등록을 취소하거나 6개월 이내의 기간을 정하여 시정이나 그 영업의 정지를 명할 수 있다. 다만, ㉠, ㉢, 또는 ㉥에 해당하는 경우에는 그 등록을 취소하여야 한다.

㉠ 거짓이나 그 밖의 부정한 방법으로 등록한 경우

㉡ 등록기준에 미달하게 된 후 30일이 경과한 경우. 다만, 자본금기준에 미달한 경우 중 「채무자 회생 및 파산에 관한 법률」에 따라 법원이 회생절차의 개시의 결정을 하고 그 절차가 진행 중인 경우 등 대통령령으로 정하는 경우는 30일이 경과한 경우에도 예외로 한다.

㉢ 다른 자에게 자기의 성명이나 상호를 사용하여 소방시설공사 등을 수급 또는 시공하게 하거나 소방시설업의 등록증 또는 등록수첩을 빌려준 경우

㉣ 등록을 한 후 정당한 사유 없이 1년이 지날 때까지 영업을 시작하지 아니하거나 계속하여 1년 이상 휴업한 때

㉤ 다른 자에게 자기의 성명이나 상호를 사용하여 소방시설공사 등을 수급 또는 시공하게 하거나 소방시설업의 등록증 또는 등록수첩을 빌려준 경우

㉥ 영업정지 기간 중에 소방시설공사 등을 한 경우

㉦ 통지를 하지 아니하거나 관계서류를 보관하지 아니한 경우

㉧ 「화재예방, 소방시설 설치 · 유지 및 안전관리에 관한 법률」에 따른 화재안전기준(이하 "화재안전기준"이라 한다) 등에 적합하게 설계 · 시공을 하지 아니하거나, 적합하게 감리를 하지 아니한 경우

㉨ 소방시설공사 등의 업무수행의무 등을 고의 또는 과실로 위반하여 다른 자에게 상해를 입히거나 재산피해를 입힌 경우

㉩ 소속 소방기술자를 공사현장에 배치하지 아니하거나 거짓으로 한 경우

㉪ 착공신고(변경신고를 포함한다)를 하지 아니하거나 거짓으로 한 때 또는 완공검사(부분완공검사를 포함한다)를 받지 아니한 경우

㉫ 제13조 제2항 후단을 위반하여 착공신고사항 중 중요한 사항에 해당하지 아니하는 변경사항을 같은 항 각 호의 어느 하나에 해당하는 서류에 포함하여 보고하지 아니한 경우

㉬ 하자보수 기간 내에 하자보수를 하지 아니하거나 하자보수계획을 통보하지 아니한 경우

㉭ 제16조 제3항에 따른 감리의 방법을 위반한 경우

㉮ 인수 · 인계를 거부 · 방해 · 기피한 경우
㉯ 소속 감리원을 공사현장에 배치하지 아니하거나 거짓으로 한 경우
㉰ 감리원 배치기준을 위반한 경우
㉱ 위반사항에 대한 조치 요구에 따르지 아니한 경우
㉲ 위반사항에 대한 보고를 하지 아니한 경우
㉳ 감리 결과를 알리지 아니하거나 거짓으로 알린 경우 또는 공사감리 결과보고서를 제출하지 아니하거나 거짓으로 제출한 경우
㉴ 방염성능기준 미만의 방염을 한 경우
㉵ 방염처리능력 평가에 관한 서류를 거짓으로 제출한 경우
㉶ 도급받은 소방시설의 설계, 시공, 감리를 하도급한 경우
㉷ 하도급받은 소방시설공사를 다시 하도급한 경우
㉸ 하도급 등에 관한 사항을 관계인과 발주자에게 알리지 아니하거나 거짓으로 알린 경우
㉹ 정당한 사유 없이 하수급인 또는 하도급 계약내용의 변경요구에 따르지 아니한 경우
㉺ 하수급인에게 대금을 지급하지 아니한 경우
㉻ 시공과 감리를 함께 한 경우
ⓐ 시공능력 평가에 관한 서류를 거짓으로 제출한 경우
ⓑ 사업수행능력 평가에 관한 서류를 위조하거나 변조하는 등 거짓이나 그 밖의 부정한 방법으로 입찰에 참여한 경우
ⓒ 보고 또는 자료 제출을 하지 아니하거나 거짓으로 보고 또는 자료 제출을 한 경우
ⓓ 정당한 사유 없이 관계 공무원의 출입 또는 검사 · 조사를 거부 · 방해 또는 기피한 경우

② 소방시설업자의 지위를 승계한 상속인이 등록의 결격사유의 어느 하나에 해당할 때에는 상속을 개시한 날부터 6개월 동안은 결격사유에 의한 취소를 적용하지 아니한다.

③ 발주자는 소방시설업자가 ①의 어느 하나에 해당하는 경우 그 사실을 시 · 도지사에게 통보하여야 한다.

④ 시 · 도지사는 등록취소, 영업정지 또는 과징금 부과 등의 처분을 하는 경우 해당 발주자에게 그 내용을 통보하여야 한다.

### (8) 과징금 처분〈법 제10조〉 ✡ 2019 기출

① 시 · 도지사는 제9조 제1항 각 호의 어느 하나에 해당하는 경우로서 영업정지가 그 이용자에게 불편을 주거나 그 밖에 공익을 해칠 우려가 있을 때에는 영업정지처분을 갈음하여 2억 원 이하의 과징금을 부과할 수 있다.

**기출PLUS**

기출 2019. 4. 6 소방공무원

**「소방시설공사업법」상 (  ) 안에 들어갈 내용으로 옳은 것은?(기출변형)**

보기

시 · 도지사는 소방시설공사업자가 소방시설 공사현장에 감리원 배치기준을 위반한 경우로서 영업정지가 그 이용자에게 불편을 주거나 그 밖에 공익을 해칠 우려가 있을 때에는 영업정지처분을 갈음하여 (  ) 이하의 과징금을 부과할 수 있다.

① 5,000만 원 ② 1억 원
③ 1억5천만 원 ④ 2억 원

소방시설공사업법 제10조(과징금처분)

〈정답 ④

기출PLUS

② 과징금을 부과하는 위반행위의 종류와 위반 정도 등에 따른 과징금과 그 밖에 필요한 사항은 행정안전부령으로 정한다.

③ 시 · 도지사는 과징금을 내야 할 자가 납부기한까지 과징금을 내지 아니하면 「지방행정제재 · 부과금의 징수 등에 관한 법률」에 따라 징수한다.

## section 3 소방시설공사 등

### (1) 설계〈법 제11조〉

① 소방시설설계업을 등록한 자(이하 "설계업자"라 한다)는 이 법이나 이 법에 따른 명령과 화재안전기준에 맞게 소방시설을 설계하여야 한다. 다만, 「화재예방, 소방시설 설치 · 유지 및 안전관리에 관한 법률」에 따른 중앙소방기술심의위원회의 심의를 거쳐 소방시설의 구조와 원리 등에서 특수한 설계로 인정된 경우는 화재안전기준을 따르지 아니할 수 있다.

② ①에도 불구하고 특정소방대상물(신축하는 것만 해당한다)에 대해서는 그 용도, 위치, 구조, 수용 인원, 가연물(可燃物)의 종류 및 양 등을 고려하여 설계(이하 "성능위주설계"라 한다)하여야 한다.

③ 성능위주설계를 할 수 있는 자의 자격, 기술인력 및 자격에 따른 설계의 범위와 그 밖에 필요한 사항은 대통령령으로 정한다.

**POINT** 성능위주설계를 할 수 있는 자의 자격 등〈시행령 제2조의3〉

성능위주설계를 할 수 있는 자의 자격 · 기술인력 및 자격에 따른 설계범위

| 성능위주설계자의 자격 | 기술인력 | 설계범위 |
|---|---|---|
| 1. 전문 소방시설설계업을 등록한 자<br>2. 전문 소방시설설계업 등록기준에 따른 기술인력을 갖춘 자로서 소방청장이 정하여 고시하는 연구기관 또는 단체 | 소방기술사 2명 이상 | 「화재예방, 소방시설 설치 · 유지 및 안전관리에 관한 법률 시행령」에 따라 성능위주 설계를 하여야 하는 특정소방대상물 |

### (2) 시공 등

① 시공〈법 제12조〉

㉠ 소방시설공사업을 등록한 자(이하 "공사업자"라 한다)는 이 법이나 이 법에 따른 명령과 화재안전기준에 맞게 시공하여야 한다. 이 경우 소방시설의 구조와 원리 등에서 그 공법이 특수한 시공에 관하여는 제11조 제1항 단서를 준용한다.

㉡ 공사업자는 소방시설공사의 책임시공 및 기술관리를 위하여 대통령령으로 정하는 바에 따라 소속 소방기술자를 공사 현장에 배치하여야 한다.

기출PLUS

### 소방기술자의 배치기준 및 배치기간[시행령 제3조 관련 별표2]

1. 배치기준

| 소방기술자의 배치기준 | 소방시설 공사현장의 기준 |
|---|---|
| 1. 행정안전부령으로 정하는 특급 기술자인 소방기술자(기계분야 및 전기분야) | 가. 연면적 20만 제곱미터 이상인 특정소방대상물의 공사현장<br>나. 지하층을 포함한 층수가 40층 이상인 특정소방대상물의 공사현장 |
| 2. 행정안전부령으로 정하는 고급 기술자 이상의 소방기술자(기계분야 및 전기분야) | 가. 연면적 3만 제곱미터 이상 20만 제곱미터 미만인 특정소방대상물(아파트는 제외한다)의 공사현장<br>나. 지하층을 포함한 층수가 16층 이상 40층 미만인 특정소방대상물의 공사현장 |
| 3. 행정안전부령으로 정하는 중급 기술자 이상의 소방기술자(기계분야 및 전기분야) | 가. 물 분무 등 소화설비(호스릴 방식의 소화설비는 제외한다) 또는 제연설비가 설치되는 특정소방대상물의 공사현장<br>나. 연면적 5천 제곱미터 이상 3만 제곱미터 미만인 특정소방대상물(아파트는 제외한다)의 공사현장<br>다. 연면적 1만 제곱미터 이상 20만 제곱미터 미만인 아파트의 공사현장 |
| 4. 행정안전부령으로 정하는 초급기술자 이상의 소방기술자(기계분야 및 전기분야) | 가. 연면적 1천 제곱미터 이상 5천 제곱미터 미만인 특정소방대상물(아파트는 제외한다)의 공사현장<br>나. 연면적 1천 제곱미터 이상 1만 제곱미터 미만인 아파트의 공사현장<br>다. 지하구(地下溝)의 공사현장 |
| 5. 법 제28조 제2항에 따라 자격수첩을 발급받은 소방기술자 | 연면적 1천 제곱미터 미만인 특정소방대상물의 공사현장 |

※ 비고

가. 다음의 어느 하나에 해당하는 기계분야 소방시설공사의 경우에는 소방기술자의 배치기준에 따른 기계분야의 소방기술자를 공사 현장에 배치하여야 한다.
  1) 옥내 소화전 설비, 스프링클러설비 등, 물분무등소화설비 또는 옥외소화전설비의 공사
  2) 상수도소화용수설비, 소화수조 · 저수조 또는 그 밖의 소화용수설비의 공사
  3) 제연설비, 연결송수관설비, 연결살수설비 또는 연소방지설비의 공사
  4) 기계분야 소방시설에 부설되는 전기시설의 공사. 다만, 비상전원, 동력회로, 제어회로, 기계분야의 소방시설을 작동하기 위하여 설치하는 화재감지기에 의한 화재감지장치 및 전기신호에 의한 소방시설의 작동장치의 공사는 제외한다.

나. 다음의 어느 하나에 해당하는 전기 분야 소방시설공사의 경우에는 소방기술자의 배치기준에 따른 전기 분야의 소방기술자를 공사 현장에 배치하여야 한다.
  1) 비상경보설비, 시각경보기, 자동화재탐지설비, 비상방송설비, 자동화재속보설비 또는 통합감시시설의 공사
  2) 비상콘센트설비 또는 무선통신보조설비의 공사

기출PLUS

3) 기계분야 소방시설에 부설되는 전기시설 중 가목 4) 단서의 전기시설 공사

다. 가목 및 나목에도 불구하고 기계분야 및 전기분야의 자격을 모두 갖춘 소방기술자가 있는 경우에는 소방시설공사를 분야별로 구분하지 않고 그 소방기술자를 배치할 수 있다.

라. 가목 및 나목에도 불구하고 소방공사감리업자가 감리하는 소방시설공사가 다음의 어느 하나에 해당하는 경우에는 소방기술자를 소방시설공사 현장에 배치하지 않을 수 있다.

1) 소방시설의 비상전원을 「전기공사업법」에 따른 전기공사업자가 공사하는 경우

2) 상수도소화용수설비, 소화수조 · 저수조 또는 그 밖의 소화용수설비를 「건설산업기본법 시행령」 별표1에 따른 기계설비공사업자 또는 상 · 하수도설비공사업자가 공사하는 경우

3) 소방 외의 용도와 겸용되는 제연설비를 「건설산업기본법 시행령」 별표1에 따른 기계가스설비공사업자가 공사하는 경우

4) 소방 외의 용도와 겸용되는 비상방송설비 또는 무선통신보조설비를 「정보통신공사업법」에 따른 정보통신공사업자가 공사하는 경우

마. 공사업자는 다음의 경우를 제외하고는 1명의 소방기술자를 2개의 공사 현장을 초과하여 배치해서는 안 된다. 다만, 연면적 3만 제곱미터 이상의 특정소방대상물(아파트는 제외)이거나 지하층을 포함한 층수가 16층 이상으로서 500세대 이상인 아파트에 대한 소방시설 공사의 경우에는 1개의 공사 현장에만 배치해야 한다.

1) 건축물의 연면적이 5천 제곱미터 미만인 공사 현장에만 배치하는 경우. 다만, 그 연면적의 합계는 2만 제곱미터를 초과해서는 안 된다.

2) 건축물의 연면적이 5천 제곱미터 이상인 공사 현장 2개 이하와 5천 제곱미터 미만인 공사 현장에 같이 배치하는 경우. 다만, 5천 제곱미터 미만의 공사 현장의 연면적의 합계는 1만 제곱미터를 초과해서는 안 된다.

바. 특정 공사 현장이 2개 이상의 공사 현장 기준에 해당하는 경우에는 해당 공사 현장 기준에 따라 배치해야 하는 소방기술자를 각각 배치하지 않고 그 중 상위 등급 이상의 소방기술자를 배치할 수 있다.

2. 배치기간 ✡ 2021 기출

가. 공사업자는 제1호에 따른 소방기술자를 소방시설공사의 착공일부터 소방시설 완공검사증명서 발급일까지 배치한다.

나. 공사업자는 가목에도 불구하고 시공관리, 품질 및 안전에 지장이 없는 경우로서 다음의 어느 하나에 해당하여 발주자가 서면으로 승낙하는 경우에는 해당 공사가 중단된 기간 동안 소방기술자를 공사 현장에 배치하지 않을 수 있다.

1) 민원 또는 계절적 요인 등으로 해당 공정의 공사가 일정 기간 중단된 경우

2) 예산의 부족 등 발주자(하도급의 경우에는 수급인을 포함한다. 이하 이 목에서 같다)의 책임 있는 사유 또는 천재지변 등 불가항력으로 공사가 일정기간 중단된 경우

3) 발주자가 공사의 중단을 요청하는 경우

② **착공신고**〈법 제13조〉

㉠ 공사업자는 대통령령으로 정하는 소방시설공사를 하려면 행정안전부령으로 정하는 바에 따라 그 공사의 내용, 시공 장소, 그 밖에 필요한 사항을 소방본부장이나 소방서장에게 신고하여야 한다.

㉡ 공사업자가 신고한 사항 가운데 행정안전부령으로 정하는 중요한 사항을 변경하였을 때에는 행정안전부령으로 정하는 바에 따라 변경신고를 하여야 한다. 이 경우 중요한 사항에 해당하지 아니하는 변경 사항은 다음의 어느 하나에 해당하는 서류에 포함하여 소방본부장이나 소방서장에게 보고하여야 한다.

• 완공검사 또는 부분완공검사를 신청하는 서류
• 공사감리 결과보고서

㉢ 소방본부장 또는 소방서장은 착공신고 또는 변경신고를 받은 날부터 2일 이내에 신고수리 여부를 신고인에게 통지하여야 한다.

㉣ 소방본부장 또는 소방서장이 ㉢에서 정한 기간 내에 신고수리 여부 또는 민원처리 관련 법령에 따른 처리기간의 연장을 신고인에게 통지하지 아니하면 그 기간(민원처리 관련 법령에 따라 처리기간이 연장 또는 재연장된 경우에는 해당 처리기간을 말한다)이 끝난 날의 다음 날에 신고를 수리한 것으로 본다.

POINT 소방시설공사의 착공신고 대상〈시행령 제4조〉 … 법 제13조 제1항에서 "대통령령으로 정하는 소방시설공사"란 다음의 어느 하나에 해당하는 소방시설공사를 말한다. 

① 특정소방대상물(「위험물안전관리법」에 따른 제조소 등은 제외한다. 이하 같다)에 다음의 어느 하나에 해당하는 설비를 신설하는 공사
  ㉠ 옥내소화전설비(호스릴옥내소화전설비를 포함한다. 이하 같다), 옥외소화전설비, 스프링클러설비 · 간이스프링클러설비(캐비닛형 간이스프링클러설비를 포함한다. 이하 같다) 및 화재조기진압용 스프링클러설비(이하 "스프링클러설비 등"이라 한다), 물분무소화설비 · 포소화설비 · 이산화탄소소화설비 · 할론소화설비 · 할로겐화합물 및 불활성기체 소화설비 · 미분무소화설비 · 강화액소화설비 및 분말소화설비(이하 "물분무 등 소화설비"라 한다), 연결송수관설비, 연결살수설비, 제연설비(소방용 외의 용도와 겸용되는 제연설비를 「건설산업기본법 시행령」 별표1에 따른 기계가스설비공사업자가 공사하는 경우는 제외한다), 소화용수설비(소화용수설비를 「건설산업기본법 시행령」 별표1에 따른 기계가스설비공사업자 또는 상 · 하수도설비공사업자가 공사하는 경우는 제외한다) 또는 연소방지설비
  ㉡ 자동화재탐지설비, 비상경보설비, 비상방송설비(소방용 외의 용도와 겸용되는 비상방송설비를 「정보통신공사업법」에 따른 정보통신공사업자가 공사하는 경우는 제외한다), 비상콘센트설비(비상콘센트설비를 「전기공사업법」에 따른 전기공사업자가 공사하는 경우는 제외한다) 또는 무선통신보조설비(소방용 외의 용도와 겸용되는 무선통신보조설비를 「정보통신공사업법」에 따른 정보통신공사업자가 공사하는 경우는 제외한다)

② 특정소방대상물에 다음의 어느 하나에 해당하는 설비 또는 구역 등을 증설하는 공사
  ㉠ 옥내 · 옥외소화전설비
  ㉡ 스프링클러설비 · 간이스프링클러설비 또는 물분무 등 소화설비의 방호구역, 자동화재탐지설비의 경계구역, 제연설비의 제연구역(소방용 외의 용도와 겸용되는 제연설비를 「건설산업기본법 시행령」 별표1에 따른 기계가스설비공사업자가 공사하는 경우는 제외한다), 연결살수설비의 살수구역, 연결송수관설비의 송수구역, 비상콘센트설비의 전용회로, 연소방지설비의 살수구역

기출PLUS

기출 2018. 10. 13 소방공무원

**「소방시설공사업법 시행령」상 소방시설공사의 착공신고대상으로 옳지 않은 것은?**

① 비상경보설비를 신설하는 특정소방대상물 신축공사
② 자동화재속보설비를 신설하는 특정소방대상물 신축공사
③ 연결송수관설비의 송수구역을 증설하는 특정소방대상물 증축공사
④ 자동화재탐지설비의 경계구역을 증설하는 특정소방대상물 증축공사

TIP

① 시행령 제4조 제1항 신설하는 공사 내용 중
③④ 시행령 제4조 제2항 증설하는 공사 내용 중

< 정답 ②

기출PLUS

기출 2020. 6. 20. 소방공무원

**「소방시설공사업법 시행령」상 소방본부장 또는 소방서장의 소방시설공사 완공검사를 위한 현장확인 대상 특정소방대상물로 옳지 않은 것은?**

① 창고시설
② 스프링클러설비등이 설치되는 특정소방대상물
③ 연면적 1만 제곱미터 이상이거나 11층 이상인 아파트
④ 가연성가스를 제조·저장 또는 취급하는 시설 중 지상에 노출된 가연성가스탱크의 저장용량 합계가 1천 톤 이상인 시설

TIP

아파트는 완공검사를 위한 현장확인 대상에서 제외된다.

기출 2019. 4. 6 소방공무원

**「소방시설공사업법 시행령」상 소방시설공사가 공사감리결과보고서대로 완공되었는지를 현장에서 확인할 수 있는 대상으로 옳은 것은?**

① 창고시설 또는 수련시설
② 호스릴소화설비를 설치하는 소방시설공사
③ 연면적 1만 제곱미터 이상의 아파트에 설치하는 소방시설공사
④ 가연성 가스를 제조·저장 또는 취급하는 시설 중 지하에 매립된 가연성 가스탱크의 저장용량 합계가 1천 톤 이상인 시설

TIP

②③ 호스릴 방식의 소화설비와 아파트는 완공검사 현장확인 대상에서 제외된다.
④ '지상에 노출된' 가연성 가스탱크의 저장용량 합계가 1천 톤 이상인 시설을 대상으로 한다.

〈정답 ③, ①

③ 특정소방대상물에 설치된 소방시설 등을 구성하는 다음의 어느 하나에 해당하는 것의 전부 또는 일부를 개설(改設), 이전(移轉) 또는 정비(整備)하는 공사. 다만, 고장 또는 파손 등으로 인하여 작동시킬 수 없는 소방시설을 긴급히 교체하거나 보수하여야 하는 경우에는 신고하지 않을 수 있다.
㉠ 수신반(受信盤)
㉡ 소화펌프
㉢ 동력(감시)제어반

③ 완공검사〈법 제14조〉

㉠ 공사업자는 소방시설공사를 완공하면 소방본부장 또는 소방서장의 완공검사를 받아야 한다. 다만, 공사감리자가 지정되어 있는 경우에는 공사감리 결과보고서로 완공검사를 갈음하되, 대통령령으로 정하는 특정소방대상물의 경우에는 소방본부장이나 소방서장이 소방시설공사가 공사감리 결과보고서대로 완공되었는지를 현장에서 확인할 수 있다.

㉡ 공사업자가 소방대상물 일부분의 소방시설공사를 마친 경우로서 전체 시설이 준공되기 전에 부분적으로 사용할 필요가 있는 경우에는 그 일부분에 대하여 소방본부장이나 소방서장에게 완공검사(이하 "부분완공검사"라 한다)를 신청할 수 있다. 이 경우 소방본부장이나 소방서장은 그 일부분의 공사가 완공되었는지를 확인하여야 한다.

㉢ 소방본부장이나 소방서장은 완공검사나 부분완공검사를 하였을 때에는 완공검사증명서나 부분완공검사증명서를 발급하여야 한다.

㉣ 완공검사 및 부분완공검사의 신청과 검사증명서의 발급, 그 밖에 완공검사 및 부분완공검사에 필요한 사항은 행정안전부령으로 정한다.

POINT 완공검사를 위한 현장확인 대상 특정소방대상물의 범위〈시행령 제5조〉 … 법 제14조 제1항 단서에서 "대통령령으로 정하는 특정소방대상물"이란 다음의 대상물을 말한다.

✡ 2020 기출 2019 기출

① 문화 및 집회시설, 종교시설, 판매시설, 노유자(老幼者)시설, 수련시설, 운동시설, 숙박시설, 창고시설, 지하상가 및 「다중이용업소의 안전관리에 관한 특별법」에 따른 다중이용업소
② 다음 각 목의 어느 하나에 해당하는 설비가 설치되는 특정소방대상물
㉠ 스프링클러설비 등
㉡ 물분무등소화설비(호스릴 방식의 소화설비는 제외한다.)
③ 연면적 1만 제곱미터 이상이거나 11층 이상인 특정소방대상물(아파트는 제외한다)
④ 가연성가스를 제조·저장 또는 취급하는 시설 중 지상에 노출된 가연성가스탱크의 저장용량 합계가 1천 톤 이상인 시설

POINT 소방시설의 완공검사 신청 등〈시행규칙 제13조〉

① 공사업자는 소방시설공사의 완공검사 또는 부분완공검사를 받으려면 소방시설공사 완공검사신청서(전자문서로 된 소방시설공사 완공검사신청서를 포함한다) 또는 소방시설 부분완공검사신청서(전자문서로 된 소방시설 부분완공검사신청서를 포함한다)를 소방본부장 또는 소방서장에게 제출하여야 한다. 다만, 「전자정부법」에 따른 행정정보의 공동이용을 통하여 첨부서류에 대한 정보를 확인할 수 있는 경우에는 그 확인으로 첨부서류를 갈음할 수 있다.

② 소방시설 완공검사신청 또는 부분완공검사신청을 받은 소방본부장 또는 소방서장은 현장 확인 결과 또는 감리 결과보고서를 검토한 결과 해당 소방시설공사가 법령과 화재안전기준에 적합하다고 인정하면 소방시설 완공검사증명서 또는 소방시설 부분완공검사증명서를 공사업자에게 발급하여야 한다.

④ 공사의 하자보수 등〈법 제15조〉 ✡ 2021 기출

㉠ 공사업자는 소방시설공사 결과 자동 화재탐지설비 등 대통령령으로 정하는 소방시설에 하자가 있을 때에는 대통령령으로 정하는 기간 동안 그 하자를 보수하여야 한다.

㉡ 관계인은 ㉠에 따른 기간에 소방시설의 하자가 발생하였을 때에는 공사업자에게 그 사실을 알려야 하며, 통보를 받은 공사업자는 3일 이내에 하자를 보수하거나 보수 일정을 기록한 하자보수계획을 관계인에게 서면으로 알려야 한다.

㉢ 관계인은 공사업자가 다음에 해당하는 경우에는 소방본부장이나 소방서장에게 그 사실을 알릴 수 있다.

- ㉡에 따른 기간에 하자보수를 이행하지 아니한 경우
- ㉡에 따른 기간에 하자보수계획을 서면으로 알리지 아니한 경우
- 하자보수계획이 불합리하다고 인정되는 경우

㉣ 소방본부장이나 소방서장은 통보를 받았을 때에는 지방소방기술심의위원회에 심의를 요청하여야 하며, 그 심의 결과 ㉢의 각 호의 어느 하나에 해당하는 것으로 인정할 때에는 시공자에게 기간을 정하여 하자보수를 명하여야 한다.

POINT 하자보수 대상 소방시설과 하자보수 보증기간〈시행령 제6조〉

✡ 2020 기출 2019 기출

① 피난기구, 유도등, 유도표지, 비상경보설비, 비상조명등, 비상방송설비 및 무선통신보조설비 : 2년

② 자동소화장치, 옥내소화전설비, 스프링클러설비, 간이스프링클러설비, 물분무등소화설비, 옥외소화전설비, 자동화재탐지설비, 상수도소화용수설비 및 소화활동설비(무선통신보조설비 제외) : 3년

### (3) 감리

① 감리〈법 제16조〉

㉠ 소방공사감리업을 등록한 자(이하 "감리업자"라 한다)는 소방공사를 감리할 때 다음의 업무를 수행하여야 한다. ✡ 2021 기출

- 소방시설 등의 설치계획표의 적법성 검토
- 소방시설 등 설계도서의 적합성(적법성과 기술상의 합리성을 말한다. 이하 같다) 검토
- 소방시설 등 설계 변경 사항의 적합성 검토
- 소방용품의 위치 · 규격 및 사용 자재의 적합성 검토
- 공사업자가 한 소방시설 등의 시공이 설계도서와 화재안전기준에 맞는지에 대한 지도 · 감독
- 완공된 소방시설 등의 성능시험

기출PLUS

기출 2020. 6. 20. 소방공무원

**「화재예방, 소방시설 설치 · 유지 및 안전관리에 관한 법률 시행령」상 하자보수 대상 소방시설 중 하자보수 보증기간이 다른 것은?**

① 비상조명등
② 비상방송설비
③ 비상콘센트설비
④ 무선통신보조설비

비상콘센트설비는 '소화활동설비'에 속한다. 소화활동설비의 하자보수 기간은 3년이다.

기출 2019. 4. 6 소방공무원

**「소방시설공사업법 시행령」상 소방시설공사 결과 하자보수 대상과 하자보수 보증기간의 연결이 옳은 것은?**

| | 하자보수대상 소방시설 | 하자보수 보증기간 |
|---|---|---|
| ① | 비상경보설비, 자동소화장치 | 2년 |
| ② | 무선통신 보조설비, 비상조명등 | 2년 |
| ③ | 피난기구, 소화활동설비 | 3년 |
| ④ | 비상방송설비, 간이스프링클러 설비 | 3년 |

TIP

① 자동소화장치 : 3년
③ 피난기구 : 2년
(무선통신보조설비는 2년)
④ 비상방송설비 : 2년

〈정답 ③, ②

기출PLUS

- 공사업자가 작성한 시공 상세 도면의 적합성 검토
- 피난시설 및 방화시설의 적법성 검토
- 실내장식물의 불연화(不燃化)와 방염 물품의 적법성 검토

㉡ 용도와 구조에서 특별히 안전성과 보안성이 요구되는 소방대상물로서 대통령령으로 정하는 장소에서 시공되는 소방시설물에 대한 감리는 감리업자가 아닌 자도 할 수 있다.

㉢ 감리업자는 제1항(㉠) 각 호의 업무를 수행할 때에는 대통령령으로 정하는 감리의 종류 및 대상에 따라 공사기간 동안 소방시설공사 현장에 소속 감리원을 배치하고 업무수행 내용을 감리일지에 기록하는 등 대통령령으로 정하는 감리의 방법에 따라야 한다.

② **공사감리자의 지정 등**〈법 제17조〉

㉠ 대통령령으로 정하는 특정소방대상물의 관계인이 특정소방대상물에 대하여 자동화재탐지설비, 옥내소화전설비 등 대통령령으로 정하는 소방시설을 시공할 때에는 소방시설공사의 감리를 위하여 감리업자를 공사감리자로 지정하여야 한다. 다만, 제26조의2 제2항에 따라 시·도지사가 감리업자를 선정한 경우에는 그 감리업자를 공사감리자로 지정한다.

㉡ 관계인은 공사감리자를 지정하였을 때에는 행정안전부령으로 정하는 바에 따라 소방본부장이나 소방서장에게 신고하여야 한다. 공사감리자를 변경하였을 때에도 같다.

㉢ 관계인이 공사감리자를 변경하였을 때에는 새로 지정된 공사감리자와 종전의 공사감리자는 감리 업무 수행에 관한 사항과 관계 서류를 인수·인계하여야 한다.

㉣ 소방본부장 또는 소방서장은 ㉡에 따른 공사감리자 지정신고 또는 변경신고를 받은 날부터 2일 이내에 신고수리 여부를 신고인에게 통지하여야 한다.

㉤ 소방본부장 또는 소방서장이 ㉣에서 정한 기간 내에 신고수리 여부 또는 민원처리 관련 법령에 따른 처리기간의 연장을 신고인에게 통지하지 아니하면 그 기간(민원처리 관련 법령에 따라 처리기간이 연장 또는 재연장된 경우에는 해당 처리기간을 말한다)이 끝난 날의 다음 날에 신고를 수리한 것으로 본다.

**POINT** 공사감리자 지정대상 특정소방대상물의 범위〈시행령 제10조〉

① "대통령령으로 정하는 특정소방대상물"이란 「화재예방, 소방시설 설치·유지 및 안전관리에 관한 법률」의 특정소방대상물을 말한다.

② "자동화재탐지설비, 옥내소화전설비 등 대통령령으로 정하는 소방시설을 시공할 때"란 다음 각 호의 어느 하나에 해당하는 소방시설을 시공할 때를 말한다.

㉠ 옥내소화전설비를 신설·개설 또는 증설할 때

㉡ 스프링클러설비 등(캐비닛형 간이 스프링클러설비는 제외한다)을 신설·개설하거나 방호·방수 구역을 증설할 때

㉢ 물분무 등 소화설비(호스릴 방식의 소화설비는 제외한다)를 신설·개설하거나 방호·방수 구역을 증설할 때

㉣ 옥외소화전설비를 신설·개설 또는 증설할 때

㉤ 자동화재탐지설비를 신설·개설할 때

㉥ 비상방송설비를 신설 또는 개설할 때

ⓢ 통합감시시설을 신설 또는 개설할 때
ⓞ 비상조명등을 신설 또는 개설할 때
ⓙ 소화용수설비를 신설 또는 개설할 때
ⓒ 다음 각 목에 따른 소화활동설비에 대하여 각 목에 따른 시공을 할 때
- 제연설비를 신설 · 개설하거나 제연구역을 증설할 때
- 연결송수관설비를 신설 또는 개설할 때
- 연결살수설비를 신설 · 개설하거나 송수구역을 증설할 때
- 비상콘센트설비를 신설 · 개설하거나 전용회로를 증설할 때
- 무선통신보조설비를 신설 또는 개설할 때
- 연소방지설비를 신설 · 개설하거나 살수구역을 증설할 때

**POINT** 소방공사감리자의 지정신고 등〈시행규칙 제15조〉

① 특정소방대상물의 관계인은 공사감리자를 지정한 경우에는 해당 소방시설공사의 착공 전까지 소방공사감리자 지정신고서에 다음의 서류(전자문서 포함)를 첨부하여 소방본부장 또는 소방서장에게 제출하여야 한다. 다만, 「전자정부법」에 따른 행정정보의 공동이용을 통하여 첨부서류에 대한 정보를 확인할 수 있는 경우에는 그 확인으로 첨부서류를 갈음할 수 있다.
  ㉠ 소방공사감리업 등록증 사본 1부 및 등록수첩 사본 1부
  ㉡ 해당 소방시설공사를 감리하는 소속 감리원의 감리원 등급을 증명하는 서류(전자문서 포함) 각 1부
  ㉢ 소방공사감리계획서 1부
  ㉣ 소방시설설계계약서 사본 1부 및 소방공사감리계약서 사본 1부

② 특정소방대상물의 관계인은 공사감리자가 변경된 경우에는 변경일부터 30일 이내에 소방공사감리자 변경신고서(전자문서로 된 소방공사감리자 변경신고서 포함)에 제1항 각 호의 서류(전자문서 포함)를 첨부하여 소방본부장 또는 소방서장에게 제출하여야 한다. 다만, 「전자정부법」에 따른 행정정보의 공동이용을 통하여 첨부서류에 대한 정보를 확인할 수 있는 경우에는 그 확인으로 첨부서류를 갈음할 수 있다.

③ 소방본부장 또는 소방서장은 공사감리자의 지정신고 또는 변경신고를 받은 경우에는 2일 이내에 처리하고 그 결과를 신고인에게 통보해야 한다.

③ 감리원의 배치 등〈법 제18조〉

㉠ 감리업자는 소방시설공사의 감리를 위하여 소속 감리원을 대통령령으로 정하는 바에 따라 소방시설공사 현장에 배치하여야 한다.

㉡ 감리업자는 소속 감리원을 배치하거나, 감리원의 배치를 변경하였을 때에는 행정안전부령으로 정하는 바에 따라 소방본부장이나 소방서장에게 통보하여야 한다.

㉢ 감리원의 세부적인 배치 기준은 행정안전부령으로 정한다.

**POINT** 감리원의 세부 배치 기준 등〈시행규칙 제16조 제1항〉 ✡ 2021 기출

① 상주 공사감리 대상인 경우
  ㉠ 기계분야의 감리원 자격을 취득한 사람과 전기분야의 감리원 자격을 취득한 사람 각 1명 이상을 감리원으로 배치할 것. 다만, 기계분야 및 전기분야의 감리원 자격을 함께 취득한 사람이 있는 경우에는 그에 해당하는 사람 1명 이상을 배치할 수 있다.
  ㉡ 소방시설용 배관(전선관을 포함한다. 이하 같다)을 설치하거나 매립하는 때부터 소방시설 완공검사증명서를 발급받을 때까지 소방공사감리현장에 감리원을 배치할 것

기출PLUS

소방공사 감리의 종류와 대상〈시행령 별표 3〉
① 상주공사감리의 대상
  ㉠ 연면적 3만제곱미터 이상의 특정소방대상물(아파트는 제외한다)에 대한 소방시설의 공사
  ㉡ 지하층을 포함한 층수가 16층 이상으로서 500세대 이상인 아파트에 대한 소방시설의 공사
② 일반공사감리의 대상 : 상주 공사감리에 해당하지 않는 소방시설의 공사

② 일반 공사감리 대상인 경우

㉠ 기계분야의 감리원 자격을 취득한 사람과 전기분야의 감리원 자격을 취득한 사람 각 1명 이상을 감리원으로 배치할 것. 다만, 기계분야 및 전기분야의 감리원 자격을 함께 취득한 사람이 있는 경우에는 그에 해당하는 사람 1명 이상을 배치할 수 있다.

㉡ 감리원을 배치할 것(별표에 따른 기간 동안)

㉢ 감리원은 주 1회 이상 소방공사감리현장에 배치되어 감리할 것

㉣ 1명의 감리원이 담당하는 소방공사감리현장은 5개 이하(자동화재탐지설비 또는 옥내소화전설비 중 어느 하나만 설치하는 2개의 소방공사감리현장이 최단 차량 주행거리로 30킬로미터 이내에 있는 경우에는 1개의 소방공사감리현장으로 본다)로서 감리현장 연면적의 총 합계가 10만 제곱미터 이하일 것. 다만, 일반 공사감리 대상인 아파트의 경우에는 연면적의 합계에 관계없이 1명의 감리원이 5개 이내의 공사현장을 감리할 수 있다.

④ 위반사항에 대한 조치〈법 제19조〉

㉠ 감리업자는 감리를 할 때 소방시설공사가 설계도서나 화재안전기준에 맞지 아니할 때에는 관계인에게 알리고, 공사업자에게 그 공사의 시정 또는 보완 등을 요구하여야 한다. ✡ 2020 기출

㉡ 공사업자가 ㉠에 따른 요구를 받았을 때에는 그 요구에 따라야 한다.

㉢ 감리업자는 공사업자가 요구를 이행하지 아니하고 그 공사를 계속할 때에는 행정안전부령으로 정하는 바에 따라 소방본부장이나 소방서장에게 그 사실을 보고하여야 한다.

㉣ 관계인은 감리업자가 소방본부장이나 소방서장에게 보고한 것을 이유로 감리계약을 해지하거나 감리의 대가 지급을 거부하거나 지연시키거나 그 밖의 불이익을 주어서는 아니 된다.

**POINT** 위반사항의 보고 등〈시행규칙 제18조〉

소방공사감리업자는 법에 따라 공사업자에게 해당 공사의 시정 또는 보완을 요구하였으나 이행하지 아니하고 그 공사를 계속할 때에는 시정 또는 보완을 이행하지 아니하고 공사를 계속하는 날부터 3일 이내에 소방시설공사 위반사항보고서(전자문서로 된 소방시설공사 위반사항보고서를 포함한다)를 소방본부장 또는 소방서장에게 제출하여야 한다. 이 경우 공사업자의 위반사항을 확인할 수 있는 사진 등 증명서류(전자문서를 포함한다)가 있으면 이를 소방시설공사 위반사항보고서에 첨부하여 제출하여야 한다. 다만, 「전자정부법」에 따른 행정정보의 공동이용을 통하여 첨부서류에 대한 정보를 확인할 수 있는 경우에는 그 확인으로 첨부서류를 갈음할 수 있다.

⑤ **공사감리 결과의 통보 등**〈법 제20조〉 … 감리업자는 소방공사의 감리를 마쳤을 때에는 행정안전부령으로 정하는 바에 따라 그 감리 결과를 그 특정소방대상물의 관계인, 소방시설공사의 도급인, 그 특정소방대상물의 공사를 감리한 건축사에게 서면으로 알리고, 소방본부장이나 소방서장에게 공사감리 결과보고서를 제출하여야 한다.

---

**기출PLUS**

기출 2020. 6. 20. 소방공무원

**「소방시설공사업법」상 감리업자가 감리를 할 때 위반사항에 대하여 조치하여야 할 사항이다. ( ) 안에 들어갈 용어로 옳은 것은?**

보기

감리업자는 감리를 할 때 소방시설공사가 설계도서나 화재안전기준에 맞지 아니할 때에는 ( 가 )에게 알리고, ( 나 )에게 그 공사의 시정 또는 보완 등을 요구하여야 한다.

| | (가) | (나) |
|---|---|---|
| ① | 관계인 | 공사업자 |
| ② | 관계인 | 소방서장 |
| ③ | 소방본부장 | 공사업자 |
| ④ | 소방본부장 | 소방서장 |

동법 제19조 제1항

기출 2018. 10. 13 소방공무원

**「소방시설공사업법 시행규칙」상 감리업자가 소방공사의 감리를 마쳤을 때, 소방공사감리 결과보고(통보)서를 알려야 하는 대상으로 옳지 않은 것은?**

① 소방시설공사의 도급인
② 특정소방대상물의 관계인
③ 소방시설설계업의 설계사
④ 특정소방대상물의 공사를 감리한 건축사

TIP

시행규칙 제19조에 따라 소방공사감리 결과보고서를 7일 이내에 특정 소방대상물의 관계인, 소방시설공사의 도급인, 특정소방대상물의 공사를 감리한 건축사에게 알리고, 소방본부장 또는 소방서장에게 보고해야 한다.

〈정답 ①, ③

POINT 감리결과의 통보 등〈시행규칙 제19조〉 ✿ 2018 기출

감리업자가 소방공사의 감리를 마쳤을 때에는 소방공사감리 결과보고(통보)서[전자문서로 된 소방공사감리 결과보고(통보)서를 포함한다]에 다음의 서류(전자문서를 포함한다)를 첨부하여 공사가 완료된 날부터 7일 이내에 특정소방대상물의 관계인, 소방시설공사의 도급인 및 특정소방대상물의 공사를 감리한 건축사에게 알리고, 소방본부장 또는 소방서장에게 보고하여야 한다.

① 소방청장이 정하여 고시하는 소방시설 성능시험조사표 1부
② 착공신고 후 변경된 소방시설설계도면(변경사항이 있는 경우에만 첨부하되, 설계업자가 설계한 도면만 해당된다) 1부
③ 소방공사 감리일지(소방본부장 또는 소방서장에게 보고하는 경우에만 첨부한다)1부
④ 특정소방대상물의 사용승인(「건축법」 제22조에 따른 사용승인으로서 「주택법」 제49조에 따른 사용검사 또는 「학교시설사업 촉진법」 제13조에 따른 사용승인을 포함한다. 이하 같다) 신청서 등 사용승인 신청을 증빙할 수 있는 서류 1부

⑥ 방염〈법 제20조의2〉 … 방염처리업자는 「화재예방, 소방시설 설치 · 유지 및 안전관리에 관한 법률」에 따른 방염성능기준 이상이 되도록 방염을 하여야 한다.

⑦ 방염처리능력 평가 및 공시〈법 제20조의3〉
㉠ 소방청장은 방염처리업자의 방염처리능력 평가 요청이 있는 경우 해당 방염처리업자의 방염처리 실적 등에 따라 방염처리능력을 평가하여 공시할 수 있다.
㉡ ㉠에 따른 평가를 받으려는 방염처리업자는 전년도 방염처리 실적이나 그 밖에 행정안전부령으로 정하는 서류를 소방청장에게 제출하여야 한다.
㉢ ㉠ 및 ㉡에 따른 방염처리능력 평가신청 절차, 평가방법 및 공시방법 등에 필요한 사항은 행정안전부령으로 정한다.

### (4) 도급

① 소방시설공사 등의 도급〈법 제21조〉
㉠ 특정소방대상물의 관계인 또는 발주자는 소방시설공사 등을 도급할 때에는 해당 소방시설업자에게 도급하여야 한다. ✿ 2020 기출
㉡ 소방시설공사는 다른 업종의 공사와 분리하여 도급하여야 한다. 다만, 공사의 성질상 또는 기술관리상 분리하여 도급하는 것이 곤란한 경우로서 대통령령으로 정하는 경우에는 다른 업종의 공사와 분리하지 아니하고 도급할 수 있다.

② 노임에 대한 압류의 금지〈법 제21조의2〉
㉠ 공사업자가 도급받은 소방시설공사의 도급금액 중 그 공사(하도급한 공사를 포함한다)의 근로자에게 지급하여야 할 노임(勞賃)에 해당하는 금액을 압류할 수 없다. ✿ 2020 기출

기출PLUS

㉡ 노임에 해당하는 금액의 범위와 산정방법은 대통령령으로 정한다.

③ **도급의 원칙 등**〈법 제21조의3〉

㉠ 소방시설공사 등의 도급 또는 하도급의 계약당사자는 서로 대등한 입장에서 합의에 따라 공정하게 계약을 체결하고, 신의에 따라 성실하게 계약을 이행하여야 한다.

㉡ 소방시설공사 등의 도급 또는 하도급의 계약당사자는 그 계약을 체결할 때 도급 또는 하도급 금액, 공사기간, 그 밖에 대통령령으로 정하는 사항을 계약서에 분명히 밝혀야 하며, 서명날인한 계약서를 서로 내주고 보관하여야 한다.

㉢ 수급인은 하수급인에게 하도급과 관련하여 자재구입처의 지정 등 하수급인에게 불리하다고 인정되는 행위를 강요하여서는 아니 된다.

㉣ 도급을 받은 자가 해당 소방시설공사 등을 하도급할 때에는 행정안전부령으로 정하는 바에 따라 미리 관계인과 발주자에게 알려야 한다. 하수급인을 변경하거나 하도급 계약을 해지할 때에도 또한 같다. ✡ 2020 기출

㉤ 하도급에 관하여 이 법에서 규정하는 것을 제외하고는 그 성질에 반하지 아니하는 범위에서 「하도급거래 공정화에 관한 법률」의 해당 규정을 준용한다.

POINT 도급계약서의 내용〈시행령 제11조의4〉

① 도급계약서의 내용

㉠ 소방시설의 설계, 시공, 감리 및 방염(이하 "소방시설공사 등"이라 한다)의 내용

㉡ 도급(하도급을 포함한다. 이하 이 항에서 같다)금액 중 노임(勞賃)에 해당하는 금액

㉢ 소방시설공사 등의 착수 및 완성 시기

㉣ 도급금액의 선급금이나 기성금 지급을 약정한 경우에는 각각 그 지급의 시기·방법 및 금액

㉤ 도급계약당사자 어느 한쪽에서 설계변경, 공사중지 또는 도급계약의 해제를 요청하는 경우 손해부담에 관한 사항

㉥ 천재지변이나 그 밖의 불가항력으로 인한 면책의 범위에 관한 사항

㉦ 설계변경, 물가변동 등에 따른 도급금액 또는 소방시설공사 등의 내용 변경에 관한 사항

㉧ 「하도급거래 공정화에 관한 법률」에 따른 하도급대금 지급보증서의 발급에 관한 사항(하도급계약의 경우만 해당한다)

㉨ 「하도급거래 공정화에 관한 법률」에 따른 하도급대금의 직접 지급 사유와 그 절차(하도급계약의 경우만 해당한다)

㉩ 「산업안전보건법」에 따른 산업안전보건관리비 지급에 관한 사항(소방시설공사업의 경우만 해당한다)

㉪ 해당 공사와 관련하여 「고용보험 및 산업재해보상보험의 보험료징수 등에 관한 법률」, 「국민연금법」 및 「국민건강보험법」에 따른 보험료 등 관계 법령에 따라 부담하는 비용에 관한 사항(소방시설공사업의 경우만 해당한다)

㉫ 도급목적물의 인도를 위한 검사 및 인도 시기

㉬ 소방시설공사 등이 완성된 후 도급금액의 지급시기

㉭ 계약 이행이 지체되는 경우의 위약금 및 지연이자 지급 등 손해배상에 관한 사항

㉮ 하자보수 대상 소방시설과 하자보수 보증기간 및 하자담보 방법(소방시설공사업의 경우만 해당)

㉯ 해당 공사에서 발생된 폐기물의 처리방법과 재활용에 관한 사항(소방시설공사업의 경우만 해당)

㉯ 그 밖에 다른 법령 또는 계약 당사자 양쪽의 합의에 따라 명시되는 사항

② 소방청장은 계약 당사자가 대등한 입장에서 공정하게 계약을 체결하도록 하기 위하여 소방시설공사등의 도급 또는 하도급에 관한 표준계약서(하도급의 경우에는 「하도급거래 공정화에 관한 법률」에 따라 공정거래위원회가 권장하는 소방시설공사업종 표준하도급계약서를 말한다)를 정하여 보급할 수 있다.

**POINT** 하도급의 통지〈시행규칙 제20조〉

① 소방시설업자는 소방시설의 설계, 시공, 감리 및 방염(이하 "소방시설공사 등")을 하도급하려고 하거나 하수급인을 변경하는 경우에는 소방시설공사 등의 하도급통지서(전자문서로 된 소방시설공사등의 하도급통지서를 포함한다)에 다음의 서류(전자문서를 포함한다)를 첨부하여 미리 관계인 및 발주자에게 알려야 한다.
  ㉠ 하도급계약서(안) 1부
  ㉡ 예정공정표 1부
  ㉢ 하도급내역서 1부
  ㉣ 하수급인의 소방시설업 등록증 사본 1부

② 하도급을 하려는 소방시설업자는 관계인 및 발주자에게 통지한 소방시설공사 등의 하도급통지서(전자문서로 된 소방시설공사 등의 하도급통지서를 포함한다) 사본을 하수급자에게 주어야 한다.

③ 소방시설업자는 하도급계약을 해지하는 경우에는 하도급계약 해지사실을 증명할 수 있는 서류(전자문서를 포함한다)를 관계인 및 발주자에게 알려야 한다.

### ④ 하도급의 제한〈법 제22조〉

㉠ 제21조에 따라 도급을 받은 자는 소방시설의 설계, 시공, 감리를 제3자에게 하도급할 수 없다. 다만, 시공의 경우에는 대통령령으로 정하는 바에 따라 도급받은 소방시설공사의 일부를 다른 공사업자에게 하도급할 수 있다.

㉡ 하수급인은 제1항 단서에 따라 하도급받은 소방시설공사를 제3자에게 다시 하도급할 수 없다. ✡ 2020 기출

**POINT** 소방시설공사의 시공을 하도급할 수 있는 경우〈시행령 제12조〉

① 소방시설공사업과 다음의 어느 하나에 해당하는 사업을 함께 하는 공사업자가 소방시설공사와 해당 사업의 공사를 함께 도급받은 경우에는 법 제22조 제1항 단서에 따라 도급받은 소방시설공사의 일부를 다른 공사업자에게 하도급할 수 있다.
  ㉠ 「주택법」에 따른 주택건설사업
  ㉡ 「건설산업기본법」에 따른 건설업
  ㉢ 「전기공사업법」에 따른 전기공사업
  ㉣ 「정보통신공사업법」에 따른 정보통신공사업

② 공사업자가 제1항에 따라 다른 공사업자에게 그 일부를 하도급할 수 있는 소방시설공사는 제4조 제1호 각 목의 소방설비 중 하나 이상의 소방설비를 설치하는 공사로 한다.

**기출PLUS**

기출 2020. 6. 20. 소방공무원

**「소방시설공사업법」상 공사의 도급에 관한 사항으로 옳지 않은 것은?**

① 특정소방대상물의 관계인 또는 발주자는 소방시설공사 등을 도급할 때에는 해당 소방시설업자에게 도급하여야 한다.
② 공사업자가 도급받은 소방시설공사의 도급금액 중 그 공사(하도급한 공사를 포함한다)의 근로자에게 지급하여야 할 노임(勞賃)에 해당하는 금액은 압류할 수 없다.
③ 도급을 받은 자는 소방시설공사의 전부를 한 번만 제3자에게 하도급할 수 있다.
④ 도급을 받은 자가 해당 소방시설공사등을 하도급할 때에는 행정안전부령으로 정하는 바에 따라 미리 관계인과 발주자에게 알려야 한다.

**TIP**

도급 받은 자는 소방시설공사의 시공을 제3자에게 하도급할 수 없다. 다만, '일부'에 한해서 한 번만 제3자에게 하도급할 수 있다(법 제22조 참조).
① 동법 제21조
② 동법 제21조의2 제1항
④ 동법 제21조의3 제4항

**〈정답 ③**

기출PLUS

⑤ 하도급계약의 적정성 심사 등〈법 제22조의2〉

㉠ 발주자는 하수급인이 계약내용을 수행하기에 현저하게 부적당하다고 인정되거나 하도급계약금액이 대통령령으로 정하는 비율에 따른 금액에 미달하는 경우에는 하수급인의 시공 및 수행능력, 하도급계약 내용의 적정성 등을 심사할 수 있다. 이 경우, 국가, 지방자치단체 또는 대통령령으로 정하는 공공기관이 발주자인 때에는 적정성 심사를 실시하여야 한다.

㉡ 발주자는 심사한 결과 하수급인의 시공 및 수행능력 또는 하도급계약 내용이 적정하지 아니한 경우에는 그 사유를 분명하게 밝혀 수급인에게 하수급인 또는 하도급계약 내용의 변경을 요구할 수 있다. 이 경우 ㉠ 후단에 따라 적정성 심사를 하였을 때에는 하수급인 또는 하도급계약 내용의 변경을 요구하여야 한다.

㉢ 발주자는 수급인이 정당한 사유 없이 하도급 계약변경 요구에 따르지 아니하여 공사 등의 결과에 중대한 영향을 끼칠 우려가 있는 경우에는 해당 소방시설공사 등의 도급계약을 해지할 수 있다.

㉣ ㉠ 후단에 따른 발주자는 하수급인의 시공 및 수행능력, 하도급계약 내용의 적정성 등을 심사하기 위하여 하도급계약심사위원회를 두어야 한다.

㉤ 하도급계약의 적정성 심사기준, 하수급인 또는 하도급계약 내용의 변경 요구 절차, 그 밖에 필요한 사항 및 하도급계약심사위원회의 설치·구성 및 심사방법 등에 관하여 필요한 사항은 대통령령으로 정한다.

POINT 하도급계약의 적정성 심사 등〈시행령 제12조의2〉

① 하도급계약금액이 대통령령으로 정하는 비율에 따른 금액에 미달하는 경우
㉠ 하도급계약금액이 도급금액 중 하도급부분에 상당하는 금액[하도급하려는 소방시설공사 등에 대하여 수급인의 도급금액 산출내역서의 계약단가(직접·간접 노무비, 재료비 및 경비를 포함한다)를 기준으로 산출한 금액에 일반관리비, 이윤 및 부가가치세를 포함한 금액을 말하며, 수급인이 하수급인에게 직접 지급하는 자재의 비용 등 관계 법령에 따라 수급인이 부담하는 금액은 제외한다]의 100분의 82에 해당하는 금액에 미달하는 경우
㉡ 하도급계약금액이 소방시설공사 등에 대한 발주자의 예정가격의 100분의 60에 해당하는 금액에 미달하는 경우

② 법 제22조의2 제1항(㉠) 후단 "대통령령으로 정하는 공공기관"
㉠ 「공공기관의 운영에 관한 법률」에 따른 공기업 및 준정부기관
㉡ 「지방공기업법」에 따른 지방공사 및 지방공단

③ 소방청장은 하수급인의 시공 및 수행능력, 하도급계약 내용의 적정성 등을 심사하는 경우에 활용할 수 있는 기준을 정하여 고시하여야 한다.

④ 발주자는 하수급인 또는 하도급계약 내용의 변경을 요구하려는 경우에는 하도급에 관한 사항을 통보받은 날 또는 그 사유가 있음을 안 날부터 30일 이내에 서면으로 하여야 한다.

POINT 하도급계약심사위원회의 구성 및 운영〈시행령 제12조의3〉

① 하도급계약심사위원회(이하 "위원회"라 한다)는 위원장 1명과 부위원장 1명을 포함하여 10명 이내의 위원으로 구성한다.

기출PLUS

② 위원회의 위원장(이하 "위원장"이라 한다)은 발주기관의 장(발주기관이 특별시·광역시·특별자치시·도 및 특별자치도인 경우에는 해당 기관 소속 2급 또는 3급 공무원 중에서, 발주기관이 시행령 제12조의2 제2항에 따른 공공기관인 경우에는 1급 이상 임직원 중에서 발주기관의 장이 지명하는 사람을 각각 말한다)이 되고, 부위원장과 위원은 다음 각 호의 어느 하나에 해당하는 사람 중에서 위원장이 임명하거나 성별을 고려하여 위촉한다.

㉠ 해당 발주기관의 과장급 이상 공무원(시행령 제12조의2 제2항에 따른 공공기관의 경우에는 2급 이상의 임직원을 말한다)

㉡ 소방 분야 연구기관의 연구위원급 이상인 사람

㉢ 소방 분야의 박사학위를 취득하고 그 분야에서 3년 이상 연구 또는 실무 경험이 있는 사람

㉣ 대학(소방 분야로 한정한다)의 조교수 이상인 사람

㉤ 「국가기술자격법」에 따른 소방기술사 자격을 취득한 사람

③ ②의 ㉡에서 ㉤까지의 규정에 해당하는 위원의 임기는 3년으로 하며, 한 차례만 연임할 수 있다.

④ 위원회의 회의는 재적위원 과반수의 출석으로 개의(開議)하고, 출석위원 과반수의 찬성으로 의결한다.

⑤ ①에서 ④까지 규정한 사항 외에 위원회의 운영에 필요한 사항은 위원회의 의결을 거쳐 위원장이 정한다.

⑥ **하도급대금의 지급 등**〈법 제22조의3〉

㉠ 수급인은 발주자로부터 도급받은 소방시설공사 등에 대한 준공금(竣工金)을 받은 경우에는 하도급대금의 전부를, 기성금(旣成金)을 받은 경우에는 하수급인이 시공하거나 수행한 부분에 상당한 금액을 각각 지급받은 날(수급인이 발주자로부터 대금을 어음으로 받은 경우에는 그 어음만기일을 말한다)부터 15일 이내에 하수급인에게 현금으로 지급하여야 한다.

㉡ 수급인은 발주자로부터 선급금을 받은 경우에는 하수급인이 자재의 구입, 현장 근로자의 고용, 그 밖에 하도급 공사 등을 시작할 수 있도록 그가 받은 선급금의 내용과 비율에 따라 하수급인에게 선금을 받은 날(하도급 계약을 체결하기 전에 선급금을 받은 경우에는 하도급 계약을 체결한 날을 말한다)부터 15일 이내에 선급금을 지급하여야 한다. 이 경우 수급인은 하수급인이 선급금을 반환하여야 할 경우에 대비하여 하수급인에게 보증을 요구할 수 있다.

㉢ 수급인은 하도급을 한 후 설계변경 또는 물가변동 등의 사정으로 도급금액이 조정되는 경우에는 조정된 금액과 비율에 따라 하수급인에게 하도급 금액을 증액하거나 감액하여 지급할 수 있다.

⑦ **하도급계약 자료의 공개**〈법 제22조의4〉

㉠ 국가·지방자치단체 또는 대통령령으로 정하는 공공기관이 발주하는 소방시설공사 등을 하도급한 경우 해당 발주자는 다음의 사항을 누구나 볼 수 있는 방법으로 공개하여야 한다.

- 공사명
- 예정가격 및 수급인의 도급금액 및 낙찰률
- 수급인(상호 및 대표자, 영업소 소재지, 하도급 사유)

기출PLUS

- 하수급인(상호 및 대표자, 업종 및 등록번호, 영업소 소재지)
- 하도급 공사업종
- 하도급 내용(도급금액 대비 하도급 금액 비교명세, 하도급률)
- 선급금 지급 방법 및 비율
- 기성금 지급 방법(지급 주기, 현금지급 비율)
- 설계변경 및 물가변동에 따른 대금 조정 여부
- 하자담보 책임기간
- 하도급대금 지급보증서 발급 여부(발급하지 아니한 경우에는 그 사유를 말한다)
- 표준하도급계약서 사용 유무
- 하도급계약 적정성 심사 결과

㉡ 하도급계약 자료의 공개와 관련된 절차 및 방법, 공개대상 계약규모 등에 관하여 필요한 사항은 대통령령으로 정한다.

⑧ **도급계약의 해지**〈법 제23조〉 … 특정소방대상물의 관계인 또는 발주자는 해당 도급계약의 수급인이 다음의 어느 하나에 해당하는 경우에는 도급계약을 해지할 수 있다.

㉠ 소방시설업이 등록취소되거나 영업정지된 경우

㉡ 소방시설업을 휴업하거나 폐업한 경우

㉢ 정당한 사유 없이 30일 이상 소방시설공사를 계속하지 아니하는 경우

㉣ 하도급 계약내용 변경 요구에 정당한 사유 없이 따르지 아니하는 경우

⑨ **공사업자의 감리 제한**〈법 제24조〉 … 다음의 어느 하나에 해당되면 동일한 특정소방대상물의 소방시설에 대한 시공과 감리를 함께 할 수 없다.

㉠ 공사업자와 감리업자가 같은 자인 경우

㉡ 「독점규제 및 공정거래에 관한 법률」에 따른 기업집단의 관계인 경우

㉢ 법인과 그 법인의 임직원의 관계인 경우

㉣ 「민법」에 따른 친족관계인 경우

⑩ **소방 기술용역의 대가 기준**〈법 제25조〉 … 소방시설공사의 설계와 감리에 관한 약정을 할 때 그 대가는 「엔지니어링산업 진흥법」에 따른 엔지니어링사업의 대가 기준 가운데 행정안전부령으로 정하는 방식에 따라 산정한다.

⑪ **시공능력 평가 및 공시**〈법 제26조〉

㉠ 소방청장은 관계인 또는 발주자가 적절한 공사업자를 선정할 수 있도록 하기 위하여 공사업자의 신청이 있으면 그 공사업자의 소방시설공사 실적, 자본금 등에 따라 시공능력을 평가하여 공시할 수 있다.

㉡ 평가를 받으려는 공사업자는 전년도 소방시설공사 실적, 자본금, 그 밖에 행정안전부령으로 정하는 사항을 소방청장에게 제출하여야 한다.

㉢ 시공능력 평가신청 절차, 평가방법 및 공시방법 등에 관하여 필요한 사항은 행정안전부령으로 정한다.

**소방기술용역의 대가 기준 산정방식〈시행규칙 제21조〉**

① 소방시설설계의 대가 : 통신부문에 적용하는 공사비 요율에 따른 방식

② 소방공사감리의 대가 : 실비정액 가산방식

기출PLUS

POINT 시공능력의 평가〈시행규칙 제23조〉

① 시공능력 평가 방법은 별표4와 같다.[부록 Ⅶ 참조]

② 평가된 시공능력은 공사업자가 도급받을 수 있는 1건의 공사도급금액으로 하고, 시공능력 평가의 유효기간은 공시일부터 1년간으로 한다. 다만, 다음의 어느 하나에 해당하는 사유로 평가된 시공능력의 유효기간은 그 시공능력 평가 결과의 공시일부터 다음 해의 정기 공시일(③에 따라 공시한 날을 말한다)의 전날까지로 한다.

㉠ 소방시설공사업을 등록한 경우

㉡ 소방시설공사업을 상속·양수·합병하거나 소방시설 전부를 인수한 경우

㉢ 시공능력 평가 신청 시 첨부하여 제출한 서류가 거짓으로 확인되어 새로 평가한 경우

③ 협회는 시공능력을 평가한 경우에는 그 사실을 해당 공사업자의 등록수첩에 기재하여 발급하고, 매년 7월 31일까지 각 공사업자의 시공능력을 일간신문(「신문 등의 진흥에 관한 법률」 제2조 제1호 가목 또는 나목에 해당하는 일간신문으로서 등록 시 전국을 보급지역으로 등록한 일간신문을 말한다. 이하 같다) 또는 인터넷 홈페이지를 통하여 공시하여야 한다. 다만, ②의 어느 하나에 해당하는 사유로 시공능력을 평가한 경우에는 인터넷 홈페이지를 통하여 공시하여야 한다.

④ 협회는 시공능력평가 및 공시를 위하여 제출된 자료가 거짓으로 확인된 경우에는 그 확인된 날부터 10일 이내에 ③에 따라 공시된 해당 공사업자의 시공능력을 새로 평가하고 해당 공사업자의 등록수첩에 그 사실을 기재하여 발급하여야 한다.

⑫ 설계·감리업자의 선정〈법 제26조의2〉

㉠ 국가, 지방자치단체 또는 대통령령으로 정하는 공공기관은 그가 발주하는 소방시설의 설계·공사 감리 용역 중 소방청장이 정하여 고시하는 금액 이상의 사업에 대하여는 대통령령으로 정하는 바에 따라 집행 계획을 작성하여 공고하여야 한다. 이 경우 공고된 사업을 하려면 기술능력, 경영능력, 그 밖에 대통령령으로 정하는 사업수행능력 평가기준에 적합한 설계·감리업자를 선정하여야 한다.

㉡ 시·도지사는 주택건설사업계획을 승인할 때에는 그 주택건설공사에서 소방시설공사의 감리를 할 감리업자를 사업수행능력 평가기준에 따라 선정하여야 한다. 이 경우 감리업자를 선정하는 주택건설공사의 규모 및 대상 등에 관하여 필요한 사항은 대통령령으로 정한다.

㉢ 설계·감리업자의 선정 절차 등에 필요한 사항은 대통령령으로 정한다.

POINT 설계·감리업자의 선정 절차 등〈시행령 제12조의8〉

① "대통령령으로 정하는 사업수행능력 평가기준"이란 다음의 사항에 대한 평가기준을 말한다.

㉠ 참여하는 소방기술자의 실적 및 경력

㉡ 입찰참가 제한, 영업정지 등의 처분 유무 또는 재정상태 건실도 등에 따라 평가한 신용도

㉢ 기술개발 및 투자 실적

㉣ 참여하는 소방기술자의 업무 중첩도

㉤ 그 밖에 행정안전부령으로 정하는 사항

② 국가, 지방자치단체 또는 제12조의6에 따른 (시행령 제12조의2

기출PLUS

제2항) 공공기관(이하 "국가 등"이라 한다. 이하 이 조에서 같다)은 공고된 소방시설의 설계 · 공사감리 용역을 발주할 때에는 입찰에 참가하려는 자를 사업수행능력 평가기준에 따라 평가하여 입찰에 참가할 자를 선정하여야 한다.

③ 국가 등이 소방시설의 설계 · 공사감리 용역을 발주할 때 특별히 기술이 뛰어난 자를 낙찰자로 선정하려는 경우에는 선정된 입찰에 참가할 자에게 기술과 가격을 분리하여 입찰하게 하여 기술능력을 우선적으로 평가한 후 기술능력 평가점수가 높은 업체의 순서로 협상하여 낙찰자를 선정할 수 있다.

④ 사업수행능력 평가의 세부 기준 및 방법, 기술능력 평가 기준 및 방법, 협상 방법 등 설계 · 감리업자의 선정에 필요한 세부적인 사항은 행정안전부령으로 정한다.

⑬ **소방시설업 종합정보시스템의 구축 등**〈법 제26조의3〉

㉠ 소방청장은 다음 각 호의 정보를 종합적이고 체계적으로 관리 · 제공하기 위하여 소방시설업 종합정보시스템을 구축 · 운영할 수 있다.

- 소방시설업자의 자본금 · 기술인력 보유 현황, 소방시설공사등 수행상황, 행정처분 사항 등 소방시설업자에 관한 정보
- 소방시설공사등의 착공 및 완공에 관한 사항, 소방기술자 및 감리원의 배치 현황 등 소방시설공사등과 관련된 정보

㉡ 소방청장은 ㉠에 따른 정보의 종합관리를 위하여 소방시설업자, 발주자, 관련 기관 및 단체 등에게 필요한 자료의 제출을 요청할 수 있다. 이 경우 요청을 받은 자는 특별한 사유가 없으면 이에 따라야 한다.

㉢ 소방청장은 ㉠에 따른 정보를 필요로 하는 관련 기관 또는 단체에 해당 정보를 제공할 수 있다.

㉣ ㉠에 따른 소방시설업 종합정보시스템의 구축 및 운영 등에 필요한 사항은 행정안전부령으로 정한다.

POINT 소방시설업 종합정보시스템의 구축 · 운영〈시행규칙 제23조의4〉

① 소방청장은 소방시설업 종합정보시스템의 구축 및 운영 등을 위하여 다음 각 호의 업무를 수행할 수 있다.

1. 소방시설업 종합정보시스템의 구축 및 운영에 관한 연구개발
2. 법 제26조의3 제1항 각 호의 정보에 대한 수집 · 분석 및 공유
3. 소방시설업 종합정보시스템의 표준화 및 공동활용 촉진

② 소방청장은 소방시설업 종합정보시스템의 효율적인 구축과 운영을 위하여 협회, 소방기술과 관련된 법인 또는 단체와 협의체를 구성 · 운영할 수 있다.

③ 소방청장은 법 제26조의3 제2항 전단에 따라 필요한 자료의 제출을 요청하는 경우에는 그 범위, 사용 목적, 제출기한 및 제출방법 등을 명시한 서면으로 해야 한다.

④ 법 제26조의3 제3항에 따른 관련 기관 또는 단체는 소방청장에게 필요한 정보의 제공을 요청하는 경우에는 그 범위, 사용 목적 및 제공방법 등을 명시한 서면으로 해야 한다.

기출PLUS

## section 4 소방기술자

### (1) 소방기술자의 의무〈법 제27조〉

① 소방기술자는 이 법과 이 법에 따른 명령과 「화재예방, 소방시설 설치 · 유지 및 안전관리에 관한 법률」 및 같은 법에 따른 명령에 따라 업무를 수행하여야 한다.

② 소방기술자는 다른 사람에게 그 자격증(소방기술 경력 등을 인정받은 사람의 경우에는 소방기술 인정 자격수첩과 소방기술자 경력수첩을 말한다)을 빌려 주어서는 아니 된다.

③ 소방기술자는 동시에 둘 이상의 업체에 취업하여서는 아니 된다. 다만, 소방기술자 업무에 영향을 미치지 아니하는 범위에서 근무시간 외에 소방시설업이 아닌 다른 업종에 종사하는 경우는 제외한다.

### (2) 소방기술 경력 등의 인정 등〈법 제28조〉

① 소방청장은 소방기술의 효율적인 활용과 소방기술의 향상을 위하여 소방기술과 관련된 자격 · 학력 및 경력을 가진 사람을 소방기술자로 인정할 수 있다.

② 소방청장은 자격 · 학력 및 경력을 인정받은 사람에게 소방기술 인정 자격수첩과 경력수첩을 발급할 수 있다.

③ 소방기술과 관련된 자격 · 학력 및 경력의 인정 범위와 자격수첩 및 경력수첩의 발급 절차 등에 관하여 필요한 사항은 행정안전부령으로 정한다.

④ 소방청장은 자격수첩 또는 경력수첩을 발급받은 사람이 다음의 어느 하나에 해당하는 경우에는 행정안전부령으로 정하는 바에 따라 그 인정 자격을 취소하거나 6개월 이상 2년 이하의 기간을 정하여 그 인정 자격을 정지시킬 수 있다. 다만, ㉠과 ㉡에 해당하는 경우에는 그 자격을 취소하여야 한다.

㉠ 거짓이나 그 밖의 부정한 방법으로 자격수첩 또는 경력수첩을 발급받은 경우

㉡ 자격수첩 또는 경력수첩을 다른 사람에게 빌려준 경우

㉢ 동시에 둘 이상의 업체에 취업한 경우

㉣ 이 법 또는 이 법에 따른 명령을 위반한 경우

⑤ 자격이 취소된 사람은 취소된 날부터 2년간 자격수첩 또는 경력수첩을 발급받을 수 없다.

**POINT** 소방기술과 관련된 자격 · 학력 및 경력의 인정 범위 등〈시행규칙 제24조〉

① 소방기술과 관련된 자격 · 학력 및 경력의 인정 범위는 다음과 같다.〈별표4의2 참조〉

㉠ 소방기술과 관련된 자격

- 소방기술사, 소방시설관리사, 소방설비기사, 소방설비산업기사
- 건축사, 건축기사, 건축산업기사

기출PLUS

- 건축기계설비기술사, 건축설비기사, 건축설비산업기사
- 건설기계기술사, 건설기계설비기사, 건설기계설비산업기사, 일반기계기사
- 공조냉동기계기술사, 공조냉동기계기사, 공조냉동기계산업기사
- 화공기술사, 화공기사, 화공산업기사
- 가스기술사, 가스기능장, 가스기사, 가스산업기사
- 건축전기설비기술사, 전기기능장, 전기기사, 전기산업기사, 전기공사기사, 전기공사산업기사
- 산업안전기사, 산업안전산업기사
- 위험물기능장, 위험물산업기사, 위험물기능사

㉡ **소방기술과 관련된 학력**

- 소방안전관리학과(소방안전관리과, 소방시스템과, 소방학과, 소방환경관리과, 소방공학과 및 소방행정학과를 포함한다)
- 전기공학과(전기과, 전기설비과, 전자공학과, 전기전자과, 전기전자공학과, 전기제어공학과를 포함한다)
- 산업안전공학과(산업안전과, 산업공학과, 안전공학과, 안전시스템공학과를 포함한다)
- 기계공학과(기계과, 기계학과, 기계설계학과, 기계설계공학과, 정밀기계공학과를 포함한다)
- 건축공학과(건축과, 건축학과, 건축설비학과, 건축설계학과를 포함한다)
- 화학공학과(공업화학과, 화학공업과를 포함한다)
- 학군 또는 학부제로 운영되는 대학의 경우에는 ㉡에 해당하는 학과

㉢ **소방기술과 관련된 경력**

- 소방시설공사업, 소방시설설계업, 소방공사감리업, 소방시설관리업, 국가, 지방자치단체, 「공공기관의 운영에 관한 법률」에 따른 공공기관, 「공기업의 경영구조 개선 및 민영화에 관한 법률」에 따른 정부출자기관, 「지방공기업법」에 따른 지방공사 또는 지방공단에서 소방시설의 설계 · 시공 · 감리 또는 소방시설의 점검 및 유지관리업무를 수행한 경력
- 한국소방안전원, 한국소방산업기술원, 「화재로 인한 재해보상과 보험가입에 관한 법률」에 따른 한국화재보험협회 또는 협회에서 소방 관련 법령에 따라 소방과 관련된 정부 위탁 업무를 수행한 경력
- 소방기술사, 소방시설관리사, 소방설비기사, 소방설비산업기사 자격을 취득한 사람이 「화재예방, 소방시설 설치 · 유지 및 안전관리에 관한 법률」에 따라 소방안전관리자로 선임되거나 「초고층 및 지하연계 복합건축물 재난관리에 관한 특별법」에 따라 총괄재난관리자로 지정되어 소방안전관리 업무를 수행한 경력
- 위험물안전관리업무대행기관에서 위험물안전관리 업무를 수행하거나 위험물기능장, 위험물산업기사, 위험물기능사 자격을 취득한 사람이 「위험물 안전관리법」에 따른 위험물안전관리자로 선임되어 위험물안전관리 업무를 수행한 경력

② 협회 또는 영 제20조 제4항에 따라 소방기술과 관련된 자격 · 학력 및 경력의 인정 업무를 위탁받은 소방기술과 관련된 법인 또는 단체는 소방기술과 관련된 자격 · 학력 및 경력을 가진 사람을 소방기술자로 인정하는 경우에는 소방기술 인정 자격수첩과 소방기술자 경력수첩을 발급하여야 한다.

③ ① 및 ②에서 규정한 사항 외에 자격수첩과 경력수첩의 발급절차 수수료 등에 관하여 필요한 사항은 소방청장이 정하여 고시한다.

### (3) 소방기술자의 실무교육〈법 제29조〉

① 화재 예방, 안전관리의 효율화, 새로운 기술 등 소방에 관한 지식의 보급을 위하여 소방시설업 또는 「화재예방, 소방시설 설치 · 유지 및 안전관리에 관한 법률」에 따른 소방시설관리업의 기술인력으로 등록된 소방기술자는 행정안전부령으로 정하는 바에 따라 실무교육을 받아야 한다.

② 소방기술자가 정하여진 교육을 받지 아니하면 그 교육을 이수할 때까지 그 소방기술자는 소방시설업 또는 「화재예방, 소방시설 설치 · 유지 및 안전관리에 관한 법률」에 따른 소방시설관리업의 기술인력으로 등록된 사람으로 보지 아니한다.

③ 소방청장은 소방기술자에 대한 실무교육을 효율적으로 하기 위하여 실무교육기관을 지정할 수 있다.

④ 실무교육기관의 지정방법 · 절차 · 기준 등에 관하여 필요한 사항은 행정안전부령으로 정한다.

⑤ 지정된 실무교육기관의 지정취소, 업무정지 및 청문에 관하여는 「화재예방, 소방시설 설치 · 유지 및 안전관리에 관한 법률」을 준용한다.

**POINT** 소방기술자의 실무교육〈시행규칙 제26조〉

① 소방기술자는 실무교육을 2년마다 1회 이상 받아야 한다.

② 소방기술자 실무교육에 관한 업무를 위탁받은 실무교육기관 또는 한국소방안전원의 장(이하 "실무교육기관 등의 장"이라 한다)은 소방기술자에 대한 실무교육을 실시하려면 교육일정 등 교육에 필요한 계획을 수립하여 소방청장에게 보고한 후 교육 10일 전까지 교육대상자에게 알려야 한다.

③ 실무교육의 시간, 교육과목, 수수료, 그 밖에 실무교육에 관하여 필요한 사항은 소방청장이 정하여 고시한다.

**POINT** 지정신청〈시행규칙 제30조〉

① 실무교육기관의 지정을 받으려는 자는 실무교육기관 지정신청서(전자문서로 된 실무교육기관 지정신청서를 포함한다)에 다음의 서류(전자문서를 포함한다)를 첨부하여 소방청장에게 제출해야 한다. 다만, 「전자정부법」에 따른 행정정보의 공동이용을 통하여 첨부서류에 대한 정보를 확인할 수 있는 경우에는 그 확인으로 첨부서류를 갈음할 수 있다.

㉠ 정관 사본 1부

㉡ 대표자, 각 지부의 책임임원 및 기술인력의 자격을 증명할 수 있는 서류(전자문서를 포함한다)와 기술인력의 명단 및 이력서 각 1부

㉢ 건물의 소유자가 아닌 경우 건물임대차계약서 사본 및 그 밖에 사무실 보유를 증명할 수 있는 서류(전자문서를 포함한다) 각 1부

㉣ 교육장 도면 1부

㉤ 시설 및 장비명세서 1부

② 신청서를 제출받은 담당 공무원은 「전자정부법」에 따라 행정정보의 공동이용을 통하여 다음의 서류를 확인하여야 한다.

㉠ 법인등기사항 전부증명서 1부

㉡ 건물등기사항 전부증명서(건물의 소유자인 경우에만 첨부한다)

기출PLUS

## section 5 소방시설업자협회

### (1) 소방시설업자협회의 설립〈법 제30조의2〉

① 소방시설업자는 소방시설업자의 권익보호와 소방기술의 개발 등 소방시설업의 건전한 발전을 위하여 소방시설업자협회(이하 "협회"라 한다)를 설립할 수 있다.

② 협회는 법인으로 한다.

③ 협회는 소방청장의 인가를 받아 주된 사무소의 소재지에 설립등기를 함으로써 성립한다.

④ 협회의 설립인가 절차, 정관의 기재사항 및 협회에 대한 감독에 관하여 필요한 사항은 대통령령으로 정한다.

### (2) 협회의 업무〈법 제30조의3〉

① 소방시설업의 기술발전과 소방기술의 진흥을 위한 조사 · 연구 · 분석 및 평가

② 소방산업의 발전 및 소방기술의 향상을 위한 지원

③ 소방시설업의 기술발전과 관련된 국제교류 · 활동 및 행사의 유치

④ 이 법에 따른 위탁 업무의 수행

### (3) 「민법」의 준용〈법 제30조의4〉

협회에 관하여 이 법에 규정되지 아니한 사항은 「민법」 중 사단법인에 관한 규정을 준용한다.

## section 6 보칙

### (1) 감독〈법 제31조〉

① 시 · 도지사, 소방본부장 또는 소방서장은 소방시설업의 감독을 위하여 필요할 때에는 소방시설업자나 관계인에게 필요한 보고나 자료 제출을 명할 수 있고, 관계 공무원으로 하여금 소방시설업체나 특정소방대상물에 출입하여 관계 서류와 시설 등을 검사하거나 소방시설업자 및 관계인에게 질문하게 할 수 있다.

② 소방청장은 소방청장의 업무를 위탁받은 실무교육기관 또는 한국소방안전원, 협회, 법인 또는 단체에 필요한 보고나 자료 제출을 명할 수 있고, 관계 공무원으로 하여금 실무교육기관, 한국소방안전원, 협회, 법인 또는 단체의 사무실에 출입하여 관계 서류 등을 검사하거나 관계인에게 질문하게 할 수 있다.

③ 출입 · 검사를 하는 관계 공무원은 그 권한을 표시하는 증표를 지니고 이를 관계인에게 보여주어야 한다.

④ 출입 · 검사업무를 수행하는 관계 공무원은 관계인의 정당한 업무를 방해하거나 출입 · 검사업무를 수행하면서 알게 된 비밀을 다른 자에게 누설하여서는 아니 된다.

### (2) 청문〈법 제32조〉 ✡ 2019 기출

소방시설업 등록취소처분이나 영업정지처분 또는 소방기술 인정 자격취소처분을 하려면 청문을 하여야 한다.

### (3) 권한의 위임 · 위탁 등〈법 제33조〉

① 소방청장은 이 법에 따른 권한의 일부를 대통령령으로 정하는 바에 따라 시 · 도지사에게 위임할 수 있다.

② 소방청장은 실무교육에 관한 업무를 대통령령으로 정하는 바에 따라 실무교육기관 또는 한국소방안전원에 위탁할 수 있다.

③ 소방청장 또는 시 · 도지사는 다음의 업무를 대통령령으로 정하는 바에 따라 협회에 위탁할 수 있다.
- ㉠ 소방시설업 등록신청의 접수 및 신청내용의 확인
- ㉡ 소방시설업 등록사항 변경신고의 접수 및 신고내용의 확인
- ㉢ 소방시설업 휴업 · 폐업 등 신고의 접수 및 신고내용의 확인
- ㉣ 소방시설업자의 지위승계 신고의 접수 및 신고내용의 확인
- ㉤ 방염처리능력 평가 및 공시
- ㉥ 시공능력 평가 및 공시
- ㉦ 소방시설업 종합정보시스템의 구축 · 운영

④ 소방청장은 소방기술과 관련된 자격 · 학력 · 경력의 인정 업무를 대통령령으로 정하는 바에 따라 협회, 소방기술과 관련된 법인 또는 단체에 위탁할 수 있다.

### (4) 수수료 등〈법 제34조〉

다음의 어느 하나에 해당하는 자는 행정안전부령으로 정하는 바에 따라 수수료나 교육비를 내야 한다.

① 소방시설업을 등록하려는 자

② 소방시설업 등록증 또는 등록수첩을 재발급 받으려는 자

③ 소방시설업자의 지위승계 신고를 하려는 자

④ 방염처리능력 평가를 받으려는 자

기출PLUS

기출 2019. 4. 6 소방공무원

**「소방시설공사업법」상 행정처분 전에 청문을 하여야 하는 대상으로 옳지 않은 것은?**

① 소방시설업의 등록취소 처분
② 소방기술 인정 자격취소 처분
③ 소방시설업의 영업정지 처분
④ 소방기술 인정 자격정지 처분

TIP

사전청문대상 : 소방시설업 등록취소처분, 영업정지 처분, 소방기술 인정자격취소처분

〈정답 ④

기출PLUS

⑤ 시공능력 평가를 받으려는 자

⑥ 자격수첩 또는 경력수첩을 발급받으려는 사람

⑦ 실무교육을 받으려는 사람

### (5) 벌칙 적용 시의 공무원 의제〈법 제34조의2〉

다음의 어느 하나에 해당하는 사람은 「형법」 제129조부터 제132조까지의 규정을 적용할 때에는 공무원으로 본다.

① 제16조, 제19조 및 제20조에 따라 그 업무를 수행하는 감리원

② 제33조 제2항부터 제4항까지의 규정에 따라 위탁받은 업무를 수행하는 실무교육기관, 한국소방안전원, 협회 및 소방기술과 관련된 법인 또는 단체의 담당 임원 및 직원

※ 형법: 제129조(수뢰, 사전수뢰), 제130조(제삼자 뇌물제공), 제131조(수뢰 후 부정처사, 사후수뢰), 제132조(알선수뢰)

## section 7 벌칙

### (1) 벌칙〈법 제35조〉 ✡ 2020 기출

소방시설업 등록을 하지 아니하고 영업을 한 자는 3년 이하의 징역 또는 3천만 원 이하의 벌금에 처한다.

### (2) 1년 이하의 징역 또는 1천만 원 이하의 벌금〈법 제36조〉 ✡ 2020 기출

① 영업정지처분을 받고 그 영업정지 기간에 영업을 한 자

② 설계나 시공 규정을 위반하여 설계나 시공을 한 자

③ 제16조(감리) 제1항을 위반하여 감리를 하거나 거짓으로 감리한 자

④ 공사감리자의 지정 등의 규정을 위반하여 공사감리자를 지정하지 아니한 자

⑤ 제19조(위반사항에 대한 조치) 제3항에 따른 보고를 거짓으로 한 자

⑥ 공사감리 결과의 통보 또는 공사감리 결과보고서의 제출을 거짓으로 한 자

⑦ 공사의 도급 규정을 위반하여 해당 소방시설업자가 아닌 자에게 소방시설공사 등을 도급한 자

⑧ 제22조(하도급의 제한) 제1항 본문을 위반하여 도급받은 소방시설의 설계, 시공, 감리를 하도급한 자

---

기출 2020. 6. 20. 소방공무원

**「소방시설공사업법」상 벌칙 중 1년 이하의 징역 또는 1천만 원 이하의 벌금에 해당하는 자로 옳지 않은 것은?**

① 소방시설업 등록을 하지 아니하고 영업을 한 자

② 영업정지처분을 받고 그 영업정지 기간에 영업을 한 자

③ 소방시설업자가 아닌 자에게 소방시설공사등을 도급한 자

④ 공사감리 결과의 통보 또는 공사감리 결과보고서의 제출을 거짓으로 한 자

TIP

소방시설업 등록을 하지 아니하고 영업을 한 자는 3년 이하의 징역 또는 3천만 원 이하의 벌금에 처한다(동법 제35조).
②③④ 동법 제36조

〈정답 ①

기출PLUS

⑨ 제22조(하도급의 제한) 제2항을 위반하여 하도급받은 소방시설공사를 다시 하도급 한 자
⑩ 소방기술자의 의무(제27조 제1항)를 위반하여 같은 항에 따른 법 또는 명령을 따르지 아니하고 업무를 수행한 자

### (3) 300만 원 이하의 벌금〈법 제37조〉

① 제8조(소방시설업의 운영) 제1항을 위반하여 다른 자에게 자기의 성명이나 상호를 사용하여 소방시설공사등을 수급 또는 시공하게 하거나 소방시설업의 등록증이나 등록수첩을 빌려준 자
② 제18조(감리원의 배치 등) 제1항을 위반하여 소방시설공사 현장에 감리원을 배치하지 아니한 자
③ 제19조(위반사항에 대한 조치) 제2항을 위반하여 감리업자의 보완 요구에 따르지 아니한 자
④ 제19조 제4항을 위반하여 공사감리 계약을 해지하거나 대가 지급을 거부하거나 지연시키거나 불이익을 준 자
⑤ 제21조(소방시설공사 등의 도급) 제2항 본문을 위반하여 소방시설공사를 다른 업종의 공사와 분리하여 도급하지 아니한 자
⑥ 소방기술 인정 자격수첩이나 소방기술자 경력수첩을 빌려 준 사람
⑦ 소방기술자의 동시 취업제한 규정을 위반하여 동시에 둘 이상의 업체에 취업한 사람
⑧ 출입 · 검사업무를 수행하는 관계 공무원 중 관계인의 정당한 업무를 방해하거나 업무상 알게 된 비밀을 누설한 사람

### (4) 100만 원 이하의 벌금〈법 제38조〉

① 제31조 제2항에 따른 명령을 위반하여 보고 또는 자료 제출을 하지 아니하거나 거짓으로 한 자
② 제31조 제1항 및 제2항을 위반하여 정당한 사유 없이 관계 공무원의 출입 또는 검사 · 조사를 거부 · 방해 또는 기피한 자

### (5) 양벌규정〈법 제39조〉

법인의 대표자나 법인 또는 개인의 대리인, 사용인, 그 밖의 종업원이 그 법인 또는 개인의 업무에 관하여 제35조부터 제38조까지의 어느 하나에 해당하는 위반행위를 하면 그 행위자를 벌하는 외에 그 법인 또는 개인에게도 해당 조문의 벌금형을 과(科)한다. 다만, 법인 또는 개인이 그 위반행위를 방지하기 위하여 해당 업무에 관하여 상당한 주의와 감독을 게을리 하지 아니한 경우에는 그러하지 아니하다.

기출PLUS

**(6) 200만 원 이하의 과태료〈법 제40조〉**

① 제6조(등록사항의 변경신고), 제6조의2(휴업 · 폐업 등의 신고) 제1항, 제7조(소방시설업자의 지위승계) 제3항, 제13조(착공신고) 제1항 및 제2항 전단, 제17조(공사감리자의 지정 등) 제2항을 위반하여 신고를 하지 아니하거나 거짓으로 신고한 자

② 소방시설업의 운영 등의 규정을 위반하여 관계인에게 지위승계, 행정처분 또는 휴업 · 폐업의 사실을 거짓으로 알린 자

③ 소방시설업의 운영 등의 규정을 위반하여 관계 서류를 보관하지 아니한 자

④ 소방기술자를 공사 현장에 배치하지 아니한 자

⑤ 완공검사를 받지 아니한 자

⑥ 공사의 하자보수 등의 규정을 위반하여 3일 이내에 하자를 보수하지 아니하거나 하자 보수계획을 관계인에게 거짓으로 알린 자

⑦ 감리 관계 서류를 인수 · 인계하지 아니한 자

⑧ 감리원의 배치 규정에 따른 배치통보 및 변경통보를 하지 아니하거나 거짓으로 통보한 자

⑨ 방염성능기준 미만으로 방염을 한 자

⑩ 방염처리능력 평가에 관한 서류를 거짓으로 제출한 자

⑪ 도급계약 체결 시 의무를 이행하지 아니한 자(하도급 계약의 경우에는 하도급 받은 소방시설업자는 제외한다)

⑫ 하도급 등의 통지를 하지 아니한 자

⑬ 시공능력 평가에 관한 서류를 거짓으로 제출한 자

⑭ 사업수행능력 평가에 관한 서류를 위조하거나 변조하는 등 거짓이나 그 밖의 부정한 방법으로 입찰에 참여한 자

⑮ 소방시설업의 감독에 따른 명령을 위반하여 보고 또는 자료 제출을 하지 아니하거나 거짓으로 보고 또는 자료 제출을 한 자

**(7)** 과태료는 대통령령으로 정하는 바에 따라 관할 시 · 도지사, 소방본부장 또는 소방서장이 부과 · 징수한다.

# 부록 – 별표

## Ⅰ. 소방시설업의 업종별 등록기준 및 영업범위〈시행령 별표1〉(법 제4조 제2항 관련)

### 1. 소방시설설계업

| 업종별 \ 항목 | | 기술인력 | 영업범위 |
|---|---|---|---|
| 전문 소방시설 설계업 | | 가. 주된 기술인력 : 소방기술사 1명 이상<br>나. 보조기술인력 : 1명 이상 | 모든 특정소방대상물에 설치되는 소방시설의 설계 |
| 일반 소방 시설 설계업 | 기계 분야 | 가. 주된 기술인력 : 소방기술사 또는 기계분야 소방설비기사 1명 이상<br>나. 보조기술인력 : 1명 이상 | 가. 아파트에 설치되는 기계분야 소방시설(제연설비는 제외한다)의 설계<br>나. 연면적 3만 제곱미터(공장의 경우에는 1만 제곱미터) 미만의 특정소방대상물(제연설비가 설치되는 특정소방대상물은 제외한다)에 설치되는 기계분야 소방시설의 설계<br>다. 위험물제조소등에 설치되는 기계분야 소방시설의 설계 |
| | 전기 분야 | 가. 주된 기술인력 : 소방기술사 또는 전기분야 소방설비기사 1명 이상<br>나. 보조기술인력 : 1명 이상 | 가. 아파트에 설치되는 전기분야 소방시설의 설계<br>나. 연면적 3만 제곱미터(공장의 경우에는 1만 제곱미터) 미만의 특정소방대상물에 설치되는 전기분야 소방시설의 설계<br>다. 위험물제조소등에 설치되는 전기분야 소방시설의 설계 |

※ 비고

1. 위 표의 일반 소방시설설계업에서 기계분야 및 전기분야의 대상이 되는 소방시설의 범위는 다음과 같다.
   가. 기계분야
      1) 소화기구, 자동소화장치, 옥내소화전설비, 스프링클러설비 등, 물분무등소화설비, 옥외소화전설비, 피난기구, 인명구조기구, 상수도소화용수설비, 소화수조·저수조, 그 밖의 소화용수설비, 제연설비, 연결송수관설비, 연결살수설비 및 연소방지설비
      2) 기계분야 소방시설에 부설되는 전기시설. 다만, 비상전원, 동력회로, 제어회로, 기계분야 소방시설을 작동하기 위하여 설치하는 화재감지기에 의한 화재감지장치 및 전기신호에 의한 소방시설의 작동장치는 제외한다.
   나. 전기분야
      1) 단독경보형감지기, 비상경보설비, 비상방송설비, 누전경보기, 자동화재탐지설비, 시각경보기, 자동화재속보설비, 가스누설경보기, 통합감시시설, 유도등, 비상조명등, 휴대용비상조명등, 비상콘센트설비 및 무선통신보조설비
      2) 기계분야 소방시설에 부설되는 전기시설 중 가목 2) 단서의 전기시설

기출PLUS

2. 일반 소방시설설계업의 기계분야 및 전기분야를 함께 하는 경우 주된 기술인력은 소방기술사 1명 또는 기계분야 소방설비기사와 전기분야 소방설비기사 자격을 함께 취득한 사람 1명 이상으로 할 수 있다.
3. 소방시설설계업을 하려는 자가 소방시설공사업, 「소방시설 설치 · 유지 및 안전관리에 관한 법률」 제29조 제1항에 따른 소방시설관리업(이하 "소방시설관리업"이라 한다) 또는 「다중이용업소의 안전관리에 관한 특별법」 제16조에 따른 화재위험평가 대행 업무(이하 "화재위험평가 대행업"이라 한다) 중 어느 하나를 함께 하려는 경우 소방시설공사업, 소방시설관리업 또는 화재위험평가 대행업 기술인력으로 등록된 기술인력은 다음의 기준에 따라 소방시설설계업 등록 시 갖추어야 하는 해당 자격을 가진 기술인력으로 볼 수 있다.
   가. 전문 소방시설설계업과 소방시설관리업을 함께 하는 경우 : 소방기술사 자격과 소방시설관리사 자격을 함께 취득한 사람
   나. 전문 소방시설설계업과 전문 소방시설공사업을 함께 하는 경우 : 소방기술사 자격을 취득한 사람
   다. 전문 소방시설설계업과 화재위험평가 대행업을 함께 하는 경우 : 소방기술사 자격을 취득한 사람
   라. 일반 소방시설설계업과 소방시설관리업을 함께 하는 경우 다음의 어느 하나에 해당하는 사람
      1) 소방기술사 자격과 소방시설관리사 자격을 함께 취득한 사람
      2) 기계분야 소방설비기사 또는 전기분야 소방설비기사 자격을 취득한 사람 중 소방시설관리사 자격을 취득한 사람
   마. 일반 소방시설설계업과 일반 소방시설공사업을 함께 하는 경우 : 소방기술사 자격을 취득하거나 기계분야 또는 전기분야 소방설비기사 자격을 취득한 사람
   바. 일반 소방시설설계업과 전문 소방시설공사업을 함께 하는 경우 : 소방기술사 자격을 취득하거나 기계분야 및 전기분야 소방설비기사 자격을 함께 취득한 사람
   사. 전문 소방시설설계업과 일반 소방시설공사업을 함께 하는 경우 : 소방기술사 자격을 취득한 사람
4. "보조기술인력"이란 다음의 어느 하나에 해당하는 사람을 말한다.
   가. 소방기술사, 소방설비기사 또는 소방설비산업기사 자격을 취득한 사람
   나. 소방공무원으로 재직한 경력이 3년 이상인 사람으로서 자격수첩을 발급받은 사람
   다. 법 제28조 제3항에 따라 행정안전부령으로 정하는 소방기술과 관련된 자격 · 경력 및 학력을 갖춘 사람으로서 자격수첩을 발급받은 사람
5. 위 표 및 제2호에도 불구하고 다음의 어느 하나에 해당하는 자가 소방시설설계업을 등록하는 경우 「엔지니어링산업 진흥법」, 「건축사법」, 「기술사법」 및 「전력기술관리법」에 따른 신고 또는 등록기준을 충족하는 기술인력을 확보한 경우로서 해당 기술인력이 위 표의 기술인력(주된 기술인력만 해당한다)의 기준을 충족하는 경우에는 위 표의 등록기준을 충족한 것으로 본다.
   가. 「엔지니어링산업 진흥법」에 따라 엔지니어링사업자 신고를 한 자
   나. 「건축사법」에 따른 건축사업무 신고를 한 자
   다. 「기술사법」에 따른 기술사사무소 등록을 한 자
   라. 「전력기술관리법」에 따른 설계업 등록을 한 자
6. 가스계소화설비의 경우에는 해당 설비의 설계프로그램 제조사가 참여하여 설계(변경을 포함한다)할 수 있다.

2. 소방시설공사업

| 업종별 \ 항목 | | 기술인력 | 자본금<br>(자산평가액) | 영업범위 |
|---|---|---|---|---|
| 전문 소방시설 공사업 | | 가. 주된 기술인력 : 소방기술사 또는 기계분야와 전기분야의 소방설비기사 각 1명(기계분야 및 전기분야의 자격을 함께 취득한 사람 1명) 이상<br>나. 보조 기술인력 : 2명 이상 | 가. 법인 : 1억원 이상<br>나. 개인 : 자산평가액 1억원 이상 | 특정소방대상물에 설치되는 기계분야 및 전기분야 소방시설의 공사 · 개설 · 이전 및 정비 |
| 일반 소방시설공사업 | 기계분야 | 가. 주된 기술인력 : 소방기술사 또는 기계분야 소방설비기사 1명 이상<br>나. 보조 기술인력 : 1명 이상 | 가. 법인 : 1억원 이상<br>나. 개인 : 자산평가액 1억원 이상 | 가. 연면적 1만 제곱미터 미만의 특정소방대상물에 설치되는 기계분야 소방시설의 공사 · 개설 · 이전 및 정비<br>나. 위험물제조소 등에 설치되는 기계분야 소방시설의 공사 · 개설 · 이전 및 정비 |
| | 전기분야 | 가. 주된 기술인력 : 소방기술사 또는 전기분야 소방설비 기사 1명 이상<br>나. 보조 기술인력 : 1명 이상 | 가. 법인 : 1억원 이상<br>나. 개인 : 자산평가액 1억원 이상 | 가. 연면적 1만 제곱미터 미만의 특정소방대상물에 설치되는 전기분야 소방시설의 공사 · 개설 · 이전 · 정비<br>나. 위험물제조소 등에 설치되는 전기분야 소방시설의 공사 · 개설 · 이전 · 정비 |

※ 비고

1. 위 표의 일반 소방시설공사업에서 기계분야 및 전기분야의 대상이 되는 소방시설의 범위는 이 표 제1호 비고 제1호 각 목(소방시설설계업의 등록기준 및 영업범위의 비고란 1.의 사항)과 같다.
2. 기계분야 및 전기분야의 일반 소방시설공사업을 함께 하는 경우 주된 기술인력은 소방기술사 1명 또는 기계분야 및 전기분야의 자격을 함께 취득한 소방설비기사 1명으로 한다.
3. 자본금(자산평가액)은 해당 소방시설공사업의 최근 결산일 현재(새로 등록한 자는 등록을 위한 기업진단기준일 현재)의 총자산에서 총부채를 뺀 금액을 말하고, 소방시설공사업 외의 다른 업(業)을 함께 하는 경우에는 자본금에서 겸업 비율에 해당하는 금액을 뺀 금액을 말한다.
4. "보조 기술인력"이란 소방시설설계업의 등록기준 및 영업범위의 비고란 4.의 어느 하나에 해당하는 사람을 말한다.

기출PLUS

기출PLUS

5. 소방시설공사업을 하려는 자가 소방시설설계업 또는 소방시설관리업 중 어느 하나를 함께 하려는 경우 소방시설설계업 또는 소방시설관리업 기술인력으로 등록된 기술인력은 다음의 기준에 따라 소방시설공사업 등록 시 갖추어야 하는 해당 자격을 가진 기술인력으로 볼 수 있다.
   가. 전문 소방시설공사업과 전문 소방시설설계업을 함께 하는 경우 : 소방기술사 자격을 취득한 사람
   나. 전문 소방시설공사업과 일반 소방시설설계업을 함께 하는 경우 : 소방기술사 자격을 취득하거나 기계분야 및 전기분야 소방설비기사 자격을 함께 취득한 사람
   다. 일반 소방시설공사업과 전문 소방시설설계업을 함께 하는 경우 : 소방기술사 자격을 취득한 사람
   라. 일반 소방시설공사업과 일반 소방시설설계업을 함께 하는 경우 : 소방기술사 자격을 취득하거나 기계분야 또는 전기분야 소방설비기사 자격을 취득한 사람
   마. 전문 소방시설공사업과 소방시설관리업을 함께 하는 경우 : 소방시설관리사와 소방설비기사(기계분야 및 전기분야의 자격을 함께 취득한 사람) 또는 소방기술사 자격을 함께 취득한 사람
   바. 일반 소방시설공사업 기계분야와 소방시설관리업을 함께 하는 경우 : 소방기술사 또는 기계분야 소방설비기사와 소방시설관리사 자격을 함께 취득한 사람
   사. 일반 소방시설공사업 전기분야와 소방시설관리업을 함께 하는 경우 : 소방기술사 또는 전기분야 소방설비기사와 소방시설관리사 자격을 함께 취득한 사람
6. "개설"이란 이미 특정소방대상물에 설치된 소방시설 등의 전부 또는 일부를 철거하고 새로 설치하는 것을 말한다.
7. "이전"이란 이미 설치된 소방시설 등을 현재 설치된 장소에서 다른 장소로 옮겨 설치하는 것을 말한다.
8. "정비"란 이미 설치된 소방시설 등을 구성하고 있는 기계 · 기구를 교체하거나 보수하는 것을 말한다.

기출PLUS

3. 소방공사감리업

| 업종별＼항목 | | 기술인력 | 영업범위 |
|---|---|---|---|
| 전문 소방공사 감리업 | | 가. 소방기술사 1명 이상<br>나. 기계분야 및 전기분야의 특급 감리원 각 1명(기계분야 및 전기분야의 자격을 함께 가지고 있는 사람이 있는 경우에는 그에 해당하는 사람 1명. 이하 다목부터 마목까지에서 같다) 이상<br>다. 기계분야 및 전기분야의 고급 감리원 이상의 감리원 각 1명 이상<br>라. 기계분야 및 전기분야의 중급 감리원 이상의 감리원 각 1명 이상<br>마. 기계분야 및 전기분야의 초급 감리원 이상의 감리원 각 1명 이상 | 모든 특정소방대상물에 설치되는 소방시설공사 감리 |
| 일반 소방공사 감리업 | 기계 분야 | 가. 기계분야 특급 감리원 1명 이상<br>나. 기계분야 고급 감리원 또는 중급 감리원 이상의 감리원 1명 이상<br>다. 기계분야 초급 감리원 이상의 감리원 1명 이상 | 가. 연면적 3만 제곱미터(공장의 경우에는 1만 제곱미터) 미만의 특정소방대상물(제연설비가 설치되는 특정소방대상물은 제외한다)에 설치되는 기계분야 소방시설의 감리<br>나. 아파트에 설치되는 기계분야 소방시설(제연설비는 제외한다)의 감리<br>다. 위험물제조소 등에 설치되는 기계분야 소방시설의 감리 |
| | 전기 분야 | 가. 전기분야 특급 감리원 1명 이상<br>나. 전기분야 고급 감리원 또는 중급 감리원 이상의 감리원 1명 이상<br>다. 전기분야 초급 감리원 이상의 감리원 1명 이상 | 가. 연면적 3만 제곱미터(공장의 경우에는 1만 제곱미터) 미만의 특정소방대상물에 설치되는 전기분야 소방시설의 감리<br>나. 아파트에 설치되는 전기분야 소방시설의 감리<br>다. 위험물제조소 등에 설치되는 전기분야 소방시설의 감리 |

※ 비고

1. 위 표의 일반 소방공사감리업에서 기계분야 및 전기분야의 대상이 되는 소방시설의 범위는 다음과 같다.
   가. 기계분야(*1)과 2)는 이 표 비고 제1호 가목에 따른 기계분야 소방시설과 동일)
      1) 소화기구, 자동소화장치, 옥내소화전설비, 스프링클러설비 등, 물분무등소화설비, 옥외소화전설비, 피난기구, 인명구조기구, 상수도소화용수설비, 소화수조·저수조, 그 밖의 소화용수설비, 제연설비, 연결송수관설비, 연결살수설비 및 연소방지설비
      2) 기계분야 소방시설에 부설되는 전기시설. 다만, 비상전원, 동력회로, 제어회로, 기계분야 소방시설을 작동하기 위하여 설치하는 화재감지기에 의한 화재감지장치 및 전기신호에 의한 소방시설의 작동장치는 제외한다.

기출PLUS

3) 실내장식물 및 방염대상물품

나. 전기분야(이 표 제1호 비고 제1호 나목에 따른 전기분야 소방시설과 동일)

1) 단독경보형 감지기, 비상경보설비, 비상방송설비, 누전경보기, 자동화재탐지설비, 시각경보기, 자동화재속보설비, 가스누설경보기, 통합감시시설, 유도등, 비상조명등, 휴대용비상조명등, 비상콘센트설비 및 무선통신보조설비

2) 기계분야 소방시설에 부설되는 전기시설 중 가목 2) 단서의 전기시설

2. 위 표에서 "특급 감리원", "고급 감리원", "중급 감리원" 및 "초급 감리원"은 행정안전부령으로 정하는 소방기술과 관련된 자격 · 경력 및 학력을 갖춘 사람으로서 소방공사감리원의 기술등급 자격에 따른 경력수첩을 발급받은 사람을 말한다.

3. 일반 소방공사감리업의 기계분야 및 전기분야를 함께 하는 경우 기계분야 및 전기분야의 자격을 함께 취득한 감리원 각 1명 이상 또는 기계분야 및 전기분야 일반 소방공사감리업의 등록기준 중 각각의 분야에 해당하는 기술인력을 두어야 한다.

4. 소방공사감리업을 하려는 자가 「엔지니어링산업 진흥법」에 따른 엔지니어링사업, 「건축사법」에 따른 건축사사무소 운영, 「건설기술 진흥법」에 따른 건설기술용역업, 「전력기술관리법」에 따른 전력시설물공사감리업, 「기술사법」 에 따른 기술사사무소 운영 또는 화재위험평가 대행업(이하 "엔지니어링사업 등"이라 한다) 중 어느 하나를 함께 하려는 경우 엔지니어링사업등의 보유 기술인력으로 신고나 등록된 소방기술사는 전문 소방공사감리업 등록 시 갖추어야 하는 기술인력으로 볼 수 있고, 특급 감리원은 일반 소방공사감리업의 등록 시 갖추어야 하는 기술인력으로 볼 수 있다.

5. 기술인력 등록기준에서 기준등급보다 초과하여 상위등급의 기술인력을 보유하고 있는 경우 기준등급을 보유한 것으로 간주한다.

4. 방염처리업

| 업종별 \ 항목 | 실험실 | 방염처리시설 및 시험기기 | 영업범위 |
|---|---|---|---|
| 섬유류 방염업 | 1개 이상 갖출 것 | 부표에 따른 섬유류 방염업의 방염처리시설 및 시험기기를 모두 갖추어야 한다. | 커튼 · 카펫 등 섬유류를 주된 원료로 하는 방염대상물품을 제조 또는 가공 공정에서 방염처리 |
| 합성수지류 방염업 | | 부표에 따른 합성수지류 방염업의 방염처리시설 및 시험기기를 모두 갖추어야 한다. | 합성수지류를 주된 원료로 하는 방염대상물품을 제조 또는 가공 공정에서 방염처리 |
| 합판 · 목재류 방염업 | | 부표에 따른 합판 · 목재류 방염업의 방염처리시설 및 시험기기를 모두 갖추어야 한다. | 합판 또는 목재류를 제조 · 가공 공정 또는 설치 현장에서 방염처리 |

기출PLUS

**부표. 방염처리업의 방염처리시설 및 시험기기 기준**

| 업종별 | 방염처리시설 | 시험기기 |
|---|---|---|
| 섬유류 방염업 | 1. 커튼 등 섬유류(벽포지를 포함한다)를 방염처리하는 시설 : 200℃ 이상의 온도로 1분 이상 열처리가 가능한 가공기를 갖출 것<br>2. 카펫을 방염처리하는 시설 : 다음 중 하나 이상의 설비를 갖출 것<br>가. 카펫의 라텍스 코팅설비<br>나. 카펫의 직조설비<br>다. 타일카펫 가공설비 | 1. 다음의 어느 하나에 해당하는 연소시험기 1개 이상<br>가. 카펫 방염처리업 : 연소시험함, 에어믹스버너, 가열시간계, 잔염시간계, 가스압력계, 전기불꽃발생장치가 부착된 연소시험기<br>나. 그 밖의 방염처리업 : 연소시험함, 마이크로버너, 맥켈버너, 가열시간계, 잔염시간계, 잔신시간계, 착염후초가열시간계, 전기불꽃발생장치가 부착된 연소시험기<br>2. 항온기 1개 이상 : 열풍순환식으로서 상온부터 107℃ 이상으로 온도조절이 가능하고, 최소눈금이 1℃ 이하일 것<br>3. 데시케이터 1개 이상 : 지름이 36cm 이상일 것<br>4. 세탁기 1대 이상(커튼만 해당한다) : 커튼의 방염성능시험에 적합할 것<br>5. 건조기 1대 이상(커튼만 해당한다) : 커튼의 방염성능시험에 적합할 것<br>6. 카펫세탁기 1대 이상(카펫만 해당한다) : 카펫의 방염성능시험에 적합할 것 |
| 합성 수지류 방염업 | 다음 중 하나 이상의 설비를 갖출 것<br>1. 제조설비<br>2. 가공설비<br>3. 성형설비 | 섬유류 방염업과 같음 |
| 합판 · 목재류 방염업 | 1. 섬유판 외의 합판 · 목재류를 방염처리하는 경우 : 다음 중 하나 이상의 설비를 갖출 것<br>가. 합판의 제조설비<br>나. 감압설비(300mmHg 이하) 및 가압설비(7kg/cm² 이상)<br>다. 합판 · 목재 도장설비<br>2. 섬유판을 방염처리하는 경우 : 제조설비 또는 가공 설비를 갖출 것 | 1. 연소시험기 : 방염성능시험에 적합하도록 연소시험함, 마이크로버너, 맥켈버너, 가열시간계, 잔염시간계, 잔신시간계, 착염후초가열시간계, 전기불꽃발생장치가 부착되어 있는 것<br>2. 항온기 : 열풍순환식이며 상온부터 42℃ 이상으로 온도조절이 가능하고, 최소눈금이 1℃ 이하일 것<br>3. 데시케이터 : 지름이 36cm 이상일 것 |

기출PLUS

## II. 과태료의 부과기준〈시행령 별표5〉

### 1. 일반기준

가. 위반행위의 횟수에 따른 과태료의 가중된 부과기준은 최근 1년간 같은 위반행위로 과태료 부과처분을 받은 경우에 적용한다. 이 경우 기간의 계산은 위반행위에 대하여 과태료 부과처분을 받은 날과 그 처분 후 다시 같은 위반행위를 하여 적발된 날을 기준으로 한다.

나. 가목에 따라 가중된 부과처분을 하는 경우 가중처분의 적용 차수는 그 위반행위 전 부과처분 차수(가목에 따른 기간 내에 과태료 부과처분이 둘 이상 있었던 경우에는 높은 차수를 말한다)의 다음 차수로 한다.

다. 과태료 부과권자는 위반행위자가 다음의 어느 하나에 해당하는 경우에는 2에 따른 과태료 금액의 2분의 1의 범위에서 그 금액을 줄여 부과할 수 있다. 다만, 과태료를 체납하고 있는 위반행위자에 대해서는 그러하지 아니하다.

1) 위반행위자가 「질서위반행위규제법 시행령」의 제2조의2 제1항 각 호의 어느 하나에 해당하는 경우
2) 위반행위자가 처음 위반행위를 하는 경우로서 3년 이상 해당 업종을 모범적으로 영위한 사실이 인정되는 경우
3) 위반행위자가 화재 등 재난으로 재산에 현저한 손실이 발생하거나 사업여건의 악화로 사업이 중대한 위기에 처하는 등의 사정이 있는 경우
4) 위반행위가 사소한 부주의나 오류 등 과실로 인한 것으로 인정되는 경우
5) 위반행위자가 같은 위반행위로 다른 법률에 따라 과태료 · 벌금 · 영업정지 등의 처분을 받은 경우
6) 위반행위자가 위법행위로 인한 결과를 시정하거나 해소한 경우
7) 그 밖에 위반행위의 정도, 위반행위의 동기와 그 결과 등을 고려하여 과태료 금액을 줄일 필요가 있다고 인정되는 경우

### 2. 개별기준

| 위반행위 | 근거 법 조문 | 과태료 금액(만 원) |
|---|---|---|
| 가. 신고를 하지 않거나 거짓으로 신고한 경우 | 법 제40조 제1항 제1호 | |
| 1) 1차 위반 시 | | 60 |
| 2) 2차 위반 시 | | 100 |
| 3) 3차 위반 시 | | 200 |
| 나. 관계인에게 지위승계, 행정처분 또는 휴업 · 폐업의 사실을 거짓으로 알린 경우 | 법 제40조 제1항 제2호 | |
| 1) 1차 위반 시 | | 60 |
| 2) 2차 위반 시 | | 100 |
| 3) 3차 위반 시 | | 200 |
| 다. 관계 서류를 보관하지 않은 경우 | 법 제40조 제1항 제3호 | 200 |
| 라. 소방기술자를 공사 현장에 배치하지 않은 경우 | 법 제40조 제1항 제4호 | 200 |
| 마. 완공검사를 받지 않은 경우 | 법 제40조 제1항 제5호 | 200 |

기출PLUS

| | | |
|---|---|---|
| 바. 3일 이내에 하자를 보수하지 않거나 하자보수계획을 관계인에게 거짓으로 알린 경우<br>1) 4일 이상 30일 이내에 보수하지 않은 경우<br>2) 30일을 초과하도록 보수하지 않은 경우<br>3) 거짓으로 알린 경우 | 법 제40조 제1항 제6호 | <br><br>60<br>100<br>200 |
| 사. 감리 관계 서류를 인수·인계하지 않은 경우 | 법 제40조 제1항 제8호 | 200 |
| 아. 배치통보 및 변경통보를 하지 않거나 거짓으로 통보한 경우<br>1) 1차 위반 시<br>2) 2차 위반 시<br>3) 3차 위반 시 | 법 제40조 제1항 제8호의2 | <br><br>60<br>100<br>200 |
| 자. 방염성능기준 미만으로 방염을 한 경우 | 법 제40조 제1항 제9호 | 200 |
| 차. 방염처리능력 평가에 관한 서류를 거짓으로 제출한 경우 | 법 제40조 제1항 제10호 | 200 |
| 카. 도급계약 체결 시 의무를 이행하지 않은 경우(하도급계약의 경우에는 하도급 받은 소방시설업자는 제외한다) | 법 제40조 제1항 제10호의3 | 200 |
| 타. 하도급 등의 통지를 하지 아니한 경우<br>1) 1차 위반 시<br>2) 2차 위반 시<br>3) 3차 위반 시 | 법 제40조 제1항 제11호 | <br>60<br>100<br>200 |
| 파. 시공능력 평가에 관한 서류를 거짓으로 제출한 경우 | 법 제40조 제1항 제13호의2 | 200 |
| 하. 사업수행능력 평가에 관한 서류를 위조하거나 변조하는 등 거짓이나 그 밖의 부정한 방법으로 입찰에 참여한 경우 | 법 제40조 제1항 제13호의3 | 200 |
| 거. 명령을 위반하여 보고 또는 자료 제출을 하지 않거나 거짓으로 보고 또는 자료제출을 한 경우<br>1) 1차 위반 시<br>2) 2차 위반 시<br>3) 3차 위반 시 | 법 제40조 제1항 제14호 | <br><br>60<br>100<br>200 |

## Ⅲ. 소방시설업에 대한 행정처분기준〈시행규칙 별표1〉

### 1. 일반기준

가. 위반행위가 동시에 둘 이상 발생한 경우에는 그 중 중한 처분기준(중한 처분기준이 동일한 경우에는 그 중 하나의 처분기준을 말한다. 이하 같다)에 따르되, 둘 이상의 처분기준이 동일한 영업정지인 경우에는 중한 처분의 2분의 1까지 가중하여 처분할 수 있다.

나. 영업정지 처분기간 중 영업정지에 해당하는 위반사항이 있는 경우에는 종전의 처분기간 만료일의 다음날부터 새로운 위반사항에 대한 영업정지의 행정처분을 한다.

기출PLUS

다. 위반행위의 차수에 따른 행정처분기준은 최근 1년간 같은 위반행위로 행정처분을 받은 경우에 적용한다. 이 경우 기준 적용일은 위반사항에 대한 행정처분일과 그 처분 후 다시 적발한 날을 기준으로 한다.

라. 영업정지 등에 해당하는 위반사항으로서 위반행위의 동기·내용·횟수·사유 또는 그 결과를 고려하여 다음 각 목에 해당하는 경우 그 처분을 가중하거나 감경할 수 있다. 이 경우 그 처분이 영업정지일 때에는 그 처분기준의 2분의 1의 범위에서 가중하거나 감경할 수 있고, 등록취소일 때에는 등록취소 전 차수의 행정처분이 영업정지일 경우 처분기준의 2배 이상의 영업정지처분으로 감경(법 제9조 제1항 제6호를 위반하여 등록취소가 된 경우는 제외한다)할 수 있다.

1) 가중 사유
  가) 위반행위가 사소한 부주의나 오류가 아닌 고의나 중대한 과실에 의한 것으로 인정되는 경우
  나) 위반의 내용·정도가 중대하여 관계인에게 미치는 피해가 크다고 인정되는 경우

2) 감경 사유
  가) 위반행위가 고의나 중대한 과실이 아닌 사소한 부주의나 오류로 인한 것으로 인정되는 경우
  나) 위반의 내용·정도가 경미하여 관계인에게 미치는 피해가 적다고 인정되는 경우
  다) 위반행위자의 위반행위가 처음이며 5년 이상 소방시설업을 모범적으로 해 온 사실이 인정되는 경우
  라) 위반행위자가 그 위반행위로 인하여 검사로부터 기소유예 처분을 받거나 법원으로부터 선고유예 판결을 받은 경우

2. 개별기준

| 위반사항 | 근거법령 | 행정처분 기준 | | |
|---|---|---|---|---|
| | | 1차 | 2차 | 3차 |
| 가. 거짓이나 그 밖의 부정한 방법으로 등록한 경우 | 법 제9조 | 등록취소 | | |
| 나. 등록기준에 미달하게 된 후 30일이 경과한 경우 | 법 제9조 | 경고<br>(시정명령) | 영업정지<br>3개월 | 등록취소 |
| 다. 등록 결격사유에 해당하게 된 경우 | 법 제9조 | 등록취소 | | |
| 라. 등록을 한 후 정당한 사유 없이 1년이 지날 때까지 영업을 시작하지 아니하거나 계속하여 1년 이상 휴업한 때 | 법 제9조 | 경고<br>(시정명령) | 등록취소 | |
| 마. 다른 자에게 자기의 성명이나 상호를 사용하여 소방시설공사 등을 수급 또는 시공하게 하거나 소방시설업의 등록증 또는 등록수첩을 빌려준 경우 | 법 제9조 | 영업정지<br>6개월 | 등록취소 | |
| 바. 영업정지 기간 중에 소방시설공사 등을 한 경우 | 법 제9조 | 등록취소 | | |
| 사. 통지를 하지 아니하거나 관계서류를 보관하지 아니한 경우 | 법 제9조 | 경고<br>(시정명령) | 영업정지<br>1개월 | 등록취소 |
| 아. 화재안전기준 등에 적합하게 설계·시공을 하지 아니하거나, 적합하게 감리를 하지 아니한 경우 | 법 제9조 | 영업정지<br>1개월 | 영업정지<br>3개월 | 등록취소 |

| | | | | |
|---|---|---|---|---|
| 자. 소방시설공사 등의 업무수행의무 등을 고의 또는 과실로 위반하여 다른 자에게 상해를 입히거나 재산피해를 입힌 경우 | 법 제9조 | 영업정지 6개월 | 등록취소 | |
| 차. 소속 소방기술자를 공사현장에 배치하지 아니하거나 거짓으로 한 경우 | 법 제9조 | 경고 (시정명령) | 영업정지 1개월 | 등록취소 |
| 카. 착공신고(변경신고를 포함한다)를 하지 아니하거나 거짓으로 한 때 또는 완공검사(부분완공검사를 포함한다)를 받지 아니한 경우 | 법 제9조 | 경고 (시정명령) | 영업정지 3개월 | 등록취소 |
| 타. 착공신고사항 중 중요한 사항에 해당하지 아니하는 변경사항을 완공검사 또는 부분완공검사를 신청하는 서류와 공사감리 결과보고서 중 어느 하나에 해당하는 서류에 포함하여 보고하지 아니한 경우 | 법 제9조 | 경고 (시정명령) | 영업정지 1개월 | 등록취소 |
| 파. 하자보수 기간 내에 하자보수를 하지 아니하거나 하자보수계획을 통보하지 아니한 경우 | 법 제9조 | 경고 (시정명령) | 영업정지 1개월 | 등록취소 |
| 하. 감리의 방법을 위반한 경우 | 법 제9조 | 경고 (시정명령) | 영업정지 1개월 | 등록취소 |
| 거. 인수·인계를 거부·방해·기피한 경우 | 법 제9조 | 영업정지 1개월 | 영업정지 3개월 | 등록취소 |
| 너. 소속 감리원을 공사현장에 배치하지 아니하거나 거짓으로 한 경우 | 법 제9조 | 영업정지 1개월 | 영업정지 3개월 | 등록취소 |
| 더. 감리원 배치기준을 위반한 경우 | 법 제9조 | 경고 (시정명령) | 영업정지 1개월 | 등록취소 |
| 러. 감리업자의 시정·보완 요구에 따르지 아니한 경우 | 법 제9조 | 영업정지 1개월 | 영업정지 3개월 | 등록취소 |
| 머. 감리업자가 공사업자의 위반사항을 보고하지 아니한 경우 | 법 제9조 | 경고 (시정명령) | 영업정지 1개월 | 등록취소 |
| 버. 감리 결과를 알리지 아니하거나 거짓으로 알린 경우 또는 공사감리 결과보고서를 제출하지 아니하거나 거짓으로 제출한 경우 | 법 제9조 | 경고 (시정명령) | 영업정지 3개월 | 등록취소 |
| 서. 방염성능기준을 위반하여 방염을 한 경우 | 법 제9조 | 영업정지 3개월 | 영업정지 6개월 | 등록취소 |
| 어. 방염처리능력 평가에 관한 서류를 거짓으로 제출한 경우 | 법 제9조 | 영업정지 3개월 | 영업정지 6개월 | 등록취소 |
| 저. 하도급 등에 관한 사항을 관계인과 발주자에게 알리지 아니하거나 거짓으로 알린 경우 | 법 제9조 | 경고 (시정명령) | 영업정지 1개월 | 등록취소 |
| 처. 법 제22조 제1항 본문을 위반하여 도급받은 소방시설의 설계, 시공, 감리를 하도급한 경우 | 법 제9조 | 영업정지 3개월 | 영업정지 6개월 | 등록취소 |
| 커. 법 제22조 제2항을 위반하여 하도급받은 소방시설공사를 다시 하도급한 경우 | 법 제9조 | 영업정지 3개월 | 영업정지 6개월 | 등록취소 |
| 터. 정당한 사유 없이 하수급인 또는 하도급 계약내용의 변경요구에 따르지 아니한 경우 | 법 제9조 | 경고 (시정명령) | 영업정지 1개월 | 등록취소 |

기출PLUS

| 퍼. 하수급인에게 대금을 지급하지 아니한 경우 | 법 제9조 | 영업정지 1개월 | 영업정지 3개월 | 등록취소 |
|---|---|---|---|---|
| 허. 시공과 감리를 함께 한 경우 | 법 제9조 | 영업정지 3개월 | 등록취소 | |
| 고. 법 제26조 제2항에 따른 시공능력 평가에 관한 서류를 거짓으로 제출한 경우 | 법 제9조 | 영업정지 3개월 | 영업정지 6개월 | 등록취소 |
| 노. 사업수행능력 평가에 관한 서류를 위조하거나 변조하는 등 거짓이나 그 밖의 부정한 방법으로 입찰에 참여한 경우 | 법 제9조 | 영업정지 3개월 | 영업정지 6개월 | 등록취소 |
| 도. 감독 규정(법 제31조)에 따른 명령을 위반하여 보고 또는 자료 제출을 하지 아니하거나 거짓으로 보고 또는 자료 제출을 한 경우 | 법 제9조 | 영업정지 3개월 | 영업정지 6개월 | 등록취소 |
| 로. 정당한 사유 없이 관계공무원의 출입 또는 검사 · 조사를 거부 · 방해 또는 기피한 경우 | 법 제9조 | 영업정지 3개월 | 영업정지 6개월 | 등록취소 |

## Ⅳ. 과징금의 부과기준〈시행규칙 별표2〉

### 1. 일반기준

가. 영업정지 1개월은 30일로 계산한다.

나. 과징금 산정은 영업정지기간(일)에 제2호에 따른 1일 과징금 금액을 곱하여 얻은 금액으로 한다.

다. 위반행위가 둘 이상 발생한 경우 과징금 부과에 따른 영업정지기간(일) 산정은 개별기준에 따른 각각의 영업정지처분기간을 합산한 기간으로 한다.

라. 영업정지에 해당하는 위반사항으로서 위반행위의 동기 · 내용 · 횟수 또는 그 결과를 고려하여 그 처분기준의 2분의 1까지 감경한 경우 과징금 부과에 따른 영업정지기간(일) 산정은 감경한 영업정지기간으로 한다.

마. 연간 매출액은 해당 업체에 대한 행정처분일이 속한 연도의 전년도 1년간 총 매출액을 기준으로 하며, 신규사업 · 휴업 등에 따라 전년도 1년간의 총매출액을 산출할 수 없는 경우에는 분기별 · 월별 또는 일별 매출액을 기준으로 하여 연간 매출액을 산정한다.

바. 행정처분 개별기준 중 나목 · 바목 · 거목 · 노목 · 도목 및 로목의 위반사항에는 영업정지를 갈음하여 과징금을 부과할 수 없다.

기출PLUS

2. 개별기준

| 등급 | 연간 매출액 | | 1일 과징금 금액(단위 : 원) | |
|---|---|---|---|---|
| 1 | 1억원 이하 | | 10,000 | |
| 2 | 1억원 초과 ~ 2억원 이하 | | 20,500 | |
| 3 | 2억원 초과 ~ 3억원 이하 | | 34,000 | |
| 4 | 3억원 초과 ~ 5억원 이하 | | 55,000 | |
| 5 | 5억원 초과 ~ 7억원 이하 | | 80,000 | |
| 6 | 7억원 초과 ~ 10억원 이하 | | 100,000 | |
| 7 | 10억원 초과 ~ 13억원 이하 | | 120,000 | |
| 8 | 13억원 초과 ~ 16억원 이하 | | 140,000 | |
| 9 | 16억원 초과 ~ 20억원 이하 | | 160,000 | |
| 10 | 20억원 초과 ~ 25억원 이하 | | 180,000 | |
| 11 | 25억원 초과 ~ 30억원 이하 | | 200,000 | |
| 12 | 30억원 초과 ~ 40억원 이하 | | 220,000 | |
| 13 | 40억원 초과 ~ 50억원 이하 | | 240,000 | |
| 14 | 50억원 초과 ~ 70억원 이하 | | 260,000 | |
| 15 | 70억원 초과 ~ 100억원 이하 | | 280,000 | |
| 16 | 100억원 초과 ~ 150억원 이하 | | 370,000 | |
| 17 | 150억원 초과 ~ 200억원 이하 | | 515,000 | |
| 18 | 200억원 초과 ~ 300억원 이하 | | 736,000 | |
| 19 | 300억원 초과 ~ 500억원 이하 | | 1,030,000 | |
| 20 | 500억원 초과 ~ 1,000억원 이하 | | 1,058,000 | |
| 21 | 1,000억원 초과 ~ 5,000억원 이하 | | 1,068,000 | |
| 22 | 5,000억원 초과 | | 1,100,000 | |

## V. 과징금의 부과기준〈시행규칙 별표2의2〉

1. 일반기준
   가. 영업정지 1개월은 30일로 계산한다.
   나. 과징금 산정은 영업정지기간(일)에 1일 평균 매출액을 기준으로 제2호 각 목의 기준에 따라 산정한다.
   다. 위반행위가 둘 이상 발생한 경우 과징금 부과에 따른 영업정지기간(일) 산정은 개별기준에 따른 각각의 영업정지처분기간을 합산한 기간으로 한다.
   라. 영업정지에 해당하는 위반사항으로서 위반행위의 동기 · 내용 · 횟수 또는 그 결과를 고려하여 그 처분기준의 2분의 1까지 감경한 경우 과징금 부과에 따른 영업정지기간(일) 산정은 감경한 영업정지기간으로 한다.

기출PLUS

마. 1일 평균 매출액은 해당 업체에 대한 행정처분일이 속한 연도의 전년도 1년간 총매출액을 365로 나눈 금액으로 한다. 다만, 신규사업 · 휴업 등에 따라 전년도 1년간의 총매출액을 산출할 수 없는 경우에는 분기별 · 월별 또는 일별 매출액을 기준으로 하여 1일 평균 매출액을 산정한다.

바. 행정처분 개별기준 중 나목 · 바목 · 거목 · 너목 · 도목 및 로목의 위반사항에는 영업정지를 갈음하여 과징금을 부과할 수 없다.

2. 개별기준

가. 소방시설설계업 및 소방공사감리업의 과징금 산정기준

- 과징금 부과금액 = 1일 평균 매출액 × 영업정지 일수 × 0.0205

나. 소방시설공사업 및 방염처리업의 과징금 산정기준

- 과징금 부과금액 = 1일 평균 매출액 × 영업정지 일수 × 0.0423

## Ⅵ. 일반 공사감리기간〈시행규칙 별표3〉

1. **옥내소화전설비 · 스프링클러설비 · 포소화설비 · 물분무소화설비 · 연결살수설비 및 연소방지설비의 경우** : 가압송수장치의 설치, 가지배관의 설치, 개폐밸브 · 유수검지장치 · 체크밸브 · 템퍼스위치의 설치, 앵글밸브 · 소화전함의 매립, 스프링클러헤드 · 포헤드 · 포방출구 · 포노즐 · 포호스릴 · 물분무헤드 · 연결살수헤드 · 방수구의 설치, 포소화약제 탱크 및 포혼합기의 설치, 포소화약제의 충전, 입상배관과 옥상탱크의 접속, 옥외 연결송수구의 설치, 제어반의 설치, 동력전원 및 각종 제어회로의 접속, 음향장치의 설치 및 수동조작함의 설치를 하는 기간

2. **이산화탄소소화설비 · 할로겐화합물소화설비 · 청정소화약제소화설비 및 분말소화설비의 경우** : 소화약제 저장용기와 집합관의 접속, 기동용기 등 작동장치의 설치, 제어반 · 화재표시반의 설치, 동력전원 및 각종 제어회로의 접속, 가지배관의 설치, 선택밸브의 설치, 분사헤드의 설치, 수동기동장치의 설치 및 음향경보장치의 설치를 하는 기간

3. **자동화재탐지설비 · 시각경보기 · 비상경보설비 · 비상방송설비 · 통합감시시설 · 유도등 · 비상콘센트설비 및 무선통신보조설비의 경우** : 전선관의 매립, 감지기 · 유도등 · 조명등 및 비상콘센트의 설치, 증폭기의 접속, 누설동축케이블 등의 부설, 무선기기의 접속단자 · 분배기 · 증폭기의 설치 및 동력전원의 접속공사를 하는 기간

4. **피난기구의 경우** : 고정금속구를 설치하는 기간

5. **제연설비의 경우** : 가동식 제연경계벽 · 배출구 · 공기유입구의 설치, 각종 댐퍼 및 유입구 폐쇄장치의 설치, 배출기 및 공기유입기의 설치 및 풍도와의 접속, 배출풍도 및 유입풍도의 설치 · 단열조치, 동력전원 및 제어회로의 접속, 제어반의 설치를 하는 기간

6. **비상전원이 설치되는 소방시설의 경우** : 비상전원의 설치 및 소방시설과의 접속을 하는 기간

※ 비고

위 각 호에 따른 소방시설의 일반공사 감리기간은 소방시설의 성능시험, 소방시설 완공검사증명서의 발급 · 인수인계 및 소방공사의 정산을 하는 기간을 포함한다.

기출PLUS

## Ⅶ. 방염처리능력 평가의 방법〈시행규칙 별표3의2〉

1. 방염처리업자의 방염처리능력은 다음 계산식으로 산정하되, 10만 원 미만의 숫자는 버린다. 이 경우 산정기준일은 평가를 하는 해의 전년도 12월 31일로 한다.

| 방염처리능력평가액 = 실적평가액 + 자본금평가액 + 기술력평가액 + 경력평가액 ± 신인도평가액 |
|---|

가. 방염처리능력평가액은 영 별표 1 제4호에 따른 방염처리업의 업종별로 산정해야 한다.

2. 실적평가액은 다음 계산식으로 산정한다.

| 실적평가액 = 연평균 방염처리실적액 |
|---|

가. 방염처리 실적은 제19조의2 제2항 제1호의 구분에 따른 실적을 말하며, 영 별표 1 제4호에 따른 방염처리업 업종별로 산정해야 한다.
나. 제조 · 가공 공정에서 방염처리한 물품을 수입한 경우에는 방염처리 실적에 포함되지 않는다.
다. 방염처리실적액(발주자가 공급하는 자재비를 제외한다)은 해당 업체의 수급금액 중 하수급금액은 포함하고 하도급금액은 제외한다.
라. 방염물품의 종류 및 처리방법에 따른 실적인정 비율은 소방청장이 정하여 고시한다.
마. 방염처리업을 한 기간이 산정일을 기준으로 3년 이상인 경우에는 최근 3년간의 방염처리실적을 합산하여 3으로 나눈 금액을 연평균 방염처리실적액으로 한다.
바. 방염처리업을 한 기간이 산정일을 기준으로 1년 이상 3년 미만인 경우에는 그 기간의 방염처리실적을 합산한 금액을 그 기간의 개월수로 나눈 금액에 12를 곱한 금액을 연평균 방염처리실적액으로 한다.
사. 방염처리업을 한 기간이 산정일을 기준으로 1년 미만인 경우에는 그 기간의 방염처리실적액을 연평균방염처리실적액으로 한다.
아. 다음의 어느 하나에 해당하는 경우의 실적은 종전 방염처리업자의 실적과 방염처리업을 승계한 자의 실적을 합산한다.
  1) 방염처리업자인 법인이 분할에 의하여 설립되거나 분할합병한 회사에 그가 경영하는 방염처리업 전부를 양도하는 경우
  2) 개인이 경영하던 방염처리업을 법인사업으로 전환하기 위하여 방염처리업을 양도하는 경우(방염처리업의 등록을 한 개인이 당해 법인의 대표자가 되는 경우에만 해당한다)
  3) 합명회사와 합자회사 간, 주식회사와 유한회사 간의 전환을 위하여 방염처리업을 양도하는 경우
  4) 방염처리업자인 법인 간에 합병을 하는 경우 또는 방염처리업자인 법인과 방염처리업자가 아닌 법인이 합병을 하는 경우
  5) 법 제6조의2에 따른 폐업신고로 방염처리업의 등록이 말소된 후 6개월 이내에 다시 같은 업종의 방염처리업을 등록하는 경우

3. 자본금평가액은 다음 계산식으로 산정한다.

| 자본금평가액 = 실질자본금 |
|---|

기출PLUS

가. 실질자본금은 해당 방염처리업체 최근 결산일 현재의 총자산에서 총부채를 뺀 금액을 말하며, 방염처리업 외의 다른 업을 겸업하는 경우에는 실질자본금에서 겸업 비율에 해당하는 금액을 공제한다.

4. 기술력평가액은 다음 계산식으로 산정한다.

> 기술력평가액 = 전년도 연구 · 인력개발비 + 전년도 방염처리시설 및 시험기기 구입비용

가. 전년도 연구 · 인력개발비는 연구개발 및 인력개발을 위한 비용으로서 「조세특례제한법 시행령」 별표 6에 따른 비용 중 방염처리업 분야에 실제로 사용된 금액으로 한다.

나. 전년도 방염처리시설 및 시험기기 구입비용은 방염처리능력 평가 전년도에 기술개발 등을 위하여 추가로 구입한 방염처리시설 및 시험기기 구입비용으로 한다. 다만, 법 제4조 제1항에 따라 방염처리업을 등록한 자 또는 법 제7조 제1항 및 제2항에 따라 소방시설업자의 지위를 승계한 자가 영 별표 1 제4호에 따른 방염처리업 등록기준 요건을 갖추기 위하여 새로 구입한 방염처리시설 및 시험기기 구입비용은 구입 후 최초로 평가를 신청하는 경우에는 포함한다.

5. 경력평가액은 다음 계산식으로 산정한다.

> 경력평가액 = 실적평가액 × 방염처리업 경영기간 평점 × 20/100

가. 방염처리업 경영기간은 등록일 · 양도신고일 또는 합병신고일부터 산정기준일까지로 한다.

나. 종전 방염처리업자의 방염처리업 경영기간과 방염처리업을 승계한 자의 방염처리업 경영기간의 합산에 관해서는 제2호 아목을 준용한다.

다. 방염처리업 경영기간 평점은 다음 표에 따른다.

| 방염처리업 경영기간 | 2년 미만 | 2년 이상 4년 미만 | 4년 이상 6년 미만 | 6년 이상 8년 미만 | 8년 이상 10년 미만 |
|---|---|---|---|---|---|
| 평점 | 1.0 | 1.1 | 1.2 | 1.3 | 1.4 |

| 10년 이상 12년 미만 | 12년 이상 14년 미만 | 14년 이상 16년 미만 | 16년 이상 18년 미만 | 18년 이상 20년 미만 | 20년 이상 |
|---|---|---|---|---|---|
| 1.5 | 1.6 | 1.7 | 1.8 | 1.9 | 2.0 |

6. 신인도평가액은 다음 계산식으로 산정하되, 신인도평가액은 실적평가액 · 자본금평가액 · 기술력평가액 · 경력평가액을 합친 금액의 ±10퍼센트의 범위를 초과할 수 없으며, 가점요소와 감점요소가 있는 경우에는 이를 상계한다.

> 신인도평가액 = (실적평가액 + 자본금평가액 + 기술력평가액 + 경력평가액) × 신인도 반영비율 합계

기출PLUS

가. 신인도 반영비율 가점요소는 다음과 같다.
  1) 최근 1년간 국가기관 · 지방자치단체 · 공공기관으로부터 우수방염처리업자로 선정된 경우 : +3 퍼센트
  2) 최근 1년간 국가기관 · 지방자치단체 및 공공기관으로부터 방염처리업과 관련한 표창을 받은 경우
    가) 대통령 표창 : +3 퍼센트
    나) 그 밖의 표창 : +2 퍼센트
  3) 방염처리업자의 방염처리상 환경관리 및 방염처리폐기물의 처리실태가 우수하여 환경부장관으로부터 방염처리능력의 증액 요청이 있는 경우 : +2 퍼센트
  4) 방염처리업에 관한 국제품질경영인증(ISO)을 받은 경우 : +2 퍼센트

나. 신인도 반영비율 감점요소는 다음과 같다.
  1) 최근 1년간 국가기관 · 지방자치단체 · 공공기관으로부터 부정당업자로 제재처분을 받은 사실이 있는 경우 : −3 퍼센트
  2) 최근 1년간 부도가 발생한 사실이 있는 경우 : −2 퍼센트
  3) 최근 1년간 법 제9조 또는 제10조에 따라 영업정지 처분 및 과징금 처분을 받은 사실이 있는 경우
    가) 1개월 이상 3개월 이하 : −2 퍼센트
    나) 3개월 초과 : −3 퍼센트
  4) 최근 1년간 법 제40조 제1항에 따라 과태료 처분을 받은 사실이 있는 경우 : −2 퍼센트
  5) 최근 1년간 「폐기물관리법」 등 환경관리법령을 위반하여 과태료 처분, 영업정지 처분 및 과징금 처분을 받은 사실이 있는 경우 : −2 퍼센트

## Ⅷ. 시공능력 평가의 방법〈시행규칙 별표4〉

소방시설공사업자의 시공능력 평가는 다음 계산식으로 산정하되, 10만 원 미만의 숫자는 버린다. 이 경우 산정기준일은 평가를 하는 해의 전년도 말일로 한다.

| 시공능력평가액 = 실적평가액 + 자본금평가액 + 기술력평가액 + 경력평가액 ± 신인도평가액 |
|---|

1. 실적평가액은 다음 계산식으로 산정한다.

| 실적평가액 = 연 평균 공사실적액 |
|---|

가. 공사실적액(발주자가 공급하는 자재비를 제외한다)은 해당 업체의 수급금액 중 하수급금액은 포함하고 하도급금액은 제외한다.

나. 공사업을 한 기간이 산정일을 기준으로 3년 이상인 경우에는 최근 3년간의 공사실적을 합산하여 3으로 나눈 금액을 연평균공사실적액으로 한다.

다. 공사업을 한 기간이 산정일을 기준으로 1년 이상 3년 미만인 경우에는 그 기간의 공사실적을 합산한 금액을 그 기간의 개월수로 나눈 금액에 12를 곱한 금액을 연평균공사실적액으로 한다.

라. 공사업을 한 기간이 산정일을 기준으로 1년 미만인 경우에는 그 기간의 공사실적액을 연평균공사실적액으로 한다.

기출PLUS

마. 다음의 어느 하나에 해당하는 경우에 실적은 종전 공사업자의 실적과 공사업을 승계한 자의 실적을 합산한다.
1) 공사업자인 법인이 분할에 의하여 설립되거나 분할합병한 회사에 그가 경영하는 소방시설공사업 전부를 양도하는 경우
2) 개인이 경영하던 소방시설공사업을 법인사업으로 전환하기 위하여 소방시설공사업을 양도하는 경우(소방시설공사업의 등록을 한 개인이 당해 법인의 대표자가 되는 경우에만 해당한다)
3) 합명회사와 합자회사 간, 주식회사와 유한회사 간의 전환을 위하여 소방시설공사업을 양도하는 경우
4) 공사업자는 법인 간에 합병을 하는 경우 또는 공사업자인 법인과 공사업자가 아닌 법인이 합병을 하는 경우
5) 공사업자가 소방시설공사업의 업종 중 일반 소방시설공사업에서 전문 소방시설공사업으로 전환하거나 전문 소방시설공사업에서 일반 소방시설공사업으로 전환하는 경우
6) 폐업신고로 소방시설공사업의 등록이 말소된 후 6개월 이내에 다시 소방시설공사업을 등록하는 경우

2. 자본금평가액은 다음 계산식으로 산정한다.

자본금평가액 = (실질자본금 × 실질자본금의 평점 + 소방청장이 지정한 금융회사 또는 소방산업 공제조합에 출자 · 예치 · 담보한 금액) × 70/100

가. 실질자본금은 해당 공사업체 최근 결산일 현재(새로 등록한 자는 등록을 위한 기업진단기준일 현재)의 총자산에서 총부채를 뺀 금액을 말하며, 소방시설공사업 외의 다른 업을 겸업하는 경우에는 실질자본금에서 겸업비율에 해당하는 금액을 공제한다.

나. 실질자본금의 평점은 다음 표에 따른다.

| 실질 자본금의 규모 | 등록기준 자본금의 2배 미만 | 등록기준 자본금의 2배 이상 3배 미만 | 등록기준 자본금의 3배 이상 4배 미만 | 등록기준 자본금의 4배 이상 5배 미만 | 등록기준 자본금의 5배 이상 |
|---|---|---|---|---|---|
| 평점 | 1.2 | 1.5 | 1.8 | 2.1 | 2.4 |

다. 출자금액은 평가연도의 직전연도 말 현재 출자한 좌수에 소방청장이 지정한 금융회사 또는 소방산업공제조합이 평가한 지분액을 곱한 금액으로 한다. 다만, 시공능력의 평가 조항의 어느 하나의 사유로 시공능력을 평가하는 경우에는 시공능력 평가의 신청일을 기준으로 한다.

3. 기술력평가액은 다음 계산식으로 산정한다.

기술력평가액 = 전년도 공사업계의 기술자 1인당 평균생산액 × 보유기술인력 가중치합계 × 30/100 + 전년도 기술개발투자액

가. 전년도 공사업계의 기술자 1인당 평균생산액은 공사업계의 국내 총기성액을 공사업계에 종사하는 기술자의 총수로 나눈 금액으로 하되, 이 경우 국내 총기성액 및 기술자 총수는 협회가 관리하고 있는 정보를 기준으로 한다(전년도 공사업계 기술자 1인당 평균생산액이 산출되지 아니하는 경우에는 전전년도 공사업계의 기술자 1인당 평균생산액을 적용한다).

나. 보유기술인력 가중치의 계산은 다음의 방법에 따른다.

1) 보유기술인력은 해당 공사업체에 소속되어 6개월 이상 근무한 사람(신규등록 · 신규양도 · 합병 후 공사업을 한 기간이 6개월 미만인 경우에는 등록신청서 · 양도신고서 · 합병신고서에 적혀 있는 기술인력자로 한다)만 해당한다.

2) 보유기술인력의 등급은 특급기술자, 고급기술자, 중급기술자 및 초급기술자로 구분하되, 등급구분의 기준은 별표4의2 제3호 가목과 같다.

3) 보유기술인력의 등급별 가중치는 다음 표와 같다.

| 보유기술인력 | 특급기술자 | 고급기술자 | 중급기술자 | 초급기술자 |
|---|---|---|---|---|
| 가중치 | 2.5 | 2 | 1.5 | 1 |

4) 보유기술인력 1명이 기계분야 기술과 전기분야 기술을 함께 보유한 경우에는 3)의 가중치에 0.5를 가산한다.

다. 전년도 기술개발투자액은 「조세특례제한법 시행령」 별표6에 규정된 비용 중 소방시설공사업 분야에 실제로 사용된 금액으로 한다.

4. 경력평가액은 다음 계산식으로 산정한다.

> 경력평가액 = 실적평가액 × 공사업 경영기간 평점 × 20/100

가. 공사업경영기간은 등록일 · 양도신고일 또는 합병신고일부터 산정기준일까지로 한다.

나. 종전 공사업자의 공사업 경영기간과 공사업을 승계한 자의 공사업 경영기간의 합산에 관해서는 제1호 마목을 준용한다.

다. 공사업경영기간 평점은 다음 표에 따른다.

| 공사업 경영기간 | 2년 미만 | 2년 이상 4년 미만 | 4년 이상 6년 미만 | 6년 이상 8년 미만 | 8년 이상 10년 미만 |
|---|---|---|---|---|---|
| 평점 | 1.0 | 1.1 | 1.2 | 1.3 | 1.4 |

| 10년 이상 12년 미만 | 12년 이상 14년 미만 | 14년 이상 16년 미만 | 16년 이상 18년 미만 | 18년 이상 20년 미만 | 20년 이상 |
|---|---|---|---|---|---|
| 1.5 | 1.6 | 1.7 | 1.8 | 1.9 | 2.0 |

5. 신인도평가액은 다음 계산식으로 산정하되, 신인도평가액은 실적평가액 · 자본금평가액 · 기술력평가액 · 경력평가액을 합친 금액의 ±10%의 범위를 초과할 수 없으며, 가점요소와 감점요소가 있는 경우에는 이를 상계한다.

> 신인도평가액 = (실적평가액 + 자본금평가액 + 기술력평가액 + 경력평가액)
> ×신인도 반영비율 합계

가. 신인도 반영비율 가점요소는 다음과 같다.

1) 최근 1년간 국가기관 · 지방자치단체 · 공공기관으로부터 우수시공업자로 선정된 경우(+3%)

2) 최근 1년간 국가기관 · 지방자치단체 및 공공기관으로부터 공사업과 관련한 표창을 받은 경우
- 대통령 표창(+3%)
- 그 밖의 표창(+2%)

3) 공사업자의 공사 시공 상 환경관리 및 공사폐기물의 처리실태가 우수하여 환경부장관으로부터 시공능력의 증액 요청이 있는 경우(+2%)

4) 소방시설공사업에 관한 국제품질경영인증(ISO)을 받은 경우(+2%)

기출PLUS

나. 신인도 반영비율 감점요소는 아래와 같다.
  1) 최근 1년간 국가기관 · 지방자치단체 · 공공기관으로부터 부정당업자로 제재처분을 받은 사실이 있는 경우(-3%)
  2) 최근 1년간 부도가 발생한 사실이 있는 경우(-2%)
  3) 최근 1년간 법 제9조 또는 제10조에 따라 영업정지처분 및 과징금처분을 받은 사실이 있는 경우
  - 1개월 이상 3개월 이하(-2%)
  - 3개월 초과(-3%)
  4) 최근 1년간 법 제40조에 따라 사유로 과태료처분을 받은 사실이 있는 경우(-2%)
  5) 최근 1년간 환경관리법령에 따른 과태료 처분, 영업정지 처분 및 과징금 처분을 받은 사실이 있는 경우(-2%)

## Ⅸ. 소방기술과 관련된 자격 · 학력 및 경력의 인정 범위〈시행규칙 별표4의2〉

✡ 2021 기출

### 1. 공통기준

가. "소방기술과 관련된 자격"이란 다음 각 목의 어느 하나에 해당하는 자격을 말한다.
  1) 소방기술사, 소방시설관리사, 소방설비기사, 소방설비산업기사
  2) 건축사, 건축기사, 건축산업기사
  3) 건축기계설비기술사, 건축설비기사, 건축설비산업기사
  4) 건설기계기술사, 건설기계설비기사, 건설기계설비산업기사, 일반기계기사
  5) 공조냉동기계기술사, 공조냉동기계기사, 공조냉동기계산업기사
  6) 화공기술사, 화공기사, 화공산업기사
  7) 가스기술사, 가스기능장, 가스기사, 가스산업기사
  8) 건축전기설비기술사, 전기기능장, 전기기사, 전기산업기사, 전기공사기사, 전기공사산업기사
  9) 산업안전기사, 산업안전산업기사
  10) 위험물기능장, 위험물산업기사, 위험물기능사

나. "소방기술과 관련된 학력"이란 다음 각 목의 어느 하나에 해당하는 학과를 졸업한 사람을 말한다.
  1) 소방안전관리학과(소방안전관리과, 소방시스템과, 소방학과, 소방환경관리과, 소방공학과 및 소방행정학과를 포함한다)
  2) 전기공학과(전기과, 전기설비과, 전자공학과, 전기전자과, 전기전자공학과, 전기제어공학과를 포함한다)
  3) 산업안전공학과(산업안전과, 산업공학과, 안전공학과, 안전시스템공학과를 포함한다)
  4) 기계공학과(기계과, 기계학과, 기계설계학과, 기계설계공학과, 정밀기계공학과를 포함한다)
  5) 건축공학과(건축과, 건축학과, 건축설비학과, 건축설계학과를 포함한다)
  6) 화학공학과(공업화학과, 화학공업과를 포함한다)
  7) 학군 또는 학부제로 운영되는 대학의 경우에는 1)부터 6)까지 학과에 해당하는 학과

기출PLUS

다. "소방기술과 관련된 경력"이란 다음 어느 하나에 해당하는 경력을 말한다.

1) 소방시설공사업, 소방시설설계업, 소방공사감리업, 소방시설관리업, 국가, 지방자치단체, 「공공기관의 운영에 관한 법률」에 따른 공공기관, 「공기업의 경영구조 개선 및 민영화에 관한 법률」에 따른 정부출자기관, 「지방공기업법」에 따른 지방공사 또는 지방공단에서 소방시설의 설계 · 시공 · 감리 또는 소방시설의 점검 및 유지관리업무를 수행한 경력
2) 한국소방안전원, 한국소방산업기술원, 「화재로 인한 재해보상과 보험가입에 관한 법률」에 따른 한국화재보험협회 또는 협회에서 소방 관련 법령에 따라 소방과 관련된 정부 위탁 업무를 수행한 경력
3) 소방기술사, 소방시설관리사, 소방설비기사, 소방설비산업기사 자격을 취득한 사람이 「화재예방, 소방시설 설치 · 유지 및 안전관리에 관한 법률」에 따라 소방안전관리자로 선임되거나 「초고층 및 지하연계 복합건축물 재난관리에 관한 특별법」에 따라 총괄재난관리자로 지정되어 소방안전관리 업무를 수행한 경력
4) 위험물안전관리업무대행기관에서 위험물안전관리 업무를 수행하거나 위험물기능장, 위험물산업기사, 위험물기능사 자격을 취득한 사람이 「위험물 안전관리법」에 따른 위험물안전관리자로 선임되어 위험물안전관리 업무를 수행한 경력

라. 나목 및 다목의 소방기술분야는 다음 표에 따르되, 해당 학과를 포함하는 학군 또는 학부제로 운영되는 대학의 경우에는 해당 학과의 학력 · 경력을 인정하고, 해당 학과가 두 가지 이상의 소방기술분야에 해당하는 경우에는 다음 표의 소방기술분야(기계, 전기)를 모두 인정한다.

<table>
<tr><th colspan="4" rowspan="2">구분</th><th colspan="2">소방기술분야</th></tr>
<tr><th>기계</th><th>전기</th></tr>
<tr><td rowspan="3">학과 · 학위</td><td colspan="3">• 소방안전관리학과(소방안전관리과, 소방시스템과, 소방학과, 소방환경관리과, 소방공학과, 소방행정학과)</td><td>○</td><td>○</td></tr>
<tr><td colspan="3">• 전기공학과(전기과, 전기설비과, 전자공학과, 전기전자과, 전기전자공학과, 전기제어공학과)</td><td>×</td><td>○</td></tr>
<tr><td colspan="3">• 산업안전공학과(산업안전과, 산업공학과, 안전공학과, 안전시스템공학과)<br>• 기계공학과(기계과, 기계학과, 기계설계학과, 기계설계공학과, 정밀기계공학과)<br>• 건축공학과(건축과, 건축학과, 건축설비학과, 건축설계학과)<br>• 화학공학과(공업화학과, 화학공업과)</td><td>○</td><td>×</td></tr>
<tr><td rowspan="4">경력</td><td rowspan="4">• 소방업체에서 소방 관련 업무를 수행한 경력</td><td rowspan="3">소방시설설계업<br>소방시설공사업<br>소방공사감리업</td><td>전문</td><td>○</td><td>○</td></tr>
<tr><td>일반전기</td><td>×</td><td>○</td></tr>
<tr><td>일반기계</td><td>○</td><td>×</td></tr>
<tr><td colspan="2">소방시설관리업</td><td>○</td><td>○</td></tr>
</table>

기출PLUS

<table>
<tr><td rowspan="4">경력</td><td>• 국가, 지방자치단체, 공공기관, 정부출자기관, 지방공사, 지방공단에서 소방 관련 업무를 수행한 경력</td><td>○</td><td>○</td></tr>
<tr><td>• 소방 관련 기관(한국소방안전원 · 한국소방산업기술원 · 한국화재보험협회 및 협회)에서 소방 관련 업무를 수행한 경력</td><td>○</td><td>○</td></tr>
<tr><td>• 소방기술사, 소방시설관리사, 소방설비기사, 소방설비산업기사 자격을 취득한 사람이 소방안전관리자로 선임되거나 총괄재난관리자로 지정되어 소방안전관리 업무를 수행한 경력</td><td>○</td><td>○</td></tr>
<tr><td>• 위험물안전관리업무대행기관에서 위험물안전관리 업무를 수행하거나 위험물기능장, 위험물산업기사, 위험물기능사 자격을 취득한 사람이 「위험물 안전관리법」에 따른 위험물안전관리자로 선임되어 위험물안전관리 업무를 수행한 경력</td><td>○</td><td>×</td></tr>
</table>

2. 소방기술 인정 자격수첩의 자격 구분

<table>
<tr><th>소방업체 구분</th><th>기술 능력</th><th colspan="2">자격 · 학력 · 경력인정기준</th></tr>
<tr><td rowspan="2">소방시설 공사업<br><br>소방시설 설계업</td><td>기계 분야<br><br>보조 인력</td><td>가. 소방기술과 관련된 자격<br>제1호 가목 1)부터 7)까지, 9) 및 10)의 자격을 취득한 사람<br>나. 소방기술과 관련된 학력<br>고등교육법 제2조 제1호부터 제6호까지에 해당하는 학교에서 제1호 나목 3)부터 6)까지를 졸업한 사람</td><td rowspan="2">기계 · 전기분야 공통<br>가. 고등교육법 제2조* 제1호부터 제6호까지에 해당하는 학교에서 제1호 나목1)에 해당하는 학과를 졸업한 사람<br>나. 4년제 대학 이상 또는 이와 동등 이상의 교육기관을 졸업한 후 1년 이상 제1호 다목에 해당하는 경력이 있는 사람<br>다. 전문대학 또는 이와 동등 이상의 교육기관을 졸업한 후 3년 이상 제1호 다목에 해당하는 경력이 있는 사람<br>라. 5년 이상 제1호 다목에 해당하는 경력이 있는 사람<br>마. 소방공무원으로 3년 이상 근무한 경력이 있는 사람<br>바. 제1호 가목에 해당하는 자격으로 1년 이상 같은 호 다목에 해당하는 경력이 있는 사람</td></tr>
<tr><td>전기 분야<br><br>보조 인력</td><td>가. 소방기술과 관련된 자격<br>가목 1) 및 8)의 자격을 취득한 사람<br>나. 소방기술과 관련된 학력<br>고등교육법 제2조 제1호부터 제6호까지에 해당하는 학교에서 제1호 나목 2)를 졸업한 사람</td></tr>
</table>

**고등교육법 제2조**(학교의 종류)
1. 대학
2. 산업대학
3. 교육대학
4. 전문대학
5. 방송대학 · 통신대학 · 방송통신대학 및 사이버대학
6. 기술대학
7. 각종학교

| 소방시설관리업 | 보조인력 | 가. 소방기술과 관련된 자격<br>제1호 가목에 해당하는 자격을 취득한 사람<br>나. 소방기술과 관련된 학력 · 경력<br>1) 고등교육법 제2조 제1호부터 제6호까지에 해당하는 학교에서 제1호 나목에 해당하는 학과를 졸업한 사람<br>2) 4년제 대학 이상 또는 이와 동등 이상의 교육기관을 졸업한 후 1년 이상 제1호 다목에 해당하는 경력이 있는 사람<br>3) 전문대학 또는 이와 동등 이상의 교육기관을 졸업한 후 3년 이상 제1호 다목에 해당하는 경력이 있는 사람<br>4) 5년 이상 제1호 다목에 해당하는 경력이 있는 사람<br>5) 소방공무원으로 3년 이상 근무한 경력이 있는 사람<br>6) 제1호 가목에 해당하는 자격으로 1년 이상 같은 호 다목에 해당하는 경력이 있는 사람 |
|---|---|---|

3. 소방기술자 경력수첩의 자격 구분

가. 소방기술자의 기술등급 자격

1) 기술자격에 따른 기술등급

| 등급 | 기계분야 | 전기분야 |
|---|---|---|
| 특급 기술자 | • 소방기술사<br>• 소방시설관리사 자격을 취득한 후 5년 이상 소방 관련 업무를 수행한 사람 | |
| | • 건축사, 건축기계설비기술사, 건설기계기술사, 공조냉동기계기술사, 화공기술사, 가스기술사 자격을 취득한 후 5년 이상 소방 관련 업무를 수행한 사람<br>• 소방설비기사 기계분야의 자격을 취득한 후 8년 이상 소방 관련 업무를 수행한 사람<br>• 소방설비산업기사 기계분야의 자격을 취득한 후 11년 이상 소방 관련 업무를 수행한 사람<br>• 건축기사, 건축설비기사, 건설기계설비기사, 일반기계기사, 공조냉동기계기사, 화공기사, 가스기능장, 가스기사, 산업안전기사, 위험물기능장 자격을 취득한 후 13년 이상 소방 관련 업무를 수행한 사람 | • 건축전기설비기술사 자격을 취득한 후 5년 이상 소방 관련 업무를 수행한 사람<br>• 소방설비기사 전기분야의 자격을 취득한 후 8년 이상 소방 관련 업무를 수행한 사람<br>• 소방설비산업기사 전기분야의 자격을 취득한 후 11년 이상 소방 관련 업무를 수행한 사람<br>• 전기기사, 전기공사기사, 전기기능장 자격을 취득한 후 13년 이상 소방 관련 업무를 수행한 사람 |

기출PLUS

기출PLUS

<table>
<tr><td rowspan="2">고급<br>기술자</td><td colspan="2">• 소방시설관리사</td></tr>
<tr><td>• 건축사, 건축기계설비기술사, 건설기계기술사, 공조냉동기계기술사, 화공기술사, 가스기술사 자격을 취득한 후 3년 이상 소방 관련 업무를 수행한 사람<br>• 소방설비기사 기계분야의 자격을 취득한 후 5년 이상 소방 관련 업무를 수행한 사람<br>• 소방설비산업기사 기계분야의 자격을 취득한 후 8년 이상 소방 관련 업무를 수행한 사람<br>• 건축기사, 건축설비기사, 건설기계설비기사, 일반기계기사, 공조냉동기계기사, 화공기사, 가스기능장, 가스기사, 산업안전기사, 위험물기능장 자격을 취득한 후 11년 이상 소방 관련 업무를 수행한 사람<br>• 건축산업기사, 건축설비산업기사, 건설기계설비산업기사, 공조냉동기계산업기사, 화공산업기사, 가스산업기사, 산업안전산업기사, 위험물산업기사 자격을 취득한 후 13년 이상 소방 관련 업무를 수행한 사람</td><td>• 건축전기설비기술사 자격을 취득한 후 3년 이상 소방 관련 업무를 수행한 사람<br>• 소방설비기사 전기분야의 자격을 취득한 후 5년 이상 소방 관련 업무를 수행한 사람<br>• 소방설비산업기사 전기분야의 자격을 취득한 후 8년 이상 소방 관련 업무를 수행한 사람<br>• 전기기능장, 전기기사, 전기공사기사 자격을 취득한 후 11년 이상 소방 관련 업무를 수행한 사람<br>• 전기산업기사, 전기공사산업기사 자격을 취득한 후 13년 이상 소방 관련 업무를 수행한 사람</td></tr>
<tr><td rowspan="2">중급<br>기술자</td><td>• 건축사, 건축기계설비기술사, 건설기계기술사, 공조냉동기계기술사, 화공기술사, 가스기술사<br>• 소방설비기사(기계분야)</td><td>• 건축전기설비기술사<br>• 소방설비기사(전기분야)</td></tr>
<tr><td>• 소방설비산업기사 기계분야의 자격을 취득한 후 3년 이상 소방 관련 업무를 수행한 사람<br>• 건축기사, 건축설비기사, 건설기계설비기사, 일반기계기사, 공조냉동기계기사, 화공기사, 가스기능장, 가스기사, 산업안전기사, 위험물기능장자격을 취득한 후 5년 이상 소방 관련 업무를 수행한 사람<br>• 건축산업기사, 건축설비산업기사, 건설기계설비산업기사, 공조냉동기계산업기사, 화공산업기사, 가스산업기사, 산업안전산업기사, 위험물산업기사 자격을 취득한 후 8년 이상 소방 관련 업무를 수행한 사람</td><td>• 소방설비산업기사 전기분야의 자격을 취득한 후 3년 이상 소방 관련 업무를 수행한 사람<br>• 전기기능장, 전기기사, 전기공사기사 자격을 취득한 후 5년 이상 소방 관련 업무를 수행한 사람<br>• 전기산업기사, 전기공사산업기사 자격을 취득한 후 8년 이상 소방 관련 업무를 수행한 사람</td></tr>
</table>

| | | |
|---|---|---|
| 초급 기술자 | • 소방설비산업기사(기계분야)<br>• 건축기사, 건축설비기사, 건설기계설비기사, 일반기계기사, 공조냉동기계기사, 화공기사, 가스기능장, 가스기사, 산업안전기사, 위험물기능장 자격을 취득한 후 2년 이상 소방 관련 업무를 수행한 사람<br>• 건축산업기사, 건축설비산업기사, 건설기계설비산업기사, 공조냉동기계산업기사, 화공산업기사, 가스산업기사, 산업안전산업기사, 위험물산업기사 자격을 취득한 후 4년 이상 소방 관련 업무를 수행한 사람<br>• 위험물기능사 자격을 취득한 후 6년 이상 소방 관련 업무를 수행한 사람 | • 소방설비산업기사(전기분야)<br>• 전기기능장, 전기기사, 전기공사기사 자격을 취득한 후 2년 이상 소방 관련 업무를 수행한 사람<br>• 전기산업기사, 전기공사산업기사 자격을 취득한 후 4년 이상 소방 관련 업무를 수행한 사람 |

2) 학력 · 경력 등에 따른 기술등급

| 등급 | 학력 · 경력자 | 경력자 |
|---|---|---|
| 특급 기술자 | • 박사학위를 취득한 후 3년 이상 소방 관련 업무를 수행한 사람<br>• 석사학위를 취득한 후 9년 이상 소방 관련 업무를 수행한 사람<br>• 학사학위를 취득한 후 12년 이상 소방 관련 업무를 수행한 사람<br>• 전문학사학위를 취득한 후 15년 이상 소방 관련 업무를 수행한 사람 | |
| 고급 기술자 | • 박사학위를 취득한 후 1년 이상 소방 관련 업무를 수행한 사람<br>• 석사학위를 취득한 후 6년 이상 소방 관련 업무를 수행한 사람<br>• 학사학위를 취득한 후 9년 이상 소방 관련 업무를 수행한 사람<br>• 전문학사학위를 취득한 후 12년 이상 소방 관련 업무를 수행한 사람<br>• 고등학교를 졸업한 후 15년 이상 소방 관련 업무를 수행한 사람 | • 학사 이상의 학위를 취득한 후 12년 이상 소방 관련 업무를 수행한 사람<br>• 전문학사학위를 취득한 후 15년 이상 소방 관련 업무를 수행한 사람<br>• 고등학교를 졸업한 후 18년 이상 소방 관련 업무를 수행한 사람<br>• 22년 이상 소방 관련 업무를 수행한 사람 |
| 중급 기술자 | • 박사학위를 취득한 사람<br>• 석사학위를 취득한 후 3년 이상 소방 관련 업무를 수행한 사람<br>• 학사학위를 취득한 후 6년 이상 소방 관련 업무를 수행한 사람<br>• 전문학사학위를 취득한 후 9년 이상 소방 관련 업무를 수행한 사람<br>• 고등학교를 졸업한 후 12년 이상 소방 관련 업무를 수행한 사람 | • 학사 이상의 학위를 취득한 후 9년 이상 소방 관련 업무를 수행한 사람<br>• 전문학사학위를 취득한 후 12년 이상 소방 관련 업무를 수행한 사람<br>• 고등학교를 졸업한 후 15년 이상 소방 관련 업무를 수행한 사람<br>• 18년 이상 소방 관련 업무를 수행한 사람 |

기출PLUS

| | | |
|---|---|---|
| 초급 기술자 | • 석사 또는 학사학위를 취득한 사람<br>• 「고등교육법 시행령」 제8조에 따른 대학 이상의 소방안전관리학과를 졸업한 사람<br>• 전문학사학위를 취득한 후 2년 이상 소방 관련 업무를 수행한 사람<br>• 고등학교를 졸업한 후 4년 이상 소방 관련 업무를 수행한 사람 | • 학사 이상의 학위를 취득한 후 3년 이상 소방관련업무를 수행한 사람<br>• 전문학사학위를 취득한 후 5년 이상 소방 관련 업무를 수행한 사람<br>• 고등학교를 졸업한 후 7년 이상 소방 관련 업무를 수행한 사람<br>• 9년 이상 소방 관련 업무를 수행한 사람 |

※ 비고

1. 동일한 기간에 수행한 경력이 두 가지 이상의 자격 기준에 해당하는 경우에는 하나의 자격 기준에 대해서만 그 기간을 인정하고 기간이 중복되지 아니하는 경우에는 각각의 기간을 경력으로 인정한다. 이 경우 동일 기술등급의 자격 기준별 경력기간을 해당 경력기준기간으로 나누어 합한 값이 1 이상이면 해당 기술등급의 자격 기준을 갖춘 것으로 본다.
2. 위 표에서 "학력 · 경력자"란 고등학교 · 대학 또는 이와 같은 수준 이상의 교육기관의 소방 관련학과의 정해진 교육과정을 이수하고 졸업하거나 그 밖의 관계법령에 따라 국내 또는 외국에서 이와 같은 수준 이상의 학력이 있다고 인정되는 사람을 말한다.
3. 위 표에서 "경력자"란 소방 관련학과 외의 학과의 졸업자를 말한다.
4. "소방 관련 업무"란 다음의 어느 하나에 해당하는 업무를 말한다.
   - 제1호 다목에 해당하는 경력으로 인정되는 업무
   - 소방공무원으로서 근무한 업무

나. 소방공사감리원의 기술등급 자격

| 구분 | 기계분야 | 전기분야 |
|---|---|---|
| 특급 감리원 | • 소방기술사 자격을 취득한 사람 | |
| | • 소방설비기사 기계분야 자격을 취득한 후 8년 이상 소방 관련 업무를 수행한 사람<br>• 소방설비산업기사 기계분야 자격을 취득한 후 12년 이상 소방 관련 업무를 수행한 사람 | • 소방설비기사 전기분야 자격을 취득한 후 8년 이상 소방 관련 업무를 수행한 사람<br>• 소방설비산업기사 전기분야 자격을 취득한 후 12년 이상 소방 관련 업무를 수행한 사람 |
| 고급 감리원 | • 소방설비기사 기계분야 자격을 취득한 후 5년 이상 소방 관련 업무를 수행한 사람<br>• 소방설비산업기사 기계분야 자격을 취득한 후 8년 이상 소방 관련 업무를 수행한 사람 | • 소방설비기사 전기분야 자격을 취득한 후 5년 이상 소방 관련 업무를 수행한 사람<br>• 소방설비산업기사 전기분야 자격을 취득한 후 8년 이상 소방 관련 업무를 수행한 사람 |
| 중급 감리원 | • 소방설비기사 기계분야 자격을 취득한 후 3년 이상 소방 관련 업무를 수행한 사람<br>• 소방설비산업기사 기계분야 자격을 취득한 후 6년 이상 소방 관련 업무를 수행한 사람 | • 소방설비기사 전기분야 자격을 취득한 후 3년 이상 소방 관련 업무를 수행한 사람<br>• 소방설비산업기사 전기분야 자격을 취득한 후 6년 이상 소방 관련 업무를 수행한 사람 |

<table>
<tr><td></td><td colspan="2">• 제1호 나목 1)에 해당하는 학과 학사학위를 취득한 후 1년 이상 소방 관련 업무를 수행한 사람<br>• 「고등교육법」 제2조 제1호부터 제6호까지의 규정 중 어느 하나에 해당하는 학교에서 제1호 나목 1)에 해당하는 학과 전문학사학위를 취득한 후 3년 이상 소방 관련 업무를 수행한 사람<br>• 소방공무원으로서 3년 이상 근무한 경력이 있는 사람<br>• 5년 이상 소방 관련 업무를 수행한 사람</td></tr>
<tr><td>초급<br>감리원</td><td>• 소방설비기사 기계분야 자격을 취득한 후 1년 이상 소방 관련 업무를 수행한 사람<br>• 소방설비산업기사 기계분야 자격을 취득한 후 2년 이상 소방 관련 업무를 수행한 사람<br>• 제1호 나목 3)부터 6)까지의 규정 중 어느 하나에 해당하는 학과 학사학위를 취득한 후 1년 이상 소방 관련 업무를 수행한 사람<br>• 「고등교육법」 제2조 제1호부터 제6호까지의 규정 중 어느 하나에 해당하는 학교에서 제1호 나목 3)부터 6)까지의 규정에 해당하는 학과 전문학사학위를 취득한 후 3년 이상 소방 관련 업무를 수행한 사람</td><td>• 소방설비기사 전기분야 자격을 취득한 후 1년 이상 소방 관련 업무를 수행한 사람<br>• 소방설비산업기사 전기분야 자격을 취득한 후 2년 이상 소방 관련 업무를 수행한 사람<br>• 제1호 나목 2)에 해당하는 학과 학사학위를 취득한 후 1년 이상 소방 관련 업무를 수행한 사람<br>• 「고등교육법」 제2조 제1호부터 제6호까지의 규정 중 어느 하나에 해당하는 학교에서 제1호 나목 2)에 해당하는 학과 전문학사학위를 취득한 후 3년 이상 소방 관련 업무를 수행한 사람</td></tr>
</table>

※ 비고

1. 동일한 기간에 수행한 경력이 두 가지 이상의 자격 기준에 해당하는 경우에는 하나의 자격 기준에 대해서만 그 기간을 인정하고 기간이 중복되지 아니하는 경우에는 각각의 기간을 경력으로 인정한다. 이 경우 동일 기술등급의 자격 기준별 경력기간을 해당 경력기준기간으로 나누어 합한 값이 1 이상이면 해당 기술등급의 자격 기준을 갖춘 것으로 본다.
2. "소방 관련 업무"란 다음 각 목의 어느 하나에 해당하는 업무를 말한다.
   가. 제1호 다목에 해당하는 경력으로 인정되는 업무
   나. 소방공무원으로서 근무한 업무
3. 비고 제2호에 따른 소방 관련 업무를 수행한 경력으로서 위 표에서 정한 국가기술자격 취득 전의 경력은 그 경력의 50퍼센트만 인정한다.

Let's check it out

## 02 출제예상문제

**1 소방시설공사업법의 목적이다. 빈칸에 들어갈 가장 적당한 것은?**

> 이 법은 소방시설공사 및 소방기술의 관리에 필요한 사항을 규정함으로써 소방시설업을 건전하게 발전시키고 (　　　) 시켜 화재로부터 (　　　)을 확보하고 국민경제에 이바지함을 목적으로 한다.

① 소방기술을 혁신, 공공의 안전을 확보
② 소방기술을 혁신, 국민의 생명 · 신체를 보호
③ 소방기술을 진흥, 공공의 안전을 확보
④ 소방기술을 진흥, 국민의 생명 · 신체를 보호

TIPS!

소방시설공사업법 제1조(목적)
소방시설공사업법은 소방시설공사 및 소방기술의 관리에 필요한 사항을 규정함으로써 소방시설업을 건전하게 발전시키고 소방기술을 진흥시켜 화재로부터 공공의 안전을 확보하고 국민경제에 이바지함을 목적으로 한다.

**2 다음 중 소방시설공사업법의 목적으로 가장 옳지 않은 것은?**

① 소방시설공사 및 소방기술의 관리에 필요한 사항을 규정
② 화재예방 및 안전관리에 관한 국가와 지방자치단체의 책무
③ 소방시설업을 건전하게 발전시키고 소방기술을 진흥
④ 화재로부터 공공의 안전을 확보하고 국민경제에 이바지함

TIPS!

화재예방 및 안전관리에 관한 국가와 지방자치단체의 책무는 "화재예방, 소방시설 설치 유지 및 안전관리에 관한 법률"의 목적에 해당된다.

Answer 1.③ 2.②

**3** **설계도서에 따라 소방시설을 신설 · 증설 · 개설 · 이전 및 정비하는 영업으로 옳은 것은?**

① 소방시설관리업　② 소방시설공사업
③ 소방공사감리업　④ 소방시설설계업

TIPS!

소방시설업이란 다음의 영업을 말한다.

㉠ **소방시설설계업** : 소방시설공사에 기본이 되는 공사계획, 설계도면, 설계 설명서, 기술계산서 및 이와 관련된 서류(설계도)를 작성(설계)하는 영업
㉡ **소방시설공사업** : 설계도서에 따라 소방시설을 신설, 증설, 개설, 이전 및 정비(시공)하는 영업
㉢ **소방공사감리업** : 소방시설공사에 관한 발주자의 권한을 대행하여 소방시설공사가 설계도서와 관계 법령에 따라 적법하게 시공되는지를 확인하고, 품질 · 시공 관리에 대한 기술지도를 하는(감리) 영업
㉣ **방염처리업** : 「소방시설 설치 · 유지 및 안전관리에 관한 법률」에 따른 방염대상물품에 대하여 방염처리하는 영업

**4** **소방시설업에 해당하지 않은 것은?**

① 소방공사감리업　② 소방시설관리업
③ 소방시설공사업　④ 방염처리업

TIPS!

소방시설공사업법 제2조 제1항
소방시설업이란 ㉠소방시설설계업, ㉡소방시설공사업, ㉢소방공사감리업, ㉣방염처리업을 말한다.

**5** **다음 중 소방시설공사에 관한 발주자의 권한을 대행하여 소방시설공사가 설계도서와 관계법령에 따라 적법하게 시공되는지를 확인하고 품질 · 시공관리에 대한 기술지도를 하는 영업으로 옳은 것은?**

① 소방공사감리업　② 소방시설공사업
③ 소방시설설계업　④ 방염처리업

TIPS!

**소방공사감리업** : 소방시설공사에 관한 발주자의 권한을 대행하여 소방시설공사가 설계도서와 관계 법령에 따라 적법하게 시공되는지를 확인하고, 품질 · 시공 관리에 대한 기술지도를 하는(감리) 영업

Answer 3.② 4.② 5.①

**6** **다음 중 100만 원 이하의 벌금에 해당하는 위반사항은?**

① 등록증이나 등록수첩을 다른 자에게 빌려준 자
② 소방청의 감독 업무에 따른 명령을 위반하여 보고 또는 자료 제출을 하지 아니하거나 거짓으로 한 자
③ 소방시설공사 현장에 감리원을 배치하지 아니한 자
④ 위반사항에 대한 조차를 위반하여 공사감리 계약을 해지하거나 대가 지급을 거부하거나 지연시키거나 불이익을 준 자

TIPS!

**100만 원 이하의 벌금**[제38조(벌칙)]
㉠ 소방청의 감독 업무에 따른 명령을 위반하여 보고 또는 자료 제출을 하지 아니하거나 거짓으로 한 자
㉡ 소방청의 자료제출 명령 또는 질문 및 감독 업무를 위반하여 정당한 사유 없이 관계 공무원의 출입 또는 검사·조사를 거부·방해 또는 기피한 자

**7** **다음 중 전문소방시설 설계업에서 보조기술인력은 몇인 이상이어야 하는가?**

① 1인　② 2인
③ 3인　④ 4인

TIPS!

**시행령 별표1**
전문소방시설 설계업 : 주된 기술인력 – 소방기술사 1명 이상, 보조기술인력 – 1명 이상

**8** **소방시설업 등록 신청 시 시·도지사는 며칠 이내에 소방시설업 등록증 및 소방시설업 등록수첩을 발급하여야 하는가?**

① 3일　② 5일
③ 10일　④ 15일

TIPS!

**소방시설공사업법 시행규칙 제3조**(소방시설업 등록증 및 등록수첩의 발급)
시·도지사는 접수일부터 15일 이내에 협회를 경유하여 소방시설업 등록증 및 소방시설업 등록수첩을 신청인에게 발급해 주어야 한다.

Answer 6.② 7.① 8.④

**9** 다음 ( )의 들어갈 말로 바른 것은?

> 특정소방대상물의 소방시설공사 등을 하려는 자는 ( )로 ( ), ( ) 등 대통령령으로 정하는 요건을 갖추어 특별시장 · 광역시장 · 특별자치시장 · 도지사 또는 특별자치도지사에게 소방시설업을 등록하여야 한다.

① 업종별, 자본금, 기술인력
② 시설별, 자본금, 기술인력
③ 업종별, 자산평가액, 기업진단 보고서
④ 시설별, 자산평가액, 기업진단보고서

TIPS!

소방시설공사업법 제4조(소방시설업의 등록)
특정소방대상물의 소방시설공사 등을 하려는 자는 업종별로 자본금(개인인 경우에는 자산 평가액을 말한다), 기술인력 등 대통령령으로 정하는 요건을 갖추어 특별시장 · 광역시장 · 특별자치시장 · 도지사 또는 특별자치도지사에게 소방시설업을 등록하여야 한다.

**10** 다음 중 방염처리업의 등록은 누구에게 하는가?

① 시 · 도지사
② 소방본부장
③ 소방청장
④ 행정안전부장관

TIPS!

소방시설공사업법 제4조(소방시설업의 등록)
특정소방대상물의 소방시설공사 등을 하려는 자는 업종별로 자본금(개인인 경우에는 자산 평가액을 말한다), 기술인력 등 대통령령으로 정하는 요건을 갖추어 특별시장 · 광역시장 · 특별자치시장 · 도지사 또는 특별자치도지사(시 · 도지사)에게 소방시설업을 등록하여야 한다.

**11** 다음 중 방염처리업의 종류가 아닌 것은?

① 섬유류 방염업
② 종이류 방염업
③ 합성수지류 방염업
④ 합판 · 목재류방염업

TIPS!

방염처리업의 종류(시행령 별표1) : ㉠ 섬유류 방염업, ㉡ 합성수지류 방염업, ㉢ 합판 · 목재류 방염업

Answer 9.① 10.① 11.②

## 12 소방시설설계업의 분류 중 기계분야에서 제외되며 전기 분야에 해당되는 것은?

① 제연설비
② 연결송수관설비
③ 유도등
④ 연소방지설비

TIPS!

**소방시설설계업에서의 소방시설 범위**[시행령 제2조 제1항 관련 별표1]

가. 기계분야
1) 소화기구, 자동소화장치, 옥내소화전설비, 스프링클러설비등, 물분무등소화설비, 옥외소화전설비, 피난기구, 인명구조기구, 상수도소화용수설비, 소화수조 · 저수조, 그 밖의 소화용수설비, 제연설비, 연결송수관설비, 연결살수설비 및 연소방지설비
2) 기계분야 소방시설에 부설되는 전기시설. 다만, 비상전원, 동력회로, 제어회로, 기계분야 소방시설을 작동하기 위하여 설치하는 화재감지기에 의한 화재감지장치 및 전기신호에 의한 소방시설의 작동장치는 제외한다.

나. 전기분야
1) 단독경보형감지기, 비상경보설비, 비상방송설비, 누전경보기, 자동화재탐지설비, 시각경보기, 자동화재속보설비, 가스누설경보기, 통합감시시설, 유도등, 비상조명등, 휴대용비상조명등, 비상콘센트설비 및 무선통신보조설비
2) 기계분야 소방시설에 부설되는 전기시설 중 가목 2) 단서의 전기시설

## 13 방염처리업자의 지위를 승계한 자는 행정안전부령이 정하는 바에 따라 누구에게 신고하여야 하는가?

① 14일 이내에 소방서장에게
② 14일 이내에 협회에
③ 30일 이내에 소방서장에게
④ 30일 이내에 협회에

TIPS!

**소방시설공사업법 시행규칙 제7조**(지위승계 신고 등) **제1항**

소방시설업자 지위 승계를 신고하려는 자는 그 상속인, 양수일, 합병일 또는 인수일부터 30일 이내에 다음의 구분에 따른 서류(전자문서를 포함)를 협회에 제출하여야 한다.

Answer 12.③ 13.④

## 14 소방시설업 등록의 결격사유로 볼 수 없는 것은?

① 피성년후견인
② 소방관계법규에 따른 금고 이상의 집행유예를 선고 받은 날로부터 2년이 지나지 아니한 사람
③ 소방관계법규에 따른 금고 이상의 실형을 선고받고 그 집행이 끝나거나(집행이 끝난 것으로 보는 경우를 포함한다) 면제된 날부터 2년이 지나지 아니한 사람
④ 등록하려는 소방시설업 등록이 취소(피성년후견인에 해당하여 등록이 취소된 경우는 제외한다)된 날부터 2년이 지나지 아니한 자

**TIPS!**

다음에 해당하는 자는 소방시설업을 등록할 수 없다[법 제5조(등록의 결격사유)].
㉠ 피성년후견인
㉡ 「소방시설공사업법」, 「소방기본법」, 「화재예방, 소방시설 설치 · 유지 및 안전관리에 관한 법률」 또는 「위험물안전관리법」에 따른 금고 이상의 실형을 선고받고 그 집행이 끝나거나(집행이 끝난 것으로 보는 경우를 포함한다) 면제된 날부터 2년이 지나지 아니한 사람
㉢ 「소방시설공사업법」, 「소방기본법」, 「화재예방, 소방시설 설치 · 유지 및 안전관리에 관한 법률」 또는 「위험물안전관리법」에 따른 금고 이상의 형의 집행유예를 선고받고 그 유예기간 중에 있는 사람
㉣ 등록하려는 소방시설업 등록이 취소(피성년후견인에 해당하여 등록이 취소된 경우는 제외한다)된 날부터 2년이 지나지 아니한 자
㉤ 법인의 대표자가 ㉠부터 ㉣까지의 규정에 해당하는 경우 그 법인
㉥ 법인의 임원이 ㉡~㉣까지의 규정에 해당하는 경우 그 법인

## 15 다음 중 소방시설업에 대한 설명 중 틀린 것은?

① 소방시설업은 시 · 도지사에게 등록하여야 한다.
② 지위승계신고는 협회에 30일 이내에 신고해야 한다.
③ 거짓 그 밖의 부정한 방법으로 등록을 한 때에는 취소에 해당한다.
④ 파산선고자는 복권 후에도 소방시설업을 등록할 수 없다.

**TIPS!**

파산선고자의 경우 파산 후 복권된 자는 소방시설업 등록이 가능하다.

**Answer** 14.② 15.④

**16** **다음 중 소방시설업자가 보관하여야 하는 관계서류에 해당되지 않는 것은?**

① 소방시설설계업 : 소방시설 설계기록부 및 소방시설 설계도서
② 소방시설공사업 : 소방시설공사 기록부
③ 소방시설점검업 : 소방시설점검 기록부
④ 소방공사감리업 : 소방공사 감리기록부, 소방공사 감리일지 및 소방시설의 완공 당시 설계도서

TIPS!

**소방시설공사업 시행규칙 제8조**(소방시설업자가 보관하여야 하는 관계 서류)
㉠ **소방시설설계업** : 소방시설 설계기록부 및 소방시설 설계도서
㉡ **소방시설공사업** : 소방시설공사 기록부
㉢ **소방공사감리업** : 소방공사 감리기록부, 소방공사 감리일지 및 소방시설의 완공 당시 설계도서
※ 소방시설점검업은 소방시설업에 해당되지 않는다.

**17** **다음 중 시·도지사가 소방시설업자의 등록을 취소해야 하는 사유에 해당하는 것은?**

① 등록기준에 미달하게 된 후 30일이 경과한 경우
② 등록을 한 후 정당한 사유 없이 1년이 지날 때까지 영업을 시작하지 아니하거나 계속하여 1년 이상 휴업한 때
③ 다른 자에게 등록증 또는 등록수첩을 빌려준 경우
④ 영업정지 기간 중에 소방시설공사 등을 한 경우

TIPS!

**소방시설공사업법 제9조 중 등록을 취소해야 하는 경우(기속)**
㉠ 거짓이나 그 밖의 부정한 방법으로 등록한 경우
㉡ 제5조 각 호의 등록 결격사유에 해당하게 된 경우(본문 참조)
㉢ 등록취소처분을 받아 영업정지 당한 기간 중에 소방시설공사 등을 한 경우

Answer 16.③ 17.④

**18** **다음 중 소방시설업 변경등록 신고대상이 아닌 것은?**

① 명칭, 상호 ② 대표자 주소
③ 기술인력 ④ 대표자

TIPS!

**변경신고사항** [소방시설공사업법 시행규칙 제5조(등록사항의 변경신고사항)]
㉠ 상호(명칭) 또는 영업소 소재지
㉡ 대표자
㉢ 기술인력

**19** **다음 중 소방시설공사업자가 소방시설공사 등을 맡긴 특정소방대상물의 관계인에게 통지해야 하는 경우가 아닌 것은?**

① 소방시설업자의 지위를 승계한 경우
② 소방시설업의 등록취소처분 또는 영업정지처분을 받은 경우
③ 휴업하거나 폐업한 경우
④ 소방시설업 등록 시

TIPS!

**소방시설공사업법 제8조 제3항**
소방시설업자는 다음의 경우에는 소방시설공사 등을 맡긴 특정소방대상물의 관계인에게 지체 없이 그 사실을 알려야 한다.
㉠ 소방시설업자의 지위를 승계한 경우
㉡ 소방시설업의 등록취소처분 또는 영업정지처분을 받은 경우
㉢ 휴업하거나 폐업한 경우

**20** **다음 중 소방시설업 과징금 부과 기준으로 옳은 것은?**

① 3,000만 원 이하 ② 5,000만 원 이하
③ 1억 원 이하 ④ 2억 원 이하

TIPS!

**소방시설공사업법 제10조(과징금 처분) 제1항**
시 · 도지사는 제9조(등록취소와 영업정지 등) 제1항 각 호의 어느 하나에 해당하는 경우로서 영업정지가 그 이용자에게 불편을 주거나 그 밖에 공익을 해칠 우려가 있을 때에는 영업정지처분을 갈음하여 2억 원 이하의 과징금을 부과할 수 있다.

**Answer** 18.② 19.④ 20.④

## 21 다음 중 성능위주설계의 기술인력으로 알맞은 것은?

① 소방기술사 1명 이상
② 소방기술사 2명 이상
③ 소방안전관리사 2명 이상
④ 소방안전관리사 1명 이상

**TIPS!**

성능위주설계를 할 수 있는 자의 자격 · 기술인력 및 자격에 따른 설계범위[시행령 제2조의3][별표 1의2]

| 성능위주설계자의 자격 | 기술인력 | 설계범위 |
|---|---|---|
| 1. 법 제4조에 따라 전문 소방시설설계업을 등록한 자<br>2. 전문 소방시설설계업 등록기준에 따른 기술인력을 갖춘 자로서 소방청장이 정하여 고시하는 연구기관 또는 단체 | 소방기술사 2명 이상 | 「화재예방, 소방시설 설치 · 유지 및 안전관리에 관한 법률 시행령」 제15조의3에 따라 성능위주설계를 하여야 하는 특정소방대상물 |

## 22 「소방시설공사업법」 규정 중 6개월 이내의 기간을 정하여 시정이나 그 영업의 정지를 명할 수 있는 경우가 아닌 것은?

① 등록기준에 미달하게 된 후 30일이 경과한 경우
② 영업정지 기간 중에 소방시설공사 등을 한 경우
③ 다른 자에게 등록증 또는 등록수첩을 빌려준 경우
④ 소방시설공사 등의 업무수행의무 등을 고의 또는 과실로 위반하여 다른 자에게 상해를 입히거나 재산피해를 입힌 경우

영업정지처분이나 등록취소처분을 받은 소방시설업자는 그 날부터 소방시설공사 등을 하여서는 아니 된다(법 제8조 제2항). 이를 위반하여 영업정지 기간 중에 소방시설공사 등을 한 경우 시 · 도지사는 그 등록을 취소하여야 한다.

**Answer** 21.② 22.②

**23** 다음 중 소방시설공사를 착공할 때 착공신고는 누구에게 하는가?

① 소방청장 ② 행정기관
③ 시 · 도지사 ④ 소방본부장, 소방서장

소방시설공사업법 제13조(착공신고) 제1항
공사업자는 대통령령으로 정하는 소방시설공사를 하려면 행정안전부령으로 정하는 바에 따라 그 공사의 내용, 시공 장소, 그 밖에 필요한 사항을 소방본부장이나 소방서장에게 신고하여야 한다.

**24** 다음 중 소방시설공사의 착공신고 대상이 아닌 것은?

① 할론소화설비 신설공사 ② 단독경보형 감지기 신설공사
③ 연소방지설비의 살수구역 증설공사 ④ 옥내 · 옥외 소화전설비 증설공사

소방시설공사업법 시행령 제4조(소방시설공사의 착공신고 대상)

㉠ 특정소방대상물(「위험물 안전관리법」에 따른 제조소 등은 제외)에 다음에 해당하는 설비를 신설하는 공사
- 옥내 소화전설비(호스릴 옥내 소화전설비를 포함), 옥외 소화전설비, 스프링클러 설비 · 간이 스프링클러 설비(캐비닛형 간이 스프링클러 설비를 포함) 및 화재조기진압용 스프링클러설비, 물분무 소화설비 · 포 소화설비 · 이산화탄소 소화설비 · 할론소화설비 · 할로겐화합물 및 불활성기체 소화설비 · 미분무 소화설비 · 강화액 소화설비 및 분말 소화설비, 연결송수관설비, 연결살수설비, 제연설비(소방용 외의 용도와 겸용되는 제연설비를 「건설산업기본법 시행령」에 따른 기계가스설비공사업자가 공사하는 경우는 제외), 소화용수설비(소화용수설비를 「건설산업기본법 시행령」에 따른 기계가스설비공사업자 또는 상 · 하수도설비공사업자가 공사하는 경우는 제외) 또는 연소방지설비
- 자동화재탐지설비, 비상경보설비, 비상방송설비(소방용 외의 용도와 겸용되는 비상방송설비를 「정보통신공사업법」에 따른 정보통신공사업자가 공사하는 경우는 제외), 비상콘센트설비(비상콘센트설비를 「전기공사업법」에 따른 전기공사업자가 공사하는 경우는 제외) 또는 무선통신보조설비(소방용 외의 용도와 겸용되는 무선통신보조설비를 「정보통신공사업법」에 따른 정보통신공사업자가 공사하는 경우는 제외)

㉡ 특정소방대상물에 다음의 어느 하나에 해당하는 설비 또는 구역 등을 증설하는 공사
- 옥내 · 옥외소화전설비
- 스프링클러 설비 · 간이 스프링클러 설비 또는 물분무 등 소화설비의 방호구역, 자동화재탐지설비의 경계구역, 제연설비의 제연구역(소방용 외의 용도와 겸용되는 제연설비를 「건설산업기본법 시행령」에 따른 기계가스설비공사업자가 공사하는 경우는 제외), 연결살수설비의 살수구역, 연결송수관설비의 송수구역, 비상콘센트설비의 전용회로, 연소방지설비의 살수구역

㉢ 특정소방대상물에 설치된 소방시설 등을 구성하는 다음 각 목의 어느 하나에 해당하는 것의 전부 또는 일부를 개설(改設), 이전(移轉) 또는 정비(整備)하는 공사. 다만, 고장 또는 파손 등으로 인하여 작동시킬 수 없는 소방시설을 긴급히 교체하거나 보수하여야 하는 경우에는 신고하지 않을 수 있다.
- 수신반(受信盤)
- 소화펌프
- 동력(감시)제어반

Answer 23.④ 24.②

**25** **소방시설공사의 착공신고 대상이 아닌 것은?**

① 소화펌프 전부를 교체하는 공사
② 피난기구, 유도등 5개를 신축하는 공사
③ 옥내 · 옥외 소화전설비 증설공사
④ 옥내소화전설비를 신설하는 공사

**TIPS!**

피난기구, 유도등 5개를 신축하는 공사는 착공 신고 대상에 해당되지 않는다.

**26** **다음 중 소방시설공사의 착공신고 제외대상은?**

① 비상콘센트설비의 전용회로 증설공사
② 소화펌프 일부를 보수하는 공사
③ 감시제어반 일부를 교체하는 공사
④ 정보통신공사업자가 행하는 무선통신보조설비를 신설하는 공사

**TIPS!**

소방용 외의 용도와 겸용되는 무선통신보조설비를 「정보통신공사업법」에 따른 정보통신공사업자가 공사하는 경우는 제외

**27** **다음 중 공사감리 결과보고서대로 완공검사를 위한 현장확인을 해야 하는 특정소방대상물의 범위로 옳은 것은?**

① 근린생활시설
② 아파트
③ 가스계호스릴 소화설비
④ 연면적 1만$m^2$ 이상 특정소방대상물

**TIPS!**

완공검사를 위한 현장확인 대상 특정소방대상물의 범위[시행령 제5조]

㉠ 문화 및 집회시설, 종교시설, 판매시설, 노유자(老幼者)시설, 수련시설, 운동시설, 숙박시설, 창고시설, 지하상가 및 「다중이용업소의 안전관리에 관한 특별법」에 따른 다중이용업소
㉡ 다음의 어느 하나에 해당하는 설비가 설치되는 특정소방대상물
- 스프링클러설비등
- 물분무등소화설비(호스릴 방식의 소화설비는 제외한다)

㉢ 연면적 1만 제곱미터 이상이거나 11층 이상인 특정소방대상물(아파트는 제외)
㉣ 가연성가스를 제조 · 저장 또는 취급하는 시설 중 지상에 노출된 가연성가스탱크의 저장용량 합계가 1천 톤 이상인 시설

**Answer** 25.② 26.④ 27.④

**28** **다음 중 소방시설의 하자 보증기간으로 옳은 것은?**

① 유도등 - 2년
② 자동소화장치 - 2년
③ 스프링클러설비 - 2년
④ 무선통신보조설비 - 3년

**하자보수 대상 소방시설과 하자보수 보증기간**[시행령 제6조]
㉠ 피난기구, 유도등, 유도표지, 비상경보설비, 비상조명등, 비상방송설비 및 무선통신보조설비: 2년
㉡ 자동소화장치, 옥내소화전설비, 스프링클러설비, 간이스프링클러설비, 물분무등소화설비, 옥외소화전설비, 자동화재탐지설비, 상수도소화용수설비 및 소화활동설비(무선통신보조설비는 제외한다) : 3년
※ **포인트** : 자동 화재탐지설비를 제외하면 전기가 흐르면 2년, 물이 흐르면 3년을 기준으로 분류

**29** **다음 중 하자보증기간이 다른 것은?**

① 비상경보설비
② 피난기구
③ 자동화재탐지설비
④ 비상방송설비

TIPS!

**하자보수 대상 소방시설과 하자보수 보증기간** [시행령 제6조]
㉠ 피난기구, 유도등, 유도표지, 비상경보설비, 비상조명등, 비상방송설비 및 무선통신보조설비 : 2년
㉡ 자동소화장치, 옥내소화전설비, 스프링클러설비, 간이스프링클러설비, 물분무등소화설비, 옥외소화전설비, 자동화재탐지설비, 상수도소화용수설비 및 소화활동설비(무선통신보조설비는 제외한다) : 3년

**30** **다음 중 공사 감리업의 종류로 알맞게 짝지어진 것은?**

① 상주공사감리, 일반공사감리
② 방염공사감리, 일반공사감리
③ 상주공사감리, 방염공사감리
④ 방염공사감리, 전기공사감리

TIPS!

시행령 제9조 관련 별표3에 의거해서 상주 공사감리와 일반 공사감리로 나뉜다.

**Answer** 28.① 29.③ 30.①

**31** **다음 중 소방공사감리업자의 업무수행 내용으로 옳지 않은 것은?**

① 소방시설 등 설계 변경 사항의 적합성 검토
② 완공된 소방시설 등의 성능시험
③ 소방시설에 대한 착공신고
④ 피난시설 및 방화시설의 적법성 검토

TIPS!

**소방시설공사업법 제16조(감리) 제1항**
소방공사감리업을 등록한 감리업자는 소방공사를 감리할 때 다음의 업무를 수행하여야 한다.
㉠ 소방시설 등의 설치계획표의 적법성 검토
㉡ 소방시설 등 설계도서의 적합성(적법성과 기술상의 합리성을 말한다) 검토
㉢ 소방시설 등 설계 변경 사항의 적합성 검토
㉣ 「화재예방, 소방시설 설치 · 유지 및 안전관리에 관한 법률」의 소방용품의 위치 · 규격 및 사용 자재의 적합성 검토
㉤ 공사업자가 한 소방시설 등의 시공이 설계도서와 화재안전기준에 맞는지에 대한 지도 · 감독
㉥ 완공된 소방시설 등의 성능시험
㉦ 공사업자가 작성한 시공 상세 도면의 적합성 검토
㉧ 피난시설 및 방화시설의 적법성 검토
㉨ 실내 장식물의 불연화(不燃化)와 방염 물품의 적법성 검토

**32** **다음 중 상주공사감리의 대상으로 옳은 것은?**

① 연면적 1만$m^2$ 이상의 특정소방대상물
② 연면적 2만$m^2$ 이상의 특정소방대상물
③ 연면적 3만$m^2$ 이상의 특정소방대상물
④ 아파트

TIPS!

**상주 공사감리의 대상**[시행령 제9조 관련 별표3]
㉠ 연면적 3만 제곱미터 이상의 특정 소방대상물(아파트는 제외)에 대한 소방시설의 공사
㉡ 지하층을 포함한 층수가 16층 이상으로서 500세대 이상인 아파트에 대한 소방시설의 공사

Answer 31.③ 32.③

**33** **다음 중 공사감리자 지정대상 특정소방대상물의 범위로 옳지 않은 것은?**

① 옥내소화전설비를 신설 · 개설 또는 증설할 때
② 옥외소화전설비를 신설 · 개설 또는 증설할 때
③ 통합감시시설을 신설 또는 개설할 때
④ 비상경보설비를 신설 또는 개설할 때

**TIPS!**

**공사감리자 지정대상 특정소방대상물의 범위**[시행령 제10조 제2항]
㉠ 옥내소화전설비를 신설 · 개설 또는 증설할 때
㉡ 스프링클러설비 등(캐비닛형 간이 스프링클러설비는 제외)을 신설 · 개설하거나 방호 · 방수 구역을 증설할 때
㉢ 물분무등 소화설비(호스릴 방식의 소화설비는 제외)를 신설 · 개설하거나 방호 · 방수 구역을 증설할 때
㉣ 옥외 소화전설비를 신설 · 개설 또는 증설할 때
㉤ 자동 화재탐지설비를 신설 · 개설할 때
㉥ 비상방송설비를 신설 또는 개설할 때
㉦ 통합감시시설을 신설 또는 개설할 때
㉧ 비상조명등을 신설 또는 개설할 때
㉨ 소화용수설비를 신설 또는 개설할 때
㉩ 다음에 따른 소화활동설비에 대하여 시공을 할 때
- 제연설비를 신설 · 개설하거나 제연구역을 증설할 때
- 연결송수관설비를 신설 또는 개설할 때
- 연결살수설비를 신설 · 개설하거나 송수구역을 증설할 때
- 비상콘센트설비를 신설 · 개설하거나 전용회로를 증설할 때
- 무선통신보조설비를 신설 또는 개설할 때
- 연소방지설비를 신설 · 개설하거나 살수구역을 증설할 때

**34** **다음 중 감리원의 세부배치기준에 대하여 옳지 않은 것은?**

① 일반공사감리는 월 1회 이상 소방공사감리현장에 배치되어 감리하여야 한다.
② 일반 공사감리의 경우 1명의 감리원이 담당하는 소방공사 감리현장은 5개 이하로서 감리현장 연면적의 총 합계가 10만 제곱미터 이하여야 한다.
③ 상주 공사감리를 대상으로 할 경우 소방시설용 배관(전선관을 포함)을 설치하거나 매립하는 때부터 소방시설 완공검사증명서를 발급받을 때까지 소방공사감리현장에 감리원을 배치하여야 한다.
④ 일반 공사감리의 경우 기계분야의 감리원 자격을 취득한 사람과 전기분야의 감리원 자격을 취득한 사람 각 1명 이상을 감리원으로 배치해야 한다.

**TIPS!**

일반 공사감리는 주 1회 이상 소방공사감리현장에 배치되어 감리하여야 한다(시행규칙 제16조 참조).

**Answer** 33.④ 34.①

**35** **감리업자가 소방공사를 감리할 때 소방시설공사가 설계도서나 화재안전기준에 맞지 아니할 경우 취할 수 있는 조치에 해당되지 아니한 것은?**

① 공사감리자를 지정한 특정 소방대상물의 관계인에게 알린다.
② 공사업자에게 공사의 시정 또는 보완을 요구한다.
③ 공사업자가 시정 또는 보완을 하지 않을 경우 공사를 중지시킨다.
④ 공사업자가 시정 또는 보완을 하지 않고 그 공사를 계속할 경우 소방본부장 또는 소방서장에게 그 사실을 보고한다.

TIPS!

소방시설공사업법 제19조(위반사항에 대한 조치)
㉠ 감리업자는 감리를 할 때 소방시설공사가 설계도서나 화재안전기준에 맞지 아니할 때에는 관계인에게 알리고, 공사업자에게 그 공사의 시정 또는 보완 등을 요구하여야 한다.
㉡ 공사업자가 그 공사의 시정 또는 보완 등의 요구를 받았을 때에는 그 요구에 따라야 한다.
㉢ 감리업자는 공사업자가 그 공사의 시정 또는 보완 등의 요구를 이행하지 아니하고 그 공사를 계속할 때에는 행정안전부령으로 정하는 바에 따라 소방본부장이나 소방서장에게 그 사실을 보고하여야 한다.
㉣ 관계인은 감리업자가 ㉢에 따라 소방본부장이나 소방서장에게 보고한 것을 이유로 감리계약을 해지하거나 감리의 대가 지급을 거부하거나 지연시키거나 그 밖의 불이익을 주어서는 아니 된다.

**36** **다음 중 감리업자가 소방공사감리 완료 시 소방공사감리 결과의 통보를 알리는 대상이 아닌 것은?**

① 관계인, 소방시설공사의 도급인
② 관계인, 공사를 감리한 건축사
③ 관계인, 설계자, 소방시설공사의 도급인
④ 소방시설공사의 도급인, 소방본부장 또는 소방서장

TIPS!

소방시설공사업법 제20조(공사감리 결과의 통보 등)
감리업자는 소방공사의 감리를 마쳤을 때에는 행정안전부령으로 정하는 바에 따라 그 감리 결과를 ㉠그 특정소방대상물의 관계인, ㉡소방시설공사의 도급인, 그 특정소방대상물의 ㉢공사를 감리한 건축사에게 서면으로 알리고, ㉣소방본부장이나 소방서장에게 공사감리 결과보고서를 제출하여야 한다.

Answer 35.③ 36.③

**37** **소방시설공사의 시공을 하도급 할 수 있는 경우가 아닌 것은?**

① 「소방기본법」에 따른 소방시설설치업
② 「건설산업기본법」에 따른 건설업
③ 「전기공사업법」에 따른 전기공사업
④ 「정보통신공사업법」에 따른 정보통신공사업

TIPS!

**대통령령으로 정하는 소방시설공사의 시공을 하도급 할 수 있는 경우**[소방시설공사업법시행령 제12조]
㉠ 「주택법」에 따른 주택건설사업
㉡ 「건설산업기본법」에 따른 건설업
㉢ 「전기공사업법」에 따른 전기공사업
㉣ 「정보통신공사업법」에 따른 정보통신공사업

**38** **특정소방대상물의 관계인 또는 발주자가 정당한 사유 없이 며칠 이상 소방시설공사를 계속하지 않는 경우에 도급계약을 해지할 수 있는가?**

① 7일
② 14일
③ 30일
④ 60일

TIPS!

**소방시설공사업법 제23조**(도급계약의 해지)
특정소방대상물의 관계인 또는 발주자는 해당 도급계약의 수급인이 다음의 어느 하나에 해당하는 경우에는 도급계약을 해지할 수 있다.
㉠ 소방시설업이 등록취소되거나 영업정지된 경우
㉡ 소방시설업을 휴업하거나 폐업한 경우
㉢ 정당한 사유 없이 30일 이상 소방시설공사를 계속하지 아니하는 경우
㉣ 하도급계약의 적정성 심사에 따른 요구에 정당한 사유 없이 따르지 아니하는 경우

Answer 37.① 38.③

**39** **소방시설공사업법 중 도급계약의 해지 기준으로 옳지 않은 것은?**

① 소방시설업을 휴업하거나 폐업한 경우
② 소방시설업이 등록취소되거나 영업정지된 경우
③ 경고 받았을 때
④ 정당한 사유 없이 30일 이상 소방시설공사를 계속하지 아니하는 경우

TIPS!

**소방시설공사업법 제23조**(도급계약의 해지)
특정소방대상물의 관계인 또는 발주자는 해당 도급계약의 수급인이 다음의 어느 하나에 해당하는 경우에는 도급계약을 해지할 수 있다.
㉠ 소방시설업이 등록취소되거나 영업정지된 경우
㉡ 소방시설업을 휴업하거나 폐업한 경우
㉢ 정당한 사유 없이 30일 이상 소방시설공사를 계속하지 아니하는 경우
㉣ 하도급계약의 적정성 심사에 따른 요구에 정당한 사유 없이 따르지 아니하는 경우

**40** **다음 중 동일한 특정소방대상물의 소방시설에 대한 시공과 감리를 함께할 수 없는 경우가 아닌 것은?**

① 「독점규제 및 공정거래에 관한 법률」에 따른 기업집단의 관계인 경우
② 법인과 그 법인의 임직원인 경우
③ 「민법」에 따른 친족관계인 경우
④ 공사업자와 설계업자가 같은 자인 경우

TIPS!

**소방시설공사업법 제24조**(공사업자의 감리 제한)
다음의 어느 하나에 해당되면 동일한 특정소방대상물의 소방시설에 대한 시공과 감리를 함께 할 수 없다.
㉠ 공사업자와 감리업자가 같은 자인 경우
㉡ 「독점규제 및 공정거래에 관한 법률」에 따른 기업집단의 관계인 경우
㉢ 법인과 그 법인의 임직원의 관계인 경우
㉣ 「민법」에 따른 친족관계인 경우

**Answer** 39.③ 40.④

**41** **다음 중 시·도지사가 그 등록을 취소하거나 6개월 이내의 기간을 정하여 시정이나 그 영업의 정지를 명할 수 있는 경우가 아닌 것은?**

① 등록을 한 후 정당한 사유 없이 1년이 지날 때까지 영업을 시작하지 아니하거나 계속하여 6개월 이상 휴업한 때
② 소방시설공사의 책임시공 및 기술관리를 위한 소속 감리원을 공사현장에 배치하지 아니한 경우
③ 소방시설공사 등의 업무수행의무 등을 고의 또는 과실로 위반하여 다른 자에게 상해를 입히거나 재산피해를 입힌 경우
④ 하자보수 기간 내에 하자보수를 하지 아니하거나 하자보수계획을 통보하지 아니한 경우

소방시설공사업법 제9조(등록취소와 영업정지 등) 제1항 참조
등록을 한 후 정당한 사유 없이 1년이 지날 때까지 영업을 시작하지 아니하거나 계속하여 1년 이상 휴업한 때에 그 등록을 취소하거나 6개월 이내의 기간을 정하여 시정 및 영업정지를 명할 수 있다.

**42** **다음 중 시공능력을 평가하여 공시할 수 있는 사람은 누구인가?**

① 행정안전부장관
② 소방청장
③ 시도지사
④ 소방본부장 또는 소방서장

TIPS!

소방시설공사업법 제26조(시공능력 평가 및 공시) 제1항
소방청장은 관계인 또는 발주자가 적절한 공사업자를 선정할 수 있도록 하기 위하여 공사업자의 신청이 있으면 그 공사업자의 소방시설공사 실적, 자본금 등에 따라 시공능력을 평가하여 공시할 수 있다.

Answer 41.① 42.②

**43** **다음 중 소방기술자의 의무가 아닌 것은?**

① 소방시설업법에 따른 업무 수행
② 자격증 대여 금지
③ 이중취업의 금지
④ 위험물안전관리법에 따른 업무 수행

TIPS!

소방시설공사업법 제27조(소방기술자의 의무)
㉠ 소방기술자는 소방시설공사업법에 따른 명령과 「화재예방, 소방시설 설치 · 유지 및 안전관리에 관한 법률」 및 같은 법에 따른 명령에 따라 업무를 수행하여야 한다.
㉡ 소방기술자는 다른 사람에게 자격증(소방기술 경력 등을 인정받은 사람의 경우에는 소방기술 인정 자격수첩과 소방기술자 경력수첩)을 빌려 주어서는 아니 된다.
㉢ 소방기술자는 동시에 둘 이상의 업체에 취업하여서는 아니 된다. 다만, 소방기술자 업무에 영향을 미치지 아니하는 범위에서 근무시간 외에 소방시설업이 아닌 다른 업종에 종사하는 경우는 제외한다.

**44** **다음 소방시설공사업법 중 청문의 대상인 것은?**

① 소방기술 인정자격 취소
② 소방공사업 휴업정지처분
③ 소방기술자의 실무교육
④ 소방시설업의 자격정지

TIPS!

소방시설공사업법 제32조(청문)
소방시설업 등록취소처분이나 영업정지처분 또는 소방기술인정 자격취소처분을 하려면 청문을 하여야 한다.

Answer 43.④ 44.①

**45** **소방시설공사업법에서 소방공사업자가 소방시설의 완공검사를 받지 않았을 때 벌칙은?**

① 500만 원 이하의 벌금
② 200만 원 이상의 과태료
③ 200만 원 이하의 벌금
④ 200만 원 이하의 과태료

TIPS!
소방시설공사업법 제40조에 의해 완공검사를 받지 아니한 자는 200만 원 이하의 과태료에 처해진다.

**46** **다음 중 화재안전기준에 맞지 않게 시공할 수 있는 경우는?**

① 공법이 특수한 시공에 관하여 중앙소방기술심의위원회의 심의를 거쳐 소방시설의 구조와 원리 등에서 특수한 설계로 인정된 경우는 화재안전기준을 따르지 아니할 수 있다.
② 설계 및 시공이 화재안전에 관한 감리의 기준에 따르는 경우 화재안전기준을 따르지 아니할 수 있다.
③ 공법이 일반적인 시공에 관하여 중앙소방기술심의위원회의 심의를 거쳐 소방시설의 구조와 원리 등에서 특수한 설계로 인정된 경우는 화재안전기준을 따르지 아니할 수 있다.
④ 소방시설공사의 책임시공 및 기술관리를 위하여 대통령령으로 화재안전기준의 적용을 면제한 경우 화재안전기준을 따르지 아니할 수 있다.

TIPS!
소방시설공사업법 제11조 및 제12조 참조
소방시설공사업을 등록한 자(공사업자)는 이 법이나 이 법에 따른 명령과 화재안전기준에 맞게 시공하여야 한다. 이 경우 소방시설의 구조와 원리 등에서 그 공법이 특수한 시공에 관하여는 중앙소방기술심의위원회의 심의를 거쳐 소방시설의 구조와 원리 등에서 특수한 설계로 인정된 경우는 화재안전기준을 따르지 아니할 수 있다.

Answer 45.④ 46.①

## 47 합성수지류의 방염업을 하기 위하여 갖추어야 하는 장비로 보기 어려운 것은?

① 제조설비 ② 가공설비
③ 성형설비 ④ 감압설비

TIPS!

소방시설공사업법시행령 별표1 - 부표

㉠ 합판 · 목재류 방염업의 설비
- 섬유판 외의 합판 · 목재류를 방염처리하는 경우 : 다음 중 하나 이상의 설비를 갖출 것
  - 합판의 제조설비
  - 감압설비(300mmHg 이하) 및 가압설비(7kg/㎠ 이상)
  - 합판 · 목재 도장설비
- 섬유판을 방염처리하는 경우 : 제조설비 또는 가공설비를 갖출 것

㉡ 합성수지류 방염업의 설비
- 제조설비
- 가공설비
- 성형설비

## 48 다음 중 소방설비공사의 하자 보수에 관한 내용 중 바르지 않은 것은?

① 소방시설에 하자가 있을 때에는 대통령령으로 정하는 기간 동안 그 하자를 보수하여야 한다.
② 하자가 발생하였을 때에는 통보를 받은 공사업자는 3일 이내에 하자를 보수하거나 보수 일정을 기록한 하자 보수 계획을 관계인에게 서면으로 알려야 한다.
③ 하자보수를 이행하지 아니한 경우 관계인은 소방본부장이나 소방서장에게 그 사실을 알릴 수 있다.
④ 하자보수 불이행 · 계획보고 불이행 · 불합리한 계획의 통보를 받았을 때에는 「소방시설공사업법」에 따른 중앙소방기술심의위원회에 심의를 요청하여야 한다.

TIPS!

소방본부장이나 소방서장은 **하자보수 불이행 · 계획보고 불이행 · 불합리한 계획의 통보를 받았을 때에는 「화재예방, 소방시설 설치 · 유지 및 안전관리에 관한 법률」에 따른 지방소방기술심의위원회에 심의를 요청하여야 하며, 그 심의 결과 하자보수 불이행 · 하자보수 계획보고 불이행** · 불합리한 계획에 해당하는 것으로 인정할 때에는 시공자에게 기간을 정하여 하자보수를 명하여야 한다.

※ 소방시설공사업법 제15조(공사의 하자보수 등)

㉠ 공사업자는 소방시설공사 결과 자동 화재탐지설비 등 대통령령으로 정하는 소방시설에 하자가 있을 때에는 대통령령으로 정하는 기간 동안 그 하자를 보수하여야 한다.

㉡ 관계인은 하자보수 기간에 소방시설의 하자가 발생하였을 때에는 공사업자에게 그 사실을 알려야 하며, 통보를 받은 공사업자는 3일 이내에 하자를 보수하거나 보수 일정을 기록한 하자보수계획을 관계인에게 서면으로 알려야 한다.

㉢ 관계인은 공사업자가 다음의 어느 하나에 해당하는 경우에는 소방본부장이나 소방서장에게 그 사실을 알릴 수 있다.
- 하자보수를 이행하지 아니한 경우
- 하자보수 기간에 하자 보수계획을 서면으로 알리지 아니한 경우
- 하자 보수계획이 불합리하다고 인정되는 경우

Answer 47.④ 48.④

**49** **소방시설업자협회의 업무로 바르지 않은 것은?**

① 소방시설업의 기술발전과 소방기술의 진흥을 위한 투자조성
② 소방산업의 발전 및 소방기술의 향상을 위한 지원
③ 소방시설업의 기술발전과 관련된 국제교류 · 활동 및 행사의 유치
④ 소방시설공사업법에 따른 위탁 업무의 수행

**TIPS!**

소방시설공사업법 제30조의3(협회의 업무)
㉠ 소방시설업의 기술발전과 소방기술의 진흥을 위한 조사 · 연구 · 분석 및 평가
㉡ 소방산업의 발전 및 소방기술의 향상을 위한 지원
㉢ 소방시설업의 기술발전과 관련된 국제교류 · 활동 및 행사의 유치
㉣ 소방시설공사업법에 따른 위탁 업무의 수행

**Answer** 49.①

# PART 03

# 화재예방, 소방시설 설치 · 유지 및 안전관리에 관한 법률

01 중요핵심이론

02 출제예상문제

# 중요핵심이론

기출PLUS

## section 1 총칙

### (1) 목적〈제1조〉

「화재예방, 소방시설 설치 · 유지 및 안전관리에 관한 법률」은 화재, 재난 · 재해, 그 밖의 위급한 상황으로부터 국민의 생명 · 신체 및 재산을 보호하기 위하여 화재의 예방 및 안전관리에 관한 국가와 지방자치단체의 책무와 소방시설 등의 설치 · 유지 및 소방대상물의 안전관리에 관하여 필요한 사항을 정함으로써 공공의 안전과 복리 증진에 이바지함을 목적으로 한다.

### (2) 용어의 정의〈제2조〉

① 소방시설이란 소화설비, 경보설비, 피난구조설비, 소화용수설비, 그 밖에 소화활동설비로서 대통령령으로 정하는 것을 말한다[표1 참조].

② 소방시설 등이란 소방시설과 비상구(非常口), 그 밖에 소방 관련 시설로서 대통령령으로 정하는 것을 말한다.

③ 특정소방대상물이란 소방시설을 설치하여야 하는 소방대상물로서 대통령령으로 정하는 것을 말한다[표2 참조].

④ 소방용품이란 소방시설 등을 구성하거나 소방용으로 사용되는 제품 또는 기기로서 대통령령으로 정하는 것을 말한다[표3 참조].

POINT 시행령 제2조(정의)

① "무창층"(無窓層)이란 지상층 중 다음 각 목의 요건을 모두 갖춘 개구부(건축물에서 채광 · 환기 · 통풍 또는 출입 등을 위하여 만든 창 · 출입구, 그 밖에 이와 비슷한 것을 말한다)의 면적의 합계가 해당 층의 바닥면적의 30분의 1 이하가 되는 층을 말한다.
- ㉠ 크기는 지름 50센티미터 이상의 원이 내접(內接)할 수 있는 크기일 것
- ㉡ 해당 층의 바닥면으로부터 개구부 밑부분까지의 높이가 1.2미터 이내일 것
- ㉢ 도로 또는 차량이 진입할 수 있는 빈터를 향할 것
- ㉣ 화재 시 건축물로부터 쉽게 피난할 수 있도록 창살이나 그 밖의 장애물이 설치되지 아니할 것
- ㉤ 내부 또는 외부에서 쉽게 부수거나 열 수 있을 것

② "피난층"이란 곧바로 지상으로 갈 수 있는 출입구가 있는 층을 말한다.

⑤ 이 법에서 사용하는 용어의 뜻은 이 법에서 규정하는 것을 제외하고는 「소방기본법」, 「소방시설공사업법」, 「위험물 안전관리법」 및 「건축법」에서 정하는 바에 따른다.

표1 〈대통령령에 의해 정의되는 소방시설〉

1. **소화설비** : 물 또는 그 밖의 소화약제를 사용하여 소화하는 기계 · 기구 또는 설비로서 다음의 것
   가. 소화기구
      1) 소화기
      2) 간이 소화용구 : 에어로졸식 소화용구, 투척용 소화용구, 소공간용 소화용구 및 소화약제 외의 것을 이용한 간이 소화용구
      3) 자동확산소화기
   나. 자동소화장치
      1) 주거용 주방자동소화장치
      2) 상업용 주방자동소화장치
      3) 캐비닛형 자동소화장치
      4) 가스 자동소화장치
      5) 분말 자동소화장치
      6) 고체에어로졸 자동소화장치
   다. 옥내 소화전 설비(호스릴 옥내 소화전 설비를 포함한다)
   라. 스프링클러설비 등
      1) 스프링클러설비
      2) 간이 스프링클러설비(캐비닛형 간이 스프링클러 설비를 포함한다)
      3) 화재조기진압용 스프링클러 설비
   마. 물 분무 등 소화설비
      1) 물 분무 소화설비
      2) 미분무 소화설비
      3) 포 소화설비
      4) 이산화탄소 소화설비
      5) 할론소화설비
      6) 할로겐화합물 및 불활성기체(다른 원소와 화학 반응을 일으키기 어려운 기체를 말한다) 소화설비
      7) 분말 소화설비
      8) 강화액 소화설비
      9) 고체에어로졸 소화설비
   바. 옥외 소화전 설비
2. **경보설비** : 화재발생 사실을 통보하는 기계 · 기구 또는 설비로서 다음의 것
   가. 단독경보형 감지기
   나. 비상경보설비
      1) 비상벨 설비
      2) 자동식 사이렌 설비
   다. 시각경보기
   라. 자동화재탐지설비
   마. 비상방송설비
   바. 자동화재속보설비
   사. 통합감시시설
   아. 누전경보기
   자. 가스누설경보기

**기출PLUS**

기출 2020. 6. 20. 소방공무원

**「화재예방, 소방시설 설치 · 유지 및 안전관리에 관한 법률 시행령」상 피난구조설비로 옳지 않은 것은?**

① 구조대
② 방열복
③ 시각경보기
④ 비상조명등

시각경보기는 경보설비에 해당한다.

<정답 ③

3. **피난구조설비** : 화재가 발생할 경우 피난하기 위하여 사용하는 기구 또는 설비로서 다음의 것 ✡ 2020 기출
   가. 피난기구
      1) 피난사다리
      2) 구조대
      3) 완강기
      4) 그 밖에 법 제9조 제1항에 따라 소방청장이 정하여 고시하는 화재안전기준으로 정하는 것
   나. 인명구조기구
      1) 방열복, 방화복(안전모, 보호장갑 및 안전화를 포함한다)
      2) 공기호흡기
      3) 인공소생기
   다. 유도등
      1) 피난유도선
      2) 피난구유도등
      3) 통로유도등
      4) 객석유도등
      5) 유도표지
   라. 비상조명등 및 휴대용비상조명등
4. **소화용수설비** : 화재를 진압하는 데 필요한 물을 공급하거나 저장하는 설비로서 다음의 것
   가. 상수도소화용수설비
   나. 소화수조 · 저수조, 그 밖의 소화용수설비
5. **소화활동설비** : 화재를 진압하거나 인명 구조활동을 위하여 사용하는 설비로서 다음의 것
   가. 제연설비
   나. 연결송수관설비
   다. 연결살수설비
   라. 비상콘센트설비
   마. 무선통신보조설비
   바. 연소방지설비

기출PLUS

표2 〈대통령령에 의해 정의되는 특정소방대상물〉

1. 공동주택
   가. 아파트 등 : 주택으로 쓰이는 층수가 5층 이상인 주택
   나. 기숙사 : 학교 또는 공장 등에서 학생이나 종업원 등을 위하여 쓰는 것으로서 공동취사 등을 할 수 있는 구조를 갖추되, 독립된 주거의 형태를 갖추지 않은 것(「교육기본법」에 따른 학생복지주택을 포함)
2. 근린생활시설
   가. 슈퍼마켓과 일용품(식품, 잡화, 의류, 완구, 서적, 건축자재, 의약품, 의료기기 등) 등의 소매점으로서 같은 건축물(하나의 대지에 두 동 이상의 건축물이 있는 경우에는 이를 같은 건축물로 본다.)에 해당 용도로 쓰는 바닥면적의 합계가 1천 ㎡ 미만인 것
   나. 휴게음식점, 제과점, 일반음식점, 기원(棋院), 노래연습장 및 단란주점(단란주점은 같은 건축물에 해당 용도로 쓰는 바닥면적의 합계가 150㎡ 미만인 것만 해당한다.)
   다. 이용원, 미용원, 목욕장 및 세탁소(공장이 부설된 것과 「대기환경보전법」, 「물환경보전법」 또는 「소음 · 진동관리법」에 따른 배출시설의 설치허가 또는 신고의 대상이 되는 것은 제외한다.)
   라. 의원, 치과의원, 한의원, 침술원, 접골원(接骨院), 조산원(「모자보건법」에 따른 산후조리원을 포함) 및 안마원(「의료법」에 따른 안마시술소를 포함한다.)
   마. 탁구장, 테니스장, 체육도장, 체력단련장, 에어로빅장, 볼링장, 당구장, 실내낚시터, 골프연습장, 물놀이형 시설(「관광진흥법」에 따른 안전성검사의 대상이 되는 물놀이형 시설을 말한다.), 그 밖에 이와 비슷한 것으로서 같은 건축물에 해당 용도로 쓰는 바닥면적의 합계가 500㎡ 미만인 것
   바. 공연장(극장, 영화상영관, 연예장, 음악당, 서커스장, 「영화 및 비디오물의 진흥에 관한 법률」에 따른 비디오물감상실업의 시설, 비디오물소극장업의 시설, 그 밖에 이와 비슷한 것을 말한다.) 또는 종교집회장[교회, 성당, 사찰, 기도원, 수도원, 수녀원, 제실(祭室), 사당, 그 밖에 이와 비슷한 것을 말한다. 이하 같다]으로서 같은 건축물에 해당 용도로 쓰는 바닥면적의 합계가 300㎡ 미만인 것
   사. 금융업소, 사무소, 부동산 중개사무소, 결혼상담소 등 소개업소, 출판사, 서점, 그 밖에 이와 비슷한 것으로서 같은 건축물에 해당 용도로 쓰는 바닥면적의 합계가 500㎡ 미만인 것
   아. 제조업소, 수리점, 그 밖에 이와 비슷한 것으로서 같은 건축물에 해당 용도로 쓰는 바닥면적의 합계가 500㎡ 미만이고, 「대기환경보전법」, 「물환경보전법」 또는 「소음 · 진동관리법」에 따른 배출시설의 설치허가 또는 신고의 대상이 아닌 것
   자. 「게임산업진흥에 관한 법률」에 따른 청소년게임제공업 및 일반게임제공업의 시설, 인터넷컴퓨터게임시설제공업의 시설 및 복합유통게임제공업의 시설로서 같은 건축물에 해당 용도로 쓰는 바닥면적의 합계가 500㎡ 미만인 것

차. 사진관, 표구점, 학원(같은 건축물에 해당 용도로 쓰는 바닥면적의 합계가 500㎡ 미만인 것만 해당하며, 자동차학원 및 무도학원은 제외), 독서실, 고시원(「다중이용업소의 안전관리에 관한 특별법」에 따른 다중이용업 중 고시원업의 시설로서 독립된 주거의 형태를 갖추지 않은 것으로서 같은 건축물에 해당 용도로 쓰는 바닥면적의 합계가 500㎡ 미만인 것을 말한다), 장의사, 동물병원, 총포판매사, 그 밖에 이와 비슷한 것

카. 의약품 판매소, 의료기기 판매소 및 자동차영업소로서 같은 건축물에 해당 용도로 쓰는 바닥면적의 합계가 1천㎡ 미만인 것

3. 문화 및 집회시설
   가. 공연장으로서 근린생활시설에 해당하지 않는 것
   나. 집회장 : 예식장, 공회당, 회의장, 마권(馬券) 장외 발매소, 마권 전화투표소, 그 밖에 이와 비슷한 것으로서 근린생활시설에 해당하지 않는 것
   다. 관람장 : 경마장, 경륜장, 경정장, 자동차 경기장, 그 밖에 이와 비슷한 것과 체육관 및 운동장으로서 관람석의 바닥면적의 합계가 1천㎡ 이상인 것
   라. 전시장 : 박물관, 미술관, 과학관, 문화관, 체험관, 기념관, 산업전시장, 박람회장, 견본주택, 그 밖에 이와 비슷한 것
   마. 동 · 식물원 : 동물원, 식물원, 수족관, 그 밖에 이와 비슷한 것

4. 종교시설
   가. 종교집회장으로서 근린생활시설에 해당하지 않는 것
   나. 가목의 종교집회장에 설치하는 봉안당(奉安堂)

5. 판매시설
   가. 도매시장 : 「농수산물 유통 및 가격안정에 관한 법률」에 따른 농수산물도매시장, 농수산물공판장, 그 밖에 이와 비슷한 것(그 안에 있는 근린생활시설을 포함한다)
   나. 소매시장 : 시장, 「유통산업발전법」에 따른 대규모 점포, 그 밖에 이와 비슷한 것(그 안에 있는 근린생활시설을 포함한다)
   다. 전통시장: 「전통시장 및 상점가 육성을 위한 특별법」에 따른 전통시장(그 안에 있는 근린생활시설을 포함하며, 노점형 시장은 제외한다)
   라. 상점 : 다음의 어느 하나에 해당하는 것(그 안에 있는 근린생활시설을 포함한다)
      1) 제2호 가목에 해당하는 용도로서 같은 건축물에 해당 용도로 쓰는 바닥면적 합계가 1천㎡ 이상인 것
      2) 제2호 자목에 해당하는 용도로서 같은 건축물에 해당 용도로 쓰는 바닥면적 합계가 500㎡ 이상인 것

6. 운수시설 ✡ 2020 기출
   가. 여객자동차터미널
   나. 철도 및 도시철도 시설(정비창 등 관련 시설을 포함한다)
   다. 공항시설(항공관제탑을 포함한다)
   라. 항만시설 및 종합여객시설

7. 의료시설 ✡ 2020 기출
   가. 병원 : 종합병원, 병원, 치과병원, 한방병원, 요양병원
   나. 격리병원 : 전염병원, 마약진료소, 그 밖에 이와 비슷한 것
   다. 정신의료기관
   라. 「장애인복지법」에 따른 장애인 의료재활시설

**기출PLUS**

기출 2020. 6. 20. 소방공무원

**「화재예방, 소방시설 설치 · 유지 및 안전관리에 관한 법률 시행령」상 의료시설에 해당되는 특정소방대상물을 모두 고른 것은?**

보기
㉠ 노인의료복지시설
㉡ 정신의료기관
㉢ 마약진료소
㉣ 한방의원

① ㉠, ㉢
② ㉠, ㉣
③ ㉡, ㉢
④ ㉢, ㉣

TIP
㉠ 노인의료복지시설은 노유자시설에 해당한다.
㉣ 한방병원은 의료시설에, 한방의원은 근린생활시설에 해당한다.

<정답 ③

기출PLUS

8. 교육연구시설
   가. 학교
      1) 초등학교, 중학교, 고등학교, 특수학교, 그 밖에 이에 준하는 학교 : 「학교시설사업 촉진법」의 교사(校舍)(교실 · 도서실 등 교수 · 학습활동에 직접 또는 간접적으로 필요한 시설물을 말하되, 병설유치원으로 사용되는 부분은 제외한다. 이하 같다), 체육관, 「학교급식법」에 따른 급식시설, 합숙소(학교의 운동부, 기능선수 등이 집단으로 숙식하는 장소를 말한다.)
      2) 대학, 대학교, 그 밖에 이에 준하는 각종 학교 : 교사 및 합숙소
   나. 교육원(연수원, 그 밖에 이와 비슷한 것을 포함한다)
   다. 직업훈련소
   라. 학원(근린생활시설에 해당하는 것과 자동차 운전학원 · 정비학원 및 무도학원은 제외한다)
   마. 연구소(연구소에 준하는 시험소와 계량계측소를 포함한다)
   바. 도서관

9. 노유자시설
   가. 노인 관련 시설 : 「노인복지법」에 따른 노인주거복지시설, 노인의료복지시설, 노인여가복지시설, 주 · 야간보호서비스나 단기보호서비스를 제공하는 재가노인복지시설(「노인장기요양보험법」에 따른 재가장기요양기관을 포함한다), 노인보호전문기관, 노인일자리지원기관, 학대피해노인 전용쉼터, 그 밖에 이와 비슷한 것
   나. 아동 관련 시설 : 「아동복지법」에 따른 아동복지시설, 「영유아보육법」에 따른 어린이집, 「유아교육법」에 따른 유치원(학교의 교사 중 병설유치원으로 사용되는 부분을 포함한다), 그 밖에 이와 비슷한 것
   다. 장애인 관련 시설 : 「장애인복지법」에 따른 장애인 거주시설, 장애인 지역사회재활시설(장애인 심부름센터, 한국수어통역센터, 점자도서 및 녹음서 출판시설 등 장애인이 직접 그 시설 자체를 이용하는 것을 주된 목적으로 하지 않는 시설은 제외한다), 장애인 직업재활시설, 그 밖에 이와 비슷한 것
   라. 정신질환자 관련 시설 : 「정신건강증진 및 정신질환자 복지서비스 지원에 관한 법률」에 따른 정신재활시설(생산품판매시설은 제외한다), 정신요양시설, 그 밖에 이와 비슷한 것
   마. 노숙인 관련 시설 : 「노숙인 등의 복지 및 자립지원에 관한 법률」에 따른 노숙인복지시설(노숙인일시보호시설, 노숙인자활시설, 노숙인재활시설, 노숙인요양시설 및 쪽방삼당소만 해당한다), 노숙인종합지원센터 및 그 밖에 이와 비슷한 것
   바. 가목부터 마목까지에서 규정한 것 외에 「사회복지사업법」에 따른 사회복지시설 중 결핵환자 또는 한센인 요양시설 등 다른 용도로 분류되지 않는 것

10. 수련시설
   가. 생활권 수련시설 : 「청소년활동 진흥법」에 따른 청소년수련관, 청소년문화의집, 청소년특화시설, 그 밖에 이와 비슷한 것
   나. 자연권 수련시설 : 「청소년활동 진흥법」에 따른 청소년수련원, 청소년야영장, 그 밖에 이와 비슷한 것
   다. 「청소년활동 진흥법」에 따른 유스호스텔

11. 운동시설
   가. 탁구장, 체육도장, 테니스장, 체력단련장, 에어로빅장, 볼링장, 당구장, 실내낚시터, 골프연습장, 물놀이형 시설, 그 밖에 이와 비슷한 것으로서 근린생활시설에 해당하지 않는 것

기출PLUS

나. 체육관으로서 관람석이 없거나 관람석의 바닥면적이 1천㎡ 미만인 것
다. 운동장 : 육상장, 구기장, 볼링장, 수영장, 스케이트장, 롤러스케이트장, 승마장, 사격장, 궁도장, 골프장 등과 이에 딸린 건축물로서 관람석이 없거나 관람석의 바닥면적이 1천㎡ 미만인 것

12. **업무시설**
가. 공공업무시설 : 국가 또는 지방자치단체의 청사와 외국공관의 건축물로서 근린생활시설에 해당하지 않는 것
나. 일반업무시설 : 금융업소, 사무소, 신문사, 오피스텔(업무를 주로 하며, 분양하거나 임대하는 구획 중 일부의 구획에서 숙식을 할 수 있도록 한 건축물로서 국토교통부장관이 고시하는 기준에 적합한 것을 말한다), 그 밖에 이와 비슷한 것으로서 근린생활시설에 해당하지 않는 것
다. 주민자치센터(동사무소), 경찰서, 지구대, 파출소, 소방서, 119안전센터, 우체국, 보건소, 공공도서관, 국민건강보험공단, 그 밖에 이와 비슷한 용도로 사용하는 것
라. 마을회관, 마을공동작업소, 마을공동구판장, 그 밖에 이와 유사한 용도로 사용되는 것
마. 변전소, 양수장, 정수장, 대피소, 공중화장실, 그 밖에 이와 유사한 용도로 사용되는 것

13. **숙박시설**
가. 일반형 숙박시설 : 「공중위생관리법 시행령」 제4조 제1호 가목에 따른 숙박업의 시설
나. 생활형 숙박시설 : 「공중위생관리법 시행령」 제4조 제1호 나목에 따른 숙박업의 시설
다. 고시원(근린생활시설에 해당하지 않는 것을 말한다)
라. 그 밖에 가목부터 다목까지의 시설과 비슷한 것

14. **위락시설**
가. 단란주점으로서 근린생활시설에 해당하지 않는 것
나. 유흥주점, 그 밖에 이와 비슷한 것
다. 「관광진흥법」에 따른 유원시설업(遊園施設業)의 시설, 그 밖에 이와 비슷한 시설(근린생활시설에 해당하는 것은 제외한다)
라. 무도장 및 무도학원
마. 카지노영업소

15. **공장**
물품의 제조 · 가공[세탁 · 염색 · 도장(塗裝) · 표백 · 재봉 · 건조 · 인쇄 등을 포함한다] 또는 수리에 계속적으로 이용되는 건축물로서 근린생활시설, 위험물 저장 및 처리 시설, 항공기 및 자동차 관련 시설, 분뇨 및 쓰레기 처리시설, 묘지 관련 시설 등으로 따로 분류되지 않는 것

16. **창고시설**(위험물 저장 및 처리 시설 또는 그 부속용도에 해당하는 것은 제외한다)
가. 창고(물품저장시설로서 냉장 · 냉동 창고를 포함한다)
나. 하역장
다. 「물류시설의 개발 및 운영에 관한 법률」에 따른 물류터미널
라. 「유통산업발전법」에 따른 집배송시설

17. **위험물 저장 및 처리 시설**
가. 위험물 제조소 등

나. 가스시설 : 산소 또는 가연성 가스를 제조·저장 또는 취급하는 시설 중 지상에 노출된 산소 또는 가연성 가스 탱크의 저장용량의 합계가 100톤 이상이거나 저장용량이 30톤 이상인 탱크가 있는 가스시설로서 다음의 어느 하나에 해당하는 것
  1) 가스 제조시설
    ① 「고압가스 안전관리법」에 따른 고압가스의 제조허가를 받아야 하는 시설
    ② 「도시가스사업법」에 따른 도시가스사업허가를 받아야 하는 시설
  2) 가스 저장시설
    ① 「고압가스 안전관리법」에 따른 고압가스 저장소의 설치허가를 받아야 하는 시설
    ② 「액화석유가스의 안전관리 및 사업법」에 따른 액화석유가스 저장소의 설치허가를 받아야 하는 시설
  3) 가스 취급시설
    「액화석유가스의 안전관리 및 사업법」에 따른 액화석유가스 충전사업 또는 액화석유가스 집단공급사업의 허가를 받아야 하는 시설

18. **항공기 및 자동차 관련 시설**(건설기계 관련 시설을 포함한다)
  가. 항공기 격납고
  나. 차고, 주차용 건축물, 철골 조립식 주차시설(바닥면이 조립식이 아닌 것을 포함한다) 및 기계장치에 의한 주차시설
  다. 세차장
  라. 폐차장
  마. 자동차 검사장
  바. 자동차 매매장
  사. 자동차 정비공장
  아. 운전학원 · 정비학원
  자. 다음의 건축물을 제외한 건축물의 내부(「건축물 시행령」에 따른 필로티와 건축물 지하를 포함)에 설치된 주차장
    • 「건축법 시행령」에 따른 단독주택
    • 「건축법 시행령」에 따른 공동주택 중 50세대 미만인 연립주택 또는 50세대 미만인 다세대주택
  차. 「여객자동차 운수사업법」, 「화물자동차 운수사업법」 및 「건설기계관리법」에 따른 차고 및 주기장

19. **동물 및 식물 관련 시설**
  가. 축사[부화장(孵化場)을 포함한다]
  나. 가축시설 : 가축용 운동시설, 인공수정센터, 관리사(管理舍), 가축용 창고, 가축시장, 동물검역소, 실험동물 사육시설, 그 밖에 이와 비슷한 것
  다. 도축장
  라. 도계장
  마. 작물 재배사(栽培舍)
  바. 종묘배양시설
  사. 화초 및 분재 등의 온실
  아. 식물과 관련된 마목부터 사목까지의 시설과 비슷한 것(동 · 식물원은 제외한다)

20. **자원순환 관련 시설**
  가. 하수 등 처리시설
  나. 고물상
  다. 폐기물재활용시설
  라. 폐기물처분시설
  마. 폐기물감량화시설

기출PLUS

21. **교정 및 군사시설**
   가. 보호감호소, 교도소, 구치소 및 그 지소
   나. 보호관찰소, 갱생보호시설, 그 밖에 범죄자의 갱생 · 보호 · 교육 · 보건 등의 용도로 쓰는 시설
   다. 치료감호시설
   라. 소년원 및 소년분류심사원
   마. 「출입국관리법」에 따른 보호시설
   바. 「경찰관 직무집행법」에 따른 유치장
   사. 국방 · 군사시설(「국방 · 군사시설 사업에 관한 법률」 제2조 제1호 가목부터 마목까지의 시설을 말한다)

22. **방송통신시설**
   가. 방송국(방송프로그램 제작시설 및 송신 · 수신 · 중계시설을 포함한다)
   나. 전신전화국
   다. 촬영소
   라. 통신용 시설
   마. 그 밖에 가목부터 라목까지의 시설과 비슷한 것

23. **발전시설**
   가. 원자력발전소
   나. 화력발전소
   다. 수력발전소(조력발전소를 포함한다)
   라. 풍력발전소
   마. 그 밖에 가목부터 라목까지의 시설과 비슷한 것(집단에너지 공급시설을 포함한다)

24. **묘지 관련 시설**
   가. 화장시설
   나. 봉안당(제4호 나목의 봉안당은 제외)
   다. 묘지와 자연장지에 부수되는 건축물
   라. 동물화장시설, 동물건조장(乾燥葬)시설 및 동물 전용의 납골시설

25. **관광 휴게시설**
   가. 야외음악당
   나. 야외극장
   다. 어린이회관
   라. 관망탑
   마. 휴게소
   바. 공원 · 유원지 또는 관광지에 부수되는 건축물

26. **장례시설**
   가. 장례식장[의료시설의 부수시설(「의료법」 제36조 제1호에 따른 의료기관의 종류에 따른 시설)은 제외]
   나. 동물 전용의 장례식장

27. **지하가**
   지하의 인공구조물 안에 설치되어 있는 상점, 사무실, 그 밖에 이와 비슷한 시설이 연속하여 지하도에 면하여 설치된 것과 그 지하도를 합한 것
   가. 지하상가
   나. 터널 : 차량(궤도차량용은 제외) 등의 통행을 목적으로 지하, 해저 또는 산을 뚫어서 만든 것

28. 지하구
  가. 전력 · 통신용의 전선이나 가스 · 냉난방용의 배관 또는 이와 비슷한 것을 집합수용하기 위하여 설치한 지하 인공구조물로서 사람이 점검 또는 보수를 하기 위하여 출입이 가능한 것 중 다음의 하나에 해당하는 것
    1) 전력 또는 통신사업용 지하 인공구조물로서 전력구(케이블 접속부가 없는 경우에는 제외한다) 또는 통신구 방식으로 설치된 것
    2) 1)외의 지하 인공구조물로서 폭이 1.8미터 이상이고 높이가 2미터 이상이며 길이가 50미터 이상인 것
  나. 「국토의 계획 및 이용에 관한 법률」에 따른 공동구

29. 문화재
  「문화재보호법」에 따라 문화재로 지정된 건축물

30. 복합건축물
  가. 하나의 건축물이 제1호부터 제27호까지의 것 중 둘 이상의 용도로 사용되는 것. 다만, 다음의 어느 하나에 해당하는 경우에는 복합건축물로 보지 않는다.
    1) 관계 법령에서 주된 용도의 부수시설로서 그 설치를 의무화하고 있는 용도 또는 시설
    2) 「주택법」에 따라 주택 안에 부대시설 또는 복리시설이 설치되는 특정소방대상물
    3) 건축물의 주된 용도의 기능에 필수적인 용도로서 다음의 어느 하나에 해당하는 용도
      ① 건축물의 설비, 대피 또는 위생을 위한 용도, 그 밖에 이와 비슷한 용도
      ② 사무, 작업, 집회, 물품저장 또는 주차를 위한 용도, 그 밖에 이와 비슷한 용도
      ③ 구내 식당, 구내 세탁소, 구내 운동시설 등 종업원후생복리시설(기숙사는 제외한다) 또는 구내 소각시설의 용도, 그 밖에 이와 비슷한 용도
  나. 하나의 건축물이 근린생활시설, 판매시설, 업무시설, 숙박시설 또는 위락시설의 용도와 주택의 용도로 함께 사용되는 것

※ 비고

1. 내화구조로 된 하나의 특정소방대상물이 개구부(건축물에서 채광 · 환기 · 통풍 · 출입 등을 위하여 만든 창이나 출입구를 말한다)가 없는 내화구조의 바닥과 벽으로 구획되어 있는 경우에는 그 구획된 부분을 각각 별개의 특정소방대상물로 본다.

2. 둘 이상의 특정소방대상물이 다음 각 목의 어느 하나에 해당되는 구조의 복도 또는 통로(이하 이 표에서 "연결통로"라 한다)로 연결된 경우에는 이를 하나의 소방대상물로 본다.
  가. 내화구조로 된 연결통로가 다음의 어느 하나에 해당되는 경우
    1) 벽이 없는 구조로서 그 길이가 6m 이하인 경우
    2) 벽이 있는 구조로서 그 길이가 10m 이하인 경우. 다만, 벽 높이가 바닥에서 천장까지의 높이의 2분의 1 이상인 경우에는 벽이 있는 구조로 보고, 벽 높이가 바닥에서 천장까지의 높이의 2분의 1 미만인 경우에는 벽이 없는 구조로 본다.
  나. 내화구조가 아닌 연결통로로 연결된 경우
  다. 컨베이어로 연결되거나 플랜트설비의 배관 등으로 연결되어 있는 경우
  라. 지하보도, 지하상가, 지하가로 연결된 경우
  마. 방화셔터 또는 갑종 방화문이 설치되지 않은 피트로 연결된 경우

기출PLUS

바. 지하구로 연결된 경우
3. 제2호에도 불구하고 연결통로 또는 지하구와 소방대상물의 양쪽에 다음의 어느 하나에 적합한 경우에는 각각 별개의 소방대상물로 본다.
   가. 화재 시 경보설비 또는 자동소화설비의 작동과 연동하여 자동으로 닫히는 방화셔터 또는 갑종 방화문이 설치된 경우
   나. 화재 시 자동으로 방수되는 방식의 드렌처설비 또는 개방형 스프링클러헤드가 설치된 경우
4. 특정소방대상물의 지하층이 지하가와 연결되어 있는 경우 해당 지하층의 부분을 지하가로 본다. 다만, 다음 지하가와 연결되는 지하층에 지하층 또는 지하가에 설치된 방화문이 자동폐쇄장치 · 자동화재탐지설비 또는 자동소화설비와 연동하여 닫히는 구조이거나 그 윗부분에 드렌처설비가 설치된 경우에는 지하가로 보지 않는다.

**시행령 별표1 제1호 가목, 나목 및 마목**

가. 소화기구
  1) 소화기
  2) 간이소화용구 : 에어로졸식 소화용구, 투척용 소화용구 및 소화약제 외의 것을 이용한 간이소화용구
  3) 자동확산소화기

나. 자동소화장치
  1) 주거용 주방자동소화장치
  2) 상업용 주방자동소화장치
  3) 캐비닛형 자동소화장치
  4) 가스 자동소화장치
  5) 분말 자동소화장치
  6) 고체에어로졸 자동소화장치

마. 물분무 등 소화설비
  1) 물 분무 소화설비
  2) 미분무소화설비
  3) 포소화설비
  4) 이산화탄소소화설비
  5) 할론소화설비
  6) 할로겐화합물 및 불활성기체 소화설비
  7) 분말소화설비
  8) 강화액소화설비
  9) 고체에어로졸소화설비

**표3 〈대통령령에 의해 정의되는 소방용품〉 ✡ 2021 기출**

1. 소화설비를 구성하는 제품 또는 기기
   가. 별표1 제1호 가목의 소화기구(소화약제 외의 것을 이용한 간이소화용구는 제외)
   나. 별표1 제1호 나목의 자동소화장치
   다. 소화설비를 구성하는 소화전, 관창(菅槍), 소방호스, 스프링클러헤드, 기동용 수압개폐장치, 유수제어밸브 및 가스관선택밸브
2. 경보설비를 구성하는 제품 또는 기기
   가. 누전경보기 및 가스누설경보기
   나. 경보설비를 구성하는 발신기, 수신기, 중계기, 감지기 및 음향장치(경종만 해당한다)
3. 피난구조설비를 구성하는 제품 또는 기기
   가. 피난사다리, 구조대, 완강기(간이 완강기 및 지지대를 포함한다)
   나. 공기호흡기(충전기를 포함한다)
   다. 피난구 유도등, 통로 유도등, 객석 유도등 및 예비 전원이 내장된 비상조명등
4. 소화용으로 사용하는 제품 또는 기기
   가. 소화약제(별표1 제1호 나목 2)와 3)의 자동소화장치와 같은 호 마목 3)부터 8)까지의 소화설비용만 해당)
   나. 방염제(방염액 · 방염도료 및 방염성 물질을 말한다)
5. 그 밖에 행정안전부령으로 정하는 소방 관련 제품 또는 기기

### (3) 국가 및 지방자치단체의 책무〈법 제2조의2〉

① 국가는 화재로부터 국민의 생명과 재산을 보호할 수 있도록 종합적인 화재안전정책을 수립 · 시행하여야 한다.

② 지방자치단체는 국가의 화재안전정책에 맞추어 지역의 실정에 부합하는 화재안전정책을 수립 · 시행하여야 한다.

③ 국가와 지방자치단체가 화재안전정책을 수립 · 시행할 때에는 과학적 합리성, 일관성, 사전 예방의 원칙이 유지되도록 하되, 국민의 생명 · 신체 및 재산보호를 최우선적으로 고려하여야 한다.

### (4) 화재안전정책기본계획 등의 수립 · 시행〈법 제2조의3〉 ✡ 2019 기출

① 국가는 화재안전 기반 확충을 위하여 화재안전정책에 관한 기본계획(이하 "기본계획"이라 한다)을 5년마다 수립 · 시행하여야 한다.

② 기본계획은 대통령령으로 정하는 바에 따라 소방청장이 관계 중앙행정기관의 장과 협의하여 수립한다.

> **POINT** 화재안전정책기본계획의 협의 및 수립〈시행령 제6조의2〉
> 소방청장은 법 제2조의3에 따른 화재안전정책에 관한 기본계획을 계획 시행 전년도 8월 31일까지 관계 중앙행정기관의 장과 협의를 마친 후 계획 시행 전년도 9월 30일까지 수립하여야 한다.

③ 기본계획에는 다음의 사항이 포함되어야 한다.
- ㉠ 화재안전정책의 기본목표 및 추진방향
- ㉡ 화재안전을 위한 법령 · 제도의 마련 등 기반 조성에 관한 사항
- ㉢ 화재예방을 위한 대국민 홍보 · 교육에 관한 사항
- ㉣ 화재안전 관련 기술의 개발 · 보급에 관한 사항
- ㉤ 화재안전분야 전문인력의 육성 · 지원 및 관리에 관한 사항
- ㉥ 화재안전분야 국제경쟁력 향상에 관한 사항
- ㉦ 그 밖에 대통령령으로 정하는 화재안전 개선에 필요한 사항

> **POINT** 기본계획의 내용〈시행령 제6조의3〉
> 대통령령으로 정하는 화재안전 개선에 필요한 사항이란 다음 각 호의 사항을 말한다.
> ① 화재현황, 화재발생 및 화재안전정책의 여건 변화에 관한 사항
> ② 소방시설의 설치 · 유지 및 화재안전기준의 개선에 관한 사항

④ 소방청장은 기본계획을 시행하기 위하여 매년 시행계획을 수립 · 시행하여야 한다.

⑤ 소방청장은 수립된 기본계획 및 시행계획을 관계 중앙행정기관의 장, 특별시장 · 광역시장 · 특별자치시장 · 도지사 · 특별자치도지사(이하 이 조에서 "시 · 도지사"라 한다)에게 통보한다.

---

**기출PLUS**

기출 2019. 4. 6 소방공무원

**「화재예방, 소방시설 설치 · 유지 및 안전관리에 관한 법률」상 화재안전정책기본계획 등의 수립 및 시행에 관한 내용으로 옳은 것은?**

① 기본계획에는 화재안전분야 국제경쟁력 향상에 관한 사항이 포함되어야 한다.
② 소방본부장은 기본계획을 시행하기 위하여 5년마다 시행계획을 수립 · 시행하여야 한다.
③ 기본계획은 행정안전부령으로 정하는 바에 따라 소방본부장이 관계 중앙행정기관의 장과 협의하여 수립한다.
④ 국가는 화재안전 기반 확충을 위하여 화재안전정책에 관한 기본계획을 10년마다 수립 · 시행하여야 한다.

**TIP**

② 시행계획 수립 · 시행 주체는 소방청장이며, 매년 이루어져야 한다.
③ 대통령령으로 정하는 바에 따라 소방청장이 관계 중앙행정기관의 장과 협의하여 수립한다.
④ 5년마다 수립 · 시행한다.

**〈정답 ①**

기출PLUS

⑥ 기본계획과 시행계획을 통보받은 관계 중앙행정기관의 장 또는 시 · 도지사는 소관 사무의 특성을 반영한 세부 시행계획을 수립하여 시행하여야 하고, 시행결과를 소방청장에게 통보하여야 한다.

⑦ 소방청장은 기본계획 및 시행계획을 수립하기 위하여 필요한 경우에는 관계 중앙행정기관의 장 또는 시 · 도지사에게 관련 자료의 제출을 요청할 수 있다. 이 경우 자료제출을 요청받은 관계 중앙행정기관의 장 또는 시 · 도지사는 특별한 사유가 없으면 이에 따라야 한다.

⑧ 기본계획, 시행계획 및 세부시행계획 등의 수립 · 시행에 관하여 필요한 사항은 대통령령으로 정한다.

POINT 화재안전정책시행계획의 수립 · 시행〈시행령 제6조의4〉

① 소방청장은 기본계획을 시행하기 위한 시행계획(이하 "시행계획"이라 한다)을 계획 시행 전년도 10월 31일까지 수립하여야 한다.

② 시행계획에는 다음의 사항이 포함되어야 한다.

㉠ 기본계획의 시행을 위하여 필요한 사항

㉡ 그 밖에 화재안전과 관련하여 소방청장이 필요하다고 인정하는 사항

POINT 화재안전정책 세부시행계획의 수립 · 시행〈시행령 제6조의5〉

① 관계 중앙행정기관의 장 또는 특별시장 · 광역시장 · 특별자치시장 · 도지사 · 특별자치도지사(이하 "시 · 도지사"라 한다)는 세부 시행계획(이하 "세부시행계획"이라 한다)을 계획 시행 전년도 12월 31일까지 수립하여야 한다.

② 세부시행계획에는 다음의 사항이 포함되어야 한다.

㉠ 기본계획 및 시행계획에 대한 관계 중앙행정기관 또는 특별시 · 광역시 · 특별자치시 · 도 · 특별자치도(이하 "시 · 도"라 한다)의 세부 집행계획

㉡ 그 밖에 화재안전과 관련하여 관계 중앙행정기관의 장 또는 시 · 도지사가 필요하다고 결정한 사항

### (5) 다른 법률과의 관계〈법 제3조〉

특정소방대상물 가운데 「위험물안전관리법」에 의한 위험물 제조소 등의 안전관리와 위험물 제조소 등에 설치하는 소방시설 등의 설치기준에 관하여는 「위험물안전관리법」에서 정하는 바에 따른다.

## section 2 소방특별조사 등

### (1) 소방특별조사<법 제4조>

① 소방청장, 소방본부장 또는 소방서장은 관할구역에 있는 소방대상물, 관계 지역 또는 관계인에 대하여 소방시설 등이 이 법 또는 소방 관계 법령에 적합하게 설치·유지·관리되고 있는지, 소방대상물에 화재, 재난·재해 등의 발생 위험이 있는지 등을 확인하기 위하여 관계 공무원으로 하여금 소방안전관리에 관한 특별조사(이하 "소방특별조사"라 한다)를 하게 할 수 있다. 다만, 개인의 주거에 대하여는 관계인의 승낙이 있거나 화재발생의 우려가 뚜렷하여 긴급한 필요가 있는 때에 한정한다.

② 소방특별조사는 다음의 어느 하나에 해당하는 경우에 실시한다.
- ㉠ 관계인이 이 법 또는 다른 법령에 따라 실시하는 소방시설등, 방화시설, 피난시설 등에 대한 자체점검 등이 불성실하거나 불완전하다고 인정되는 경우
- ㉡ 「소방기본법」에 따른 화재경계지구에 대한 소방특별조사 등 다른 법률에서 소방특별조사를 실시하도록 한 경우
- ㉢ 국가적 행사 등 주요 행사가 개최되는 장소 및 그 주변의 관계 지역에 대하여 소방안전관리 실태를 점검할 필요가 있는 경우
- ㉣ 화재가 자주 발생하였거나 발생할 우려가 뚜렷한 곳에 대한 점검이 필요한 경우
- ㉤ 재난예측정보, 기상예보 등을 분석한 결과 소방대상물에 화재, 재난·재해의 발생 위험이 높다고 판단되는 경우
- ㉥ ㉠부터 ㉤까지에서 규정한 경우 외에 화재, 재난·재해, 그 밖의 긴급한 상황이 발생할 경우 인명 또는 재산 피해의 우려가 현저하다고 판단되는 경우

③ 소방청장, 소방본부장 또는 소방서장은 객관적이고 공정한 기준에 따라 소방특별조사의 대상을 선정하여야 하며, 소방본부장은 소방특별조사의 대상을 객관적이고 공정하게 선정하기 위하여 필요하면 소방특별조사위원회를 구성하여 소방특별조사의 대상을 선정할 수 있다.

④ 소방청장은 소방특별조사를 할 때 필요하면 대통령령으로 정하는 바에 따라 중앙소방특별조사단을 편성하여 운영할 수 있다.*

⑤ 소방청장은 중앙소방특별조사단의 업무수행을 위하여 필요하다고 인정하는 경우 관계 기관의 장에게 그 소속 공무원 또는 직원의 파견을 요청할 수 있다. 이 경우 공무원 또는 직원의 파견요청을 받은 관계 기관의 장은 특별한 사유가 없으면 이에 협조하여야 한다.

⑥ 소방청장, 소방본부장 또는 소방서장은 소방특별조사를 실시하는 경우 다른 목적을 위하여 조사권을 남용하여서는 아니 된다.

기출PLUS

**중앙소방특별조사단의 편성·운영**
<시행령 제7조의6>

① 중앙소방특별조사단(이하 "조사단"이라 한다)은 단장을 포함하여 21명 이내의 단원으로 성별을 고려하여 구성한다.

② 조사단의 단원은 다음의 어느 하나에 해당하는 사람 중에서 소방청장이 임명 또는 위촉하고, 단장은 단원 중에서 소방청장이 임명 또는 위촉한다.
- ㉠ 소방공무원
- ㉡ 소방업무와 관련된 단체 또는 연구기관 등의 임직원
- ㉢ 소방 관련 분야에서 5년 이상 연구 또는 실무 경험이 풍부한 사람

기출PLUS

⑦ 소방특별조사의 세부 항목, 소방특별조사위원회의 구성 · 운영에 필요한 사항은 대통령령으로 정한다. 이 경우 소방특별조사의 세부 항목에는 소방시설 등의 관리 상황 및 소방대상물의 화재 등의 발생 위험과 관련된 사항이 포함되어야 한다.

**POINT** 소방특별조사의 항목 〈시행령 제7조〉

소방특별조사는 다음 각 호의 세부 항목에 대하여 실시한다. 다만, 소방특별조사의 목적을 달성하기 위하여 필요한 경우에는 소방시설, 피난시설 · 방화구획 · 방화시설 및 임시소방시설의 설치 · 유지 및 관리에 관한 사항을 조사할 수 있다.

① 법 제20조(특정소방대상물의 소방안전관리) 및 제24조(공공기관의 소방안전관리)에 따른 소방안전관리 업무 수행에 관한 사항
② 법 제20조(특정소방대상물의 소방안전관리) 제6항 제1호에 따라 작성한 소방계획서의 이행에 관한 사항
③ 법 제25조(소방시설등의 자체점검 등) 제1항에 따른 자체점검 및 정기적 점검 등에 관한 사항
④ 「소방기본법」에 따른 화재의 예방조치 등에 관한 사항
⑤ 「소방기본법」에 따른 불을 사용하는 설비 등의 관리와 특수가연물의 저장 · 취급에 관한 사항
⑥ 「다중이용업소의 안전관리에 관한 특별법」 제8조부터 제13조까지의 규정에 따른 안전관리에 관한 사항*
⑦ 「위험물안전관리법」 제5조(위험물의 저장 및 취급의 제한) · 제6조(위험물시설의 설치 및 변경 등) · 제14조(위험물시설의 유지 · 관리) · 제15조(위험물안전관리자) 및 제18조(정기점검 및 정기검사)에 따른 안전관리에 관한 사항

**「다중이용업소의 안전관리에 관한 특별법」**
- 제8조(소방안전교육)
- 제9조(다중이용업소의 안전관리기준 등)
- 제10조(다중이용업의 실내장식물)
- 제11조(피난시설, 방화구획 및 방화시설의 유지 · 관리)
- 제12조(피난안내도의 비치 또는 피난안내 영상물의 상영)
- 제13조(다중이용업주의 안전시설등에 대한 정기점검 등)

### (2) 소방특별조사에의 전문가 참여〈법 제4조의2〉

① 소방청장, 소방본부장 또는 소방서장은 필요하면 소방기술사, 소방시설관리사, 그 밖에 소방 · 방재 분야에 관한 전문지식을 갖춘 사람을 소방특별조사에 참여하게 할 수 있다.

② 조사에 참여하는 외부 전문가에게는 예산의 범위에서 수당, 여비, 그 밖에 필요한 경비를 지급할 수 있다

### (3) 소방특별조사의 방법 · 절차 등〈법 제4조의3〉

① 소방청장, 소방본부장 또는 소방서장은 소방특별조사를 하려면 7일 전에 관계인에게 조사대상, 조사기간 및 조사사유 등을 서면으로 알려야 한다. 다만, 다음의 어느 하나에 해당하는 경우에는 그러하지 아니하다.
㉠ 화재, 재난 · 재해가 발생할 우려가 뚜렷하여 긴급하게 조사할 필요가 있는 경우
㉡ 소방특별조사의 실시를 사전에 통지하면 조사목적을 달성할 수 없다고 인정되는 경우

② 소방특별조사는 관계인의 승낙 없이 해가 뜨기 전이나 해가 진 뒤에 할 수 없다. 다만, ①의 어느 하나에 해당하는 경우에는 그러하지 아니하다.

기출PLUS

③ 통지를 받은 관계인은 천재지변이나 그 밖에 대통령령으로 정하는 사유로 소방특별조사를 받기 곤란한 경우에는 소방특별조사를 통지한 소방청장, 소방본부장 또는 소방서장에게 대통령령으로 정하는 바에 따라 소방특별조사를 연기하여 줄 것을 신청할 수 있다.

POINT 소방특별조사의 연기〈시행령 제8조〉

① 소방특별조사의 연기 사유
  ㉠ 태풍, 홍수 등 재난(「재난 및 안전관리 기본법」에 해당하는 재난을 말한다)이 발생하여 소방대상물을 관리하기가 매우 어려운 경우
  ㉡ 관계인이 질병, 장기출장 등으로 소방특별조사에 참여할 수 없는 경우
  ㉢ 권한 있는 기관에 자체점검기록부, 교육·훈련일지 등 소방특별조사에 필요한 장부·서류 등이 압수되거나 영치(領置)되어 있는 경우
② 소방특별조사의 연기를 신청하려는 관계인은 행정안전부령으로 정하는 연기신청서에 연기의 사유 및 기간 등을 적어 소방청장, 소방본부장 또는 소방서장에게 제출하여야 한다.
③ 소방청장, 소방본부장 또는 소방서장은 소방특별조사의 연기를 승인한 경우라도 연기기간이 끝나기 전에 연기사유가 없어졌거나 긴급히 조사를 하여야 할 사유가 발생하였을 때에는 관계인에게 통보하고 소방특별조사를 할 수 있다.

④ 연기신청을 받은 소방청장, 소방본부장 또는 소방서장은 연기신청 승인 여부를 결정하고 그 결과를 조사 개시 전까지 관계인에게 알려주어야 한다.

⑤ 소방청장, 소방본부장 또는 소방서장은 소방특별조사를 마친 때에는 그 조사결과를 관계인에게 서면으로 통지하여야 한다.

⑥ 규정한 사항 외에 소방특별조사의 방법 및 절차에 필요한 사항은 대통령령으로 정한다.

### (4) 증표의 제시 및 비밀유지 의무 등〈법 제4조의4〉

① 소방특별조사 업무를 수행하는 관계 공무원 및 관계 전문가는 그 권한 또는 자격을 표시하는 증표를 지니고 이를 관계인에게 내보여야 한다.

② 소방특별조사 업무를 수행하는 관계 공무원 및 관계 전문가는 관계인의 정당한 업무를 방해하여서는 아니되며, 조사업무를 수행하면서 취득한 자료나 알게 된 비밀을 다른 자에게 제공 또는 누설하거나 목적 외의 용도로 사용하여서는 아니 된다.

### (5) 소방특별조사 결과에 따른 조치명령〈법 제5조〉

① 소방청장, 소방본부장 또는 소방서장은 소방특별조사 결과 소방대상물의 위치·구조·설비 또는 관리의 상황이 화재나 재난·재해 예방을 위하여 보완될 필요가 있거나 화재가 발생하면 인명 또는 재산의 피해가 클 것으로 예상되는 때에는 행정안전부령으로 정하는 바에 따라 관계인에게 그 소방대상물의 개수(改修)·이전·제거, 사용의 금지 또는 제한, 사용폐쇄, 공사의 정지 또는 중지, 그 밖의 필요한 조치를 명할 수 있다.

기출PLUS

② 소방청장, 소방본부장 또는 소방서장은 소방특별조사 결과 소방대상물이 법령을 위반하여 건축 또는 설비되었거나 소방시설등, 피난시설 · 방화구획, 방화시설 등이 법령에 적합하게 설치 · 유지 · 관리되고 있지 아니한 경우에는 관계인에게 조치를 명하거나 관계 행정기관의 장에게 필요한 조치를 하여 줄 것을 요청할 수 있다.

③ 소방청장, 소방본부장 또는 소방서장은 관계인이 조치명령을 받고도 이를 이행하지 아니한 때에는 그 위반사실 등을 인터넷 등에 공개할 수 있다.

④ 위반사실 등의 공개 절차, 공개 기간, 공개 방법 등 필요한 사항은 대통령령으로 정한다.

#### (6) 손실 보상〈법 제6조〉

소방청장, 특별시장 · 광역시장 · 특별자치시장 · 도지사 또는 특별자치도지사(이하 "시 · 도지사"라 한다)는 제5조 제1항에 따른 명령으로 인하여 손실을 입은 자가 있는 경우에는 대통령령으로 정하는 바에 따라 보상하여야 한다.

## section 3 소방시설의 설치 및 유지 · 관리 등

#### (1) 건축허가 등의 동의 등

① 건축허가 등의 동의〈법 제7조〉

㉠ 건축물 등의 신축 · 증축 · 개축 · 재축(再築) · 이전 · 용도변경 또는 대수선(大修繕)의 허가 · 협의 및 사용승인(「주택법」에 따른 승인 및 사용검사, 「학교시설사업 촉진법」에 따른 승인 및 사용승인을 포함하며, 이하 "건축허가 등"이라 한다)의 권한이 있는 행정기관은 건축허가 등을 할 때 미리 그 건축물 등의 시공지(施工地) 또는 소재지를 관할하는 소방본부장이나 소방서장의 동의를 받아야 한다.

㉡ 건축물 등의 대수선 · 증축 · 개축 · 재축 또는 용도변경의 신고를 수리(受理)할 권한이 있는 행정기관은 그 신고를 수리하면 그 건축물 등의 시공지 또는 소재지를 관할하는 소방본부장이나 소방서장에게 지체 없이 그 사실을 알려야 한다.

㉢ ㉠에 따른 건축허가 등의 권한이 있는 행정기관과 ㉡에 따른 신고를 수리할 권한이 있는 행정기관은 ㉠에 따라 건축허가 등의 동의를 받거나 ㉡에 따른 신고를 수리한 사실을 알릴 때 관할 소방본부장이나 소방서장에게 건축허가 등을 하거나 신고를 수리할 때 건축허가 등을 받으려는 자 또는 신고를 한 자가 제출한 설계도서 중 건축물의 내부구조를 알 수 있는 설계도면을 제출하여야 한다. 다만, 국가안보상 중요하거나 국가기밀에 속하는 건축물을 건축하는 경우로서 관계 법령에 따라 행정기관이 설계도면을 확보할 수 없는 경우에는 그러하지 아니하다.

㉣ 소방본부장이나 소방서장은 동의를 요구받으면 그 건축물 등이 이 법 또는 이 법에 따른 명령을 따르고 있는지를 검토한 후 행정안전부령으로 정하는 기간 이내에 해당 행정기관에 동의 여부를 알려야 한다.

㉤ 사용승인에 대한 동의를 할 때에는 「소방시설공사업법」에 따른 소방시설공사의 완공검사증명서를 교부하는 것으로 동의를 갈음할 수 있다. 이 경우 건축허가 등의 권한이 있는 행정기관은 소방시설공사의 완공검사증명서를 확인하여야 한다.

㉥ 건축허가 등을 할 때에 소방본부장이나 소방서장의 동의를 받아야 하는 건축물 등의 범위는 대통령령으로 정한다.

㉦ 다른 법령에 따른 인가·허가 또는 신고 등(건축허가 등과 신고는 제외하며, 이하 이 항에서 "인허가 등"이라 한다)의 시설기준에 소방시설 등의 설치·유지 등에 관한 사항이 포함되어 있는 경우 해당 인허가 등의 권한이 있는 행정기관은 인허가 등을 할 때 미리 그 시설의 소재지를 관할하는 소방본부장이나 소방서장에게 그 시설이 이 법 또는 이 법에 따른 명령을 따르고 있는지를 확인하여 줄 것을 요청할 수 있다. 이 경우 요청을 받은 소방본부장 또는 소방서장은 행정안전부령으로 정하는 기간 이내에 확인 결과를 알려야 한다.

**POINT** 건축허가 등을 할 때 미리 소방본부장 또는 소방서장의 동의를 받아야 하는 건축물 등의 범위〈시행령 제12조 제1항〉 ✡ **2018 기출**

① 연면적(「건축법 시행령」에 따라 산정된 면적을 말한다.)이 400 제곱미터 이상인 건축물. 다만, 다음의 어느 하나에 해당하는 시설은 해당 목에서 정한 기준 이상인 건축물로 한다.
  ㉠ 「학교시설사업 촉진법」에 따라 건축 등을 하려는 학교시설 : 100 제곱미터
  ㉡ 노유자시설(老幼者施設) 및 수련시설 : 200 제곱미터
  ㉢ 「정신건강증진 및 정신질환자 복지서비스 지원에 관한 법률」에 따른 정신의료기관(입원실이 없는 정신건강의학과 의원은 제외) : 300 제곱미터
  ㉣ 「장애인복지법」에 따른 장애인 의료재활시설 : 300 제곱미터
② 층수(「건축법 시행령」에 따라 산정된 층수를 말한다.)가 6층 이상인 건축물
③ 차고·주차장 또는 주차용도로 사용되는 시설로서 다음의 어느 하나에 해당하는 것
  ㉠ 차고·주차장으로 사용되는 바닥 면적이 200 제곱미터 이상인 층이 있는 건축물이나 주차시설
  ㉡ 승강기 등 기계장치에 의한 주차시설로서 자동차 20대 이상을 주차할 수 있는 시설
④ 항공기 격납고, 관망탑, 항공관제탑, 방송용 송수신탑
⑤ 지하층 또는 무창층이 있는 건축물로서 바닥 면적이 150제곱미터(공연장의 경우에는 100제곱미터) 이상인 층이 있는 것
⑥ 특정소방대상물 중 위험물 저장 및 처리 시설, 지하구
⑦ ①에 해당하지 않는 노유자시설 중 다음의 어느 하나에 해당하는 시설. 다만, ㉡~㉥ 중 「건축법 시행령」의 단독주택 또는 공동주택에 설치되는 시설은 제외한다.
  ㉠ 노인 관련 시설 중 다음의 어느 하나에 해당하는 시설
  - 「노인복지법」에 따른 노인주거복지시설·노인의료복지시설 및 재가노인복지시설
  - 「노인복지법」에 따른 학대피해노인 전용쉼터

**기출PLUS**

**기출** 2018. 10. 13 소방공무원

**「화재예방, 소방시설 설치·유지 및 안전관리에 관한 법률 시행령」상 건축허가 등을 할 때 미리 소방본부장 또는 소방서장의 동의를 받아야 하는 건축물 등의 범위로 옳지 않은 것은?**

① 연면적이 100제곱미터 이상인 노유자시설 및 수련시설
② 지하층 또는 무창층이 있는 건축물로서 바닥면적이 150제곱미터(공연장의 경우에는 100제곱미터) 이상인 층이 있는 것
③ 차고·주차장으로 사용되는 바닥면적이 200제곱미터 이상인 층이 있는 건축물이나 주차시설
④ 결핵환자나 한센인이 24시간 생활하는 노유자시설(단독주택 또는 공동주택에 설치되는 시설은 제외)

**TIP**

노유자시설 및 수련시설의 경우 200제곱미터 이상인 건축물이 해당된다.

< 정답 ①

기출PLUS

ⓒ 「아동복지법」에 따른 아동복지시설(아동상담소, 아동전용시설 및 지역아동센터는 제외)
ⓒ 「장애인복지법」에 따른 장애인 거주시설
ⓔ 정신질환자 관련 시설(「정신건강증진 및 정신질환자 복지서비스 지원에 관한 법률」에 따른 공동생활가정을 제외한 재활훈련시설과 같은 법 시행령에 따른 종합시설 중 24시간 주거를 제공하지 아니하는 시설은 제외한다)
ⓜ 노숙인 관련 시설 중 노숙인 자활시설, 노숙인 재활시설 및 노숙인 요양시설
ⓑ 결핵환자나 한센인이 24시간 생활하는 노유자시설

⑧ 「의료법」에 따른 요양병원. 다만, 정신의료기관 중 정신병원과 의료재활시설은 제외한다.

**POINT** 특정소방대상물 중 소방본부장 또는 소방서장의 건축허가 등의 동의 제외 대상〈시행령 제12조 제2항〉

① 특정소방대상물에 설치되는 소화기구, 누전경보기, 피난기구, 방열복 · 방화복 · 공기호흡기 및 인공소생기, 유도등 또는 유도표지가 화재안전기준에 적합한 경우 그 특정소방대상물
② 건축물의 증축 또는 용도변경으로 인하여 해당 특정소방대상물에 추가로 소방시설이 설치되지 아니하는 경우 그 특정소방대상물
③ 성능위주설계를 한 특정소방대상물

**POINT** 건축허가 등의 동의 요구 시 첨부 서류(전자문서를 포함)〈시행규칙 제4조 제2항〉

① 「건축법 시행규칙」의 규정에 의한 건축허가신청서 및 건축허가서 또는 건축 · 대수선 · 용도변경신고서 등 건축허가 등을 확인할 수 있는 서류의 사본. 이 경우 동의 요구를 받은 담당공무원은 특별한 사정이 없는 한 「전자정부법」에 따른 행정정보의 공동이용을 통하여 건축허가서를 확인함으로써 첨부서류의 제출에 갈음하여야 한다.
② 다음의 설계도서. 다만, 설계도서는 「소방시설공사업법 시행령」에 따른 소방시설공사 착공신고대상에 해당되는 경우에 한한다.
ⓐ 건축물의 단면도 및 주단면 상세도(내장 재료를 명시한 것에 한한다)
ⓒ 소방시설(기계 · 전기 분야의 시설을 말한다)의 층별 평면도 및 층별 계통도(시설별 계산서를 포함)
ⓒ 창호도
③ 소방시설 설치계획표
④ 임시소방시설 설치계획서(설치 시기 · 위치 · 종류 · 방법 등 임시소방시설의 설치와 관련한 세부사항을 포함한다)
⑤ 소방시설설계업 등록증과 소방시설을 설계한 기술인력자의 기술자격증 사본
⑥ 「소방시설공사업법」에 따라 체결한 소방시설설계 계약서 사본 1부

② **전산시스템 구축 및 운영**〈법 제7조의2〉

㉠ 소방청장, 소방본부장 또는 소방서장은 제7조 제3항에 따라 제출받은 설계도면의 체계적인 관리 및 공유를 위하여 전산시스템을 구축 · 운영하여야 한다.
㉡ 소방청장, 소방본부장 또는 소방서장은 전산시스템의 구축 · 운영에 필요한 자료의 제출 또는 정보의 제공을 관계 행정기관의 장에게 요청할 수 있다. 이 경우 자료의 제출이나 정보의 제공을 요청받은 관계 행정기관의 장은 정당한 사유가 없으면 이에 따라야 한다.

③ **주택에 설치하는 소방시설**〈법 제8조〉

㉠ 다음의 주택의 소유자는 대통령령으로 정하는 소방시설을 설치하여야 한다.

- 「건축법」의 단독주택
- 「건축법」의 공동주택(아파트 및 기숙사는 제외한다)

㉡ 국가 및 지방자치단체는 ㉠에 따라 주택에 설치하여야 하는 소방시설(이하 "주택용 소방시설")의 설치 및 국민의 자율적인 안전관리를 촉진하기 위하여 필요한 시책을 마련하여야 한다.

㉢ 주택용 소방시설의 설치기준 및 자율적인 안전관리 등에 관한 사항은 특별시·광역시·특별자치시·도 또는 특별자치도의 조례로 정한다.

### (2) 특정소방대상물에 설치하는 소방시설 등의 유지·관리 등

① **특정소방대상물에 설치하는 소방시설 등의 유지·관리 등**〈법 제9조〉

㉠ 특정소방대상물의 관계인은 대통령령으로 정하는 소방시설을 소방청장이 정하여 고시하는 화재안전기준에 따라 설치 또는 유지·관리하여야 한다. 이 경우 「장애인·노인·임산부 등의 편의증진 보장에 관한 법률」에 따른 장애인 등이 사용하는 소방시설(경보설비 및 피난구조설비를 말한다)은 대통령령으로 정하는 바에 따라 장애인 등에 적합하게 설치 또는 유지·관리하여야 한다.

㉡ 소방본부장이나 소방서장은 소방시설이 화재안전기준에 따라 설치 또는 유지·관리되어 있지 아니할 때에는 해당 특정소방대상물의 관계인에게 필요한 조치를 명할 수 있다.

㉢ 특정소방대상물의 관계인은 소방시설을 유지·관리할 때 소방시설의 기능과 성능에 지장을 줄 수 있는 폐쇄(잠금을 포함한다. 이하 같다)·차단 등의 행위를 하여서는 아니 된다. 다만, 소방시설의 점검·정비를 위한 폐쇄·차단은 할 수 있다.

POINT 특정소방대상물의 수용인원 산정방법〈시행령 제15조 관련 별표 4〉 ✡ 2019 기출

1. 숙박시설이 있는 특정 소방대상물
   가. 침대가 있는 숙박시설 : 해당 특정소방물의 종사자 수에 침대 수(2인용 침대는 2개로 산정한다)를 합한 수
   나. 침대가 없는 숙박시설 : 해당 특정소방대상물의 종사자 수에 숙박시설 바닥면적의 합계를 3㎡로 나누어 얻은 수를 합한 수
2. 제1호 외의 특정 소방대상물
   가. 강의실·교무실·상담실·실습실·휴게실 용도로 쓰이는 특정소방대상물: 해당 용도로 사용하는 바닥면적의 합계를 1.9㎡로 나누어 얻은 수
   나. 강당, 문화 및 집회시설, 운동시설, 종교시설: 해당 용도로 사용하는 바닥면적의 합계를 4.6㎡로 나누어 얻은 수(관람석이 있는 경우 고정식 의자를 설치한 부분은 그 부분의 의자 수로 하고, 긴 의자의 경우에는 의자의 정면너비를 0.45m로 나누어 얻은 수로 한다)
   다. 그 밖의 특정 소방대상물 : 해당 용도로 사용하는 바닥면적의 합계를 3㎡로 나누어 얻은 수

기출PLUS

TIP

**주택용 소방시설**〈시행령 제13조〉
소화기 및 단독경보형감지기

기출 2019. 4. 6 소방공무원

**「화재예방, 소방시설 설치·유지 및 안전관리에 관한 법률 시행령」상 수용인원 산정방법으로 옳지 않은 것은?**

① 침대가 있는 숙박시설은 해당 특정소방물의 종사자 수에 침대 수(2인용 침대는 2개로 산정)를 합한 수로 한다.
② 침대가 없는 숙박시설은 해당 특정소방대상물의 종사자 수에 바닥면적의 합계를 3㎡로 나누어 얻은 수를 합한 수로 한다.
③ 강의실 용도로 쓰이는 특정소방대상물은 해당 용도로 사용하는 바닥면적의 합계를 1.9 ㎡로 나누어 얻은 수로 한다.
④ 문화 및 집회시설은 해당 용도로 사용하는 바닥면적의 합계를 3㎡로 나누어 얻은 수로 한다.

TIP

문화 및 집회시설은 해당 용도로 사용하는 바닥 면적의 합계를 4.6㎡로 나누어 얻은 수로 한다.

〈정답 ④

기출PLUS

※ 비고
1. 위 표에서 바닥면적을 산정할 때에는 복도(「건축법 시행령」에 따른 준불연재료 이상의 것을 사용하여 바닥에서 천장까지 벽으로 구획한 것을 말한다), 계단 및 화장실의 바닥면적을 포함하지 않는다.
2. 계산 결과 소수점 이하의 수는 반올림한다.

**POINT 특정소방대상물의 관계인이 특정소방대상물의 규모 · 용도 및 수용인원 등을 고려하여 갖추어야 하는 소방시설의 종류(시행령 제15조 관련 별표5)** ✿ 2021 기출

1. 소화설비
   가. 화재안전기준에 따라 소화기구를 설치하여야 하는 특정소방대상물은 다음의 어느 하나와 같다.
      1) 연면적 33㎡ 이상인 것. 다만, 노유자시설의 경우에는 투척용 소화용구 등을 화재안전기준에 따라 산정된 소화기 수량의 2분의 1 이상으로 설치할 수 있다.
      2) 1)에 해당하지 않는 시설로서 지정문화재 및 가스시설
      3) 터널
      4) 지하구
   나. 자동소화장치를 설치하여야 하는 특정소방대상물은 다음의 어느 하나와 같다.
      1) 주거용 주방자동소화장치를 설치하여야 하는 것 : 아파트 등 및 30층 이상 오피스텔의 모든 층
      2) 캐비닛형 자동소화장치, 가스자동소화장치, 분말자동소화장치 또는 고체에어로졸자동소화장치를 설치하여야 하는 것 : 화재안전기준에서 정하는 장소
   다. 옥내소화전설비를 설치하여야 하는 특정소방대상물(위험물 저장 및 처리 시설 중 가스시설, 지하구 및 방재실 등에서 스프링클러설비 또는 물분무등소화설비를 원격으로 조정할 수 있는 업무시설 중 무인변전소는 제외한다)은 다음의 어느 하나와 같다.
      1) 연면적 3천㎡ 이상(지하가 중 터널은 제외한다)이거나 지하층 · 무창층(축사는 제외한다) 또는 층수가 4층 이상인 것 중 바닥면적이 600㎡ 이상인 층이 있는 것은 모든 층
      2) 지하가 중 터널로서 다음에 해당하는 터널
         가) 길이가 1천미터 이상인 터널
         나) 예상교통량, 경사도 등 터널의 특성을 고려하여 총리령으로 정하는 터널
      3) 1)에 해당하지 않는 근린생활시설, 판매시설, 운수시설, 의료시설, 노유자시설, 업무시설, 숙박시설, 위락시설, 공장, 창고시설, 항공기 및 자동차 관련 시설, 교정 및 군사시설 중 국방 · 군사시설, 방송통신시설, 발전시설, 장례시설 또는 복합건축물로서 연면적 1천5백㎡ 이상이거나 지하층 · 무창층 또는 층수가 4층 이상인 층 중 바닥면적이 300㎡ 이상인 층이 있는 것은 모든 층
      4) 건축물의 옥상에 설치된 차고 또는 주차장으로서 차고 또는 주차의 용도로 사용되는 부분의 면적이 200㎡ 이상인 것
      5) 1) 및 3)에 해당하지 않는 공장 또는 창고시설로서 「소방기본법 시행령」 별표 2에서 정하는 수량의 750배 이상의 특수가연물을 저장 · 취급하는 것
   라. 스프링클러설비를 설치하여야 하는 특정소방대상물(위험물 저장 및 처리 시설 중 가스시설 또는 지하구는 제외한다)은 다음의 어느 하나와 같다.
      1) 문화 및 집회시설(동 · 식물원은 제외한다), 종교시설(주요구조부가 목조인 것은 제외한다), 운동시설(물놀이형 시설은 제외한다)로서 다음의 어느 하나에 해당하는 경우에는 모든 층

기출PLUS

가) 수용인원이 100명 이상인 것
나) 영화상영관의 용도로 쓰이는 층의 바닥면적이 지하층 또는 무창층인 경우에는 500㎡ 이상, 그 밖의 층의 경우에는 1천㎡ 이상인 것
다) 무대부가 지하층 · 무창층 또는 4층 이상의 층에 있는 경우에는 무대부의 면적이 300㎡ 이상인 것
라) 무대부가 다) 외의 층에 있는 경우에는 무대부의 면적이 500㎡ 이상인 것

2) 판매시설, 운수시설 및 창고시설(물류터미널에 한정한다)로서 바닥면적의 합계가 5천㎡ 이상이거나 수용인원이 500명 이상인 경우에는 모든 층
3) 층수가 6층 이상인 특정소방대상물의 경우에는 모든 층. 다만, 다음의 어느 하나에 해당하는 경우에는 제외한다.
가) 주택 관련 법령에 따라 기존의 아파트 등을 리모델링하는 경우로서 건축물의 연면적 및 층높이가 변경되지 않는 경우. 이 경우 해당 아파트 등의 사용검사 당시의 소방시설의 설치에 관한 대통령령 또는 화재안전기준을 적용한다.
나) 스프링클러설비가 없는 기존의 특정소방대상물을 용도변경하는 경우. 다만, 1) · 2) · 4) · 5) 및 8)부터 12)까지의 규정에 해당하는 특정소방대상물로 용도변경하는 경우에는 해당 규정에 따라 스프링클러설비를 설치한다.
4) 다음의 어느 하나에 해당하는 용도로 사용되는 시설의 바닥면적의 합계가 600㎡ 이상인 것은 모든 층
가) 의료시설 중 정신의료기관
나) 의료시설 중 종합병원, 병원, 치과병원, 한방병원 및 요양병원(정신병원은 제외한다)
다) 노유자시설
라) 숙박이 가능한 수련시설
5) 창고시설(물류터미널은 제외한다)로서 바닥면적 합계가 5천㎡ 이상인 경우에는 모든 층
6) 천장 또는 반자(반자가 없는 경우에는 지붕의 옥내에 면하는 부분)의 높이가 10m를 넘는 랙식 창고(rack warehouse)(물건을 수납할 수 있는 선반이나 이와 비슷한 것을 갖춘 것을 말한다)로서 바닥면적의 합계가 1천5백㎡ 이상인 것
7) 1)부터 6)까지의 특정소방대상물에 해당하지 않는 특정소방대상물의 지하층 · 무창층(축사는 제외한다) 또는 층수가 4층 이상인 층으로서 바닥면적이 1천㎡ 이상인 층
8) 6)에 해당하지 않는 공장 또는 창고시설로서 다음의 어느 하나에 해당하는 시설
가) 「소방기본법 시행령」 별표 2에서 정하는 수량의 1천 배 이상의 특수가연물을 저장 · 취급하는 시설
나) 「원자력안전법 시행령」 제2조 제1호에 따른 중 · 저준위방사성폐기물(이하 "중 · 저준위방사성폐기물"이라 한다)의 저장시설 중 소화수를 수집 · 처리하는 설비가 있는 저장시설
9) 지붕 또는 외벽이 불연재료가 아니거나 내화구조가 아닌 공장 또는 창고시설로서 다음의 어느 하나에 해당하는 것
가) 창고시설(물류터미널에 한정한다) 중 2)에 해당하지 않는 것으로서 바닥면적의 합계가 2천5백㎡ 이상이거나 수용인원이 250명 이상인 것

기출PLUS

나) 창고시설(물류터미널은 제외한다) 중 5)에 해당하지 않는 것으로서 바닥면적의 합계가 2천5백m² 이상인 것
다) 랙식 창고시설 중 6)에 해당하지 않는 것으로서 바닥면적의 합계가 750m² 이상인 것
라) 공장 또는 창고시설 중 7)에 해당하지 않는 것으로서 지하층 · 무창층 또는 층수가 4층 이상인 것 중 바닥면적이 500m² 이상인 것
마) 공장 또는 창고시설 중 8)가)에 해당하지 않는 것으로서 「소방기본법 시행령」 별표 2에서 정하는 수량의 500배 이상의 특수가연물을 저장 · 취급하는 시설
10) 지하가(터널은 제외한다)로서 연면적 1천m² 이상인 것
11) 기숙사(교육연구시설 · 수련시설 내에 있는 학생 수용을 위한 것을 말한다) 또는 복합건축물로서 연면적 5천m² 이상인 경우에는 모든 층
12) 교정 및 군사시설 중 다음의 어느 하나에 해당하는 경우에는 해당 장소
가) 보호감호소, 교도소, 구치소 및 그 지소, 보호관찰소, 갱생보호시설, 치료감호시설, 소년원 및 소년분류심사원의 수용거실
나) 「출입국관리법」 제52조 제2항에 따른 보호시설(외국인보호소의 경우에는 보호대상자의 생활공간으로 한정한다. 이하 같다)로 사용하는 부분. 다만, 보호시설이 임차건물에 있는 경우는 제외한다.
다) 「경찰관 직무집행법」 제9조에 따른 유치장
13) 1)부터 12)까지의 특정소방대상물에 부속된 보일러실 또는 연결통로 등

마. 간이스프링클러설비를 설치하여야 하는 특정소방대상물은 다음의 어느 하나와 같다.
1) 근린생활시설 중 다음의 어느 하나에 해당하는 것
가) 근린생활시설로 사용하는 부분의 바닥면적 합계가 1천m² 이상인 것은 모든 층
나) 의원, 치과의원 및 한의원으로서 입원실이 있는 시설
2) 교육연구시설 내에 합숙소로서 연면적 100m² 이상인 것
3) 의료시설 중 다음의 어느 하나에 해당하는 시설
가) 종합병원, 병원, 치과병원, 한방병원 및 요양병원(정신병원과 의료재활시설은 제외한다)으로 사용되는 바닥면적의 합계가 600m² 미만인 시설
나) 정신의료기관 또는 의료재활시설로 사용되는 바닥면적의 합계가 300m² 이상 600m² 미만인 시설
다) 정신의료기관 또는 의료재활시설로 사용되는 바닥면적의 합계가 300m² 미만이고, 창살(철재 · 플라스틱 또는 목재 등으로 사람의 탈출 등을 막기 위하여 설치한 것을 말하며, 화재 시 자동으로 열리는 구조로 되어 있는 창살은 제외한다)이 설치된 시설
4) 노유자시설로서 다음의 어느 하나에 해당하는 시설
가) 제12조 제1항 제6호 각 목에 따른 시설(제12조 제1항 제6호 나목부터 바목까지의 시설 중 단독주택 또는 공동주택에 설치되는 시설은 제외하며, 이하 "노유자 생활시설"이라 한다)
나) 가)에 해당하지 않는 노유자시설로 해당 시설로 사용하는 바닥면적의 합계가 300m² 이상 600m² 미만인 시설
다) 가)에 해당하지 않는 노유자시설로 해당 시설로 사용하는 바닥면적의 합계가 300m² 미만이고, 창살(철재 · 플라스틱 또는 목재 등으로 사람의 탈출 등을 막기 위하여 설치한 것을 말하며, 화재 시 자동으로 열리는 구조로 되어 있는 창살은 제외한다)이 설치된 시설
5) 건물을 임차하여 「출입국관리법」 제52조 제2항에 따른 보호시설로 사용하는 부분

6) 숙박시설 중 생활형 숙박시설로서 해당 용도로 사용되는 바닥면적의 합계가 600㎡ 이상인 것
7) 복합건축물(별표 2 제30호 나목의 복합건축물만 해당한다)로서 연면적 1천㎡ 이상인 것은 모든 층

바. 물분무등소화설비를 설치하여야 하는 특정소방대상물(위험물 저장 및 처리 시설 중 가스시설 또는 지하구는 제외한다)은 다음의 어느 하나와 같다.
1) 항공기 및 자동차 관련 시설 중 항공기격납고
2) 차고, 주차용 건축물 또는 철골 조립식 주차시설. 이 경우 연면적 800㎡ 이상인 것만 해당한다.
3) 건축물 내부에 설치된 차고 또는 주차장으로서 차고 또는 주차의 용도로 사용되는 부분의 바닥면적이 200㎡ 이상인 층
4) 기계장치에 의한 주차시설을 이용하여 20대 이상의 차량을 주차할 수 있는 것
5) 특정소방대상물에 설치된 전기실 · 발전실 · 변전실(가연성 절연유를 사용하지 않는 변압기 · 전류차단기 등의 전기기기와 가연성 피복을 사용하지 않은 전선 및 케이블만을 설치한 전기실 · 발전실 및 변전실은 제외한다) · 축전지실 · 통신기기실 또는 전산실, 그 밖에 이와 비슷한 것으로서 바닥면적이 300㎡ 이상인 것[하나의 방화구획 내에 둘 이상의 실(室)이 설치되어 있는 경우에는 이를 하나의 실로 보아 바닥면적을 산정한다]. 다만, 내화구조로 된 공정제어실 내에 설치된 주조정실로서 양압시설이 설치되고 전기기기에 220볼트 이하인 저전압이 사용되며 종업원이 24시간 상주하는 곳은 제외한다.
6) 소화수를 수집 · 처리하는 설비가 설치되어 있지 않은 중 · 저준위방사성폐기물의 저장시설. 다만, 이 경우에는 이산화탄소소화설비, 할론소화설비 또는 할로겐화합물 및 불활성기체 소화설비를 설치하여야 한다.
7) 지하가 중 예상 교통량, 경사도 등 터널의 특성을 고려하여 행정안전부령으로 정하는 터널. 다만, 이 경우에는 물분무소화설비를 설치하여야 한다.
8) 「문화재보호법」 제2조 제3항 제1호 및 제2호에 따른 지정문화재 중 소방청장이 문화재청장과 협의하여 정하는 것

사. 옥외소화전설비를 설치하여야 하는 특정소방대상물(아파트 등, 위험물 저장 및 처리 시설 중 가스시설, 지하구 또는 지하가 중 터널은 제외한다)은 다음의 어느 하나와 같다.
1) 지상 1층 및 2층의 바닥면적의 합계가 9천㎡ 이상인 것. 이 경우 같은 구(區) 내의 둘 이상의 특정소방대상물이 행정안전부령으로 정하는 연소(延燒) 우려가 있는 구조인 경우에는 이를 하나의 특정소방대상물로 본다.
2) 「문화재보호법」 제23조에 따라 보물 또는 국보로 지정된 목조건축물
3) 1)에 해당하지 않는 공장 또는 창고시설로서 「소방기본법 시행령」 별표 2에서 정하는 수량의 750배 이상의 특수가연물을 저장 · 취급하는 것

2. 경보설비

가. 비상경보설비를 설치하여야 할 특정소방대상물(지하구, 모래 · 석재 등 불연재료 창고 및 위험물 저장 · 처리 시설 중 가스시설은 제외한다)은 다음의 어느 하나와 같다.
1) 연면적 400㎡(지하가 중 터널 또는 사람이 거주하지 않거나 벽이 없는 축사 등 동 · 식물 관련시설은 제외한다) 이상이거나 지하층 또는 무창층의 바닥면적이 150㎡(공연장의 경우 100㎡) 이상인 것

기출PLUS

2) 지하가 중 터널로서 길이가 500m 이상인 것
3) 50명 이상의 근로자가 작업하는 옥내 작업장

나. 비상방송설비를 설치하여야 하는 특정소방대상물(위험물 저장 및 처리 시설 중 가스시설, 사람이 거주하지 않는 동물 및 식물 관련 시설, 지하가 중 터널, 축사 및 지하구는 제외한다)은 다음의 어느 하나와 같다.
1) 연면적 3천5백㎡ 이상인 것
2) 지하층을 제외한 층수가 11층 이상인 것
3) 지하층의 층수가 3층 이상인 것

다. 누전경보기는 계약전류용량(같은 건축물에 계약 종류가 다른 전기가 공급되는 경우에는 그 중 최대계약전류용량을 말한다)이 100암페어를 초과하는 특정소방대상물(내화구조가 아닌 건축물로서 벽 · 바닥 또는 반자의 전부나 일부를 불연재료 또는 준불연재료가 아닌 재료에 철망을 넣어 만든 것만 해당한다)에 설치하여야 한다. 다만, 위험물 저장 및 처리 시설 중 가스시설, 지하가 중 터널 또는 지하구의 경우에는 그러하지 아니하다.

라. 자동화재탐지설비를 설치하여야 하는 특정소방대상물은 다음의 어느 하나와 같다.
1) 근린생활시설(목욕장은 제외한다), 의료시설(정신의료기관 또는 요양병원은 제외한다), 숙박시설, 위락시설, 장례시설 및 복합건축물로서 연면적 600㎡ 이상인 것
2) 공동주택, 근린생활시설 중 목욕장, 문화 및 집회시설, 종교시설, 판매시설, 운수시설, 운동시설, 업무시설, 공장, 창고시설, 위험물 저장 및 처리시설, 항공기 및 자동차 관련 시설, 교정 및 군사시설 중 국방 · 군사시설, 방송통신시설, 발전시설, 관광 휴게시설, 지하가(터널은 제외한다)로서 연면적 1천㎡ 이상인 것
3) 교육연구시설(교육시설 내에 있는 기숙사 및 합숙소를 포함한다), 수련시설(수련시설 내에 있는 기숙사 및 합숙소를 포함하며, 숙박시설이 있는 수련시설은 제외한다), 동물 및 식물 관련 시설(기둥과 지붕만으로 구성되어 외부와 기류가 통하는 장소는 제외한다), 분뇨 및 쓰레기 처리시설, 교정 및 군사시설(국방 · 군사시설은 제외한다) 또는 묘지 관련 시설로서 연면적 2천㎡ 이상인 것
4) 지하구
5) 지하가 중 터널로서 길이가 1천m 이상인 것
6) 노유자 생활시설
7) 6)에 해당하지 않는 노유자시설로서 연면적 400㎡ 이상인 노유자시설 및 숙박시설이 있는 수련시설로서 수용인원 100명 이상인 것
8) 2)에 해당하지 않는 공장 및 창고시설로서 「소방기본법 시행령」 별표 2에서 정하는 수량의 500배 이상의 특수가연물을 저장 · 취급하는 것
9) 의료시설 중 정신의료기관 또는 요양병원으로서 다음의 어느 하나에 해당하는 시설
   가) 요양병원(정신병원과 의료재활시설은 제외한다)
   나) 정신의료기관 또는 의료재활시설로 사용되는 바닥면적의 합계가 300㎡ 이상인 시설
   다) 정신의료기관 또는 의료재활시설로 사용되는 바닥면적의 합계가 300㎡ 미만이고, 창살(철재 · 플라스틱 또는 목재 등으로 사람의 탈출 등을 막기 위하여 설치한 것을 말하며, 화재 시 자동으로 열리는 구조로 되어 있는 창살은 제외한다)이 설치된 시설
10) 판매시설 중 전통시장

마. 자동화재속보설비를 설치하여야 하는 특정소방대상물은 다음의 어느 하나와 같다.
  1) 업무시설, 공장, 창고시설, 교정 및 군사시설 중 국방 · 군사시설, 발전시설(사람이 근무하지 않는 시간에는 무인경비시스템으로 관리하는 시설만 해당한다)로서 바닥면적이 1천5백$m^2$ 이상인 층이 있는 것. 다만, 사람이 24시간 상시 근무하고 있는 경우에는 자동화재속보설비를 설치하지 않을 수 있다.
  2) 노유자 생활시설
  3) 2)에 해당하지 않는 노유자시설로서 바닥면적이 500$m^2$ 이상인 층이 있는 것. 다만, 사람이 24시간 상시 근무하고 있는 경우에는 자동화재속보설비를 설치하지 않을 수 있다.
  4) 수련시설(숙박시설이 있는 건축물만 해당한다)로서 바닥면적이 500$m^2$ 이상인 층이 있는 것. 다만, 사람이 24시간 상시 근무하고 있는 경우에는 자동화재속보설비를 설치하지 않을 수 있다.
  5) 「문화재보호법」 제23조에 따라 보물 또는 국보로 지정된 목조건축물. 다만, 사람이 24시간 상시 근무하고 있는 경우에는 자동화재속보설비를 설치하지 않을 수 있다.
  6) 근린생활시설 중 의원, 치과의원 및 한의원으로서 입원실이 있는 시설
  7) 의료시설 중 다음의 어느 하나에 해당하는 것
    가) 종합병원, 병원, 치과병원, 한방병원 및 요양병원(정신병원과 의료재활시설은 제외한다)
    나) 정신병원 및 의료재활시설로 사용되는 바닥면적의 합계가 500$m^2$ 이상인 층이 있는 것
  8) 판매시설 중 전통시장
  9) 1)부터 8)까지에 해당하지 않는 특정소방대상물 중 층수가 30층 이상인 것

바. 단독경보형 감지기를 설치하여야 하는 특정소방대상물은 다음의 어느 하나와 같다. ✡ 2020 기출
  1) 연면적 1천$m^2$ 미만의 아파트 등
  2) 연면적 1천$m^2$ 미만의 기숙사
  3) 교육연구시설 또는 수련시설 내에 있는 합숙소 또는 기숙사로서 연면적 2천$m^2$ 미만인 것
  4) 연면적 600$m^2$ 미만의 숙박시설
  5) 라목 7)에 해당하지 않는 수련시설(숙박시설이 있는 것만 해당한다)
  6) 연면적 400$m^2$ 미만의 유치원

사. 시각경보기를 설치하여야 하는 특정소방대상물은 라목에 따라 자동화재탐지설비를 설치하여야 하는 특정소방대상물 중 다음의 어느 하나에 해당하는 것과 같다.
  1) 근린생활시설, 문화 및 집회시설, 종교시설, 판매시설, 운수시설, 운동시설, 위락시설, 창고시설 중 물류터미널
  2) 의료시설, 노유자시설, 업무시설, 숙박시설, 발전시설 및 장례시설
  3) 교육연구시설 중 도서관, 방송통신시설 중 방송국
  4) 지하가 중 지하상가

아. 가스누설경보기를 설치하여야 하는 특정소방대상물(가스시설이 설치된 경우만 해당한다)은 다음의 어느 하나와 같다.
  1) 판매시설, 운수시설, 노유자시설, 숙박시설, 창고시설 중 물류터미널

**기출PLUS**

기출 2020. 6. 20. 소방공무원

**「화재예방, 소방시설 설치 · 유지 및 안전관리에 관한 법률 시행령」상 특정소방대상물의 관계인이 특정소방대상물의 규모 · 용도 및 수용인원 등을 고려하여 갖추어야 하는 소방시설의 종류 중 단독경보형 감지기를 설치하여야 하는 특정소방대상물로 옳은 것은?**

① 연면적 500$m^2$인 숙박시설
② 연면적 600$m^2$인 유치원
③ 연면적 2,000$m^2$인 기숙사
④ 교육연구시설 또는 수련시설 내에 있는 합숙소 또는 기숙사로서 연면적 3,000$m^2$인 것

단독경보형 감지기를 설치해야 하는 특정소방대상물의 기준을 초과하지 않은 것은 연면적 '① 연면적 500$m^2$인 숙박시설' 뿐이다(기준 : 연면적 600$m^2$ 미만의 숙박시설). ②의 유치원은 400 $m^2$ 미만, ③의 기숙사는 1천$m^2$ 미만, ④의 합숙소 또는 기숙사는 2천$m^2$ 미만이어야 한다.

<정답 ①

기출PLUS

2) 문화 및 집회시설, 종교시설, 의료시설, 수련시설, 운동시설, 장례시설

자. 통합감시시설을 설치하여야 하는 특정소방대상물은 지하구로 한다.

3. 피난구조설비

가. 피난기구는 특정소방대상물의 모든 층에 화재안전기준에 적합한 것으로 설치하여야 한다. 다만, 피난층, 지상 1층, 지상 2층(별표 2 제9호에 따른 노유자시설 중 피난층이 아닌 지상 1층과 피난층이 아닌 지상 2층은 제외한다) 및 층수가 11층 이상인 층과 위험물 저장 및 처리시설 중 가스시설, 지하가 중 터널 또는 지하구의 경우에는 그러하지 아니하다.

나. 인명구조기구를 설치하여야 하는 특정소방대상물은 다음의 어느 하나와 같다.

1) 방열복 또는 방화복(안전모, 보호장갑 및 안전화를 포함한다), 인공소생기 및 공기호흡기를 설치하여야 하는 특정소방대상물 : 지하층을 포함하는 층수가 7층 이상인 관광호텔

2) 방열복 또는 방화복(안전모, 보호장갑 및 안전화를 포함한다) 및 공기호흡기를 설치하여야 하는 특정소방대상물 : 지하층을 포함하는 층수가 5층 이상인 병원

3) 공기호흡기를 설치하여야 하는 특정소방대상물은 다음의 어느 하나와 같다.

가) 수용인원 100명 이상인 문화 및 집회시설 중 영화상영관

나) 판매시설 중 대규모점포

다) 운수시설 중 지하역사

라) 지하가 중 지하상가

마) 제1호 바목 및 화재안전기준에 따라 이산화탄소소화설비(호스릴이산화탄소소화설비는 제외한다)를 설치하여야 하는 특정소방대상물

다. 유도등을 설치하여야 할 대상은 다음의 어느 하나와 같다.

1) 피난구유도등, 통로유도등 및 유도표지는 별표 2의 특정소방대상물에 설치한다. 다만, 다음의 어느 하나에 해당하는 경우는 제외한다.

가) 지하가 중 터널

나) 별표 2 제19호에 따른 동물 및 식물 관련 시설 중 축사로서 가축을 직접 가두어 사육하는 부분

2) 객석유도등은 다음의 어느 하나에 해당하는 특정소방대상물에 설치한다.

가) 유흥주점영업시설(「식품위생법 시행령」 제21조 제8호 라목의 유흥주점영업 중 손님이 춤을 출 수 있는 무대가 설치된 카바레, 나이트클럽 또는 그 밖에 이와 비슷한 영업시설만 해당한다)

나) 문화 및 집회시설

다) 종교시설

라) 운동시설

라. 비상조명등을 설치하여야 하는 특정소방대상물(창고시설 중 창고 및 하역장, 위험물 저장 및 처리 시설 중 가스시설은 제외한다)은 다음의 어느 하나와 같다.

1) 지하층을 포함하는 층수가 5층 이상인 건축물로서 연면적 3천㎡ 이상인 것

2) 1)에 해당하지 않는 특정소방대상물로서 그 지하층 또는 무창층의 바닥면적이 450㎡ 이상인 경우에는 그 지하층 또는 무창층

3) 지하가 중 터널로서 그 길이가 500m 이상인 것

마. 휴대용 비상조명등을 설치하여야 하는 특정소방대상물은 다음의 어느 하나와 같다.

1) 숙박시설

2) 수용인원 100명 이상의 영화상영관, 판매시설 중 대규모점포, 철도 및 도시철도 시설 중 지하역사, 지하가 중 지하상가

기출PLUS

4. 소화용수설비

상수도소화용수설비를 설치하여야 하는 특정소방대상물은 다음 각 목의 어느 하나와 같다. 다만, 상수도소화용수설비를 설치하여야 하는 특정소방대상물의 대지 경계선으로부터 180m 이내에 지름 75㎜ 이상인 상수도용 배수관이 설치되지 않은 지역의 경우에는 화재안전기준에 따른 소화수조 또는 저수조를 설치하여야 한다.

가. 연면적 5천㎡ 이상인 것. 다만, 위험물 저장 및 처리 시설 중 가스시설, 지하가 중 터널 또는 지하구의 경우에는 그러하지 아니하다.

나. 가스시설로서 지상에 노출된 탱크의 저장용량의 합계가 100톤 이상인 것

5. 소화활동설비

가. 제연설비를 설치하여야 하는 특정소방대상물은 다음의 어느 하나와 같다.

1) 문화 및 집회시설, 종교시설, 운동시설로서 무대부의 바닥면적이 200㎡ 이상 또는 문화 및 집회시설 중 영화상영관으로서 수용인원 100명 이상인 것

2) 지하층이나 무창층에 설치된 근린생활시설, 판매시설, 운수시설, 숙박시설, 위락시설, 의료시설, 노유자시설 또는 창고시설(물류터미널만 해당한다)로서 해당 용도로 사용되는 바닥면적의 합계가 1천㎡ 이상인 층

3) 운수시설 중 시외버스정류장, 철도 및 도시철도 시설, 공항시설 및 항만시설의 대기실 또는 휴게시설로서 지하층 또는 무창층의 바닥면적이 1천㎡ 이상인 것

4) 지하가(터널은 제외한다)로서 연면적 1천㎡ 이상인 것

5) 지하가 중 예상 교통량, 경사도 등 터널의 특성을 고려하여 행정안전부령으로 정하는 터널

6) 특정소방대상물(갓복도형 아파트 등은 제외한다)에 부설된 특별피난계단, 비상용 승강기의 승강장 또는 피난용 승강기의 승강장

나. 연결송수관설비를 설치하여야 하는 특정소방대상물(위험물 저장 및 처리시설 중 가스시설 또는 지하구는 제외한다)은 다음의 어느 하나와 같다.

1) 층수가 5층 이상으로서 연면적 6천㎡ 이상인 것

2) 1)에 해당하지 않는 특정소방대상물로서 지하층을 포함하는 층수가 7층 이상인 것

3) 1) 및 2)에 해당하지 않는 특정소방대상물로서 지하층의 층수가 3층 이상이고 지하층의 바닥면적의 합계가 1천㎡ 이상인 것

4) 지하가 중 터널로서 길이가 1천m 이상인 것

다. 연결살수설비를 설치하여야 하는 특정소방대상물(지하구는 제외한다)은 다음의 어느 하나와 같다.

1) 판매시설, 운수시설, 창고시설 중 물류터미널로서 해당 용도로 사용되는 부분의 바닥면적의 합계가 1천㎡ 이상인 것

2) 지하층(피난층으로 주된 출입구가 도로와 접한 경우는 제외한다)으로서 바닥면적의 합계가 150㎡ 이상인 것. 다만, 「주택법 시행령」 제21조 제4항에 따른 국민주택규모 이하인 아파트 등의 지하층(대피시설로 사용하는 것만 해당한다)과 교육연구시설 중 학교의 지하층의 경우에는 700㎡ 이상인 것으로 한다.

3) 가스시설 중 지상에 노출된 탱크의 용량이 30톤 이상인 탱크시설

4) 1) 및 2)의 특정소방대상물에 부속된 연결통로

라. 비상콘센트설비를 설치하여야 하는 특정소방대상물(위험물 저장 및 처리시설 중 가스시설 또는 지하구는 제외한다)은 다음의 어느 하나와 같다.

기출PLUS

1) 층수가 11층 이상인 특정소방대상물의 경우에는 11층 이상의 층
2) 지하층의 층수가 3층 이상이고 지하층의 바닥면적의 합계가 1천㎡ 이상인 것은 지하층의 모든 층
3) 지하가 중 터널로서 길이가 500m 이상인 것

마. 무선통신보조설비를 설치하여야 하는 특정소방대상물(위험물 저장 및 처리 시설 중 가스시설은 제외한다)은 다음의 어느 하나와 같다.
1) 지하가(터널은 제외한다)로서 연면적 1천㎡ 이상인 것
2) 지하층의 바닥면적의 합계가 3천㎡ 이상인 것 또는 지하층의 층수가 3층 이상이고 지하층의 바닥면적의 합계가 1천㎡ 이상인 것은 지하층의 모든 층
3) 지하가 중 터널로서 길이가 500m 이상인 것
4) 「국토의 계획 및 이용에 관한 법률」 제2조 제9호에 따른 공동구
5) 층수가 30층 이상인 것으로서 16층 이상 부분의 모든 층

바. 연소방지설비는 지하구(전력 또는 통신사업용인 것만 해당한다)에 설치하여야 한다.

※ 비고
별표 2 제1호부터 제27호까지 중 어느 하나에 해당하는 시설(이하 이 표에서 "근린생활시설 등"이라 한다)의 소방시설 설치기준이 복합건축물의 소방시설 설치기준보다 강한 경우 복합건축물 안에 있는 해당 근린생활시설 등에 대해서는 그 근린생활시설 등의 소방시설 설치기준을 적용한다.

② **소방시설의 내진설계기준**〈법 제9조의2〉 … 「지진 · 화산재해대책법」 제14조 제1항 각 호의 시설 중 대통령령으로 정하는 특정소방대상물에 대통령령으로 정하는 소방시설을 설치하려는 자는 지진이 발생할 경우 소방시설이 정상적으로 작동될 수 있도록 소방청장이 정하는 내진설계기준에 맞게 소방시설을 설치하여야 한다.

POINT 소방시설의 내진설계〈시행령 제15조의2 제2항〉 ✡ 2018 기출

법 제9조의2에서 "대통령령으로 정하는 소방시설"이란 소방시설 중 옥내소화전설비, 스프링클러설비, 물분무 등 소화설비를 말한다.

③ **성능위주설계**〈법 제9조의3〉

㉠ 대통령령으로 정하는 특정소방대상물(신축)에 소방시설을 설치하려는 자는 그 용도, 위치, 구조, 수용 인원, 가연물(可燃物)의 종류 및 양 등을 고려하여 설계(이하 "성능위주설계"라 한다)하여야 한다.

㉡ 성능위주설계의 기준과 그 밖에 필요한 사항은 소방청장이 정하여 고시한다.

POINT 성능위주설계를 하여야 하는 특정소방대상물의 범위〈시행령 제15조의3〉

① 연면적 20만 제곱미터 이상인 특정소방대상물. 다만, 공동주택 중 주택으로 쓰이는 층수가 5층 이상인 주택(이하 "아파트 등")은 제외한다.
② 다음의 어느 하나에 해당하는 특정소방대상물(아파트 등 제외)
㉠ 건축물의 높이가 100미터 이상인 특정소방대상물
㉡ 지하층을 포함한 층수가 30층 이상인 특정소방대상물
③ 연면적 3만 제곱미터 이상인 특정소방대상물로서 다음 각 목의 어느 하나에 해당하는 특정소방대상물
㉠ 철도 및 도시철도 시설
㉡ 공항시설
④ 하나의 건축물에 영화상영관이 10개 이상인 특정소방대상물

기출 2018. 10. 13. 소방공무원

**특정소방대상물에 소방시설을 설치하려는 자는 지진이 발생할 경우 소방시설이 정상적으로 작동될 수 있도록 소방청장이 정하는 내진설계기준에 맞게 소방시설을 설치하여야 한다. 이에 해당되는 소방시설로 옳은 것은?**

① 자동화재탐지설비, 옥외소화전설비, 스프링클러설비
② 자동화재탐지설비, 옥내소화전설비, 스프링클러설비
③ 옥내소화전설비, 옥외소화전설비, 물분무등소화설비
④ 옥내소화전설비, 스프링클러설비, 물분무등소화설비

TIP

해당 소방시설은 시행령 제15조의2에서 옥내소화전설비, 스프링클러설비, 물분무 등 소화설비로 규정하고 있다.

＜정답 ④

기출PLUS

④ **특정소방대상물별로 설치하여야 하는 소방시설의 정비 등〈법 제9조의4〉**

㉠ 대통령령으로 소방시설을 정할 때에는 특정소방대상물의 규모·용도 및 수용인원 등을 고려하여야 한다.

㉡ 소방청장은 건축 환경 및 화재위험특성 변화사항을 효과적으로 반영할 수 있도록 ㉠에 따른 소방시설 규정을 3년에 1회 이상 정비하여야 한다.

㉢ 소방청장은 건축 환경 및 화재위험특성 변화 추세를 체계적으로 연구하여 ㉡에 따른 정비를 위한 개선방안을 마련하여야 한다.

㉣ ㉢에 따른 연구의 수행 등에 필요한 사항은 행정안전부령으로 정한다.

⑤ **소방용품의 내용연수 등〈법 제9조의5〉**

㉠ 특정소방대상물의 관계인은 내용연수가 경과한 소방용품을 교체하여야 한다. 이 경우 내용연수를 설정하여야 하는 소방용품의 종류 및 그 내용연수 연한에 필요한 사항은 대통령령으로 정한다.

㉡ ㉠에도 불구하고 행정안전부령으로 정하는 절차 및 방법 등에 따라 소방용품의 성능을 확인받은 경우에는 그 사용기한을 연장할 수 있다.

⑥ **피난시설·방화구획 및 방화시설의 유지·관리〈법 제10조〉**

㉠ 특정소방대상물의 관계인은 「건축법」에 따른 피난시설, 방화구획(防火區劃) 및 방화벽, 내부 마감재료 등(이하 "방화시설"이라 한다)에 대하여 다음의 행위를 하여서는 아니 된다.

- 피난시설·방화구획 및 방화시설을 폐쇄하거나 훼손하는 등의 행위
- 피난시설·방화구획 및 방화시설의 주위에 물건을 쌓아두거나 장애물을 설치하는 행위
- 피난시설·방화구획 및 방화시설의 용도에 장애를 주거나 「소방기본법」의 규정에 따른 소방활동에 지장을 주는 행위
- 그 밖에 피난시설·방화구획 및 방화시설을 변경하는 행위

㉡ 소방본부장이나 소방서장은 특정소방대상물의 관계인이 ㉠의 각 호의 행위를 한 경우에는 피난시설, 방화구획 및 방화시설의 유지·관리를 위하여 필요한 조치를 명할 수 있다.

⑦ **특정소방대상물의 공사 현장에 설치하는 임시소방시설의 유지·관리 등〈법 제10조의2〉**

㉠ 특정소방대상물의 건축·대수선·용도변경 또는 설치 등을 위한 공사를 시공하는 자(이하 이 조에서 "시공자"라 한다)는 공사 현장에서 인화성(引火性) 물품을 취급하는 작업 등 대통령령으로 정하는 작업(이하 이 조에서 "화재위험작업"이라 한다)을 하기 전에 설치 및 철거가 쉬운 화재대비시설(이하 이 조에서 "임시소방시설"이라 한다)을 설치하고 유지·관리하여야 한다.

㉡ ㉠에도 불구하고 시공자가 화재위험작업 현장에 소방시설 중 임시소방시설과 기능 및 성능이 유사한 것으로서 대통령령으로 정하는 소방시설을 화재안전기준에 맞게 설치하고 유지·관리하고 있는 경우에는 임시소방시설을 설치하고 유지·관리한 것으로 본다.

기출PLUS

㉢ 소방본부장 또는 소방서장은 ㉠이나 ㉡에 따라 임시소방시설 또는 소방시설이 설치 또는 유지 · 관리되지 아니할 때에는 해당 시공자에게 필요한 조치를 하도록 명할 수 있다.

㉣ 임시소방시설을 설치하여야 하는 공사의 종류와 규모, 임시소방시설의 종류 등에 관하여 필요한 사항은 대통령령으로 정하고, 임시소방시설의 설치 및 유지 · 관리 기준은 소방청장이 정하여 고시한다.

POINT ① **임시소방시설의 종류 및 설치기준 등**〈시행령 제15조의5〉

㉠ **인화성(引火性) 물품을 취급하는 작업 등 대통령령으로 정하는 작업**
- 인화성 · 가연성 · 폭발성 물질을 취급하거나 가연성 가스를 발생시키는 작업
- 용접 · 용단 등 불꽃을 발생시키거나 화기(火氣)를 취급하는 작업
- 전열기구, 가열전선 등 열을 발생시키는 기구를 취급하는 작업
- 소방청장이 정하여 고시하는 폭발성 부유분진을 발생시킬 수 있는 작업
- 그 밖에 ㉠부터 ㉣까지와 비슷한 작업으로 소방청장이 정하여 고시하는 작업

㉡ **공사 현장에 설치하여야 하는 설치 및 철거가 쉬운 화재대비시설**(이하 "임시소방시설"이라 한다)**의 종류**〈별표5의2 제1호 참조〉
- 소화기
- **간이소화장치** : 물을 방사(放射)하여 화재를 진화할 수 있는 장치로서 소방청장이 정하는 성능을 갖추고 있을 것
- **비상경보장치** : 화재가 발생한 경우 주변에 있는 작업자에게 화재사실을 알릴 수 있는 장치로서 소방청장이 정하는 성능을 갖추고 있을 것
- **간이피난유도선** : 화재가 발생한 경우 피난구 방향을 안내할 수 있는 장치로서 소방청장이 정하는 성능을 갖추고 있을 것

② **임시소방시설을 설치하여야 하는 공사의 종류 및 규모**〈별표5의2 제2호 참조〉

㉠ **소화기** : 제12조제1항에 따라 건축허가등을 할 때 소방본부장 또는 소방서장의 동의를 받아야 하는 특정소방대상물의 건축 · 대수선 · 용도변경 또는 설치 등을 위한 공사 중 제15조의5제1항 각 호에 따른 작업을 하는 현장(이하 "작업현장"이라 한다)에 설치한다.

㉡ **간이소화장치** : 다음의 어느 하나에 해당하는 공사의 작업현장에 설치한다.
- 연면적 3천㎡ 이상
- 지하층, 무창층 또는 4층 이상의 층. 이 경우 해당 층의 바닥면적이 600㎡ 이상인 경우만 해당한다.

㉢ **비상경보장치** : 다음의 어느 하나에 해당하는 공사의 작업현장에 설치한다.
- 연면적 400㎡ 이상
- 지하층 또는 무창층. 이 경우 해당 층의 바닥면적이 150㎡ 이상인 경우만 해당한다.

㉣ **간이피난유도선** : 바닥면적이 150㎡ 이상인 지하층 또는 무창층의 작업현장에 설치한다.

③ **임시소방시설과 기능과 성능이 유사한 소방시설로서 임시소방시설을 설치한 것으로 보는 소방시설**〈별표5의2 제3호 참조〉

㉠ **간이소화장치를 설치한 것으로 보는 소방시설** : 옥내소화전 또는 소방청장이 정하여 고시하는 기준에 맞는 소화기

㉡ **비상경보장치를 설치한 것으로 보는 소방시설** : 비상방송설비 또는 자동화재탐지설비

㉢ **간이피난유도선을 설치한 것으로 보는 소방시설** : 피난유도선, 피난구유도등, 통로유도등 또는 비상조명등

⑧ **소방시설기준 적용의 특례**〈법 제11조〉

㉠ 소방본부장이나 소방서장은 대통령령 또는 화재안전기준이 변경되어 그 기준이 강화되는 경우 기존의 특정소방대상물(건축물의 신축·개축·재축·이전 및 대수선 중인 특정소방대상물을 포함한다)의 소방시설에 대하여는 변경 전의 대통령령 또는 화재안전기준을 적용한다. 다만, 다음의 어느 하나에 해당하는 소방시설의 경우에는 대통령령 또는 화재안전기준의 변경으로 강화된 기준을 적용한다.

- 소화기구·비상경보설비·자동화재속보설비 및 피난구조설비 중 대통령령으로 정하는 것
- 다음 각 목의 지하구에 설치하여야 하는 소방시설
  - 「국토의 계획 및 이용에 관한 법률」 제2조 제9호에 따른 공동구
  - 전력 또는 통신사업용 지하구
- 노유자시설, 의료시설에 설치하여야 하는 소방시설 중 대통령령으로 정하는 것*

㉡ 소방본부장이나 소방서장은 특정소방대상물에 설치하여야 하는 소방시설 가운데 기능과 성능이 유사한 물 분무 소화설비, 간이 스프링클러 설비, 비상경보설비 및 비상방송설비 등의 소방시설의 경우에는 대통령령으로 정하는 바에 따라 유사한 소방시설의 설치를 면제할 수 있다.[부록Ⅱ참조]

㉢ 소방본부장이나 소방서장은 기존의 특정소방대상물이 증축되거나 용도변경되는 경우에는 대통령령으로 정하는 바에 따라 증축 또는 용도변경 당시의 소방시설의 설치에 관한 대통령령 또는 화재안전기준을 적용한다.

㉣ 다음의 어느 하나에 해당하는 특정소방대상물 가운데 대통령령으로 정하는 특정소방대상물에는 대통령령으로 정하는 소방시설을 설치하지 아니할 수 있다.

- 화재 위험도가 낮은 특정소방대상물
- 화재안전기준을 적용하기가 어려운 특정소방대상물
- 화재안전기준을 다르게 적용하여야 하는 특수한 용도 또는 구조를 가진 특정소방대상물
- 「위험물안전관리법」에 따른 자체소방대가 설치된 특정소방대상물

㉤ ㉣항의 어느 하나에 해당하는 특정소방대물에 구조 및 원리 등에서 공법이 특수한 설계로 인정된 소방시설을 설치하는 경우에는 중앙소방기술심의위원회의 심의를 거쳐 화재안전기준을 적용하지 아니할 수 있다.

**POINT** 특정소방대상물의 증축 또는 용도변경 시의 소방시설기준 적용의 특례〈시행령 제17조〉 ✡ 2020 기출

① 소방본부장 또는 소방서장은 특정소방대상물이 증축되는 경우에는 기존 부분을 포함한 특정소방대상물의 전체에 대하여 증축 당시의 소방시설의 설치에 관한 대통령령 또는 화재안전기준을 적용하여야 한다. 다만, 다음의 어느 하나에 해당하는 경우에는 기존 부분에 대해서는 증축 당시의 소방시설의 설치에 관한 대통령령 또는 화재안전기준을 적용하지 아니한다.

㉠ 기존 부분과 증축 부분이 내화구조(耐火構造)로 된 바닥과 벽으로 구획된 경우

㉡ 기존 부분과 증축 부분이 「건축법 시행령」에 따른 갑종 방화문(국토교통부장관이 정하는 기준에 적합한 자동방화셔터를 포함한다)으로 구획되어 있는 경우

기출PLUS

TIP

**강화된 소방시설기준의 적용대상**
〈시행령 제15조의6〉

1. 노유자(老幼者)시설에 설치하는 간이스프링클러설비, 자동화재탐지설비 및 단독경보형 감지기
2. 의료시설에 설치하는 스프링클러설비, 간이스프링클러설비, 자동화재탐지설비 및 자동화재속보설비

기출PLUS

기출 2020. 6. 20. 소방공무원

**「화재예방, 소방시설 설치 · 유지 및 안전관리에 관한 법률 시행령」상 특정소방대상물이 증축되는 경우, 원칙적으로 소방시설기준 적용에 관한 설명으로 옳은 것은?**

① 기존 부분을 포함한 특정소방대상물의 전체에 대하여 증축 전 소방시설의 설치에 관한 대통령령 또는 화재안전기준을 적용하여야 한다.
② 기존 부분은 증축 전에 적용되던 소방시설의 설치에 관한 대통령령 또는 화재안전기준을 적용하고 증축 부분은 증축 당시의 소방시설의 설치에 관한 대통령령 또는 화재안전기준을 적용하여야 한다.
③ 증축 부분은 증축 전에 적용되던 소방시설의 설치에 관한 대통령령 또는 화재안전기준을 적용하고 기존 부분은 증축 당시의 소방시설의 설치에 관한 대통령령 또는 화재안전기준을 적용하여야 한다.
④ 기존 부분을 포함한 특정소방대상물의 전체에 대하여 증축 당시의 소방시설의 설치에 관한 대통령령 또는 화재안전기준을 적용하여야 한다.

TIP

특정소방대상물이 증축되는 경우 '기존 부분을 포함한 전체에 대하여', '증축 당시의' 소방시설 설치 관련 대통령령 또는 화재안전기준을 적용하여야 한다.

정답 ④

ⓒ 자동차 생산공장 등 화재 위험이 낮은 특정소방대상물 내부에 연면적 33제곱미터 이하의 직원 휴게실을 증축하는 경우
ⓔ 자동차 생산공장 등 화재 위험이 낮은 특정소방대상물에 캐노피(기둥으로 받치거나 매달아 놓은 덮개를 말하며, 3면 이상에 벽이 없는 구조의 것을 말한다)를 설치하는 경우

② 소방본부장 또는 소방서장은 특정소방대상물이 용도변경되는 경우에는 용도변경되는 부분에 대해서만 용도변경 당시의 소방시설의 설치에 관한 대통령령 또는 화재안전기준을 적용한다. 다만, 다음의 어느 하나에 해당하는 경우에는 특정소방대상물 전체에 대하여 용도변경 전에 해당 특정소방대상물에 적용되던 소방시설의 설치에 관한 대통령령 또는 화재안전기준을 적용한다.
ⓐ 특정소방대상물의 구조 · 설비가 화재연소 확대 요인이 적어지거나 피난 또는 화재진압활동이 쉬워지도록 변경되는 경우
ⓑ 문화 및 집회시설 중 공연장 · 집회장 · 관람장, 판매시설, 운수시설, 창고시설 중 물류터미널이 불특정 다수인이 이용하는 것이 아닌 일정한 근무자가 이용하는 용도로 변경되는 경우
ⓒ 용도변경으로 인하여 천장 · 바닥 · 벽 등에 고정되어 있는 가연성 물질의 양이 줄어드는 경우
ⓔ 「다중이용업소의 안전관리에 관한 특별법」에 따른 다중이용업의 영업소, 문화 및 집회시설, 종교시설, 판매시설, 운수시설, 의료시설, 노유자시설, 수련시설, 운동시설, 숙박시설, 위락시설, 창고시설 중 물류터미널, 위험물 저장 및 처리 시설 중 가스시설, 장례식장이 각각 이 호에 규정된 시설 외의 용도로 변경되는 경우

⑨ **소방기술심의위원회**〈법 제11조의2〉

ⓐ 다음의 사항을 심의하기 위하여 소방청에 중앙소방기술심의위원회(이하 "중앙위원회"라 한다)를 둔다.
- 화재안전기준에 관한 사항
- 소방시설의 구조 및 원리 등에서 공법이 특수한 설계 및 시공에 관한 사항
- 소방시설의 설계 및 공사감리의 방법에 관한 사항
- 소방시설공사의 하자를 판단하는 기준에 관한 사항
- 그 밖에 소방기술 등에 관하여 대통령령으로 정하는 사항

ⓑ 다음의 사항을 심의하기 위하여 특별시 · 광역시 · 특별자치시 · 도 및 특별자치도에 지방소방기술심의위원회(이하 "지방위원회"라 한다)를 둔다.
- 소방시설에 하자가 있는지의 판단에 관한 사항
- 그 밖에 소방기술 등에 관하여 대통령령으로 정하는 사항

ⓒ ⓐ, ⓑ에 따른 중앙위원회 및 지방위원회의 구성 · 운영에 필요한 사항은 대통령령으로 정한다.

POINT 소방기술심의위원회의 심의사항〈시행령 제18조의2〉

① 법 제11조의2 ⓐ에서 "대통령령으로 정하는 사항"이란 다음 각 호의 사항을 말한다.
ⓐ 연면적 10만 제곱미터 이상의 특정소방대상물에 설치된 소방시설의 설계 · 시공 · 감리의 하자 유무에 관한 사항
ⓑ 새로운 소방시설과 소방용품 등의 도입 여부에 관한 사항
ⓒ 그 밖에 소방기술과 관련하여 소방청장이 심의에 부치는 사항

기출PLUS

② 법 제11조의2 ㉡에서 "대통령령으로 정하는 사항"이란 다음 각 호의 사항을 말한다.
㉠ 연면적 10만 제곱미터 미만의 특정소방대상물에 설치된 소방시설의 설계·시공·감리의 하자 유무에 관한 사항
㉡ 소방본부장 또는 소방서장이 화재안전기준 또는 위험물 제조소 등(「위험물 안전관리법」에 따른 제조소 등을 말한다. 이하 같다)의 시설기준의 적용에 관하여 기술검토를 요청하는 사항
㉢ 그 밖에 소방기술과 관련하여 시·도지사가 심의에 부치는 사항

POINT 소방기술심의위원회의 구성 등〈시행령 제18조의3〉
① 중앙소방기술심의위원회(이하 "중앙위원회"라 한다)는 성별을 고려하여 위원장을 포함한 60명 이내의 위원으로 구성한다.
② 지방소방기술심의위원회(이하 "지방위원회"라 한다)는 위원장을 포함하여 5명 이상 9명 이하의 위원으로 구성한다.
③ 중앙위원회의 회의는 위원장과 위원장이 회의마다 지정하는 6명 이상 12명 이하의 위원으로 구성하고, 중앙위원회는 분야별 소위원회를 구성·운영할 수 있다.

### (3) 방염(防炎)

① 소방대상물의 방염 등〈법 제12조〉
㉠ 대통령령으로 정하는 특정소방대상물에 실내장식 등의 목적으로 설치 또는 부착하는 물품으로서 대통령령으로 정하는 물품(이하 "방염대상물품"이라 한다)은 방염성능기준 이상의 것으로 설치하여야 한다.

POINT 방염성능기준 이상의 실내장식물 등을 설치하여야 하는 특정소방대상물〈시행령 제19조〉
1. 근린생활시설 중 의원, 체력단련장, 공연장 및 종교집회장
2. 건축물의 옥내에 있는 시설로서 다음 각 목의 시설
가. 문화 및 집회시설
나. 종교시설
다. 운동시설(수영장은 제외한다)
3. 의료시설
4. 교육연구시설 중 합숙소
5. 노유자시설
6. 숙박이 가능한 수련시설
7. 숙박시설
8. 방송통신시설 중 방송국 및 촬영소
9. 다중이용업소
10. 제1호부터 제9호까지의 시설에 해당하지 않는 것으로서 층수가 11층 이상인 것(아파트는 제외한다)

㉡ 소방본부장이나 소방서장은 방염대상물품이 방염성능기준에 미치지 못하거나 방염성능검사를 받지 아니한 것이면 소방대상물의 관계인에게 방염대상물품을 제거하도록 하거나 방염성능검사를 받도록 하는 등 필요한 조치를 명할 수 있다.
㉢ 방염성능기준은 대통령령으로 정한다.

기출PLUS

POINT 방염대상물품 및 방염성능기준〈시행령 제20조〉

① 방염대상물품

㉠ 제조 또는 가공 공정에서 방염처리를 한 물품(합판 · 목재류의 경우에는 설치 현장에서 방염처리를 한 것을 포함한다)으로서 다음의 어느 하나에 해당하는 것

- 창문에 설치하는 커튼류(블라인드를 포함한다)
- 카펫, 두께가 2밀리미터 미만인 벽지류(종이벽지는 제외한다)
- 전시용 합판 또는 섬유판, 무대용 합판 또는 섬유판
- 암막 · 무대막(「영화 및 비디오물의 진흥에 관한 법률」에 따른 영화상영관에 설치하는 스크린과 「다중이용업소의 안전관리에 관한 특별법 시행령」에 따른 가상체험 체육시설업에 설치하는 스크린을 포함한다)
- 섬유류 또는 합성수지류 등을 원료로 하여 제작된 소파 · 의자(「다중이용업소의 안전관리에 관한 특별법 시행령」에 따른 단란주점영업, 유흥주점영업 및 노래연습장업의 영업장에 설치하는 것만 해당한다)

㉡ 건축물 내부의 천장이나 벽에 부착하거나 설치하는 것으로서 다음의 어느 하나에 해당하는 것. 다만, 가구류(옷장, 찬장, 식탁, 식탁용 의자, 사무용 책상, 사무용 의자, 계산대 및 그 밖에 이와 비슷한 것을 말한다.이하 같다)와 너비 10센티미터 이하인 반자돌림대 등과 「건축법」에 따른 내부마감재료는 제외한다.

- 종이류(두께 2밀리미터 이상인 것을 말한다) · 합성수지류 또는 섬유류를 주원료로 한 물품
- 합판이나 목재
- 공간을 구획하기 위하여 설치하는 간이 칸막이(접이식 등 이동 가능한 벽체나 천장 또는 반자가 실내에 접하는 부분까지 구획하지 아니하는 벽체를 말한다)
- 흡음(吸音)이나 방음(防音)을 위하여 설치하는 흡음재(흡음용 커튼을 포함한다) 또는 방음재(방음용 커튼을 포함한다)

② 방염성능기준 : 다음의 기준을 따르되, 방염대상물품의 종류에 따른 구체적인 방염성능기준은 다음의 범위에서 소방청장이 정하여 고시하는 바에 따른다.

㉠ 버너의 불꽃을 제거한 때부터 불꽃을 올리며 연소하는 상태가 그칠 때까지 시간은 20초 이내일 것

㉡ 버너의 불꽃을 제거한 때부터 불꽃을 올리지 아니하고 연소하는 상태가 그칠 때까지 시간은 30초 이내일 것

㉢ 탄화(炭化)한 면적은 50제곱센티미터 이내, 탄화한 길이는 20센티미터 이내일 것

㉣ 불꽃에 의하여 완전히 녹을 때까지 불꽃의 접촉 횟수는 3회 이상일 것

㉤ 소방청장이 정하여 고시한 방법으로 발연량(發煙量)을 측정하는 경우 최대연기밀도는 400 이하일 것

③ 소방본부장 또는 소방서장은 제1항에 따른 물품 외에 다음 각 호의 어느 하나에 해당하는 물품의 경우에는 방염처리된 물품을 사용하도록 권장할 수 있다.

㉠ 다중이용업소, 의료시설, 노유자시설, 숙박시설 또는 장례식장에서 사용하는 침구류 · 소파 및 의자

㉡ 건축물 내부의 천장 또는 벽에 부착하거나 설치하는 가구류

② 방염성능의 검사〈법 제13조〉

㉠ 특정소방대상물에서 사용하는 방염대상물품은 소방청장(대통령령으로 정하는 방염대상물품의 경우에는 시 · 도지사를 말한다)이 실시하는 방염성능검사를 받은 것이어야 한다.

㉡ 방염처리업의 등록을 한 자는 방염성능검사를 할 때에 거짓 시료(試料)를 제출하여서는 아니 된다.

㉢ 방염성능검사의 방법과 검사 결과에 따른 합격 표시 등에 필요한 사항은 행정안전부령으로 정한다.

## section 4 소방대상물의 안전관리

### (1) 특정소방대상물의 소방안전관리〈법 제20조〉

① 특정소방대상물의 관계인은 그 특정소방대상물에 대하여 제6항에 따른 소방안전관리 업무를 수행하여야 한다.

② 대통령령으로 정하는 특정소방대상물(이하 이 조에서 "소방안전관리대상물"이라 한다)의 관계인은 소방안전관리 업무를 수행하기 위하여 대통령령으로 정하는 자를 행정안전부령으로 정하는 바에 따라 소방안전관리자 및 소방안전관리보조자로 선임하여야 한다. 이 경우 소방안전관리보조자의 최소인원 기준 등 필요한 사항은 대통령령으로 정하고, ④, ⑤ 및 ⑦은 소방안전관리보조자에 대하여 준용한다.

**POINT** **소방안전관리보조자를 두어야 하는 특정소방대상물**〈시행령 제22조의2〉

① 소방안전관리보조자를 선임하여야 하는 특정소방대상물은 소방안전관리자를 두어야 하는 특정소방대상물 중 다음 각 호의 어느 하나에 해당하는 특정소방대상물로 한다. 다만, 제3호에 해당하는 특정소방대상물로서 해당 특정소방대상물이 소재하는 지역을 관할하는 소방서장이 야간이나 휴일에 해당 특정소방대상물이 이용되지 아니한다는 것을 확인한 경우에는 소방안전관리보조자를 선임하지 아니할 수 있다. ✡ **2020 기출**

1. 「건축법 시행령」 별표1 제2호 가목에 따른 아파트(300세대 이상인 아파트만 해당한다)
2. 제1호에 따른 아파트를 제외한 연면적이 1만 5천 제곱미터 이상인 특정소방대상물
3. 제1호 및 제2호에 따른 특정소방대상물을 제외한 특정소방대상물 중 다음 각 목의 어느 하나에 해당하는 특정소방대상물
   가. 공동주택 중 기숙사
   나. 의료시설
   다. 노유자시설
   라. 수련시설
   마. 숙박시설(숙박시설로 사용되는 바닥면적의 합계가 1천 500제곱미터 미만이고 관계인이 24시간 상시 근무하고 있는 숙박시설은 제외한다)

② 보조자선임대상 특정소방대상물의 관계인이 선임하여야 하는 소방안전관리보조자의 최소 선임기준은 다음 각 호와 같다.

1. 제1항 제1호의 경우 : 1명. 다만, 초과되는 300세대마다 1명 이상을 추가로 선임하여야 한다.

---

**기출PLUS**

기출 2020. 6. 20. 소방공무원

**「화재예방, 소방시설 설치 · 유지 및 안전관리에 관한 법률 시행령」상 소방안전관리보조자를 두어야 하는 특정소방대상물에 대한 설명이다. ( ) 안에 들어갈 용어로 옳은 것은?**

보기
- 「건축법 시행령」 별표1 제2호 가목에 따른 아파트(( 가 )세대 이상인 아파트만 해당한다)
- 아파트를 제외한 연면적이 ( 나 ) 이상인 특정소방대상물

| | ㈎ | ㈏ |
|---|---|---|
| ① | 150 | 1만 제곱미터 |
| ② | 150 | 1만 5천 제곱미터 |
| ③ | 300 | 1만 제곱미터 |
| ④ | 300 | 1만 5천 제곱미터 |

동법 시행령 제22조의2 제1항

〈정답 ④

기출PLUS

2. 제1항 제2호의 경우 : 1명. 다만, 초과되는 연면적 1만 5천 제곱미터마다(특정소방대상물의 방재실에 자위소방대가 24시간 상시 근무하고 「소방장비관리법 시행령」 별표 1 제1호 가목에 따른 소방자동차 중 소방펌프차, 소방물탱크차, 소방화학차 또는 무인방수차를 운용하는 경우에는 3만 제곱미터로 한다) 1명 이상을 추가로 선임하여야 한다.
3. 제1항 제3호의 경우 : 1명

③ 대통령령으로 정하는 소방안전관리대상물의 관계인은 ②에도 불구하고 소방시설관리업을 등록한 자(이하 "관리업자"라 한다)로 하여금 소방안전관리 업무 중 대통령령으로 정하는 업무를 대행하게 할 수 있으며, 이 경우 소방안전관리 업무를 대행하는 자를 감독할 수 있는 자를 소방안전관리자로 선임할 수 있다.

④ 소방안전관리대상물의 관계인이 소방안전관리자를 선임한 경우에는 행정안전부령으로 정하는 바에 따라 선임한 날부터 14일 이내에 소방본부장이나 소방서장에게 신고하고, 소방안전관리대상물의 출입자가 쉽게 알 수 있도록 소방안전관리자의 성명과 그 밖에 행정안전부령으로 정하는 사항을 게시하여야 한다.

⑤ 소방안전관리대상물의 관계인이 소방안전관리자를 해임한 경우에는 그 관계인 또는 해임된 소방안전관리자는 소방본부장이나 소방서장에게 그 사실을 알려 해임한 사실의 확인을 받을 수 있다.

⑥ 특정소방대상물(소방안전관리대상물은 제외한다)의 관계인과 소방안전관리대상물의 소방안전관리자의 업무는 다음과 같다. 다만, ㉠, ㉡ 및 ㉣의 업무는 소방안전관리대상물의 경우에만 해당한다.

㉠ 피난계획에 관한 사항과 대통령령으로 정하는 사항이 포함된 소방계획서의 작성 및 시행
㉡ 자위소방대(自衛消防隊) 및 초기대응체계의 구성 · 운영 · 교육
㉢ 피난시설, 방화구획 및 방화시설의 유지 · 관리
㉣ 소방훈련 및 교육
㉤ 소방시설이나 그 밖의 소방 관련 시설의 유지 · 관리
㉥ 화기(火氣) 취급의 감독
㉦ 그 밖에 소방안전관리에 필요한 업무

⑦ 소방안전관리대상물의 관계인은 소방안전관리자가 소방안전관리 업무를 성실하게 수행할 수 있도록 지도 · 감독하여야 한다.

⑧ 소방안전관리자는 인명과 재산을 보호하기 위하여 소방시설 · 피난시설 · 방화시설 및 방화구획 등이 법령에 위반된 것을 발견한 때에는 지체 없이 소방안전관리대상물의 관계인에게 소방대상물의 개수 · 이전 · 제거 · 수리 등 필요한 조치를 할 것을 요구하여야 하며, 관계인이 시정하지 아니하는 경우 소방본부장 또는 소방서장에게 그 사실을 알려야 한다. 이 경우 소방안전관리자는 공정하고 객관적으로 그 업무를 수행하여야 한다.

⑨ 소방안전관리자로부터 조치요구 등을 받은 소방안전관리대상물의 관계인은 지체 없이 이에 따라야 하며 조치요구 등을 이유로 소방안전관리자를 해임하거나 보수(報酬)의 지급을 거부하는 등 불이익한 처우를 하여서는 아니 된다.

⑩ 소방안전관리 업무를 관리업자에게 대행하게 하는 경우의 대가(代價)는 「엔지니어링산업 진흥법」에 따른 엔지니어링사업의 대가 기준 가운데 행정안전부령으로 정하는 방식에 따라 산정한다.

⑪ 자위소방대와 초기대응체계의 구성, 운영 및 교육 등에 관하여 필요한 사항은 행정안전부령으로 정한다.

⑫ 소방본부장 또는 소방서장은 ②에 따른 소방안전관리자를 선임하지 아니한 소방안전관리대상물의 관계인에게 소방안전관리자를 선임하도록 명할 수 있다.

⑬ 소방본부장 또는 소방서장은 ⑥에 따른 업무를 다하지 아니하는 특정소방대상물의 관계인 또는 소방안전관리자에게 그 업무를 이행하도록 명할 수 있다.

**POINT 소방안전관리자의 선임신고 등〈시행규칙 제14조〉**

㉠ 특정소방대상물의 관계인은 소방안전관리자를 다음의 어느 하나에 해당하는 날부터 30일 이내에 선임하여야 한다.
- 신축·증축·개축·재축·대수선 또는 용도변경으로 해당 특정소방대상물의 소방안전관리자를 신규로 선임하여야 하는 경우 : 해당 특정소방대상물의 완공일(건축물의 경우에는 「건축법」에 따라 건축물을 사용할 수 있게 된 날을 말한다)
- 증축 또는 용도변경으로 인하여 특정소방대상물이 영 제22조 제1항에 따른 소방안전관리대상물로 된 경우 : 증축공사의 완공일 또는 용도변경 사실을 건축물관리대장에 기재한 날
- 특정소방대상물을 양수하거나 「민사집행법」에 의한 경매, 「채무자 회생 및 파산에 관한 법률」에 의한 환가, 「국세징수법」·「관세법」 또는 「지방세기본법」에 의한 압류재산의 매각 그 밖에 이에 준하는 절차에 의하여 관계인의 권리를 취득한 경우 : 해당 권리를 취득한 날 또는 관할 소방서장으로부터 소방안전관리자 선임 안내를 받은 날. 다만, 새로 권리를 취득한 관계인이 종전의 특정소방대상물의 관계인이 선임신고한 소방안전관리자를 해임하지 아니하는 경우를 제외한다.
- 특정소방대상물의 경우 : 소방본부장 또는 소방서장이 공동 소방안전관리 대상으로 지정한 날
- 소방안전관리자를 해임한 경우 : 소방안전관리자를 해임한 날
- 소방안전관리업무를 대행하는 자를 감독하는 자를 소방안전관리자로 선임한 경우로서 그 업무대행 계약이 해지 또는 종료된 경우 : 소방안전관리업무 대행이 끝난 날

㉡ 2급 또는 3급 소방안전관리대상물의 관계인은 소방안전관리자에 대한 강습교육이나 2급 또는 3급 소방안전관리에 대한 시험이 소방안전관리자 선임기간 내에 있지 아니하여 소방안전관리자를 선임할 수 없는 경우에는 소방안전관리자 선임의 연기를 신청할 수 있다.

㉢ 소방안전관리자 선임의 연기를 신청하려는 2급 또는 3급 소방안전관리대상물의 관계인은 선임 연기신청서에 소방안전관리 강습교육접수증 사본 또는 2급 소방안전관리자 시험응시표 사본을 첨부하여 소방본부장 또는 소방서장에게 신청하여야 한다. 이 경우 2급 또는 3급 소방안전관리대상물의 관계인은 소방안전관리자가 선임될 때까지 소방안전관리 업무를 수행하여야 한다.

기출PLUS

㉣ 소방본부장 또는 소방서장은 ㉢에 따른 신청을 받은 때에는 소방안전관리자 선임기간을 지정하여 2급 또는 3급 소방안전관리대상물의 관계인에게 통보하여야 한다.

㉤ 소방안전관리대상물의 관계인은 소방안전관리자 및 공동 소방안전관리자(「기업활동 규제완화에 관한 특별조치법」에 따라 소방안전관리자를 겸임하거나 공동으로 선임되는 자를 포함한다)를 선임한 때에는 소방안전관리자 선임신고서(전자문서로 된 신고서를 포함한다)에 다음의 어느 하나에 해당하는 서류(전자문서를 포함한다)를 첨부하여 소방본부장 또는 소방서장에게 제출하여야 한다. 이 경우 담당 공무원은 「전자정부법」에 따른 행정정보의 공동이용을 통하여 선임된 소방안전관리자의 국가기술자격증을 확인하여야 하며, 신고인이 확인에 동의하지 아니하는 경우에는 그 서류(국가기술자격증의 경우에는 그 사본을 말한다)를 제출하도록 하여야 한다.

- 소방시설관리사증
- 소방안전관리자수첩
- 소방안전관리대상물의 소방안전관리에 관한 업무를 감독할 수 있는 직위에 있는 자임을 증명하는 서류(소방안전관리대상물의 관계인이 소방안전관리 업무를 대행하게 하는 경우만 해당한다) 1부
- 「위험물안전관리법」에 따른 자체소방대장임을 증명하는 서류 또는 소방시설관리업자에게 소방안전관리 업무를 대행하게 한 사실을 증명할 수 있는 서류(소방대상물의 자체소방대장 또는 소방시설관리업자에게 소방안전관리 업무를 대행하게 한 경우에 한한다) 1부
- 「기업활동 규제완화에 관한 특별조치법」에 따라 해당 특정소방대상물의 소방안전관리자를 겸임할 수 있는 안전관리자로 선임된 사실을 증명할 수 있는 서류 또는 선임사항이 기록된 자격수첩

㉥ 소방본부장 또는 소방서장은 특정소방대상물의 관계인이 소방안전관리자를 선임하여 신고하는 경우에는 신고인에게 소방안전관리자 선임증을 발급하여야 한다.

㉦ 특정소방대상물의 관계인은 「전자정부법」에 따라 소방청장이 설치한 전산시스템을 이용하여 소방안전관리자의 선임신고를 할 수 있으며, 이 경우 소방본부장 또는 소방서장은 소방안전관리자 선임증을 발급하여야 한다.

### (2) 소방안전 특별관리시설물의 안전관리〈법 제20조의2〉

① 소방청장은 화재 등 재난이 발생할 경우 사회 · 경제적으로 피해가 큰 다음의 시설(이하 이 조에서 "소방안전 특별관리시설물"이라 한다)에 대하여 소방안전 특별관리를 하여야 한다.

㉠ 「공항시설법」의 공항시설

㉡ 「철도산업발전기본법」의 철도시설

㉢ 「도시철도법」의 도시철도시설

㉣ 「항만법」의 항만시설

㉤ 「문화재보호법」의 지정문화재인 시설(시설이 아닌 지정문화재를 보호하거나 소장하고 있는 시설을 포함한다)

㉥ 「산업기술단지 지원에 관한 특례법」의 산업기술단지

㉦ 「산업입지 및 개발에 관한 법률」의 산업단지

기출PLUS

ⓞ 「초고층 및 지하연계 복합건축물 재난관리에 관한 특별법」의 초고층 건축물 및 지하연계 복합건축물

ⓩ 「영화 및 비디오물의 진흥에 관한 법률」의 영화상영관 중 수용인원 1,000명 이상인 영화상영관

ⓒ 전력용 및 통신용 지하구

ⓚ 「한국석유공사법」의 석유비축시설

ⓣ 「한국가스공사법」의 천연가스 인수기지 및 공급망

ⓟ 「전통시장 및 상점가 육성을 위한 특별법」의 전통시장으로서 대통령령으로 정하는 전통시장

ⓗ 그 밖에 대통령령으로 정하는 시설물

② 소방청장은 특별관리를 체계적이고 효율적으로 하기 위하여 시·도지사와 협의하여 소방안전 특별관리기본계획을 수립하여 시행하여야 한다.

③ 시·도지사는 소방안전 특별관리기본계획에 저촉되지 아니하는 범위에서 관할 구역에 있는 소방안전 특별관리시설물의 안전관리에 적합한 소방안전 특별관리시행계획을 수립하여 시행하여야 한다.

④ 그 밖에 소방안전 특별관리기본계획 및 소방안전 특별관리시행계획의 수립·시행에 필요한 사항은 대통령령으로 정한다.

**POINT 소방안전 특별관리기본계획·시행계획의 수립·시행〈시행령 제24조의3〉**

① 소방청장은 소방안전 특별관리기본계획(이하 이 조에서 "특별관리기본계획"이라 한다)을 5년마다 수립·시행하여야 하고, 계획 시행 전년도 10월 31일까지 수립하여 시·도에 통보한다.

② 특별관리기본계획에는 다음의 사항이 포함되어야 한다.
- 화재예방을 위한 중기·장기 안전관리정책
- 화재예방을 위한 교육·홍보 및 점검·진단
- 화재대응을 위한 훈련
- 화재대응 및 사후조치에 관한 역할 및 공조체계
- 그 밖에 화재 등의 안전관리를 위하여 필요한 사항

③ 시·도지사는 특별관리기본계획을 시행하기 위하여 매년 소방안전 특별관리시행계획(이하 이 조에서 "특별관리시행계획"이라 한다)을 계획 시행 전년도 12월 31일까지 수립하여야 하고, 시행 결과를 계획 시행 다음 연도 1월 31일까지 소방청장에게 통보하여야 한다.

④ 특별관리시행계획에는 다음의 사항이 포함되어야 한다.
- 특별관리기본계획의 집행을 위하여 필요한 사항
- 시·도에서 화재 등의 안전관리를 위하여 필요한 사항

⑤ 소방청장 및 시·도지사는 특별관리기본계획 및 특별관리시행계획을 수립하는 경우 성별, 연령별, 재해약자(장애인·노인·임산부·영유아·어린이 등 이동이 어려운 사람을 말한다)별 화재 피해현황 및 실태 등에 관한 사항을 고려하여야 한다.

기출PLUS

### (3) 공동 소방안전관리〈법 제21조〉

다음의 어느 하나에 해당하는 특정소방대상물로서 그 관리의 권원(權原)이 분리되어 있는 것 가운데 소방본부장이나 소방서장이 지정하는 특정소방대상물의 관계인은 행정안전부령으로 정하는 바에 따라 대통령령으로 정하는 자를 공동 소방안전관리자로 선임하여야 한다.

① 고층 건축물(지하층을 제외한 층수가 11층 이상인 건축물만 해당한다)

② 지하가(지하의 인공구조물 안에 설치된 상점 및 사무실, 그 밖에 이와 비슷한 시설이 연속하여 지하도에 접하여 설치된 것과 그 지하도를 합한 것을 말한다)

③ 그 밖에 대통령령으로 정하는 특정소방대상물

POINT 공동 소방안전관리자 선임대상 특정소방대상물〈시행령 제25조〉 ✡ 2021 기출

법 제21조 제3호에서 "대통령령으로 정하는 특정소방대상물"이란 다음의 하나에 해당하는 특정소방대상물을 말한다.

① 복합건축물로서 연면적이 5천 제곱미터 이상인 것 또는 층수가 5층 이상인 것

② 판매시설 중 도매시장 및 소매시장

③ 특정소방대상물 중 소방본부장 또는 소방서장이 지정하는 것

### (4) 피난계획의 수립 및 시행〈법 제21조의2〉

① 소방안전관리대상물의 관계인은 그 장소에 근무하거나 거주 또는 출입하는 사람들이 화재가 발생한 경우에 안전하게 피난할 수 있도록 피난계획을 수립하여 시행하여야 한다.

② 피난계획에는 그 특정소방대상물의 구조, 피난시설 등을 고려하여 설정한 피난경로가 포함되어야 한다.

③ 소방안전관리대상물의 관계인은 피난시설의 위치, 피난경로 또는 대피요령이 포함된 피난유도 안내정보를 근무자 또는 거주자에게 정기적으로 제공하여야 한다.

④ 피난계획의 수립 · 시행, 피난유도 안내정보 제공에 필요한 사항은 행정안전부령으로 정한다.

POINT 피난계획의 수립 · 시행〈시행규칙 제14조의4〉

① 피난계획(이하 "피난계획"이라 한다)에는 다음의 사항이 포함되어야 한다.
- ㉠ 화재경보의 수단 및 방식
- ㉡ 층별, 구역별 피난대상 인원의 현황
- ㉢ 장애인, 노인, 임산부, 영유아 및 어린이 등 이동이 어려운 사람(이하 "재해약자"라 한다)의 현황
- ㉣ 각 거실에서 옥외(옥상 또는 피난안전구역을 포함한다)로 이르는 피난경로
- ㉤ 재해약자 및 재해약자를 동반한 사람의 피난동선과 피난방법
- ㉥ 피난시설, 방화구획, 그 밖에 피난에 영향을 줄 수 있는 제반 사항

② 소방안전관리대상물의 관계인은 해당 소방안전관리대상물의 구조 · 위치, 소방시설 등을 고려하여 피난계획을 수립하여야 한다.

③ 소방안전관리대상물의 관계인은 해당 소방안전관리대상물의 피난시설이 변경된 경우에는 그 변경사항을 반영하여 피난계획을 정비하여야 한다.

④ ①부터 ③까지에서 규정한 사항 외에 피난계획의 수립 · 시행에 필요한 세부사항은 소방청장이 정하여 고시한다.

기출PLUS

POINT 피난유도 안내정보의 제공〈시행규칙 제14조의5〉 ✡ 2021 기출

① 피난유도 안내정보 제공은 다음의 어느 하나에 해당하는 방법으로 하여야 한다.
  1. 연 2회 피난안내 교육을 실시하는 방법
  2. 분기별 1회 이상 피난안내방송을 실시하는 방법
  3. 피난안내도를 층마다 보기 쉬운 위치에 게시하는 방법
  4. 엘리베이터, 출입구 등 시청이 용이한 지역에 피난안내영상을 제공하는 방법

② ①에서 규정한 사항 외에 피난유도 안내정보의 제공에 필요한 세부사항은 소방청장이 정하여 고시한다.

### (5) 특정소방대상물의 근무자 및 거주자에 대한 소방훈련 등〈법 제22조〉

① 대통령령으로 정하는 특정소방대상물의 관계인은 그 장소에 상시 근무하거나 거주하는 사람에게 소화 · 통보 · 피난 등의 훈련(이하 "소방훈련"이라 한다)과 소방안전관리에 필요한 교육을 하여야 한다. 이 경우 피난훈련은 그 소방대상물에 출입하는 사람을 안전한 장소로 대피시키고 유도하는 훈련을 포함하여야 한다.

② 소방본부장이나 소방서장은 특정소방대상물의 관계인이 실시하는 소방훈련을 지도 · 감독할 수 있다.

③ 소방훈련과 교육의 횟수 및 방법 등에 관하여 필요한 사항은 행정안전부령으로 정한다.

POINT 특정소방대상물의 근무자 및 거주자에 대한 소방훈련과 교육〈시행규칙 제15조〉

① 특정소방대상물의 관계인은 소방훈련과 교육을 연 1회 이상 실시하여야 한다. 다만, 소방서장이 화재예방을 위하여 필요하다고 인정하여 2회의 범위 안에서 추가로 실시할 것을 요청하는 경우에는 소방훈련과 교육을 실시하여야 한다.

② 소방서장은 특급 및 1급 소방안전관리대상물의 관계인으로 하여금 소방훈련을 소방기관과 합동으로 실시하게 할 수 있다.

③ 소방훈련을 실시하여야 하는 관계인은 소방훈련에 필요한 장비 및 교재 등을 갖추어야 한다.

④ 소방안전관리대상물의 관계인은 소방훈련과 교육을 실시하였을 때에는 그 실시 결과를 소방훈련 · 교육 실시 결과 기록부에 기록하고, 이를 소방훈련과 교육을 실시한 날의 다음 날부터 2년간 보관하여야 한다.

### (6) 특정소방대상물의 관계인에 대한 소방안전교육〈법 제23조〉

① 소방본부장이나 소방서장은 제22조를 적용받지 아니하는 특정소방대상물의 관계인에 대하여 특정소방대상물의 화재 예방과 소방안전을 위하여 행정안전부령으로 정하는 바에 따라 소방안전교육을 하여야 한다.

② 교육대상자 및 특정소방대상물의 범위 등에 관하여 필요한 사항은 행정안전부령으로 정한다.

기출PLUS

POINT 소방안전교육 대상자 등〈시행규칙 제16조〉

① 소방본부장 또는 소방서장은 법 제23조 제1항의 규정에 의하여 소방안전교육을 실시하고자 하는 때에는 교육일시 · 장소 등 교육에 필요한 사항을 명시하여 교육일 10일 전까지 교육대상자에게 통보하여야 한다.

② 법 제23조 제2항에 따른 소방안전교육대상자는 다음의 어느 하나에 해당하는 특정소방대상물의 관계인으로서 관할 소방서장이 교육이 필요하다고 인정하는 사람으로 한다.

㉠ 소규모의 공장 · 작업장 · 점포 등이 밀집한 지역 안에 있는 특정소방대상물

㉡ 주택으로 사용하는 부분 또는 층이 있는 특정소방대상물

㉢ 목조 또는 경량철골조 등 화재에 취약한 구조의 특정소방대상물

㉣ 그 밖에 화재에 대하여 취약성이 높다고 관할 소방본부장 또는 소방서장이 인정하는 특정소방대상물

### (7) 공공기관의 소방안전관리〈법 제24조〉

① 국가, 지방자치단체, 국공립학교 등 대통령령으로 정하는 공공기관의 장은 소관 기관의 근무자 등의 생명 · 신체와 건축물 · 인공구조물 및 물품 등을 화재로부터 보호하기 위하여 화재 예방, 자위소방대의 조직 및 편성, 소방시설의 자체점검과 소방훈련 등의 소방안전관리를 하여야 한다.

② 공공기관에 대한 다음의 사항에 관하여는 제20조부터 제23조까지의 규정에도 불구하고 대통령령으로 정하는 바에 따른다.

㉠ 소방안전관리자의 자격, 책임 및 선임 등

㉡ 소방안전관리의 업무대행

㉢ 자위소방대의 구성, 운영 및 교육

㉣ 근무자 등에 대한 소방훈련 및 교육

㉤ 그 밖에 소방안전관리에 필요한 사항

### (8) 소방시설 등의 자체점검 등〈법 제25조〉

① 특정소방대상물의 관계인은 그 대상물에 설치되어 있는 소방시설 등에 대하여 정기적으로 자체점검을 하거나 관리업자 또는 행정안전부령으로 정하는 기술자격자로 하여금 정기적으로 점검하게 하여야 한다.

② 특정소방대상물의 관계인 등이 점검을 한 경우에는 관계인이 그 점검 결과를 행정안전부령으로 정하는 바에 따라 소방본부장이나 소방서장에게 보고하여야 한다.

③ 점검의 구분과 그 대상, 점검인력의 배치기준 및 점검자의 자격, 점검 장비, 점검방법 및 횟수 등 필요한 사항은 행정안전부령으로 정한다.

POINT 소방시설 등 자체점검의 구분 및 대상〈시행규칙 제18조〉

① 소방시설 등의 자체점검의 구분 · 대상 · 점검자의 자격 · 점검방법 및 점검횟수는 별표 1과 같고, 소방시설관리업자 또는 소방안전관리자로 선임된 소방시설관리사 및 소방기술사가 점검하는 경우 점검인력의 배치기준은 별표 2와 같다.

② 소방시설별 점검 장비는 별표 2의2와 같다.

③ 소방시설관리업자는 점검을 실시한 경우 점검이 끝난 날부터 10일 이내에 별표 2에 따른 점검인력 배치 상황을 포함한 소방시설 등에 대한 자체점검 실적(별표 1 제4호에 따른 외관점검은 제외한다)을 소방시설관리업자에 대한 평가 등에 관한 업무를 위탁받은 법인 또는 단체(이하 "평가기관"이라 한다)에 통보하여야 한다.

④ ①의 규정에 의한 자체점검 구분에 따른 점검사항 · 소방시설등점검표 · 점검인원 및 세부점검방법 그 밖의 자체점검에 관하여 필요한 사항은 소방청장이 이를 정하여 고시한다.

④ 관리업자나 기술자격자로 하여금 점검하게 하는 경우의 점검 대가는 「엔지니어링산업 진흥법」에 따른 엔지니어링사업의 대가의 기준 가운데 행정안전부령으로 정하는 방식에 따라 산정한다.

### (9) 우수 소방대상물 관계인에 대한 포상 등〈법 제25조의2〉

① 소방청장은 소방대상물의 자율적인 안전관리를 유도하기 위하여 안전관리 상태가 우수한 소방대상물을 선정하여 우수 소방대상물 표지를 발급하고, 소방대상물의 관계인을 포상할 수 있다.

② 우수 소방대상물의 선정 방법, 평가 대상물의 범위 및 평가 절차 등 필요한 사항은 행정안전부령으로 정한다.

## section 5 소방시설관리사 및 소방시설관리업

### (1) 소방시설관리사

① 소방시설관리사〈법 제26조〉

㉠ 소방시설관리사(이하 "관리사"라 한다)가 되려는 사람은 소방청장이 실시하는 관리사시험에 합격하여야 한다.

㉡ 관리사시험의 응시자격, 시험 방법, 시험 과목, 시험 위원, 그 밖에 관리사시험에 필요한 사항은 대통령령으로 정한다.

㉢ 소방기술사 등 대통령령으로 정하는 사람에 대하여는 관리사시험 과목 가운데 일부를 면제할 수 있다.

㉣ 소방청장은 관리사시험에 합격한 사람에게는 행정안전부령으로 정하는 바에 따라 소방시설관리사증을 발급하여야 한다.

㉤ 소방시설관리사증을 발급받은 사람은 소방시설관리사증을 잃어버렸거나 못 쓰게 된 경우에는 행정안전부령으로 정하는 바에 따라 소방시설관리사증을 재발급 받을 수 있다.

㉥ 관리사는 소방시설관리사증을 다른 자에게 빌려주어서는 아니 된다.

기출PLUS

기출 2019. 4. 6 소방공무원

**「화재예방, 소방시설 설치 · 유지 및 안전관리에 관한 법률」상 소방시설관리사의 자격의 취소 · 정지 사유로 옳지 않은 것은?**

① 동시에 둘 이상의 업체에 취업한 경우

② 등록사항의 변경신고를 하지 아니한 경우

③ 소방시설관리사증을 다른 자에게 빌려준 경우

④ 소방안전관리 업무를 하지 아니하거나 거짓으로 한 경우

TIP

등록사항의 변경신고를 하지 아니한 경우는 소방시설관리사의 자격 취소 · 정지 사유에 해당하지 않는다.(법 제28조 참조)

《정답 ②

기출PLUS

㉦ 관리사는 동시에 둘 이상의 업체에 취업하여서는 아니 된다.

㉧ 기술자격자 및 관리업의 기술 인력으로 등록된 관리사는 성실하게 자체점검 업무를 수행하여야 한다.

② **부정행위자에 대한 제재**〈법 제26조의2〉 … 소방청장은 시험에서 부정한 행위를 한 응시자에 대하여는 그 시험을 정지 또는 무효로 하고, 그 처분이 있은 날부터 2년간 시험 응시자격을 정지한다.

③ **관리사의 결격사유**〈법 제27조〉

㉠ 피성년후견인

㉡ 이 법, 「소방기본법」, 「소방시설공사업법」 또는 「위험물안전관리법」에 따른 금고 이상의 실형을 선고받고 그 집행이 끝나거나(집행이 끝난 것으로 보는 경우를 포함한다) 집행이 면제된 날부터 2년이 지나지 아니한 사람

㉢ 이 법, 「소방기본법」, 「소방시설공사업법」 또는 「위험물안전관리법」에 따른 금고 이상의 형의 집행유예를 선고받고 그 유예기간 중에 있는 사람

㉣ 자격이 취소된 날부터 2년이 지나지 아니한 사람

④ **자격의 취소 · 정지**〈법 제28조〉 … 소방청장은 관리사가 다음의 어느 하나에 해당할 때에는 행정안전부령으로 정하는 바에 따라 그 자격을 취소하거나 2년 이내의 기간을 정하여 그 자격의 정지를 명할 수 있다. 다만, ㉠, ㉣, ㉤ 또는 ㉦에 해당하면 그 자격을 취소하여야 한다. ✡ 2019 기출

㉠ 거짓, 그 밖의 부정한 방법으로 시험에 합격한 경우

㉡ 소방안전관리 업무를 하지 아니하거나 거짓으로 한 경우

㉢ 점검을 하지 아니하거나 거짓으로 한 경우

㉣ 소방시설관리사증을 다른 자에게 빌려준 경우

㉤ 동시에 둘 이상의 업체에 취업한 경우

㉥ 성실하게 자체점검 업무를 수행하지 아니한 경우

㉦ 결격사유에 해당하게 된 경우

### (2) 소방시설관리업

① **소방시설관리업의 등록 등**〈법 제29조〉

㉠ 소방안전관리 업무의 대행 또는 소방시설 등의 점검 및 유지 · 관리의 업을 하려는 자는 시 · 도지사에게 소방시설관리업(이하 "관리업"이라 한다)의 등록을 하여야 한다.

㉡ 기술 인력 · 장비 등 관리업의 등록기준에 관하여 필요한 사항은 대통령령으로 정한다.

㉢ 관리업의 등록신청과 등록증 · 등록수첩의 발급 · 재발급 신청, 그 밖에 관리업의 등록에 필요한 사항은 행정안전부령으로 정한다.

기출PLUS

**POINT** 소방시설관리업의 등록증 및 등록수첩 발급 등〈시행규칙 제22조〉

① 시 · 도지사는 소방시설관리업의 등록신청 내용이 소방시설관리업의 등록기준에 적합하다고 인정되면 신청인에게 소방시설관리업등록증과 소방시설관리업등록수첩을 발급하고, 소방시설관리업등록대장을 작성하여 관리하여야 한다. 이 경우 시 · 도지사는 제출된 소방기술인력의 기술자격증(자격수첩을 포함한다)에 해당 소방기술인력이 그 소방시설관리업자 소속임을 기록하여 내주어야 한다.

② 시 · 도지사는 제출된 서류를 심사한 결과 다음의 1에 해당하는 때에는 10일 이내의 기간을 정하여 이를 보완하게 할 수 있다.

㉠ 첨부서류가 미비되어 있는 때

㉡ 신청서 및 첨부서류의 기재내용이 명확하지 아니한 때

③ 시 · 도지사는 소방시설관리업등록증을 교부하거나 등록의 취소 또는 영업정지처분을 한 때에는 이를 시 · 도의 공보에 공고하여야 한다.

② **등록의 결격사유**〈법 제30조〉

㉠ 피성년후견인

㉡ 이 법, 「소방기본법」, 「소방시설공사업법」 또는 「위험물안전관리법」에 따른 금고 이상의 실형을 선고받고 그 집행이 끝나거나(집행이 끝난 것으로 보는 경우를 포함한다) 집행이 면제된 날부터 2년이 지나지 아니한 사람

㉢ 이 법, 「소방기본법」, 「소방시설공사업법」 또는 「위험물안전관리법」에 따른 금고 이상의 형의 집행유예를 선고받고 그 유예기간 중에 있는 사람

㉣ 관리업의 등록이 취소(㉠에 해당하여 등록이 취소된 자 제외)된 날부터 2년이 지나지 아니한 자

㉤ 임원 중에 ㉠에서 ㉣까지의 어느 하나에 해당하는 사람이 있는 법인

③ **등록사항의 변경신고**〈법 제31조〉 … 관리업자는 등록한 사항 중 행정안전부령으로 정하는 중요 사항이 변경되었을 때에는 행정안전부령으로 정하는 바에 따라 시 · 도지사에게 변경사항을 신고하여야 한다.

**POINT** 등록사항의 변경신고 등〈시행규칙 제25조〉

① 소방시설관리업자는 등록사항의 변경이 있는 때에는 변경일부터 30일 이내에 소방시설관리업 등록사항변경신고서(전자문서로 된 신고서를 포함한다)에 그 변경사항별로 다음의 구분에 의한 서류(전자문서를 포함한다)를 첨부하여 시 · 도지사에게 제출하여야 한다.

㉠ **명칭 · 상호 또는 영업소소재지를 변경하는 경우**: 소방시설관리업등록증 및 등록수첩

㉡ **대표자를 변경하는 경우**: 소방시설관리업등록증 및 등록수첩

㉢ **기술인력을 변경하는 경우**

- 소방시설관리업등록수첩
- 변경된 기술인력의 기술자격증(자격수첩)
- 기술인력연명부

② 신고서를 제출받은 담당 공무원은 「전자정부법」에 따라 법인등기부 등본(법인인 경우에 한한다) 또는 사업자등록증 사본(개인인 경우에 한한다)을 확인하여야 한다. 다만, 신고인이 확인에 동의하지 아니하는 경우에는 이를 첨부하도록 하여야 한다.

기출PLUS

③ 시 · 도지사는 규정에 의하여 변경신고를 받은 때에는 5일 이내에 소방시설관리업등록증 및 등록수첩을 새로 교부하거나 ①의 규정에 의하여 제출된 소방시설관리업등록증 및 등록수첩과 기술인력의 기술자격증(자격수첩)에 그 변경된 사항을 기재하여 교부하여야 한다.
④ 시 · 도지사는 변경신고를 받은 때에는 소방시설관리업등록대장에 변경사항을 기재하고 관리하여야 한다.

④ **소방시설관리업자의 지위승계**〈법 제32조〉

㉠ 다음의 어느 하나에 해당하는 자는 관리업자의 지위를 승계한다.
- 관리업자가 사망한 경우 그 상속인
- 관리업자가 그 영업을 양도한 경우 그 양수인
- 법인인 관리업자가 합병한 경우 합병 후 존속하는 법인이나 합병으로 설립되는 법인

㉡ 「민사집행법」에 따른 경매, 「채무자 회생 및 파산에 관한 법률」에 따른 환가, 「국세징수법」 · 「관세법」 또는 「지방세기본법」에 따른 압류재산의 매각과 그 밖에 이에 준하는 절차에 따라 관리업의 시설 및 장비의 전부를 인수한 자는 그 관리업자의 지위를 승계한다.

㉢ 관리업자의 지위를 승계한 자는 행정안전부령으로 정하는 바에 따라 시 · 도지사에게 신고하여야 한다.

㉣ 지위승계에 관하여는 제30조를 준용한다. 다만, 상속인이 등록의 결격사유(제30조)에 해당하는 경우에는 상속받은 날부터 3개월 동안은 그러하지 아니하다.

⑤ **관리업의 운영**〈법 제33조〉

㉠ 관리업자는 관리업의 등록증 또는 등록수첩을 다른 자에게 빌려주어서는 아니된다.

㉡ 관리업자는 다음의 어느 하나에 해당하면 소방안전관리 업무를 대행하게 하거나 소방시설 등의 점검업무를 수행하게 한 특정소방대상물의 관계인에게 지체 없이 그 사실을 알려야 한다.
- 관리업자의 지위를 승계한 경우
- 관리업의 등록취소 또는 영업정지처분을 받은 경우
- 휴업 또는 폐업을 한 경우

㉢ 관리업자는 자체점검을 할 때에는 행정안전부령으로 정하는 바에 따라 기술인력을 참여시켜야 한다.

⑥ **점검능력 평가 및 공시 등**〈법 제33조의2〉

㉠ 소방청장은 관계인 또는 건축주가 적정한 관리업자를 선정할 수 있도록 하기 위하여 관리업자의 신청이 있는 경우 해당 관리업자의 점검능력을 종합적으로 평가하여 공시할 수 있다.

㉡ 점검능력 평가를 신청하려는 관리업자는 소방시설 등의 점검실적을 증명하는 서류 등 행정안전부령으로 정하는 서류를 소방청장에게 제출하여야 한다.

㉢ 점검능력 평가 및 공시방법, 수수료 등 필요한 사항은 행정안전부령으로 정한다.

㉣ 소방청장은 점검능력을 평가하기 위하여 관리업자의 기술인력 및 장비 보유현황, 점검실적, 행정처분이력 등 필요한 사항에 대하여 데이터베이스를 구축할 수 있다.

⑦ **점검실명제**〈법 제33조의3〉

㉠ 관리업자가 소방시설 등의 점검을 마친 경우 점검일시, 점검자, 점검업체 등 점검과 관련된 사항을 점검기록표에 기록하고 이를 해당 특정소방대상물에 부착하여야 한다.

㉡ 점검기록표에 관한 사항은 행정안전부령으로 정한다.

⑧ **등록의 취소와 영업정지 등**〈법 제34조〉

㉠ 시·도지사는 관리업자가 다음의 어느 하나에 해당할 때에는 행정안전부령으로 정하는 바에 따라 그 등록을 취소하거나 6개월 이내의 기간을 정하여 이의 시정이나 그 영업의 정지를 명할 수 있다. 다만, 거짓이나 부정한 방법으로 등록하거나 등록의 결격사유에 해당하거나 또는 다른 자에게 등록증이나 등록수첩을 빌려준 경우에 해당할 때에는 등록을 취소하여야 한다.

- 거짓, 그 밖의 부정한 방법으로 등록을 한 경우
- 제25조(소방시설등의 자체점검) 제1항에 따른 점검을 하지 아니하거나 거짓으로 한 경우
- 등록기준에 미달하게 된 경우
- 법 제30조의 등록의 결격사유에 해당하게 된 경우. 다만, 임원 중에 등록 결격사유가 있는 법인으로서 결격사유에 해당하게 된 날부터 2개월 이내에 그 임원을 결격사유가 없는 임원으로 바꾸어 선임한 경우는 제외한다.
- 다른 자에게 등록증이나 등록수첩을 빌려준 경우

㉡ 관리업자의 지위를 승계한 상속인이 등록의 결격사유(제30조)에 해당하는 경우에는 상속을 개시한 날부터 6개월 동안은 등록의 결격사유에 대한 규정을 적용하지 아니한다.

⑨ **과징금처분**〈법 제35조〉

㉠ 시·도지사는 영업정지를 명하는 경우로서 그 영업정지가 국민에게 심한 불편을 주거나 그 밖에 공익을 해칠 우려가 있을 때에는 영업정지처분을 갈음하여 3천만 원 이하의 과징금을 부과할 수 있다.

㉡ 과징금을 부과하는 위반행위의 종류와 위반 정도 등에 따른 과징금의 금액, 그 밖의 필요한 사항은 행정안전부령으로 정한다.

㉢ 시·도지사는 과징금을 내야 하는 자가 납부기한까지 내지 아니하면 「지방행정제재·부과금의 징수 등에 관한 법률」에 따라 징수한다.

## section 6 소방용품의 품질관리

### (1) 소방용품의 형식승인 등〈법 제36조〉

① 대통령령으로 정하는 소방용품을 제조하거나 수입하려는 자는 소방청장의 형식승인을 받아야 한다. 다만, 연구개발 목적으로 제조하거나 수입하는 소방용품은 그러하지 아니하다.

기출PLUS

POINT 대통령령으로 정하는 형식승인대상 소방용품〈시행령 제37조 및 별표3 참조〉

㉠ 소화설비를 구성하는 제품 또는 기기
- 소화기구(소화약제 외의 것을 이용한 간이 소화용구는 제외)
- 자동소화장치
- 소화설비를 구성하는 소화전, 관창(菅槍), 소방호스, 스프링클러헤드, 기동용 수압개폐장치, 유수제어밸브 및 가스관선택밸브

㉡ 경보설비를 구성하는 제품 또는 기기
- 누전경보기 및 가스누설경보기
- 경보설비를 구성하는 발신기, 수신기, 중계기, 감지기 및 음향장치(경종만 해당)

㉢ 피난구조설비를 구성하는 제품 또는 기기
- 피난사다리, 구조대, 완강기(간이 완강기 및 지지대 포함)
- 공기호흡기(충전기 포함)
- 피난구유도등, 통로유도등, 객석유도등 및 예비 전원이 내장된 비상조명등

㉣ 소화용으로 사용하는 제품 또는 기기
- 소화약제(별표1 제1호 나목 2)와 3)의 자동소화장치와 같은 호 마목 3)부터 8)까지의 소화설비용만 해당한다)
- 방염제(방염액 · 방염도료 및 방염성물질을 말한다)

* 별표1 제1호 나목 2) 상업용 주방자동소화장치, 3) 캐비닛형 자동소화장치
* 별표1 제1호 마목 3) 포소화설비, 4) 이산화탄소소화설비, 5) 할론소화설비, 6) 할로겐화합물 및 불활성기체 소화설비, 7) 분말소화설비, 8) 강화액소화설비

② 형식승인을 받으려는 자는 행정안전부령으로 정하는 기준에 따라 형식승인을 위한 시험시설을 갖추고 소방청장의 심사를 받아야 한다. 다만, 소방용품을 수입하는 자가 판매를 목적으로 하지 아니하고 자신의 건축물에 직접 설치하거나 사용하려는 경우 등 행정안전부령으로 정하는 경우에는 시험시설을 갖추지 아니할 수 있다.

③ 형식승인을 받은 자는 그 소방용품에 대하여 소방청장이 실시하는 제품검사를 받아야 한다.

④ 형식승인의 방법 · 절차 등과 제품검사의 구분 · 방법 · 순서 · 합격표시 등에 관한 사항은 행정안전부령으로 정한다.

⑤ 소방용품의 형상 · 구조 · 재질 · 성분 · 성능 등(이하 "형상 등"이라 한다)의 형식승인 및 제품검사의 기술기준 등에 관한 사항은 소방청장이 정하여 고시한다.

⑥ 누구든지 다음의 어느 하나에 해당하는 소방용품을 판매하거나 판매 목적으로 진열하거나 소방시설공사에 사용할 수 없다.

㉠ 형식승인을 받지 아니한 것

㉡ 형상 등을 임의로 변경한 것

㉢ 제품검사를 받지 아니하거나 합격표시를 하지 아니한 것

⑦ 소방청장, 소방본부장 또는 소방서장은 ⑥을 위반한 소방용품에 대하여는 그 제조자 · 수입자 · 판매자 또는 시공자에게 수거 · 폐기 또는 교체 등 행정안전부령으로 정하는 필요한 조치를 명할 수 있다.

기출PLUS

⑧ 소방청장은 소방용품의 작동기능, 제조방법, 부품 등이 소방청장이 고시하는 형식승인 및 제품검사의 기술기준에서 정하고 있는 방법이 아닌 새로운 기술이 적용된 제품의 경우에는 관련 전문가의 평가를 거쳐 행정안전부령으로 정하는 바에 따라 ④에 따른 방법 및 절차와 다른 방법 및 절차로 형식승인을 할 수 있으며, 외국의 공인기관으로부터 인정받은 신기술 제품은 형식승인을 위한 시험 중 일부를 생략하여 형식승인을 할 수 있다.

⑨ 다음의 어느 하나에 해당하는 소방용품의 형식승인 내용에 대하여 공인기관의 평가결과가 있는 경우 형식승인 및 제품검사 시험 중 일부만을 적용하여 형식승인 및 제품검사를 할 수 있다.

㉠ 「군수품관리법」에 따른 군수품

㉡ 주한외국공관 또는 주한외국군 부대에서 사용되는 소방용품

㉢ 외국의 차관이나 국가 간의 협약 등에 의하여 건설되는 공사에 사용되는 소방용품으로서 사전에 합의된 것

㉣ 그 밖에 특수한 목적으로 사용되는 소방용품으로서 소방청장이 인정하는 것

⑩ 하나의 소방용품에 두 가지 이상의 형식승인 사항 또는 형식승인과 성능인증 사항이 결합된 경우에는 두 가지 이상의 형식승인 또는 형식승인과 성능인증 시험을 함께 실시하고 하나의 형식승인을 할 수 있다.

⑪ ⑨, ⑩항에 따른 형식승인의 방법 및 절차 등에 관하여는 행정안전부령으로 정한다.

### (2) 형식승인의 변경〈법 제37조〉

① 형식승인을 받은 자가 해당 소방용품에 대하여 형상 등의 일부를 변경하려면 소방청장의 변경승인을 받아야 한다.

② 변경승인의 대상 · 구분 · 방법 및 절차 등에 관하여 필요한 사항은 행정안전부령으로 정한다.

### (3) 형식승인의 취소 등〈법 제38조〉

① 소방청장은 소방용품의 형식승인을 받았거나 제품검사를 받은 자가 다음의 어느 하나에 해당될 때에는 행정안전부령으로 정하는 바에 따라 그 형식승인을 취소하거나 6개월 이내의 기간을 정하여 제품검사의 중지를 명할 수 있다. 다만, ㉠ · ㉢ 또는 ㉤의 경우에는 형식승인을 취소하여야 한다.

㉠ 거짓이나 그 밖의 부정한 방법으로 형식승인을 받은 경우

㉡ 시험시설의 시설기준에 미달되는 경우

㉢ 거짓이나 그 밖의 부정한 방법으로 제품검사를 받은 경우

㉣ 제품검사 시 기술기준에 미달되는 경우

기출PLUS

ⓜ 변경승인을 받지 아니하거나 거짓이나 그 밖의 부정한 방법으로 변경승인을 받은 경우

② 소방용품의 형식승인이 취소된 자는 그 취소된 날부터 2년 이내에는 형식승인이 취소된 동일 품목에 대하여 형식승인을 받을 수 없다.

### (4) 소방용품의 성능인증 등〈법 제39조〉

① 소방청장은 제조자 또는 수입자 등의 요청이 있는 경우 소방용품에 대하여 성능인증을 할 수 있다.

② 성능인증을 받은 자는 그 소방용품에 대하여 소방청장의 제품검사를 받아야 한다.

③ 성능인증의 대상 · 신청 · 방법 및 성능인증서 발급에 관한 사항과 제품검사의 구분 · 대상 · 절차 · 방법 · 합격표시 및 수수료 등에 관한 사항은 행정안전부령으로 정한다.

④ 성능인증 및 제품검사의 기술기준 등에 관한 사항은 소방청장이 정하여 고시한다.

⑤ 제품검사에 합격하지 아니한 소방용품에는 성능인증을 받았다는 표시를 하거나 제품검사에 합격하였다는 표시를 하여서는 아니 되며, 제품검사를 받지 아니하거나 합격표시를 하지 아니한 소방용품을 판매 또는 판매 목적으로 진열하거나 소방시설 공사에 사용하여서는 아니 된다.

⑥ 하나의 소방용품에 성능인증 사항이 두 가지 이상 결합된 경우에는 해당 성능인증 시험을 모두 실시하고 하나의 성능인증을 할 수 있다.

⑦ ⑥에 따른 성능인증의 방법 및 절차 등에 관하여는 행정안전부령으로 정한다.

### (5) 성능인증의 변경〈법 제39조의2〉

① 성능인증을 받은 자가 해당 소방용품에 대하여 형상 등의 일부를 변경하려면 소방청장의 변경인증을 받아야 한다.

② 변경인증의 대상 · 구분 · 방법 및 절차 등에 필요한 사항은 행정안전부령으로 정한다.

### (6) 성능인증의 취소 등〈법 제39조의3〉

① 소방청장은 소방용품의 성능인증을 받았거나 제품검사를 받은 자가 다음의 어느 하나에 해당되는 때에는 행정안전부령으로 정하는 바에 따라 해당 소방용품의 성능인증을 취소하거나 6개월 이내의 기간을 정하여 해당 소방용품의 제품검사 중지를 명할 수 있다. 다만, ㉠, ㉡ 또는 ⓜ에 해당하는 경우에는 해당 소방용품의 성능인증을 취소하여야 한다.

㉠ 거짓이나 그 밖의 부정한 방법으로 성능인증을 받은 경우

㉡ 거짓이나 그 밖의 부정한 방법으로 제품검사를 받은 경우

㉢ 제품검사 시 기술기준에 미달되는 경우

㉣ 제39조 제5항(소방용품 성능인증)을 위반한 경우

㉤ 변경인증을 받지 아니하고 해당 소방용품에 대하여 형상 등의 일부를 변경하거나 거짓이나 그 밖의 부정한 방법으로 변경인증을 받은 경우

② 소방용품의 성능인증이 취소된 자는 그 취소된 날부터 2년 이내에 성능인증이 취소된 소방용품과 동일한 품목에 대하여는 성능인증을 받을 수 없다.

### (7) 우수품질 제품에 대한 인증〈법 제40조〉

① 소방청장은 형식승인의 대상이 되는 소방용품 중 품질이 우수하다고 인정하는 소방용품에 대하여 인증(이하 "우수품질인증"이라 한다)을 할 수 있다.

② 우수품질인증을 받으려는 자는 행정안전부령으로 정하는 바에 따라 소방청장에게 신청하여야 한다.

③ 우수품질인증을 받은 소방용품에는 우수품질인증 표시를 할 수 있다.

④ 우수품질인증의 유효기간은 5년의 범위에서 행정안전부령으로 정한다.

⑤ 소방청장은 다음의 어느 하나에 해당하는 경우에는 우수품질인증을 취소할 수 있다. 다만, ㉠에 해당하는 경우에는 우수품질인증을 취소하여야 한다.

㉠ 거짓이나 그 밖의 부정한 방법으로 우수품질인증을 받은 경우

㉡ 우수품질인증을 받은 제품이 「발명진흥법」에 따른 산업재산권 등 타인의 권리를 침해하였다고 판단되는 경우

⑥ ①부터 ⑤까지에서 규정한 사항 외에 우수품질인증을 위한 기술기준, 제품의 품질관리 평가, 우수품질인증의 갱신, 수수료, 인증표시 등 우수품질인증에 관하여 필요한 사항은 행정안전부령으로 정한다.

### (8) 우수품질인증 소방용품에 대한 지원 등〈법 제40조의2〉

다음의 어느 하나에 해당하는 기관 및 단체는 건축물의 신축·증축 및 개축 등으로 소방용품을 변경 또는 신규 비치하여야 하는 경우 우수품질인증 소방용품을 우선 구매·사용하도록 노력하여야 한다.

① 중앙행정기관

② 지방자치단체

③ 「공공기관의 운영에 관한 법률」에 따른 공공기관

④ 그 밖에 대통령령으로 정하는 기관

기출PLUS

### (9) 소방용품의 수집검사 등〈법 제40조의3〉

① 소방청장은 소방용품의 품질관리를 위하여 필요하다고 인정할 때에는 유통 중인 소방용품을 수집하여 검사할 수 있다.

② 소방청장은 수집검사 결과 행정안전부령으로 정하는 중대한 결함이 있다고 인정되는 소방용품에 대하여는 그 제조자 및 수입자에게 행정안전부령으로 정하는 바에 따라 회수 · 교환 · 폐기 또는 판매중지를 명하고, 형식승인 또는 성능인증을 취소할 수 있다.

③ 소방청장은 회수 · 교환 · 폐기 또는 판매중지를 명하거나 형식승인 또는 성능인증을 취소한 때에는 행정안전부령으로 정하는 바에 따라 그 사실을 소방청 홈페이지 등에 공표할 수 있다.

## section 7 보칙

### (1) 소방안전관리자 등에 대한 교육〈법 제41조〉

① 다음의 어느 하나에 해당하는 자는 화재 예방 및 안전관리의 효율화, 새로운 기술의 보급과 안전의식의 향상을 위하여 행정안전부령으로 정하는 바에 따라 소방청장이 실시하는 강습 또는 실무 교육을 받아야 한다.

㉠ 제20조(특정소방대상물의 소방안전관리) 제2항에 따라 선임된 소방안전관리자 및 소방안전관리보조자

㉡ 제20조(특정소방대상물의 소방안전관리) 제3항에 따라 선임된 소방안전관리자

㉢ 소방안전관리자의 자격을 인정받으려는 자로서 대통령령으로 정하는 자

② 소방본부장이나 소방서장은 소방안전관리자나 소방안전관리 업무 대행자가 정하여진 교육을 받지 아니하면 교육을 받을 때까지 행정안전부령으로 정하는 바에 따라 그 소방안전관리자나 소방안전관리 업무 대행자에 대하여 소방안전관리 업무를 제한할 수 있다.

### (2) 제품검사 전문기관의 지정 등〈법 제42조〉

① 소방청장은 제36조(소방용품의 형식승인 등) 제3항 및 제39조(소방용품의 성능인증 등) 제2항에 따른 제품검사를 전문적 · 효율적으로 실시하기 위하여 다음의 요건을 모두 갖춘 기관을 제품검사 전문기관(이하 "전문기관"이라 한다)으로 지정할 수 있다.

㉠ 다음의 어느 하나에 해당하는 기관일 것

- 「과학기술분야 정부출연연구기관 등의 설립 · 운영 및 육성에 관한 법률」에 따라 설립된 연구기관
- 「공공기관의 운영에 관한 법률」에 따라 지정된 공공기관
- 소방용품의 시험 · 검사 및 연구를 주된 업무로 하는 비영리 법인

기출PLUS

㉡ 「국가표준기본법」에 따라 인정을 받은 시험 · 검사기관일 것

㉢ 행정안전부령으로 정하는 검사인력 및 검사설비를 갖추고 있을 것

㉣ 기관의 대표자가 제27조(관리사의 결격사유) 제1호부터 제3호까지의 어느 하나에 해당하지 아니할 것

㉤ 전문기관의 지정이 취소된 경우에는 지정이 취소된 날부터 2년이 경과하였을 것

② 전문기관 지정의 방법 및 절차 등에 관하여 필요한 사항은 행정안전부령으로 정한다.

③ 소방청장은 전문기관을 지정하는 경우에는 소방용품의 품질 향상, 제품검사의 기술개발 등에 드는 비용을 부담하게 하는 등 필요한 조건을 붙일 수 있다. 이 경우 그 조건은 공공의 이익을 증진하기 위하여 필요한 최소한도에 한정하여야 하며, 부당한 의무를 부과하여서는 아니 된다.

④ 전문기관은 행정안전부령으로 정하는 바에 따라 제품검사 실시 현황을 소방청장에게 보고하여야 한다.

⑤ 소방청장은 전문기관을 지정한 경우에는 행정안전부령으로 정하는 바에 따라 전문기관의 제품검사 업무에 대한 평가를 실시할 수 있으며, 제품검사를 받은 소방용품에 대하여 확인검사를 할 수 있다.

⑥ 소방청장은 전문기관에 대한 평가를 실시하거나 확인검사를 실시한 때에는 그 평가결과 또는 확인검사결과를 행정안전부령으로 정하는 바에 따라 공표할 수 있다.

⑦ 소방청장은 확인검사를 실시하는 때에는 행정안전부령으로 정하는 바에 따라 전문기관에 대하여 확인검사에 드는 비용을 부담하게 할 수 있다.

### (3) 전문기관의 지정취소 등〈법 제43조〉

소방청장은 전문기관이 다음의 어느 하나에 해당할 때에는 그 지정을 취소하거나 6개월 이내의 기간을 정하여 그 업무의 정지를 명할 수 있다. 다만, ①에 해당할 때에는 그 지정을 취소하여야 한다.

① 거짓, 그 밖의 부정한 방법으로 지정을 받은 경우

② 정당한 사유 없이 1년 이상 계속하여 제품검사 또는 실무교육 등 지정받은 업무를 수행하지 아니한 경우

③ 제품검사 전문기관의 요건(제42조 제1항의 각 호)을 갖추지 못하거나 제42조(제품검사 전문기관의 지정 등) 제3항에 따른 조건을 위반한 때

④ 제46조(감독) 제1항 제7호에 따른 감독 결과 이 법이나 다른 법령을 위반하여 전문기관으로서의 업무를 수행하는 것이 부적당하다고 인정되는 경우

기출PLUS

#### (4) 청문〈법 제44조〉

소방청장 또는 시 · 도지사는 다음의 어느 하나에 해당하는 처분을 하려면 청문을 하여야 한다.

① 관리사 자격의 취소 및 정지

② 관리업의 등록취소 및 영업정지

③ 소방용품의 형식승인 취소 및 제품검사 중지

④ 성능인증의 취소

⑤ 우수품질인증의 취소

⑥ 전문기관의 지정취소 및 업무정지

#### (5) 권한의 위임 · 위탁 등〈법 제45조〉

① 이 법에 따른 소방청장 또는 시 · 도지사의 권한은 그 일부를 대통령령으로 정하는 바에 따라 시 · 도지사, 소방본부장 또는 소방서장에게 위임할 수 있다.

② 소방청장은 다음의 업무를 「소방산업의 진흥에 관한 법률」에 따른 한국소방산업기술원(이하 "기술원"이라 한다)에 위탁할 수 있다. 이 경우 소방청장은 기술원에 소방시설 및 소방용품에 관한 기술개발 · 연구 등에 필요한 경비의 일부를 보조할 수 있다.
㉠ 방염성능검사 중 대통령령으로 정하는 검사
㉡ 소방용품의 형식승인
㉢ 형식승인의 변경승인
㉣ 형식승인의 취소
㉤ 성능인증 및 성능인증의 취소
㉥ 성능인증의 변경승인
㉦ 우수품질인증 및 그 취소

③ 소방청장은 소방안전관리자 등에 대한 교육 업무를 「소방기본법」에 따른 한국소방안전원(이하 "안전원"라 한다)에 위탁할 수 있다.

④ 소방청장은 제품검사 업무를 기술원 또는 전문기관에 위탁할 수 있다.

⑤ 위탁받은 업무를 수행하는 안전원, 기술원 및 전문기관이 갖추어야 하는 시설기준 등에 관하여 필요한 사항은 행정안전부령으로 정한다.

⑥ 소방청장은 다음 각 호의 업무를 대통령령으로 정하는 바에 따라 소방기술과 관련된 법인 또는 단체에 위탁할 수 있다.
㉠ 소방시설관리사증의 발급 · 재발급에 관한 업무
㉡ 점검능력 평가 및 공시에 관한 업무
㉢ 데이터베이스 구축에 관한 업무

기출PLUS

⑦ 소방청장은 건축 환경 및 화재위험특성 변화 추세 연구에 관한 업무를 대통령령이 정하는 바에 따라 화재안전 관련 전문 연구기관에 위탁할 수 있다. 이 경우 소방청장은 연구에 필요한 경비를 지원할 수 있다.

⑧ 위탁받은 업무에 종사하고 있거나 종사하였던 사람은 업무를 수행하면서 알게 된 비밀을 이 법에서 정한 목적 외의 용도로 사용하거나 다른 사람 또는 기관에 제공하거나 누설하여서는 아니 된다.

### (6) 벌칙 적용 시의 공무원 의제〈법 제45조의2〉

소방특별조사위원회의 위원 중 공무원이 아닌 사람, 소방특별조사에 참여하는 전문가, 위탁받은 업무를 수행하는 안전원 · 기술원 및 전문기관, 법인 또는 단체의 담당 임직원은 「형법」 제129조부터 제132조까지의 규정을 적용할 때에는 공무원으로 본다.

**형법 제129조~제132조**
- 제129조(수뢰, 사전수뢰)
- 제130조(제삼자 뇌물제공)
- 제131조(수뢰 후 부정처사, 사후수뢰)
- 제132조(알선수뢰)

### (7) 감독〈법 제46조〉

① 소방청장, 시 · 도지사, 소방본부장 또는 소방서장은 다음의 어느 하나에 해당하는 자, 사업체 또는 소방대상물 등의 감독을 위하여 필요하면 관계인에게 필요한 보고 또는 자료제출을 명할 수 있으며, 관계 공무원으로 하여금 소방대상물 · 사업소 · 사무소 또는 사업장에 출입하여 관계 서류 · 시설 및 제품 등을 검사하거나 관계인에게 질문하게 할 수 있다.

㉠ 제29조(소방시설관리업의 등록 등) 제1항에 따른 관리업자
㉡ 관리업자가 점검한 특정소방대상물
㉢ 제26조(소방시설관리사)에 따른 관리사
㉣ 소방용품의 형식승인, 제품검사 및 시험시설의 심사를 받은 자
㉤ 변경승인을 받은 자
㉥ 성능인증 및 제품검사를 받은 자
㉦ 제42조(제품검사 전문기관의 지정 등) 제1항에 따라 지정을 받은 전문기관
㉧ 소방용품을 판매하는 자

② 출입 · 검사 업무를 수행하는 관계 공무원은 그 권한을 표시하는 증표를 지니고 이를 관계인에게 내보여야 한다.

③ 출입 · 검사 업무를 수행하는 관계 공무원은 관계인의 정당한 업무를 방해하거나 출입 · 검사 업무를 수행하면서 알게 된 비밀을 다른 사람에게 누설하여서는 아니 된다.

### (8) 수수료 등〈법 제47조〉

다음의 어느 하나에 해당하는 자는 행정안전부령으로 정하는 수수료 또는 교육비를 내야 한다.

기출PLUS

① 방염성능검사를 받으려는 자

② 관리사시험에 응시하려는 사람

③ 소방시설관리사증을 발급받거나 재발급 받으려는 자

④ 관리업의 등록을 하려는 자

⑤ 관리업의 등록증이나 등록수첩을 재발급 받으려는 자

⑥ 관리업자의 지위승계를 신고하는 자

⑦ 소방용품의 형식승인을 받으려는 자

⑧ 시험시설의 심사를 받으려는 자

⑨ 형식승인을 받은 소방용품의 제품검사를 받으려는 자

⑩ 형식승인의 변경승인을 받으려는 자

⑪ 소방용품의 성능인증을 받으려는 자

⑫ 성능인증을 받은 소방용품의 제품검사를 받으려는 자

⑬ 성능인증의 변경인증을 받으려는 자

⑭ 우수품질인증을 받으려는 자

⑮ 강습교육이나 실무교육을 받으려는 자

⑯ 전문기관으로 지정을 받으려는 자

**(9) 조치명령 등의 기간연장〈법 제47조의2〉**

① 다음에 따른 조치명령 · 선임명령 또는 이행명령(이하 "조치명령 등"이라 한다)을 받은 관계인 등은 천재지변이나 그 밖에 대통령령으로 정하는 사유로 조치명령 등을 그 기간 내에 이행할 수 없는 경우에는 조치명령 등을 명령한 소방청장, 소방본부장 또는 소방서장에게 대통령령으로 정하는 바에 따라 조치명령 등을 연기하여 줄 것을 신청할 수 있다.

㉠ 소방특별조사에 따른 소방대상물의 개수 · 이전 · 제거, 사용의 금지 또는 제한, 사용폐쇄, 공사의 정지 또는 중지, 그 밖의 필요한 조치명령

㉡ 소방청장 고시 화재안전기준에 따른 소방시설에 대한 조치명령

㉢ 피난시설, 방화구획 및 방화시설에 대한 조치명령

㉣ 제12조(소방대상물의 방염 등) 제2항에 따른 방염성대상물품의 제거 또는 방염성능검사 조치명령

㉤ 제20조(특정소방대상물의 소방안전관리) 제12항에 따른 소방안전관리자 선임명령

㉥ 제20조(특정소방대상물의 소방안전관리) 제13항에 따른 소방안전관리업무 이행명령

㉦ 형식승인을 받지 아니한 소방용품의 수거 · 폐기 또는 교체 등의 조치명령

기출PLUS

ⓞ 제40조의3(소방용품의 수집검사 등) 제2항에 따른 중대한 결함이 있는 소방용품의 회수 · 교환 · 폐기 조치명령

② 연기신청을 받은 소방청장, 소방본부장 또는 소방서장은 연기신청 승인 여부를 결정하고 그 결과를 조치명령 등의 이행 기간 내에 관계인 등에게 알려주어야 한다.

### ⑽ 위반행위 신고 및 신고포상금의 지급〈법 제47조의3〉

① 누구든지 소방본부장 또는 소방서장에게 다음의 어느 하나에 해당하는 행위를 한 자를 신고할 수 있다.
   ㉠ 화재안전기준(제9조 제1항)을 위반하여 소방시설을 설치 또는 유지 · 관리한 자
   ㉡ 화재안전기준에 의해 설치된 소방시설의 기능과 성능에 지장을 줄 수 있는 폐쇄 · 차단 등의 행위 금지(제9조 제3항)를 위반하여 폐쇄 · 차단 등의 행위를 한 자
   ㉢ 피난시설, 방화구획 및 방화시설의 유지 · 관리 규정(제10조 제1항)의 어느 하나에 해당하는 행위를 한 자

② 소방본부장 또는 소방서장은 ①에 따른 신고를 받은 경우 신고 내용을 확인하여 이를 신속하게 처리하고, 그 처리결과를 행정안전부령으로 정하는 방법 및 절차에 따라 신고자에게 통지하여야 한다.

③ 소방본부장 또는 소방서장은 신고를 한 사람에게 예산의 범위에서 포상금을 지급할 수 있다.

④ 신고포상금의 지급대상, 지급기준, 지급절차 등에 필요한 사항은 특별시 · 광역시 · 특별자치시 · 도 또는 특별자치도의 조례로 정한다.

## section 8 벌칙

### (1) 벌칙〈법 제48조〉

① 특정소방대상물의 관계인은 소방시설을 유지 · 관리할 때 소방시설의 기능과 성능에 지장을 줄 수 있는 폐쇄(잠금) · 차단 등의 행위를 하여서는 아니 된다는 규정(제9조 제3항 본문)을 위반하여 소방시설에 폐쇄 · 차단 등의 행위를 한 자는 5년 이하의 징역 또는 5천만 원 이하의 벌금에 처한다.

② ①의 죄를 범하여 사람을 상해에 이르게 한 때에는 7년 이하의 징역 또는 7천만 원 이하의 벌금에 처하며, 사망에 이르게 한 때에는 10년 이하의 징역 또는 1억 원 이하의 벌금에 처한다.

기출PLUS

기출 2018. 10. 13 소방공무원

**소방특별조사에 관한 설명으로 옳지 않은 것은?**

① 소방특별조사를 실시하는 경우에는 원칙적으로 7일 전에 관계인에게 서면으로 통지하여야 한다.
② 소방특별조사는 원칙적으로 관계인의 승낙 없이 해가 뜨기 전이나 해가 진 뒤에 할 수 없다.
③ 소방특별조사 결과에 따른 조치명령으로 인한 손실을 보상하는 경우에는 시가(時價)로 보상하여야 한다.
④ 소방특별조사 업무를 수행하면서 알게 된 비밀을 목적 외의 용도로 사용한 자는 300만 원 이하의 벌금에 처한다.

TIP

소방특별조사 시 알게 된 비밀을 목적 외의 용도로 사용한 자는 1년 이하의 징역 또는 1천만 원 이하의 벌금에 처한다.

< 정답 ④

### (2) 3년 이하의 징역 또는 3천만 원 이하의 벌금〈제48조의2〉

① 제5조(소방특별조사 결과에 따른 조치명령) 제1항 · 제2항, 제9조(특정소방대상물에 설치하는 소방시설의 유지 · 관리 등) 제2항, 제10조(피난시설, 방화구획 및 방화시설의 유지 · 관리) 제2항, 제10조의2(특정소방대상물의 공사 현장에 설치하는 임시소방시설의 유지 · 관리 등) 제3항, 제12조(소방대상물의 방염 등) 제2항, 제20조(특정소방대상물의 소방안전관리) 제12항 · 제13항, 제36조(소방용품의 형식승인 등) 제7항 또는 제40조의3(소방용품의 수집검사 등) 제2항에 따른 명령을 정당한 사유 없이 위반한 자

② 제29조(소방시설관리업의 등록 등) 제1항을 위반하여 관리업의 등록을 하지 아니하고 영업을 한 자

③ 소방용품의 형식승인을 받지 아니하고 소방용품을 제조하거나 수입한 자

④ 제품검사를 받지 아니한 자

⑤ 제36조(소방용품의 형식승인 등) 제6항을 위반하여 같은 항 각 호의 어느 하나에 해당하는 소방용품을 판매 · 진열하거나 소방시설공사에 사용한 자

⑥ 제품검사를 받지 아니하거나 합격표시를 하지 아니한 소방용품을 판매 · 진열하거나 소방시설공사에 사용한 자

⑦ 거짓이나 그 밖의 부정한 방법으로 전문기관으로 지정을 받은 자

### (3) 1년 이하의 징역 또는 1천만 원 이하의 벌금〈제49조〉 ✡ 2018 기출

① 소방특별조사 시 관계공무원 또는 관계전문가의 의무규정[제4조의4(증표의 제시 및 비밀유지 의무 등) 제2항 또는 제46조(감독) 제3항]을 위반하여 관계인의 정당한 업무를 방해한 자, 조사 · 검사 업무를 수행하면서 알게 된 비밀을 제공 또는 누설하거나 목적 외의 용도로 사용한 자

② 소방시설 관리업의 등록증이나 등록수첩을 다른 자에게 빌려준 자

③ 소방시설관리업의 영업정지처분을 받고 그 영업정지기간 중에 관리업의 업무를 한 자

④ 소방시설 등에 대한 자체점검을 하지 아니하거나 관리업자 등으로 하여금 정기적으로 점검하게 하지 아니한 자

⑤ 소방시설관리사증을 다른 자에게 빌려주거나 동시에 둘 이상의 업체에 취업한 사람

⑥ 소방용품 형식승인 제품검사에 합격하지 아니한 제품에 합격표시를 하거나 합격표시를 위조 또는 변조하여 사용한 자

⑦ 형식승인의 변경승인을 받지 아니한 자

기출PLUS

⑧ 제품검사에 합격하지 아니한 소방용품에 성능인증을 받았다는 표시 또는 제품검사에 합격하였다는 표시를 하거나 성능인증을 받았다는 표시 또는 제품검사에 합격하였다는 표시를 위조 또는 변조하여 사용한 자

⑨ 성능인증의 변경인증을 받지 아니한 자

⑩ 우수품질인증을 받지 아니한 제품에 우수품질인증 표시를 하거나 우수품질인증 표시를 위조하거나 변조하여 사용한 자

### (4) 300만 원 이하의 벌금〈제50조〉

① 소방특별조사를 정당한 사유 없이 거부 · 방해 또는 기피한 자

② 방염성능검사에 합격하지 아니한 물품에 합격표시를 하거나 합격표시를 위조하거나 변조하여 사용한 자

③ 방염성능검사 시 거짓 시료를 제출한 자

④ 제20조(특정소방대상물의 소방안전관리) 제2항을 위반하여 소방안전관리자 또는 소방안전관리보조자를 선임하지 아니한 자

⑤ 고층건축물, 지하가 등(제21조)에 공동 소방안전관리자를 선임하지 아니한 자

⑥ 소방시설 · 피난시설 · 방화시설 및 방화구획 등이 법령에 위반된 것을 발견하였음에도 필요한 조치를 할 것을 요구하지 아니한 소방안전관리자

⑦ 제20조(특정소방대상물의 소방안전관리) 제9항을 위반하여 소방안전관리자에게 불이익한 처우를 한 관계인

⑧ 점검 실명제 규정(제33조의3 제1항)을 위반하여 점검기록표를 거짓으로 작성하거나 해당 특정소방대상물에 부착하지 아니한 자

⑨ 제45조(특권한의 위임 · 위탁 등) 제8항을 위반하여 업무를 수행하면서 알게 된 비밀을 이 법에서 정한 목적 외의 용도로 사용하거나 다른 사람 또는 기관에 제공하거나 누설한 사람

### (5) 양벌규정〈제52조〉

법인의 대표자나 법인 또는 개인의 대리인, 사용인, 그 밖의 종업원이 그 법인 또는 개인의 업무에 관하여 벌칙의 어느 하나에 해당하는 위반행위를 하면 그 행위자를 벌하는 외에 그 법인 또는 개인에게도 해당 조문의 벌금형을 과(科)한다. 다만, 법인 또는 개인이 그 위반행위를 방지하기 위하여 해당 업무에 관하여 상당한 주의와 감독을 게을리 하지 아니한 경우에는 그러하지 아니하다.

기출PLUS

#### (6) 과태료〈제53조〉

① 300만 원 이하의 과태료

㉠ 소방청장이 고시하는 화재안전기준을 위반하여 소방시설을 설치 또는 유지 · 관리한 자

㉡ 특정소방대상물의 관계인이 피난시설, 방화구획 또는 방화시설의 폐쇄 · 훼손 · 변경 등의 행위를 한 자

㉢ 특정소방대상물의 공사 현장에 설치하는 임시소방시설을 설치 · 유지 · 관리하지 아니한 자

② 200만 원 이하의 과태료

㉠ 방염대상물품은 방염성능기준 이상의 것으로 설치하여야 한다는 규정(제12조 제1항)을 위반한 자

㉡ 특정소방대상물의 소방안전관리자의 신고 및 변경에 따른 신고(제20조 제4항, 제31조 또는 제32조 제3항)를 하지 아니한 자 또는 거짓으로 신고한 자

㉢ 특정소방대상물의관계인의 의무규정(제20조 제1항)을 위반하여 소방안전관리 업무를 수행하지 아니한 자

㉣ 제20조(특정소방대상물의 소방안전관리) 제6항에 따른 소방안전관리 업무를 하지 아니한 특정소방대상물의 관계인 또는 소방안전관리대상물의 소방안전관리자

㉤ 소방안전관리대상물의 관계인이 소방안전관리자의 성실하게 업무 수행을 할 수 있도록 관리해야 하는 업무(제20조 제7항)를 위반하여 지도와 감독을 하지 아니한 자

㉥ 제21조의2(피난계획의 수립 및 시행) 제3항을 위반하여 피난유도 안내정보를 제공하지 아니한 자

㉦ 제22조(특정소방대상물의 근무자 및 거주자에 대한 소방훈련 등) 제1항을 위반하여 소방훈련 및 교육을 하지 아니한 자

㉧ 공공기관의 소방안전관리 규정(제24조 제1항)에 따라 소방안전관리 업무를 하지 아니한 자

㉨ 소방시설 등의 점검결과를 보고하지 아니한 자 또는 거짓으로 보고한 자

㉩ 지위승계, 행정처분 또는 휴업 · 폐업의 사실을 특정 소방대상물의 관계인에게 알리지 아니하거나 거짓으로 알린 관리업자

㉪ 기술인력의 참여 없이 자체점검을 한 자

㉫ 점검능력 평가 및 공시(제33조의2 제2항)에 따른 서류를 거짓으로 제출한 자

㉬ 명령을 위반하여 보고 또는 자료제출을 하지 아니하거나 거짓으로 보고 또는 자료제출을 한 자 또는 정당한 사유없이 관계 공무원의 출입 또는 조사 · 검사를 거부 · 방해 또는 기피한 자

③ 100만 원 이하의 과태료

소방안전관리자의 교육 등의 규정(제41조 제1항 제1호 또는 제2호)을 위반하여 실무 교육을 받지 아니한 소방안전관리자 및 소방안전관리보조자에게는 100만 원 이하의 과태료를 부과한다.

④ 과태료는 대통령령으로 정하는 바에 따라 소방청장, 관할 시·도지사, 소방본부장 또는 소방서장이 부과·징수한다.

# 부록 – 별표

## Ⅰ. 소방시설을 설치하지 아니할 수 있는 특정소방대상물 및 소방시설의 범위〈시행령 별표7〉(시행령 제18조 관련)

| 구분 | 특정소방대상물 | 소방시설 |
|---|---|---|
| 1. 화재 위험도가 낮은 특정소방대상물 | 석재, 불연성금속, 불연성 건축재료 등의 가공공장·기계조립공장·주물공장 또는 불연성 물품을 저장하는 창고 | 옥외소화전 및 연결살수설비 |
| | 「소방기본법」에 따른 소방대(消防隊)가 조직되어 24시간 근무하고 있는 청사 및 차고 | 옥내소화전설비, 스프링클러설비, 물분무등소화설비, 비상방송설비, 피난기구, 소화용수설비, 연결송수관설비, 연결살수설비 |
| 2. 화재안전기준을 적용하기 어려운 특정소방대상물 | 펄프공장의 작업장, 음료수 공장의 세정 또는 충전을 하는 작업장, 그 밖에 이와 비슷한 용도로 사용하는 것 | 스프링클러설비, 상수도소화용수설비 및 연결살수설비 |
| | 정수장, 수영장, 목욕장, 농예·축산·어류양식용 시설, 그 밖에 이와 비슷한 용도로 사용되는 것 | 자동화재탐지설비, 상수도소화용수설비 및 연결살수설비 |
| 3. 화재안전기준을 달리 적용하여야 하는 특수한 용도 또는 구조를 가진 특정소방대상물 | 원자력발전소, 핵폐기물처리시설 | 연결송수관설비 및 연결살수설비 |
| 4. 「위험물안전관리법」에 따른 자체소방대가 설치된 특정소방대상물 | 자체소방대가 설치된 위험물 제조소등에 부속된 사무실 | 옥내소화전설비, 소화용수설비, 연결살수설비 및 연결송수관설비 |

기출PLUS

## II. 특정소방대상물의 소방시설 설치의 면제기준〈시행령 별표6〉(시행령 제16조 관련)

| 설치가 면제되는 소방시설 | 설치면제 기준 |
|---|---|
| 스프링클러설비 | 스프링클러설비를 설치하여야 하는 특정소방대상물에 물분무 등 소화설비를 화재안전기준에 적합하게 설치한 경우에는 그 설비의 유효범위(해당 소방시설이 화재를 감지 · 소화 또는 경보할 수 있는 부분을 말한다. 이하 같다)에서 설치가 면제된다. |
| 물분무 등 소화설비 | 물분무 등 소화설비를 설치하여야 하는 차고 · 주차장에 스프링클러설비를 화재안전기준에 적합하게 설치한 경우에는 그 설비의 유효범위에서 설치가 면제된다. |
| 간이 스프링클러설비 | 간이 스프링클러설비를 설치하여야 하는 특정소방대상물에 스프링클러설비, 물분무소화설비 또는 미분무소화설비를 화재안전기준에 적합하게 설치한 경우에는 그 설비의 유효범위에서 설치가 면제된다. |
| 비상경보설비 또는 단독경보형 감지기 | 비상경보설비 또는 단독경보형 감지기를 설치하여야 하는 특정소방대상물에 자동화재탐지설비를 화재안전기준에 적합하게 설치한 경우에는 그 설비의 유효범위에서 설치가 면제된다. |
| 비상경보설비 | 비상경보설비를 설치하여야 할 특정소방대상물에 단독경보형 감지기를 2개 이상의 단독경보형 감지기와 연동하여 설치하는 경우에는 그 설비의 유효범위에서 설치가 면제된다. |
| 비상방송설비 | 비상방송설비를 설치하여야 하는 특정소방대상물에 자동화재탐지설비 또는 비상경보설비와 같은 수준 이상의 음향을 발하는 장치를 부설한 방송설비를 화재안전기준에 적합하게 설치한 경우에는 그 설비의 유효범위에서 설치가 면제된다. |
| 피난구조설비 | 피난구조설비를 설치하여야 하는 특정소방대상물에 그 위치 · 구조 또는 설비의 상황에 따라 피난상 지장이 없다고 인정되는 경우에는 화재안전기준에서 정하는 바에 따라 설치가 면제된다. |
| 연결살수설비 | 가. 연결살수설비를 설치하여야 하는 특정소방대상물에 송수구를 부설한 스프링클러설비, 간이스프링클러설비, 물분무소화설비 또는 미분무소화설비를 화재안전기준에 적합하게 설치한 경우에는 그 설비의 유효범위에서 설치가 면제된다.<br>나. 가스 관계 법령에 따라 설치되는 물분무장치 등에 소방대가 사용할 수 있는 연결송수구가 설치되거나 물분무장치 등에 6시간 이상 공급할 수 있는 수원이 확보된 경우에는 설치가 면제된다. |
| 제연설비 | 가. 제연설비를 설치하여야 하는 특정소방대상물(별표5 제5호 가목 6)은 제외한다)에 다음의 어느 하나에 해당하는 설비를 설치한 경우에는 설치가 면제된다.<br>1) 공기조화설비를 화재안전기준의 제연설비기준에 적합하게 설치하고 공기조화설비가 화재 시 제연설비기능으로 자동전환되는 구조로 설치되어 있는 경우 |

**별표 5 제5호 가목 6)**
특정 소방대상물(갓복도형 아파트 등 제외)에 부설된 특별피난계단 또는 비상용 승강기의 승강장

기출PLUS

| | |
|---|---|
| 제연설비 | 2) 직접 외부 공기와 통하는 배출구의 면적의 합계가 해당 제연구역[제연경계(제연설비의 일부인 천장을 포함한다)에 의하여 구획된 건축물 내의 공간을 말한다] 바닥면적의 100분의 1 이상이고, 배출구부터 각 부분까지의 수평거리가 30m 이내이고, 공기유입구가 화재안전기준에 적합하게(외부 공기를 직접 자연 유입할 경우에 유입구의 크기는 배출구의 크기 이상이어야 한다) 설치되어 있는 경우<br>나. 별표5 제5호 가목 6)에 따라 제연설비를 설치하여야 하는 특정소방대상물 중 노대(露臺)와 연결된 특별피난계단, 노대가 설치된 비상용 승강기의 승강장 또는 「건축법 시행령」 제91조 제5호의 기준에 따라 배연설비가 설치된 피난용 승강기의 승강장에는 설치가 면제된다. |
| 비상조명등 | 비상조명등을 설치하여야 하는 특정소방대상물에 피난구유도등 또는 통로유도등을 화재안전기준에 적합하게 설치한 경우에는 그 유도등의 유효범위에서 설치가 면제된다. |
| 누전경보기 | 누전경보기를 설치하여야 하는 특정소방대상물 또는 그 부분에 아크경보기(옥내 배전선로의 단선이나 선로 손상 등으로 인하여 발생하는 아크를 감지하고 경보하는 장치를 말한다) 또는 전기 관련 법령에 따른 지락차단장치를 설치한 경우에는 그 설비의 유효범위에서 설치가 면제된다. |
| 무선통신보조설비 | 무선통신보조설비를 설치하여야 하는 특정소방대상물에 이동통신 구내 중계기 선로설비 또는 무선이동중계기(「전파법」에 따른 적합성평가를 받은 제품만 해당한다) 등을 화재안전기준의 무선통신보조설비기준에 적합하게 설치한 경우에는 설치가 면제된다. |
| 상수도소화용수설비 | 가. 상수도소화용수설비를 설치하여야 하는 특정소방대상물의 각 부분으로부터 수평거리 140미터 이내에 공공의 소방을 위한 소화전이 화재안전기준에 적합하게 설치되어 있는 경우에는 설치가 면제된다.<br>나. 소방본부장 또는 소방서장이 상수도소화용수설비의 설치가 곤란하다고 인정하는 경우로서 화재안전기준에 적합한 소화수조 또는 저수조가 설치되어 있거나 이를 설치하는 경우에는 그 설비의 유효범위에서 설치가 면제된다. |
| 연소방지설비 | 연소방지설비를 설치하여야 하는 특정소방대상물에 스프링클러설비, 물분무소화설비 또는 미분무소화설비를 화재안전기준에 적합하게 설치한 경우에는 그 설비의 유효범위에서 설치가 면제된다. |
| 연결송수관설비 | 연결송수관설비를 설치하여야 하는 소방대상물에 옥외에 연결송수구 및 옥내에 방수구가 부설된 옥내소화전설비 · 스프링클러설비 · 간이스프링클러설비 또는 연결살수설비를 화재안전기준에 적합하게 설치한 경우에는 그 설비의 유효범위에서 설치가 면제된다. 다만, 지표면에서 최상층 방수구의 높이가 70m 이상인 경우에는 설치하여야 한다. |
| 자동화재탐지설비 | 자동화재탐지설비의 기능(감지 · 수신 · 경보기능을 말한다)과 성능을 가진 스프링클러설비 또는 물분무등소화설비를 화재안전기준에 적합하게 설치한 경우에는 그 설비의 유효범위에서 설치가 면제된다. |

기출PLUS

| | |
|---|---|
| 옥외소화전설비 | 옥외소화전설비를 설치하여야 하는 보물 또는 국보로 지정된 목조 문화재에 상수도소화용수설비를 옥외소화전설비의 화재안전기준에서 정하는 방수압력 · 방수량 · 옥외소화전함 및 호스의 기준에 적합하게 설치한 경우에는 설치가 면제된다. |
| 옥내소화전설비 | 소방본부장 또는 소방서장이 옥내소화전설비의 설치가 곤란하다고 인정하는 경우로서 호스릴 방식의 미분무소화설비 또는 옥외소화전설비를 화재안전기준에 적합하게 설치한 경우에는 그 설비의 유효범위에서 설치가 면제된다. |
| 자동소화장치 | 자동소화장치(주거용 주방자동소화장치는 제외한다)를 설치하여야 하는 특정소방대상물에 물분무등소화설비를 화재안전기준에 적합하게 설치한 경우에는 그 설비의 유효범위에서 설치가 면제된다. |

### Ⅲ. 소방시설관리업의 등록기준〈시행령 별표9〉(시행령 제36조 제1항 관련)

1. 인력기준

① **주된 기술인력**: 소방시설관리사 1명 이상

② **보조 기술인력**: 다음의 어느 하나에 해당하는 사람 2명 이상. 다만, ㉡부터 ㉣까지의 어느 하나에 해당하는 사람은 「소방시설공사업법」에 따른 소방기술 인정 자격수첩을 발급받은 사람이어야 한다.

㉠ 소방설비기사 또는 소방설비산업기사

㉡ 소방공무원으로 3년 이상 근무한 사람

㉢ 소방 관련 학과의 학사학위를 취득한 사람

㉣ 행정안전부령으로 정하는 소방기술과 관련된 자격 · 경력 및 학력이 있는 사람

### Ⅳ. 과태료의 부과기준〈시행령 별표10〉(시행령 제40조 관련)

1. 일반기준

① 과태료 부과권자는 다음의 어느 하나에 해당하는 경우에는 개별기준에 따른 과태료 금액의 2분의 1까지 그 금액을 줄여 부과할 수 있다. 다만, 과태료를 체납하고 있는 위반행위자에 대해서는 그러하지 아니하다.

㉠ 위반행위자가 「질서위반행위규제법 시행령」 과태료 감경사유의 어느 하나에 해당하는 경우

㉡ 위반행위자가 처음 위반행위를 하는 경우로서 3년 이상 해당 업종을 모범적으로 영위한 사실이 인정되는 경우

㉢ 위반행위자가 화재 등 재난으로 재산에 현저한 손실을 입거나 사업 여건의 악화로 그 사업이 중대한 위기에 처하는 등 사정이 있는 경우

㉣ 위반행위가 사소한 부주의나 오류 등 과실로 인한 것으로 인정되는 경우

㉤ 위반행위자가 같은 위반행위로 다른 법률에 따라 과태료 · 벌금 · 영업정지 등의 처분을 받은 경우

㉥ 위반행위자가 위법행위로 인한 결과를 시정하거나 해소한 경우

㉦ 그 밖에 위반행위의 정도, 위반행위의 동기와 그 결과 등을 고려하여 과태료를 줄일 필요가 있다고 인정되는 경우

② 위반행위의 횟수에 따른 과태료의 가중된 부과기준은 최근 1년간 같은 위반행위로 과태료 부과처분을 받은 경우에 적용한다. 이 경우 기간의 계산은 위반행위에 대하여 과태료 부과처분을 받은 날과 그 처분 후 다시 같은 위반행위를 하여 적발된 날을 기준으로 한다.

③ ②에 따라 가중된 부과처분을 하는 경우 가중처분의 적용 차수는 그 위반행위 전 부과처분 차수(②에 따른 기간 내에 과태료 부과처분이 둘 이상 있었던 경우에는 높은 차수를 말한다)의 다음 차수로 한다.

2. 개별기준

(단위 : 만 원)

<table>
<tr><th rowspan="2">위반행위</th><th rowspan="2">근거 법조문</th><th colspan="3">과태료금액</th></tr>
<tr><th>1차 위반</th><th>2차 위반</th><th>3차 이상 위반</th></tr>
<tr><td>특정소방대상물의 특성을 고려하여 소방시설을 화재안전기준에 따라 설치 또는 유지·관리하는 사항(법 제9조 제1항 전단)을 위반한 경우</td><td rowspan="4">법 제53조 제1항 제1호</td><td colspan="3"></td></tr>
<tr><td>(1) (2) 및 (3)의 규정을 제외하고 소방시설을 최근 1년 이내에 2회 이상 화재안전기준에 따라 관리·유지하지 않은 경우</td><td colspan="3">100</td></tr>
<tr><td>(2) 소방시설을 다음에 해당하는 고장상태 등으로 방치한 경우<br>(가) 소화펌프를 고장상태로 방치한 경우<br>(나) 수신반, 동력(감시)제어반 또는 소방시설용 비상전원을 차단하거나, 고장난 상태로 방치하거나, 임의로 조작하여 자동으로 작동이 되지 않도록 한 경우<br>(다) 소방시설이 작동하는 경우 소화배관을 통하여 소화수가 방수되지 않는 상태 또는 소화약제가 방출되지 않는 상태로 장치한 경우</td><td colspan="3">200</td></tr>
<tr><td>(3) 소방시설을 설치하지 않은 경우</td><td colspan="3">300</td></tr>
<tr><td>피난시설, 방화구획 또는 방화시설을 폐쇄·훼손·변경하는 등의 행위를 한 경우</td><td>법 제53조 제1항 제2호</td><td>100</td><td>200</td><td>300</td></tr>
<tr><td>특정소방대상물의 공사 현장에 설치하는 임시소방시설을 설치·유지·관리하지 않은 경우</td><td>법 제53조 제1항 제3호</td><td colspan="3">300</td></tr>
<tr><td>대통령령으로 정하는 방염대상물품은 방염성능기준 이상의 것으로 설치하여야 한다는 규정(법 제12조 제1항)을 위반한 경우</td><td>법 제53조 제2항 제1호</td><td colspan="3">200</td></tr>
</table>

기출PLUS

기출PLUS

| | | | | |
|---|---|---|---|---|
| 소방안전관리자의 선임신고, 등록사항의 변경신고, 지위승계신고 등의 신고를 하지 않거나 거짓으로 신고한 경우<br>(1) 지연신고기간이 1개월 미만인 경우<br>(2) 지연신고기간이 1개월 이상 3개월 미만인 경우<br>(3) 지연신고기간이 3개월 이상이거나 신고를 하지 않은 경우<br>(4) 거짓으로 신고한 경우 | 법 제53조 제2항 제3호 | 30<br>50<br>100<br>200 | | |
| 특정소방대상물의 관계인이 그 특정소방대상물에 대하여 소방안전관리 업무를 수행하지 않은 경우 | 법 제53조 제2항 제5호 | 50 | 100 | 200 |
| 특정소방대상물의 관계인 또는 소방안전관리대상물의 소방안전관리자가 소방안전관리 업무를 하지 않은 경우 | 법 제53조 제2항 제6호 | 50 | 100 | 200 |
| 소방안전관리대상물의 관계인이 소방안전관리자에 대한 지도와 감독을 하지 않은 경우 | 법 제53조 제2항 제7호 | 200 | | |
| 소방안전관리대상물의 관계인이 피난유도 안내정보를 근무자 또는 거주자에게 정기적으로 제공하지 아니한 경우 | 법 제53조 제2항 제7호의2 | 50 | 100 | 200 |
| 특정소방대상물의 관계인이 그 장소에 상시 근무하거나 거주하는 사람에게 소방훈련 및 교육을 하지 아니한 경우 | 법 제53조 제2항 제8호 | 50 | 100 | 200 |
| 대통령령으로 정하는 공공기관의 장이 소관 기관에 대하여 소방안전관리 업무를 하지 않은 경우 | 법 제53조 제2항 제9호 | 50 | 100 | 200 |
| 특정소방대상물의 관계인 등이 소방시설 등의 자체 점검결과를 보고하지 않거나 거짓으로 보고한 경우<br>(1) 지연보고기간이 1개월 미만인 경우<br>(2) 지연보고기간이 1개월 이상 3개월 미만인 경우<br>(3) 지연보고기간이 3개월 이상 또는 보고하지 않은 경우<br>(4) 거짓으로 보고한 경우 | 법 제53조 제2항 제10호 | 30<br>50<br>100<br>200 | | |
| 관리업자가 법 제33조 제2항을 위반하여 지위승계, 행정처분 또는 휴업 · 폐업의 사실을 특정소방대상물의 관계인에게 알리지 않거나 거짓으로 알린 경우 | 법 제53조 제2항 제11호 | 200 | | |
| 관리업자가 기술인력의 참여 없이 자체점검을 실시한 경우 | 법 제53조 제2항 제12호 | 200 | | |
| 관리업자가 법 제33조의2(점검능력 평가 및 공시 등) 제2항에 따른 서류를 거짓으로 제출한 경우 | 법 제53조 제2항 제12호의2 | 200 | | |

| 소방안전관리자 및 소방안전관리보조자가 법 제41조(소방안전관리자 등에 대한 교육) 제1항 제1호 또는 제2호를 위반하여 실무 교육을 받지 않은 경우 | 법 제53조 제3항 | 50 | | |
|---|---|---|---|---|
| 법 제46조(감독) 제1항에 따른 명령을 위반하여 보고 또는 자료제출을 하지 않거나 거짓으로 보고 또는 자료제출을 한 경우 또는 정당한 사유 없이 관계 공무원의 출입 또는 조사ㆍ검사를 거부ㆍ방해 또는 기피한 경우 | 법 제53조 제2항 제13호 | 50 | 100 | 200 |

## V. 소방시설 등의 자체점검의 구분과 그 대상, 점검자의 자격, 점검 방법ㆍ횟수 및 시기〈시행규칙 별표 1〉 ✡ 2021 기출

1. 소방시설 등에 대한 자체점검은 다음 각 목과 같이 구분한다.
   가. 작동기능점검 : 소방시설 등을 인위적으로 조작하여 정상적으로 작동하는지를 점검하는 것
   나. 종합정밀점검 : 소방시설 등의 작동기능점검을 포함하여 소방시설 등의 설비별 주요 구성 부품의 구조기준이 법 제9조 제1항에 따라 소방청장이 정하여 고시하는 화재안전기준 및 「건축법」 등 관련 법령에서 정하는 기준에 적합한지 여부를 점검하는 것을 말한다.
2. 작동기능점검은 다음의 구분에 따라 실시한다.
   가. 작동기능점검은 시행령 제5조에 따른 특정소방대상물을 대상으로 한다. 다만, 다음의 어느 하나에 해당하는 특정소방대상물은 제외한다.
      1) 위험물 제조소 등과 시행령 별표 5에 따라 소화기구만을 설치하는 특정소방대상물
      2) 시행령 제22조 제1항 제1호에 해당하는 특정소방대상물
   나. 작동기능점검은 해당 특정소방대상물의 관계인ㆍ소방안전관리자 또는 소방시설관리업자(소방시설관리사를 포함하여 등록된 기술인력을 말한다)가 점검할 수 있다. 이 경우 소방시설관리업자 또는 소방안전관리자로 선임된 소방시설관리사 및 소방기술사가 점검하는 경우에는 별표 2에 따른 점검인력 배치기준을 따라야 한다.
   다. 작동기능점검은 별표 2의2에 따른 점검 장비를 이용하여 점검할 수 있다.
   라. 작동기능점검은 연 1회 이상 실시한다.
   마. 작동기능점검의 점검시기는 다음과 같다.
      1) 제3호 가목에 따른 종합정밀점검대상 : 종합정밀점검을 받은 달부터 6개월이 되는 달에 실시한다.
      2) 시행규칙 제19조 제1항에 따라 작동기능점검 결과를 보고하여야 하는 대상[1)에 해당하는 경우는 제외한다]
         가) 건축물의 사용승인일(건축물의 경우에는 건축물관리대장 또는 건물 등기사항증명서에 기재되어 있는 날, 시설물의 경우에는 「시설물의 안전 및 유지관리에 관한 특별법」 제55조 제1항에 따른 시설물통합정보관리체계에 저장ㆍ관리되고 있는 날을 말하며, 건축물관리대장, 건물 등기사항증명서 및 시설물통합정보관리체계를 통해 확인되지 않는 경우에는 소방시설완공검사증명서에 기재된 날을 말한다. 이하 이 표에서 같다)이 속하는 달의 말일까지 실시한다.

기출PLUS

기출PLUS

나) 신규로 건축물의 사용승인을 받은 건축물은 그 다음 해(건축물이 아닌 경우에는 그 특정소방대상물을 이용 또는 사용하기 시작한 해의 다음 해를 말한다. 이하 이 표에서 같다)부터 실시하되, 소방시설완공검사증명서를 받은 후 1년이 경과한 후에 사용승인을 받은 경우에는 사용승인을 받은 그 해부터 실시한다. 다만, 그 해의 작동기능점검은 가)에도 불구하고 사용승인일부터 3개월 이내에 실시할 수 있다.

3) 그 밖의 점검대상 : 연중 실시한다.

3. 종합정밀점검은 다음의 구분에 따라 실시한다.

가. 종합정밀점검은 다음의 어느 하나에 해당하는 특정소방대상물을 대상으로 한다.

1) 스프링클러설비가 설치된 특정소방대상물

2) 물분무등소화설비[호스릴(Hose Reel) 방식의 물분무등소화설비만을 설치한 경우는 제외한다]가 설치된 연면적 5,000㎡ 이상인 특정소방대상물(위험물 제조소 등은 제외한다)

3) 「다중이용업소의 안전관리에 관한 특별법 시행령」 제2조 제1호 나목, 같은 조 제2호(비디오물소극장업은 제외한다) · 제6호 · 제7호 · 제7호의2 및 제7호의5의 다중이용업의 영업장이 설치된 특정소방대상물로서 연면적이 2,000㎡ 이상인 것

4) 제연설비가 설치된 터널

5) 「공공기관의 소방안전관리에 관한 규정」 제2조에 따른 공공기관 중 연면적(터널 · 지하구의 경우 그 길이와 평균폭을 곱하여 계산된 값을 말한다)이 1,000㎡ 이상인 것으로서 옥내소화전설비 또는 자동화재탐지설비가 설치된 것. 다만, 「소방기본법」 제2조 제5호에 따른 소방대가 근무하는 공공기관은 제외한다.

나. 종합정밀점검은 소방시설관리업자 또는 소방안전관리자로 선임된 소방시설관리사 및 소방기술사가 실시할 수 있다. 이 경우 별표 2에 따른 점검인력 배치기준을 따라야 한다.

다. 종합정밀점검은 별표 2의2에 따른 점검 장비를 이용하여 점검하여야 한다.

라. 종합정밀점검의 점검횟수는 다음과 같다.

1) 연 1회 이상(시행령 제22조 제1항 제1호에 해당하는 특정소방대상물의 경우에는 반기에 1회 이상) 실시한다.

2) 1)에도 불구하고 소방본부장 또는 소방서장은 소방청장이 소방안전관리가 우수하다고 인정한 특정소방대상물에 대해서는 3년의 범위에서 소방청장이 고시하거나 정한 기간 동안 종합정밀점검을 면제할 수 있다. 다만, 면제기간 중 화재가 발생한 경우는 제외한다.

마. 종합정밀점검의 점검시기는 다음 기준에 의한다.

1) 건축물의 사용승인일이 속하는 달에 실시한다. 다만, 「공공기관의 안전관리에 관한 규정」 제2조 제2호 또는 제5호에 따른 학교의 경우에는 해당 건축물의 사용승인일이 1월에서 6월 사이에 있는 경우에는 6월 30일까지 실시할 수 있다.

2) 1)에도 불구하고 신규로 건축물의 사용승인을 받은 건축물은 그 다음 해부터 실시하되, 건축물의 사용승인일이 속하는 달의 말일까지 실시한다. 다만, 소방시설완공검사증명서를 받은 후 1년이 경과한 이후에 사용승인을 받은 경우에는 사용승인을 받은 그 해부터 실시하되, 그 해의 종합정밀점검은 사용승인일부터 3개월 이내에 실시할 수 있다.

3) 건축물 사용승인일 이후 제3호 가목 3)에 해당하게 된 때에는 그 다음 해부터 실시한다.

기출PLUS

4) 하나의 대지경계선 안에 2개 이상의 점검 대상 건축물이 있는 경우에는 그 건축물 중 사용승인일이 가장 빠른 건축물의 사용승인일을 기준으로 점검할 수 있다.

4. 제1호에도 불구하고 「공공기관의 소방안전관리에 관한 규정」 제2조에 따른 공공기관의 장(이하 "기관장"이라 한다)은 공공기관에 설치된 소방시설등의 유지 · 관리상태를 맨눈 또는 신체감각을 이용하여 점검하는 외관점검을 월 1회 이상 실시(작동기능점검 또는 종합정밀점검을 실시한 달에는 실시하지 않을 수 있다)하고, 그 점검결과를 2년간 자체 보관하여야 한다. 이 경우 외관점검의 점검자는 해당 특정소방대상물의 관계인, 소방안전관리자 또는 소방시설관리업자(소방시설관리사를 포함하여 등록된 기술인력을 말한다)로 하여야 한다.

5. 제1호 및 제4호에도 불구하고 기관장은 해당 공공기관의 전기시설물 및 가스시설에 대하여 다음 각 목의 구분에 따른 점검 또는 검사를 받아야 한다.
   가. 전기시설물의 경우 : 「전기사업법」 제63조에 따른 사용전검사, 같은 법 제65조에 따른 정기검사 및 같은 법 제66조에 따른 일반용전기설비의 점검
   나. 가스시설의 경우 : 「도시가스사업법」 제17조에 따른 검사, 「고압가스 안전관리법」 제16조의2 및 제20조 제4항에 따른 검사 또는 「액화석유가스의 안전관리 및 사업법」 제37조 및 제44조 제2항 · 제4항에 따른 검사

## Ⅵ. 소방시설등의 자체점검 시 점검인력 배치기준〈시행규칙 별표 2〉

1. 소방시설관리업자가 점검하는 경우에는 소방시설관리사 1명과 시행령 별표 9 제2호에 따른 보조 기술인력(이하 "보조인력"이라 한다) 2명을 점검인력 1단위로 하되, 점검인력 1단위에 2명(같은 건축물을 점검할 때에는 4명) 이내의 보조인력을 추가할 수 있다. 다만, 제26조의2 제2호에 따른 작동기능점검(이하 "소규모점검"이라 한다)의 경우에는 보조인력 1명을 점검인력 1단위로 한다.

1의2. 소방안전관리자로 선임된 소방시설관리사 및 소방기술사가 점검하는 경우에는 소방시설관리사 또는 소방기술사 중 1명과 보조인력 2명을 점검인력 1단위로 하되, 점검인력 1단위에 4명 이내의 보조인력을 추가할 수 있다. 다만, 보조인력은 해당 특정소방대상물의 관계인 또는 소방안전관리보조자로 할 수 있으며, 소규모점검의 경우에는 보조인력 1명을 점검인력 1단위로 한다.

2. 점검인력 1단위가 하루 동안 점검할 수 있는 특정소방대상물의 연면적(이하 "점검한도면적"이라 한다)은 다음 각 목과 같다.
   가. 종합정밀점검 : 10,000㎡
   나. 작동기능점검 : 12,000㎡(소규모점검의 경우에는 3,500㎡)

3. 점검인력 1단위에 보조인력을 1명씩 추가할 때마다 종합정밀점검의 경우에는 3,000㎡, 작동기능점검의 경우에는 3,500㎡씩을 점검한도 면적에 더한다.

4. 소방시설관리업자 또는 소방안전관리자로 선임된 소방시설관리사 및 소방기술사가 하루 동안 점검한 면적은 실제 점검면적(지하구는 그 길이에 폭의 길이 1.8m를 곱하여 계산된 값을 말하며, 터널은 3차로 이하인 경우에는 그 길이에 폭의 길이 3.5m를 곱하고, 4차로 이상인 경우에는 그 길이에 폭의 길이 7m를 곱한 값을 말한다. 다만, 한쪽 측벽에 소방시설이 설치된 4차로 이상인 터널의 경우는 그 길이와 폭의 길이 3.5m를 곱한 값을 말한다. 이하 같다)에 다음 각 목의 기준을 적용하여 계산한 면적(이하 "점검면적"이라 한다)으로 하되, 점검면적은 점검한도 면적을 초과하여서는 아니 된다.

기출PLUS

가. 실제 점검면적에 다음의 가감계수를 곱한다.

| 구분 | 대상용도 | 가감계수 |
|---|---|---|
| 1류 | 노유자시설, 숙박시설, 위락시설, 의료시설(정신보건의료기관), 수련시설, 복합건축물(1류에 속하는 시설이 있는 경우) | 1.2 |
| 2류 | 문화 및 집회시설, 종교시설, 의료시설(정신보건시설 제외), 교정 및 군사시설(군사시설 제외), 지하가, 복합건축물(1류에 속하는 시설이 있는 경우 제외), 발전시설, 판매시설 | 1.1 |
| 3류 | 근린생활시설, 운동시설, 업무시설, 방송통신시설, 운수시설 | 1.0 |
| 4류 | 공장, 위험물 저장 및 처리시설, 창고시설 | 0.9 |
| 5류 | 공동주택(아파트 제외), 교육연구시설, 항공기 및 자동차 관련 시설, 동물 및 식물 관련 시설, 분뇨 및 쓰레기 처리시설, 군사시설, 묘지 관련 시설, 관광휴게시설, 장례식장, 지하구, 문화재 | 0.8 |

나. 점검한 특정소방대상물이 다음의 어느 하나에 해당할 때에는 다음에 따라 계산된 값을 가목에 따라 계산된 값에서 뺀다.
  1) 시행령 별표 5 제1호 라목에 따라 스프링클러설비가 설치되지 않은 경우 : 가목에 따라 계산된 값에 0.1을 곱한 값
  2) 시행령 별표 5 제1호 바목에 따라 물분무등소화설비가 설치되지 않은 경우 : 가목에 따라 계산된 값에 0.15를 곱한 값
  3) 시행령 별표 5 제5호 가목에 따라 제연설비가 설치되지 않은 경우 : 가목에 따라 계산된 값에 0.1을 곱한 값

다. 2개 이상의 특정소방대상물을 하루에 점검하는 경우에는 나중에 점검하는 특정소방대상물에 대하여 특정소방대상물 간의 최단 주행거리 5km마다 나목에 따라 계산된 값(나목에 따라 계산된 값이 없을 때에는 가목에 따라 계산된 값을 말한다)에 0.02를 곱한 값을 더한다.

5. 제2호부터 제4호까지의 규정에도 불구하고 아파트(공용시설, 부대시설 또는 복리시설은 포함하고, 아파트가 포함된 복합건축물의 아파트 외의 부분은 제외한다. 이하 이 표에서 같다)를 점검할 때에는 다음 각 목의 기준에 따른다.

가. 점검인력 1단위가 하루 동안 점검할 수 있는 아파트의 세대수(이하 "점검한도 세대수"라 한다)는 다음과 같다.
  1) 종합정밀점검 : 300세대
  2) 작동기능점검 : 350세대(소규모점검의 경우에는 90세대)

나. 점검인력 1단위에 보조인력을 1명씩 추가할 때마다 종합정밀점검의 경우에는 70세대, 작동기능점검의 경우에는 90세대씩을 점검한도 세대수에 더한다.

다. 소방시설관리업자 또는 소방안전관리자로 선임된 소방시설관리사 및 소방기술사가 하루 동안 점검한 세대수는 실제 점검 세대수에 다음의 기준을 적용하여 계산한 세대수(이하 "점검세대수"라 한다)로 하되, 점검세대수는 점검한도 세대수를 초과하여서는 아니 된다.
  1) 점검한 아파트가 다음의 어느 하나에 해당할 때에는 다음에 따라 계산된 값을 실제 점검 세대수에서 뺀다.
    ㈎ 시행령 별표 5 제1호 라목에 따라 스프링클러설비가 설치되지 않은 경우 : 실제 점검 세대수에 0.1을 곱한 값

기출PLUS

(나) 시행령 별표 5 제1호 바목에 따라 물분무등소화설비가 설치되지 않은 경우 : 실제 점검 세대수에 0.15를 곱한 값
(다) 영 별표 5 제5호 가목에 따라 제연설비가 설치되지 않은 경우: 실제 점검 세대수에 0.1을 곱한 값

2) 2개 이상의 아파트를 하루에 점검하는 경우에는 나중에 점검하는 아파트에 대하여 아파트 간의 최단 주행거리 5km마다 1)에 따라 계산된 값(1)에 따라 계산된 값이 없을 때에는 실제 점검 세대수를 말한다)에 0.02를 곱한 값을 더한다.

6. 아파트와 아파트 외 용도의 건축물을 하루에 점검할 때에는 종합정밀점검의 경우 제5호에 따라 계산된 값에 33.3, 작동기능점검의 경우 제5호에 따라 계산된 값에 34.3(소규모점검의 경우에는 38.9)을 곱한 값을 점검면적으로 보고 제2호 및 제3호를 적용한다.
7. 종합정밀점검과 작동기능점검을 하루에 점검하는 경우에는 작동기능점검의 점검면적 또는 점검세대수에 0.8을 곱한 값을 종합정밀점검 점검면적 또는 점검세대수로 본다.
8. 제3호부터 제7호까지의 규정에 따라 계산된 값은 소수점 이하 둘째 자리에서 반올림한다.

## Ⅶ. 소방시설별 점검 장비〈시행규칙 별표 2의2〉

| 소방시설 | 장비 | 규격 |
|---|---|---|
| 공통시설 | 방수압력측정계, 절연저항계(절연저항측정기), 전류전압측정계 | |
| 소화기구 | 저울 | |
| 옥내소화전설비<br>옥외소화전설비 | 소화전밸브압력계 | |
| 스프링클러설비<br>포소화설비 | 헤드결합렌치 | |
| 이산화탄소소화설비<br>분말소화설비<br>할론소화설비<br>할로겐화합물 및 불활성기체(다른 원소와 화학 반응을 일으키기 어려운 기체) 소화설비 | 검량계, 기동관누설시험기, 그 밖에 소화약제의 저장량을 측정할 수 있는 점검기구 | |
| 자동화재탐지설비<br>시각경보기 | 열감지기시험기, 연(煙)감지기시험기, 공기주입시험기, 감지기시험기연결폴대, 음량계 | |
| 누전경보기 | 누전계 | 누전전류 측정용 |
| 무선통신보조설비 | 무선기 | 통화시험용 |
| 제연설비 | 풍속풍압계, 폐쇄력측정기, 차압계(압력차 측정기) | |
| 통로유도등<br>비상조명등 | 조도계 | 최소눈금이 0.1럭스 이하인 것 |

비고 : 종합정밀점검의 경우에는 위 점검 장비를 사용하여야 하며, 작동기능점검의 경우에는 점검 장비를 사용하지 않을 수 있다.

기출PLUS

## Ⅷ. 과징금의 부과기준〈시행규칙 별표4〉

1. 일반기준
   ① 영업정지 1개월은 30일로 계산한다.
   ② 과징금 산정은 영업정지기간(일)에 '과징금 금액 산정기준'의 영업정지 1일에 해당하는 금액을 곱한 금액으로 한다.
   ③ 위반행위가 둘 이상 발생한 경우 과징금 부과에 의한 영업정지기간(일) 산정은 '과징금을 부과할 수 있는 위반행위의 종별 개별기준'에 따른 각각의 영업정지 처분기간을 합산한 기간으로 한다.
   ④ 영업정지에 해당하는 위반사항으로서 위반행위의 동기 · 내용 · 횟수 또는 그 결과를 고려하여 그 처분기준의 2분의 1까지 감경한 경우 과징금 부과에 의한 영업정지기간(일) 산정은 감경한 영업정지기간으로 한다.
   ⑤ 연간 매출액은 해당 업체에 대한 처분일이 속한 연도의 전년도의 1년간 위반사항이 적발된 업종의 각 매출금액을 기준으로 한다. 다만, 신규사업 · 휴업 등으로 인하여 1년간의 위반사항이 적발된 업종의 각 매출금액을 산출할 수 없거나 1년간의 위반사항이 적발된 업종의 각 매출금액을 기준으로 하는 것이 불합리하다고 인정되는 경우에는 분기별 · 월별 또는 일별 매출금액을 기준으로 산출 또는 조정한다.
   ⑥ ①부터 ⑤까지의 규정에도 불구하고 과징금 산정금액이 3천만 원을 초과하는 경우 3천만 원으로 한다.

2. 개별기준
   ① 과징금을 부과할 수 있는 위반행위의 종별
   • 소방시설관리업

| 위반사항 | 근거 법조문 | 행정처분기준 | | |
|---|---|---|---|---|
| | | 1차 | 2차 | 3차 |
| 법 제25조(소방시설등의 자체점검 등) 제1항에 따른 점검을 하지 않거나 거짓으로 한 경우 | 법 제34조 제1항 제2호 | | 영업정지 3개월 | |
| 법 제29조(소방시설관리업의 등록 등) 제2항에 따른 등록기준에 미달하게 된 경우 | 법 제34조 제1항 제3호 | | 영업정지 3개월 | |

   ② 과징금 금액 산정기준

| 등급 | 연간매출액(단위 : 백만 원) | 영업정지 1일에 해당되는 금액(단위 : 원) |
|---|---|---|
| 1 | 10 이하 | 25,000 |
| 2 | 10 초과 ~ 30 이하 | 30,000 |
| 3 | 30 초과 ~ 50 이하 | 35,000 |
| 4 | 50 초과 ~ 100 이하 | 45,000 |
| 5 | 100 초과 ~ 150 이하 | 50,000 |
| 6 | 150 초과 ~ 200 이하 | 55,000 |
| 7 | 200 초과 ~ 250 이하 | 65,000 |
| 8 | 250 초과 ~ 300 이하 | 80,000 |
| 9 | 300 초과 ~ 350 이하 | 95,000 |
| 10 | 350 초과 ~ 400 이하 | 110,000 |

| 11 | 400 초과 ~ 450 이하 | 125,000 |
|---|---|---|
| 12 | 450 초과 ~ 500 이하 | 140,000 |
| 13 | 500 초과 ~ 750 이하 | 160,000 |
| 14 | 750 초과 ~ 1,000 이하 | 180,000 |
| 15 | 1,000 초과 ~ 2,500 이하 | 210,000 |
| 16 | 2,500 초과 ~ 5,000 이하 | 240,000 |
| 17 | 5,000 초과 ~ 7,500 이하 | 270,000 |
| 18 | 7,500 초과 ~ 10,000 이하 | 300,000 |
| 19 | 10,000 초과 | 330,000 |

## Ⅸ. 행정처분기준〈시행규칙 별표8〉

### 1. 일반기준

① 위반행위가 동시에 둘 이상 발생한 때에는 그 중 중한 처분기준(중한 처분기준이 동일한 경우에는 그 중 하나의 처분기준을 말한다. 이하 같다)에 의하되, 둘 이상의 처분기준이 동일한 영업정지이거나 사용정지인 경우에는 중한 처분의 2분의 1까지 가중하여 처분할 수 있다.

② 영업정지 또는 사용정지 처분기간 중 영업정지 또는 사용정지에 해당하는 위반사항이 있는 경우에는 종전의 처분기간 만료일의 다음 날부터 새로운 위반사항에 의한 영업정지 또는 사용정지의 행정처분을 한다.

③ 위반행위의 차수에 따른 행정처분의 가중된 처분기준은 최근 1년간 같은 위반행위로 행정처분을 받은 경우에 적용한다. 이 경우 기간의 계산은 위반행위에 대하여 행정처분을 받은 날과 그 처분 후 다시 같은 위반행위를 하여 적발된 날을 기준으로 한다.

④ ③에 따라 가중된 행정처분을 하는 경우 가중처분의 적용 차수는 그 위반행위 전 행정처분 차수(③에 따른 기간 내에 행정처분이 둘 이상 있었던 경우에는 높은 차수를 말한다)의 다음 차수로 한다.

⑤ 영업정지 등에 해당하는 위반사항으로서 위반행위의 동기 · 내용 · 횟수 · 사유 또는 그 결과를 고려하여 다음의 어느 하나에 해당하는 경우에는 그 처분을 가중하거나 감경할 수 있다. 이 경우 그 처분이 영업정지 또는 자격정지일 때에는 그 처분기준의 2분의 1의 범위에서 가중하거나 감경할 수 있고, 등록취소 또는 자격취소일 때에는 등록취소 또는 자격취소 전 차수의 행정처분이 영업정지 또는 자격정지이면 그 처분기준의 2배 이상의 영업정지 또는 자격정지로 감경(법 제19조 제1항 제1호 · 제3호, 법 제28조 제1호 · 제4호 · 제5호 · 제7호 및 법 제34조 제1항 제1호 · 제4호 · 제7호를 위반하여 등록취소 또는 자격취소된 경우는 제외한다)할 수 있다.

㉠ **가중 사유**

가) 위반행위가 사소한 부주의나 오류가 아닌 고의나 중대한 과실에 의한 것으로 인정되는 경우

나) 위반의 내용 · 정도가 중대하여 관계인에게 미치는 피해가 크다고 인정되는 경우

㉡ **감경 사유**

가) 위반행위가 사소한 부주의나 오류 등 과실에 의한 것으로 인정되는 경우

나) 위반의 내용 · 정도가 경미하여 관계인에게 미치는 피해가 적다고 인정되는 경우

기출PLUS

다) 위반행위를 처음으로 한 경우로서, 5년 이상 방염처리업, 소방시설관리업 등을 모범적으로 해 온 사실이 인정되는 경우

라) 그 밖에 다음의 경미한 위반사항에 해당되는 경우
- 스프링클러설비 헤드가 살수(撒水)반경에 미치지 못하는 경우
- 자동화재탐지설비 감지기 2개 이하가 설치되지 않은 경우
- 유도등(誘導燈)이 일시적으로 점등(點燈)되지 않는 경우
- 유도표지(誘導標識)가 정해진 위치에 붙어 있지 않은 경우

2. 개별기준

① 소방시설관리사에 대한 행정처분기준

| 위반사항 | 근거 법조문 | 행정처분기준 | | |
|---|---|---|---|---|
| | | 1차 | 2차 | 3차 |
| 거짓, 그 밖의 부정한 방법으로 시험에 합격한 경우 | 법 제28조 제1호 | 자격취소 | | |
| 법 제20조 제6항에 따른 소방안전관리 업무를 하지 않거나 거짓으로 한 경우 | 법 제28조 제2호 | 경고 (시정명령) | 자격정지 6월 | 자격취소 |
| 법 제25조에 따른 점검을 하지 않거나 거짓으로 한 경우 | 법 제28조 제3호 | 경고 (시정명령) | 자격정지 6월 | 자격취소 |
| 법 제26조 제6항을 위반하여 소방시설관리증을 다른 자에게 빌려준 경우 | 법 제28조 제4호 | 자격취소 | | |
| 법 제26조 제7항을 위반하여 동시에 둘 이상의 업체에 취업한 경우 | 법 제28조 제5호 | 자격취소 | | |
| 법 제26조 제8항을 위반하여 성실하게 자체점검업무를 수행하지 아니한 경우 | 법 제28조 제6호 | 경고 | 자격정지 6월 | 자격취소 |
| 법 제27조 각 호의 어느 하나의 결격사유에 해당하게 된 경우 | 법 제28조 제7호 | 자격취소 | | |

- 법 제20조(특정소방대상물의 소방안전관리)
- 법 제25조(소방시설등의 자체점검 등)
- 법 제26조(소방시설관리사)
- 법 제27조(관리사의 결격사유)

② 소방시설관리업에 대한 행정처분기준

| 위반사항 | 근거 법조문 | 행정처분기준 | | |
|---|---|---|---|---|
| | | 1차 | 2차 | 3차 |
| 거짓, 그 밖의 부정한 방법으로 등록을 한 경우 | 법 제34조 제1항 제1호 | 등록취소 | | |
| 법 제25조 제1항에 따른 점검을 하지 않거나 거짓으로 한 경우 | 법 제34조 제1항 제2호 | 경고 (시정명령) | 영업정지 3개월 | 등록취소 |
| 법 제29조 제2항에 따른 등록기준에 미달하게 된 경우. 다만, 기술인력이 퇴직하거나 해임되어 30일 이내에 재선임하여 신고하는 경우는 제외한다. | 법 제34조 제1항 제3호 | 경고 (시정명령) | 영업정지 3개월 | 등록취소 |
| 법 제30조 각 호의 어느 하나의 등록의 결격사유에 해당하게 된 경우 | 법 제34조 제1항 제4호 | 등록취소 | | |
| 법 제33조 제1항을 위반하여 다른 자에게 등록증 또는 등록수첩을 빌려준 경우 | 법 제34조 제1항 제7호 | 등록취소 | | |

기출PLUS

- 법 제25조(소방시설등의 자체점검 등)
- 법 제29조(소방시설관리업의 등록 등)
- 법 제30조(등록의 결격사유)
- 법 제33조(관리업의 운영)

Let's check it out

## 02 출제예상문제

**1** 「화재예방, 소방시설 설치 · 유지 및 안전관리에 관한 법률」의 목적으로 타당한 것은?

① 국민의 소득증대
② 공공의 안전과 복리증진
③ 목표에 대한 정확한 인식
④ 소방활동을 위한 정보의 제공

TIPS!

「화재예방, 소방시설 설치 · 유지 및 안전관리에 관한 법률」은 화재, 재난 · 재해, 그 밖의 위급한 상황으로부터 국민의 생명 · 신체 및 재산을 보호하기 위하여 화재의 예방 및 안전관리에 관한 국가와 지방자치단체의 책무와 소방시설 등의 설치 · 유지 및 소방대상물의 안전관리에 관하여 필요한 사항을 정함으로써 공공의 안전과 복리증진에 이바지함을 목적으로 한다〈법 제1조〉.

**2** 「화재예방, 소방시설 설치 · 유지 및 안전관리에 관한 법률」에 사용되는 용어에 대한 설명으로 옳지 않은 것은?

① 소방시설 등 – 소화설비, 경보설비, 그 밖에 소화활동설비로서 대통령령으로 정하는 것을 말한다.
② 특정소방대상물 – 소화설비 · 경보설비 · 피난설비 · 소화용수설비, 그 밖에 소방 관련 시설로서 대통령령으로 정하는 것을 말한다.
③ 소방용품이란 소방시설 등을 구성하거나 소방용으로 사용하는 제품 또는 기기로서 대통령령으로 정하는 것을 말한다.
④ 피난층 – 곧바로 지상으로 갈 수 있는 출입구가 있는 층을 말한다.

TIPS!

특정소방대상물은 소방시설을 설치하여야 하는 소방대상물로서 대통령령으로 정하는 것을 말한다〈법 제2조〉.

Answer 1.② 2.②

**3** **다음 중 소방시설로 볼 수 없는 것은?**

① 경보설비
② 피난구조설비
③ 소화용수설비
④ 복리시설

소방시설이란 소화설비 · 경보설비 · 피난구조설비 · 소화용수설비, 그 밖에 소화활동설비로서 대통령령으로 정하는 것을 말한다 〈법 제2조〉.

**4** **다음 중 소방특별조사를 실시하여야 하는 경우가 아닌 것은?**

① 관계인이 소방시설 등, 방화시설, 피난시설 등에 대한 자체점검 등이 불성실하거나 불완전하다고 인정되는 경우
② 소방기본법에 따른 화재경계지구에 대한 소방특별조사 등 다른 법률에서 소방특별조사를 실시하도록 한 경우
③ 국가적 행사 등 주요 행사가 개최되는 장소 및 그 주변의 관계 지역에 대하여 소방안전관리 실태를 점검할 필요가 있는 경우
④ 화재가 발생하였거나 발생할 우려가 거의 없는 곳에 대한 점검이 필요한 경우

TIPS!

**소방특별조사를 실시하는 경우**〈법 제4조 제2항〉
㉠ 관계인이 이 법 또는 다른 법령에 따라 실시하는 소방시설 등, 방화시설, 피난시설 등에 대한 자체점검 등이 불성실하거나 불완전하다고 인정되는 경우
㉡ 소방기본법에 따른 화재경계지구에 대한 소방특별조사 등 다른 법률에서 소방특별조사를 실시하도록 한 경우
㉢ 국가적 행사 등 주요 행사가 개최되는 장소 및 그 주변의 관계 지역에 대하여 소방안전관리 실태를 점검할 필요가 있는 경우
㉣ 화재가 자주 발생하였거나 발생할 우려가 뚜렷한 곳에 대한 점검이 필요한 경우
㉤ 재난예측정보, 기상예보 등을 분석한 결과 소방대상물에 화재, 재난 · 재해의 발생 위험이 높다고 판단되는 경우
㉥ ㉠에서 ㉤까지에서 규정한 경우 외에 화재, 재난 · 재해, 그 밖의 긴급한 상황이 발생할 경우 인명 또는 재산 피해의 우려가 현저하다고 판단되는 경우

Answer 3.④ 4.④

**5** **소방특별조사에 대한 설명으로 옳지 않은 것은?**

① 소방본부장은 필요할 경우 소방기술사, 소방시설관리사 등을 소방특별조사에 참여하게 할 수 있다.
② 소방청장은 소방특별조사를 하려면 7일 전에 관계인에게 조사대상, 조사기간 및 사유를 서면으로 알려야 한다.
③ 소방특별조사는 관계인의 승낙 없이 해가 뜨기 전이나 해가 진 뒤에도 할 수 있다.
④ 소방특별조사 업무를 수행하는 관계 공무원 및 관계 전문가는 그 권한 또는 자격을 표시하는 증표를 지니고 이를 관계인에게 내보여야 한다.

TIPS!

③ 소방특별조사는 관계인의 승낙 없이 해가 뜨기 전이나 해가 진 뒤에 할 수 없다. 다만, 화재, 재난 · 재해가 발생할 우려가 뚜렷하여 긴급하게 조사할 필요가 있는 경우나 소방특별조사의 실시를 사전에 통지하면 조사목적을 달성할 수 없다고 인정되는 경우에는 그러하지 아니하다〈법 제4조의3 제2항〉.

**6** **다음 중 소화용으로 사용되는 제품으로 볼 수 있는 것은?**

① 누전경보기 ② 공기호흡기
③ 송수구 ④ 방염액

TIPS!

소화용으로 사용되는 제품 또는 기기로는 소화약제와 방염제를 들 수 있다〈시행령 별표3〉.

**7** **건축물의 신축 · 증축 · 개축 또는 대수선의 이유로 허가를 할 경우 행정기관은 누구의 동의를 얻어야 하는가?**

① 시공지 또는 소재지를 관할하는 경찰서장
② 시공지 또는 소재지를 관할하는 구청장
③ 시공지 또는 소재지를 관할하는 소방본부장
④ 시공지 또는 소재지를 관할하는 시 · 도지사

TIPS!

건축물 등의 신축 · 증축 · 개축 · 재축 · 이전 · 용도변경 또는 대수선의 허가 · 협의 및 사용승인의 권한이 있는 행정기관은 건축허가 등을 할 때 미리 그 건축물 등의 시공지 또는 소재지를 관할하는 소방본부장이나 소방서장의 동의를 받아야 한다〈법 제7조 제1항〉.

Answer 5.③ 6.④ 7.③

**8** **주택에 설치하는 소방시설에 대한 내용으로 옳지 않은 것은?**

① 단독주택의 경우 소화기 및 단독경보형감지기를 설치하여야 한다.
② 주택에 설치하는 소방시설의 설치기준에 관하여는 조례로 정한다.
③ 기숙사의 경우 소화기 및 단독경보형감지기를 설치하여야 한다.
④ 국가는 소화기와 단독경보형감지기의 설치 및 국민의 자율적인 안전관리를 촉진하기 위해 필요한 시책을 마련하여야 한다.

TIPS!

소화기 및 단독경보형감지기를 설치하여야 하는 주택은 건축법의 단독주택, 공동주택(아파트 및 기숙사 제외)이다〈법 제8조 제1항〉.

**9** **다음 중 소방시설을 설치하지 않아도 되는 경우가 아닌 것은?**

① 화재 위험도가 낮은 특정소방대상물
② 화재안전기준을 적용하기가 용이한 특정소방대상물
③ 화재안전기준을 다르게 적용하여야 하는 특수한 용도 또는 구조를 가진 특정소방대상물
④ 자체소방대가 설치된 특정소방대상물

TIPS!

화재 위험도가 낮은 특정소방대상물, 화재안전기준을 적용하기가 어려운 특정소방대상물, 화재안전기준을 다르게 적용하여야 하는 특수한 용도 또는 구조를 가진 특정소방대상물, 위험물안전관리법에 따른 자체소방대가 설치된 특정소방대상물 등에는 소방시설을 설치하지 아니할 수 있다〈법 제11조 제4항〉.

**10** **다음 중 방염대상물품이 아닌 것은?**

① 카펫 ② 블라인드
③ 종이벽지 ④ 영화관 스크린

TIPS!

**방염대상물품의 종류**〈시행령 제20조 제1항 제1호〉
㉠ 창문에 설치하는 커튼류(블라인드 포함)
㉡ 카펫, 두께가 2밀리미터 미만인 벽지류(종이벽지는 제외)
㉢ 전시용 합판 또는 섬유판, 무대용 합판 또는 섬유판
㉣ 암막 · 무대막(영화 및 비디오물의 진흥에 관한 법률에 따른 영화상영관에 설치하는 스크린과 다중이용업소의 안전관리에 관한 특별법 시행령에 따른 가상체험 체육시설업에 설치하는 스크린을 포함)
㉤ 섬유류 또는 합성수지류 등을 원료로 하여 제작된 소파 · 의자(다중이용업소의 안전관리에 관한 특별법 시행령에 따른 단란주점영업, 유흥주점영업 및 노래연습장업의 영업장에 설치하는 것만 해당함)

**Answer** 8.③ 9.② 10.③

**11** **다음 중 방염성능검사를 실시하는 자는?**

① 방화관리자 ② 소방청장
③ 소방본부장 ④ 소방기술사

TIPS!

특정소방대상물에서 사용하는 방염대상물품은 소방청장(대통령령으로 정하는 방염대상물품의 경우에는 시 · 도지사)이 실시하는 방염성능검사를 받은 것이어야 한다〈법 제13조 제1항〉.

**12** **다음 중 특정소방대상물의 소방안전관리에 관한 설명으로 옳지 않은 것은?**

① 특정소방대상물의 관계인은 그 특정소방대상물에 대하여 소방안전관리 업무를 수행하여야 한다.
② 대통령령으로 정하는 특정소방대상물의 관계인은 소방안전관리 업무를 수행하기 위하여 대통령령으로 정하는 자를 기획재정부령으로 정하는 바에 따라 소방안전관리자 및 소방안전관리보조자로 선임하여야 한다.
③ 대통령령으로 정하는 소방안전관리대상물의 관계인은 소방시설관리업의 등록을 한 자로 하여금 소방안전관리 업무 중 대통령령으로 정하는 업무를 대행하게 할 수 있다.
④ 소방안전관리대상물의 관계인이 소방안전관리자를 선임한 경우에는 행정안전부령으로 정하는 바에 따라 선임한 날부터 14일 이내에 소방본부장이나 소방서장에게 신고해야 한다.

TIPS!

② 대통령령으로 정하는 특정소방대상물의 관계인은 소방안전관리 업무를 수행하기 위하여 대통령령으로 정하는 자를 행정안전부령으로 정하는 바에 따라 소방안전관리자 및 소방안전관리보조자로 선임하여야 한다〈법 제20조 제2항〉.

**13** **다음 중 침대가 없는 숙박시설의 수용인원 산정방법으로 옳은 것은?**

① 해당 특정소방물의 종사자의 수에 침대의 수를 곱한 수
② 해당 특정소방대상물의 종사자의 수에 숙박시설의 바닥면적의 합계를 $3m^2$로 나누어 얻은 수를 합한 수
③ 해당 용도로 사용하는 바닥면적의 합계를 $1.9m^2$로 나누어 얻은 수
④ 해당 용도로 사용하는 바닥면적의 합계를 $3m^2$로 나누어 얻은 수

TIPS!

② 침대가 없는 숙박시설의 수용인원은 해당 특정소방대상물 종사자 수에 숙박시설 바닥면적의 합계를 $3m^2$으로 나누어 얻은 수를 합한 수로 한다〈시행령 별표4〉.

Answer 11.② 12.② 13.②

**14** 다음 중 소화설비에 해당되지 않는 것은?

① 고체 에어로졸 자동소화장치
② 캐비닛형 자동소화장치
③ 분말 소화설비
④ 연소 방지설비

TIPS!
소방시설은 소화설비, 경보설비, 피난구조설비, 소화용수설비, 소화활동설비로 나누어진다.
연소방지시설은 소화활동설비에 해당한다.

**15** 다음 중 공동 소방안전관리자를 선임하여야 하는 특정소방대상물에 해당하지 않는 것은?

① 15층 건축물　② 지하가
③ 도매시장　④ 4층 상가

TIPS!
공동 소방안전관리자를 선임하여야 하는 특정소방대상물의 종류〈법 제21조 및 시행령 제25조〉
㉠ 고층 건축물(지하층을 제외한 층수가 11층 이상인 건축물만 해당)
㉡ 지하가(지하의 인공구조물 안에 설치된 상점 및 사무실, 그 밖에 이와 비슷한 시설이 연속하여 지하도에 접하여 설치된 것과 그 지하도를 합한 것을 말한다)
㉢ 복합건축물로서 연면적이 5천제곱미터 이상인 것 또는 층수가 5층 이상인 것
㉣ 판매시설 중 도매시장과 소매시장
㉤ 특정소방대상물 중 소방본부장 또는 소방서장이 지정하는 것

**16** 특정소방대상물의 근무자 및 거주자에 대한 소방훈련과 교육의 실시 횟수는?

① 월 1회 이상　② 연 1회 이상
③ 연 2회 이상　④ 연 4회 이상

TIPS!
특정소방대상물의 관계인은 소방훈련과 교육을 연 1회 이상 실시하여야 한다. 다만, 소방서장이 화재예방을 위하여 필요하다고 인정하여 2회의 범위 안에서 추가로 실시할 것을 요청하는 경우에는 소방훈련과 교육을 실시하여야 한다〈시행규칙 제15조 제1항〉.

Answer 14.④ 15.④ 16.②

## 17 화재예방, 소방시설설치 · 유지 및 안전관리에 관한 법률에서 규정하는 소화활동 설비가 아닌 것은?

① 무선통신보조설비 ② 제연설비
③ 연소방지설비 ④ 비상경보설비

**TIPS!**

소방시설은 소화설비, 경보설비, 피난설비, 소화용수설비, 소화활동설비로 나누어진다.
비상경보설비는 경보설비에 해당한다.
※ **소화활동설비**: 화재를 진압하거나 인명구조활동을 위하여 사용하는 설비로서 다음의 것
㉠ 제연설비
㉡ 연결송수관설비
㉢ 연결살수설비
㉣ 비상콘센트설비
㉤ 무선통신보조설비
㉥ 연소방지설비

## 18 특정소방대상물의 관계인에 대한 소방안전교육을 실시하고자 할 경우 통보기일은?

① 교육 10일 전까지 교육대상자에게 통보한다.
② 교육 10일 전까지 교육대상기관에 통보한다.
③ 교육 30일 전까지 교육대상자에게 통보한다.
④ 교육 30일 전까지 교육대상기관에 통보한다.

**TIPS!**

소방본부장 또는 소방서장은 소방안전교육을 실시하고자 하는 때에는 교육일시 · 장소 등 교육에 필요한 사항을 명시하여 교육일 10일 전까지 교육대상자에게 통보하여야 한다〈시행규칙 제16조 제1항〉.

## 19 공공기관의 소방안전관리에 관한 규정을 적용할 수 없는 곳은?

① 국가 ② 사립학교
③ 지방자치단체 ④ 국립학교

**TIPS!**

국가, 지방자치단체, 국공립학교 등 대통령령으로 정하는 공공기관의 장은 소관 기관의 근무자 등의 생명 · 신체와 건축물 · 인공구조물 및 물품 등을 화재로부터 보호하기 위하여 화재 예방, 자위소방대의 조직 및 편성, 소방시설의 자체점검과 소방훈련 등의 소방안전관리를 하여야 한다〈법 제24조 제1항〉.

**Answer** 17.④ 18.① 19.②

**20** **특정소방대상물의 관계인 등이 소방시설을 점검한 경우에 누구에게 보고하여야 하는가?**

① 시 · 도지사
② 소방청장
③ 소방본부장
④ 소방안전관리자

TIPS!

특정소방대상물의 관계인 등이 점검을 한 경우에는 그 점검 결과를 행정안전부령으로 정하는 바에 따라 소방본부장이나 소방서장에게 보고하여야 한다〈법 제25조 제2항〉.

**21** **소방시설을 설치해야 하는 특정소방대상물에 해당되지 않는 것은?**

① 근린생활시설
② 복합건축물
③ 지하가
④ 단독주택

TIPS!

**특정소방대상물** : 공동주택, 근린생활시설, 문화 및 집회시설, 종교시설, 판매시설, 운수시설, 의료시설, 교육연구시설, 노유자시설, 수련시설, 운동시설, 업무시설, 숙박시설, 위락시설, 공장, 창고시설, 위험물 저장 및 처리시설, 항공기 및 자동차 관련 시설, 동물 및 식물 관련 시설, 자원순환 관련 시설, 교정 및 군사시설, 방송통신시설, 발전시설, 묘지 관련 시설, 관광 휴게시설, 장례시설, 지하가, 지하구, 문화재, 복합건축물.
※ 단독주택은 해당되지 않는다.

**22** **다음 중 특정소방대상물의 분류에 대하여 옳은 것은?**

① 항공기 및 자동차 관련 시설 – 항공기 격납고, 폐차장, 자동차 검사장
② 의료시설 – 치과병원, 유스호스텔, 종합병원, 요양병원, 마약진료소
③ 관광 휴게시설 – 관망탑, 촬영소, 야외음악당, 유원지 또는 관광지에 부수되는 건축물
④ 묘지관련 시설 – 화장장, 봉안당(종교집회장 안에 설치된 봉안당 포함)

Answer 20.③ 21.④ 22.①

**TIPS!**

㉠ 의료시설
- 병원 : 종합병원, 병원, 치과병원, 한방병원, 요양병원
- 격리병원 : 전염병원, 마약진료소, 그 밖에 이와 비슷한 것
- 정신의료기관
- 「장애인복지법」에 따른 장애인 의료재활시설

㉡ 관광 휴게시설
- 야외음악당
- 야외극장
- 어린이회관
- 관망탑
- 휴게소
- 공원 · 유원지 또는 관광지에 부수되는 건축물

㉢ 묘지 관련 시설
- 화장시설
- 봉안당(종교집회장 안의 봉안당은 제외한다)
- 묘지와 자연장지에 부수되는 건축물
- 동물화장시설, 동물건조장(乾燥葬) 시설 및 동물 전용의 납골시설

**23** **다음 중 소방시설관리사의 자격정지 사유에 해당하는 것은?**

① 거짓이나 부정한 방법으로 합격한 경우
② 소방시설관리사증을 다른 자에게 빌려준 경우
③ 소방안전관리업무 및 점검을 하지 아니하거나 거짓으로 한 경우
④ 동시에 둘 이상의 업체에 취업한 경우

**TIPS!**

**자격의 취소 · 정지**〈법 제28조〉 … 소방청장은 관리사가 다음에 해당하는 때에는 행정안전부령으로 정하는 바에 따라 그 자격을 취소하거나 2년 이내의 기간을 정하여 그 자격의 정지를 명할 수 있다.
㉠ 거짓, 그 밖의 부정한 방법으로 시험에 합격한 경우 – 자격취소
㉡ 소방안전관리 업무를 하지 아니하거나 거짓으로 한 경우 – 자격정지
㉢ 점검을 하지 아니하거나 거짓으로 한 경우 – 자격정지
㉣ 소방시설관리사증을 다른 자에게 빌려준 경우 – 자격취소
㉤ 동시에 둘 이상의 업체에 취업한 경우 – 자격취소
㉥ 성실하게 자체점검 업무를 수행하지 아니한 경우 – 자격정지
㉦ 결격사유에 해당하게 된 경우 – 자격취소

**Answer** 23.③

**24** **다음 중 소방시설관리업의 등록은 누구에게 하는가?**

① 시장 · 군수 · 구청장
② 시 · 도지사
③ 소방서장
④ 소방본부장

소방안전관리 업무의 대행 또는 소방시설 등의 점검 및 유지 · 관리의 업을 하려는 자는 시 · 도지사에게 소방시설관리업의 등록을 하여야 한다〈법 제29조 제1항〉.

**25** **소방용품의 형식승인에 관한 내용 중 잘못된 것은?**

① 소방용품을 수입하려는 자는 소방본부장의 형식승인을 얻어야 한다.
② 소방용품의 형식승인을 받으려는 자는 행정안전부령으로 정하는 기준에 따라 소방청장의 심사를 받아야 한다.
③ 소방청장은 규정을 위반한 소방용품에 대해서는 제조자 · 수입자 · 판매자 또는 시공자에게 수거 · 폐기 또는 교체 등 행정안전부령으로 정하는 필요한 조치를 명할 수 있다.
④ 형식승인을 받은 자는 그 소방용품에 대하여 소방청장이 실시하는 제품검사를 받아야 한다.

TIPS!

대통령령이 정하는 소방용품을 제조하거나 수입하려는 자는 소방청장의 형식승인을 받아야 한다. 다만, 연구개발 목적으로 제조하거나 수입하는 소방용품은 그러하지 아니하다〈법 제36조 제1항〉.

Answer 24.② 25.①

**26** 소방시설관리업의 등록을 할 수 없는 사유에 해당하지 않는 것은?

① 피성년후견인
② 관리업의 등록이 취소된 날부터 1년이 된 경우
③ 금고 이상의 형의 집행유예를 선고받고 그 유예기간 중에 있는 경우
④ 금고 이상의 실형을 선고받고 그 집행이 면제된 날부터 3년이 된 경우

**TIPS!**

**등록의 결격사유**〈법 제30조〉

㉠ 피성년후견인
㉡ 이 법, 소방기본법, 소방시설공사업법 및 위험물안전관리법에 따른 금고 이상의 실형을 선고받고 그 집행이 끝나거나(집행이 끝난 것으로 보는 경우 포함) 집행이 면제된 날부터 2년이 지나지 아니한 사람
㉢ 이 법, 소방기본법, 소방시설공사업법 또는 위험물안전관리법에 따른 금고 이상의 형의 집행유예를 선고받고 그 유예기간 중에 있는 사람
㉣ 관리업의 등록이 취소된 날부터 2년이 지나지 아니한 자
㉤ 임원 중 ㉠에서 ㉣까지의 어느 하나에 해당하는 사람이 있는 법인

**27** 소방시설관리업자의 지위승계에 대한 내용으로 옳지 않은 것은?

① 관리업자가 사망한 경우 그 상속인은 관리업자의 지위를 승계한다.
② 관리업자가 그 영업을 양도한 경우 그 양수인이 관리업자의 지위를 승계한다.
③ 법인인 관리업자가 합병한 경우 합병 후 존속하는 법인이 관리업자의 지위를 승계한다.
④ 관리업의 등록이 취소된 날부터 2년이 경과되면 인수한 자가 지위를 승계한다.

**TIPS!**

**소방시설관리업자의 지위승계**〈법 제32조〉

① 다음 각 호의 어느 하나에 해당하는 자는 관리업자의 지위를 승계한다.
  ㉠ 관리업자가 사망한 경우 그 상속인
  ㉡ 관리업자가 그 영업을 양도한 경우 그 양수인
  ㉢ 법인인 관리업자가 합병한 경우 합병 후 존속하는 법인이나 합병으로 설립되는 법인
② 「민사집행법」에 따른 경매, 「채무자 회생 및 파산에 관한 법률」에 따른 환가, 「국세징수법」, 「관세법」 또는 「지방세징수법」에 따른 압류재산의 매각과 그 밖에 이에 준하는 절차에 따라 관리업의 시설 및 장비의 전부를 인수한 자는 그 관리업자의 지위를 승계한다.
③ ①이나 ②에 따라 관리업자의 지위를 승계한 자는 행정안전부령으로 정하는 바에 따라 시 · 도지사에게 신고하여야 한다.
④ ①이나 ②에 따른 지위승계에 관하여는 제30조(등록의 결격사유)를 준용한다. 다만, 상속인이 제30조(등록의 결격사유)에 해당하는 경우에는 상속받은 날부터 3개월 동안은 그러하지 아니하다.

**Answer** 26.④ 27.④

**28** **둘 이상의 특정소방대상물이 복도 또는 통로로 연결된 경우 하나의 소방대상물로 보지 않는 것은?**

① 방화셔터 또는 갑종 방화문이 설치되지 않은 피트로 연결된 경우
② 연결통로 또는 지하구와 소방대상물의 양쪽에 화재 시 자동으로 방수되는 방식의 드렌처 설비 또는 개방형 스프링클러 헤드가 설치된 경우
③ 컨베이어로 연결되거나 플랜트설비의 배관 등으로 연결되어 있는 경우
④ 지하보도, 지하상가, 지하가로 연결된 경우

**TIPS!**

둘 이상의 특정소방대상물이 다음에 해당되는 구조의 복도 또는 통로(이하 이 표에서 "연결통로"라 한다)로 연결된 경우에는 이를 하나의 소방대상물로 본다〈시행령 제5조 관련 별표2〉.
㉠ 내화구조로 된 연결통로가 다음의 어느 하나에 해당되는 경우
- 벽이 없는 구조로서 그 길이가 6m 이하인 경우
- 벽이 있는 구조로서 그 길이가 10m 이하인 경우. 다만, 벽 높이가 바닥에서 천장까지의 높이의 2분의 1 이상인 경우에는 벽이 있는 구조로 보고, 벽 높이가 바닥에서 천장까지의 높이의 2분의 1 미만인 경우에는 벽이 없는 구조로 본다.

㉡ 내화구조가 아닌 연결통로로 연결된 경우
㉢ 컨베이어로 연결되거나 플랜트설비의 배관 등으로 연결되어 있는 경우
㉣ 지하보도, 지하상가, 지하가로 연결된 경우
㉤ 방화셔터 또는 갑종 방화문이 설치되지 않은 피트로 연결된 경우
㉥ 지하구로 연결된 경우

**29** **다음 중 제품검사 전문기관의 지정을 취소하여야 하는 사유는?**

① 거짓, 그 밖의 부정한 방법으로 지정을 받은 경우
② 정당한 사유 없이 1년 이상 계속하여 제품검사 또는 실무교육 등 지정받은 업무를 수행하지 아니한 경우
③ 제품검사 전문기관의 요건을 갖추지 못하거나 조건을 위반한 경우
④ 감독 결과 이 법이나 다른 법령을 위반하여 전문기관으로서의 업무를 수행하는 것이 부적당하다고 인정되는 경우

**TIPS!**

**전문기관의 지정취소 등**〈법 제43조〉 … 소방청장은 전문기관이 다음의 어느 하나에 해당할 때에는 그 지정을 취소하거나 6개월 이내의 기간을 정하여 그 업무의 정지를 명할 수 있다. 다만, ㉠에 해당할 때에는 그 지정을 취소하여야 한다.
㉠ 거짓, 그 밖의 부정한 방법으로 지정을 받은 경우
㉡ 정당한 사유 없이 1년 이상 계속하여 제품검사 또는 실무교육 등 지정받은 업무를 수행하지 아니한 경우
㉢ 제품검사 전문기관의 요건을 갖추지 못하거나 조건을 위반한 때
㉣ 감독 결과 이 법이나 다른 법령을 위반하여 전문기관으로서의 업무를 수행하는 것이 부적당하다고 인정되는 경우

**Answer** 28.② 29.①

**30** **다음 중 5년 이하의 징역 또는 5천만 원 이하의 벌금에 해당하는 것은?**

① 소방용품의 형식승인을 받지 아니하고 소방용품을 제조하거나 수입한 자
② 소방시설에 폐쇄 또는 차단 등의 행위를 한 자
③ 제품검사를 받지 아니한 자
④ 방염업 또는 관리업의 등록을 하지 않고 영업을 한 자

특정소방대상물에 설치하는 소방시설의 유지 · 관리 등의 조문을 위반하여 소방시설에 폐쇄 · 차단 등의 행위를 한 자는 5년 이하의 징역 또는 5천만 원 이하의 벌금에 처한다〈법 제48조〉.

**31** **소방청장의 형식승인을 받아야 하는 소방용품이 아닌 것은?**

① 자동소화장치 ② 누전경보기 및 가스누설경보기
③ 음향장치(경종 제외) ④ 공기호흡기(충전기를 포함한다)

TIPS!

**법 제36조**(형식승인대상 소방용품) **제1항** … 대통령령으로 정하는 소방용품을 제조하거나 수입하려는 자는 소방청장의 형식승인을 받아야 한다. 다만, 연구개발 목적으로 제조하거나 수입하는 소방용품은 그러하지 아니하다.

※ 시행령 제37조 및 별표3 참조

㉠ 소화설비를 구성하는 제품 또는 기기
- 소화기구(소화약제 외의 것을 이용한 간이 소화용구는 제외한다)
- 자동소화장치(상업용 주방자동소화장치는 제외)
- 소화설비를 구성하는 소화전, 관창(菅槍), 소방호스, 스프링클러헤드, 기동용 수압개폐장치, 유수제어밸브 및 가스관선택밸브

㉡ 경보설비를 구성하는 제품 또는 기기
- 누전경보기 및 가스누설경보기
- 경보설비를 구성하는 발신기, 수신기, 중계기, 감지기 및 음향장치(경종만 해당한다)

㉢ 피난구조설비를 구성하는 제품 또는 기기
- 피난사다리, 구조대, 완강기(간이 완강기 및 지지대를 포함한다)
- 공기호흡기(충전기를 포함한다)
- 피난구 유도등, 통로 유도등, 객석 유도등 및 예비 전원이 내장된 비상조명등

㉣ 소화용으로 사용하는 제품 또는 기기
- 소화약제(별표1 제1호 나목 2)와 3)의 자동소화장치와 같은 호 마목 3)부터 8)까지의 소화설비용만 해당한다)
  * 별표1 제1호 나목 2) 상업용 주방자동소화장치, 3) 캐비닛형 자동소화장치
  * 별표1 제1호 마목 3) 포소화설비, 4) 이산화탄소소화설비, 5) 할론소화설비, 6) 할로겐화합물 및 불활성기체 소화설비, 7) 분말소화설비, 8) 강화액소화설비
- 방염제(방염액 · 방염도료 및 방염성물질을 말한다)

**Answer** 30.② 31.③

**32** **다음 중 성능위주설계를 해야 할 특정소방대상물의 범위로 볼 수 없는 것은?**

① 연면적 20만㎡ 이상인 아파트
② 건축물의 높이가 100m 이상인 특정소방대상물
③ 연면적 3만㎡ 이상인 철도
④ 하나의 건축물에 영화상영관이 10개 이상인 특정소방대상물

**TIPS!**

성능위주설계에서 아파트는 특정소방대상물의 범주에서 제외된다〈시행령 제15조의3〉.

**33** **자동화재탐지설비를 설치하여야 하는 특정소방대상물이 아닌 것은?**

① 근린생활시설로서 연면적 $600m^2$ 이상인 것
② 교육연구시설로서 연면적 $2,000m^2$ 이상인 것
③ 지하구
④ 50인 이상의 근로자가 작업하는 옥내작업장

**TIPS!**

자동화재탐지설비를 설치하여야 하는 특정소방대상물〈시행령 별표5〉

㉠ 근린생활시설(목욕장 제외) · 의료시설(정신의료기관 및 요양병원 제외), 숙박시설, 위락시설, 장례식장 및 복합건축물로서 연면적 $600m^2$ 이상인 것
㉡ 공동주택, 근린생활시설 중 목욕장, 문화 및 집회시설, 종교시설, 판매시설, 운수시설, 운동시설, 업무시설, 공장, 창고시설, 위험물 저장 및 처리 시설, 항공기 및 자동차 관련 시설, 교정 및 군사시설 중 국방 · 군사시설, 방송통신시설, 발전시설, 관광 휴게시설, 지하가(터널은 제외)로서 연면적 1천$m^2$ 이상인 것
㉢ 교육연구시설(교육시설 내에 있는 기숙사 및 합숙소를 포함), 수련시설(수련시설 내에 있는 기숙사 및 합숙소를 포함하며, 숙박시설이 있는 수련시설은 제외), 동물 및 식물 관련 시설(기둥과 지붕만으로 구성되어 외부와 기류가 통하는 장소는 제외), 분뇨 및 쓰레기 처리시설, 교정 및 군사시설(국방 · 군사시설은 제외) 또는 묘지 관련 시설로서 연면적 $2,000m^2$ 이상인 것
㉣ 지하구
㉤ 지하가 중 터널로서 길이가 1,000m 이상인 것
㉥ 노유자 생활시설
㉦ ㉥에 해당하지 않는 노유자시설로서 연면적 $400m^2$ 이상인 노유자시설 및 숙박시설이 있는 수련시설로서 수용인원 100명 이상인 것
㉧ ㉡에 해당하지 않는 공장 및 창고시설로서 「소방기본법 시행령」 별표2에서 정하는 수량의 500배 이상의 특수가연물을 저장 · 취급하는 것
㉨ 의료시설 중 정신의료기관 또는 요양병원으로서 다음의 하나에 해당하는 시설
- 요양병원(정신병원과 의료재활시설은 제외한다)
- 정신의료기관 또는 의료재활시설로 사용되는 바닥면적의 합계가 300㎡ 이상인 시설
- 정신의료기관 또는 의료재활시설로 사용되는 바닥면적의 합계가 300㎡ 미만이고, 창살(철재 · 플라스틱 또는 목재 등으로 사람의 탈출 등을 막기 위하여 설치한 것을 말하며, 화재 시 자동으로 열리는 구조로 되어 있는 창살은 제외한다)이 설치된 시설

㉩ 판매시설 중 전통시장

**Answer** 32.① 33.④

**34** **다음 중 1년 이하의 징역 또는 1천만 원 이하의 벌금의 벌칙에 해당하지 않는 자는?**

① 소방시설관리사증을 다른 자에게 빌려주거나 동시에 둘 이상의 업체에 취업한 사람
② 영업정지처분을 받고 그 영업정지기간 중에 관리업의 업무를 한 자
③ 형식승인의 변경승인을 받지 아니한 자
④ 정당한 사유 없이 소방특별조사를 거부 또는 기피한 자

TIPS!

④ 300만 원 이하의 벌금에 처한다〈법 제50조〉.
※ **1년 이하의 징역 또는 1천만 원 이하의 벌금**〈법 제49조〉
㉠ 소방특별조사 시 관계공무원 또는 관계전문가의 의무규정을 위반하여 관계인의 정당한 업무를 방해한 자, 조사·검사 업무를 수행하면서 알게 된 비밀을 제공 또는 누설하거나 목적 외의 용도로 사용한 자
㉡ 소방시설 관리업의 등록증이나 등록수첩을 다른 자에게 빌려준 자
㉢ 소방시설관리업의 영업정지처분을 받고 그 영업정지기간 중에 관리업의 업무를 한 자
㉣ 소방시설 등에 대한 자체점검을 하지 아니하거나 관리업자 등으로 하여금 정기적으로 점검하게 하지 아니한 자
㉤ 소방시설관리사증을 다른 자에게 빌려주거나 동시에 둘 이상의 업체에 취업한 사람
㉥ 소방용품 형식승인 제품검사에 합격하지 아니한 제품에 합격표시를 하거나 합격표시를 위조 또는 변조하여 사용한 자
㉦ 형식승인의 변경승인을 받지 아니한 자
㉧ 제품검사에 합격하지 아니한 소방용품에 성능인증을 받았다는 표시 또는 제품검사에 합격하였다는 표시를 하거나 성능인증을 받았다는 표시 또는 제품검사에 합격하였다는 표시를 위조 또는 변조하여 사용한 자
㉨ 성능인증의 변경인증을 받지 아니한 자
㉩ 우수품질인증을 받지 아니한 제품에 우수품질인증 표시를 하거나 우수품질인증 표시를 위조하거나 변조하여 사용한 자

**35** **다음 중 소방특별조사에 대한 설명으로 옳지 않은 것은?**

① 소방특별조사는 소방시설 등의 방화·피난 등에 대한 자체점검 등이 불성실·불완전하다고 인정되는 경우에 실시한다.
② 관할구역의 소방대상물이나 관계지역에 대하여 시간에 구애 없이 소방특별조사를 할 수 있다.
③ 화재, 재난·재해 발생 우려가 뚜렷하여 긴급하게 필요가 있는 경우나 소방특별조사의 실시를 사전에 통지하면 조사목적을 달성할 수 없을 경우에는 소방특별조사 실시에 대해 서면으로 알리지 않아도 된다.
④ 소방청장, 소방본부장 또는 소방서장은 필요한 때 소방대상물이나 관계지역, 관계인에 대하여 공무원으로 하여금 소방특별조사를 하게 할 수 있다.

TIPS!

**법 제4조의3**(소방특별조사의 방법·절차 등) **제1항** … 소방청장, 소방본부장 또는 소방서장은 소방특별조사를 하려면 7일 전에 관계인에게 조사대상, 조사기간 및 조사사유 등을 서면으로 알려야 한다. 다만, 다음의 경우에는 그러하지 아니하다.
㉠ 화재, 재난·재해가 발생할 우려가 뚜렷하여 긴급하게 조사할 필요가 있는 경우
㉡ 소방특별조사의 실시를 사전에 통지하면 조사목적을 달성할 수 없다고 인정되는 경우

**Answer** 34.④ 35.②

**36** **다음 중 바닥면적이 150m$^2$ 이상인 지하층 또는 무창층의 작업현장에 설치하여야 하는 임시소방시설은?**

① 소화기
② 간이소화장치
③ 비상방송설비
④ 간이피난유도선

**TIPS!**

임시소방시설을 설치하여야 하는 공사의 종류와 규모〈시행령 별표5의2〉

㉠ 소화기 : 건축허가 등을 할 때 소방본부장 또는 소방서장의 동의를 받아야 하는 특정소방대상물의 건축 · 대수선 · 용도변경 또는 설치 등을 위한 공사 중 제15조의5 제1항 각 호에 따른 작업*을 하는 현장(이하 "작업현장"이라 한다)에 설치한다.

* 시행령 제15조의5 제1항

1. 인화성 · 가연성 · 폭발성 물질을 취급하거나 가연성 가스를 발생시키는 작업
2. 용접 · 용단 등 불꽃을 발생시키거나 화기(火氣)를 취급하는 작업
3. 전열기구, 가열전선 등 열을 발생시키는 기구를 취급하는 작업
4. 소방청장이 정하여 고시하는 폭발성 부유분진을 발생시킬 수 있는 작업
5. 그 밖에 제1호부터 제4호까지와 비슷한 작업으로 소방청장이 정하여 고시하는 작업

㉡ 간이소화장치 : 다음의 어느 하나에 해당하는 공사의 작업현장에 설치한다.
- 연면적 3천㎡ 이상
- 지하층, 무창층 또는 4층 이상의 층. 이 경우 해당 층의 바닥면적이 600㎡ 이상인 경우만 해당한다.

㉢ 비상경보장치 : 다음의 어느 하나에 해당하는 공사의 작업현장에 설치한다.
- 연면적 400㎡ 이상
- 지하층 또는 무창층. 이 경우 해당 층의 바닥면적이 150㎡ 이상인 경우만 해당한다.

㉣ 간이피난유도선 : 바닥면적이 150㎡ 이상인 지하층 또는 무창층의 작업현장에 설치한다.

**37** **다음 중 주거용 주방자동소화장치를 설치하여야 하는 특정소방대상물에 해당하는 것은?**

① 수용인원이 100명 이상인 문화 및 집회시설
② 터널
③ 아파트
④ 수용인원이 500명 이상인 판매시설

**TIPS!**

자동소화장치를 설치하여야 하는 특정소방대상물〈시행령 별표5〉

㉠ 주거용 주방자동소화장치를 설치하여야 하는 것 : 아파트 등 및 30층 이상 오피스텔의 모든 층

㉡ 캐비닛형 자동소화장치, 가스자동소화장치, 분말자동소화장치 또는 고체에어로졸자동소화장치를 설치하여야 하는 것 : 화재안전기준에서 정하는 장소

**Answer** 36.④ 37.③

## 38 다음 중 비상경보설비를 설치하여야 할 특정소방대상물은?

① 지하층의 층수가 3층 이상인 건물
② 노유자 생활시설
③ 50명 이상의 근로자가 작업하는 옥내 작업장
④ 지하층을 제외한 층수가 11층 이상인 건물

**TIPS!**

비상경보설비를 설치하여야 할 특정소방대상물(지하구, 모래·석재 등 불연재료 창고 및 위험물 저장·처리 시설 중 가스시설은 제외)〈시행령 별표5〉
㉠ 연면적 $400m^2$(지하가 중 터널 또는 사람이 거주하지 않거나 벽이 없는 축사 등 동·식물 관련시설은 제외) 이상이거나 지하층 또는 무창층의 바닥면적이 $150m^2$(공연장의 경우 $100m^2$) 이상인 것
㉡ 지하가 중 터널로서 길이가 500m 이상인 것
㉢ 50명 이상의 근로자가 작업하는 옥내 작업장

## 39 다음 중 공기호흡기를 설치하여야 하는 특정소방대상물이 아닌 것은?

① 수용인원 100명 이상인 영화상영관
② 대규모 점포
③ 지하역사
④ 종교시설

**TIPS!**

공기호흡기를 설치하여야 하는 특정소방대상물〈시행령 별표5〉
㉠ 수용인원 100명 이상인 문화 및 집회시설 중 영화상영관
㉡ 판매시설 중 대규모점포
㉢ 운수시설 중 지하역사
㉣ 지하가 중 지하상가
㉤ 제1호 바목(물분무등소화설비를 설치하여야 하는 특정소방대상물, 위험물 저장 및 처리시설 중 가스시설 또는 지하구는 제외) 및 화재안전기준에 따라 이산화탄소소화설비를 설치하여야 하는 특정소방대상물

**Answer** 38.③ 39.④

**40** 다음 중 피난구조설비에 해당하지 않는 것은?

① 구조대
② 비상조명등
③ 시각경보기
④ 완강기

**TIPS!**

③ 시각경보기는 경보설비에 해당한다.

※ 피난구조설비〈시행령 별표1〉 … 화재가 발생할 경우 피난하기 위하여 사용하는 기구 또는 설비

㉠ 피난기구 : 피난사다리, 구조대, 완강기, 그 밖에 소방청장이 정하여 고시하는 화재안전기준으로 정하는 것
㉡ 인명구조기구 : 방열복, 방화복(안전모, 보호장갑 및 안전화를 포함), 공기호흡기, 인공소생기
㉢ 유도등 : 피난유도선, 피난구유도등, 통로유도등, 객석유도등, 유도표지
㉣ 비상조명등 및 휴대용비상조명등

**41** 다음 중 소방시설을 설치하지 아니할 수 있는 특정소방대상물과 소방시설의 연결이 바르지 못한 것은?

① 수영장 – 자동화재탐지설비
② 음료수 공장 작업장 – 스프링클러설비
③ 기계조립공장 – 옥외소화전
④ 목재공장 – 연결살수설비

**TIPS!**

목재공장의 경우 소방시설을 설치하지 아니할 수 있는 특정소방대상물에 해당하지 않는다〈시행령 별표7〉.

**42** 시 · 도지사는 소방시설관리업등록증 또는 등록수첩의 재교부신청서를 제출받은 때에는 며칠 이내에 재교부해야 하는가?

① 1일
② 2일
③ 3일
④ 4일

**TIPS!**

시 · 도지사는 재교부신청서를 제출받은 때에는 3일 이내에 소방시설관리업등록증 또는 등록수첩을 재교부하여야 한다〈시행규칙 제23조 제3항〉.

**Answer** 40.③ 41.④ 42.③

**43** **특정소방대상물 중 연면적에 상관없이 반드시 건축허가 등의 동의를 받아야 하는 시설은?**

① 오피스텔　　② 항공기 격납고
③ 지하층　　④ 학교시설

TIPS!

연면적에 상관없이 건축허가 동의를 받아야 하는 시설 : 항공기 격납고, 방송용 송·수신탑, 항공관제탑, 관망탑, 특정소방대상물 중 위험물 저장 및 처리 시설과 지하구〈시행령 제12조 참조〉

※ 오피스텔은 건축허가 동의 대상이 아니다. 지하층은 연면적 150m² 이상, 학교시설은 연면적 100m² 이상일 경우 건축허가 동의 대상이 된다.

**44** **다음 중 건축허가 등의 동의대상물의 범위에 해당하지 않는 것은?**

① 항공기 격납고
② 차고·주차장으로 사용되는 바닥 면적이 150m² 이상인 층이 있는 건축물
③ 노유자 시설 200m² 이상
④ 지하층 있고 바닥 면적이 150m² 이상인 층이 있는 건축물

TIPS!

차고·주차장으로 사용되는 바닥 면적이 200m² 이상인 경우〈시행령 제12조〉

**45** **다음 중 소방시설별 점검 장비의 연결이 옳지 않은 것은?**

① 통로유도등 – 누전계
② 옥내소화전설비 – 소화전밸브압력계
③ 스프링클러설비 – 헤드결합렌치
④ 무선통신보조설비 – 무선기

TIPS!

① 통로유도등을 정비하기 위해 사용되는 장비는 조도계이다〈시행규칙 별표2의2〉.

Answer 43.② 44.② 45.①

## 46 행정처분기준에 대한 설명으로 옳지 않은 것은?

① 위반행위가 동시에 둘 이상 발생한 때에는 그 중 중한 처분기준에 의하되, 둘 이상의 처분기준이 동일한 영업정지이거나 사용정지인 경우에는 중한 처분의 2분의 1까지 가중하여 처분할 수 있다.
② 영업정지 또는 사용정지 처분기간 중 영업정지 또는 사용정지에 해당하는 위반사항이 있는 경우에는 종전의 처분기간 만료일의 다음 날부터 새로운 위반사항에 의한 영업정지 또는 사용정지의 행정처분을 한다.
③ 위반행위가 사소한 부주의나 오류가 아닌 고의나 중대한 과실에 의한 것으로 인정되는 경우에는 처분이 감경된다.
④ 위반행위의 차수에 따른 행정처분의 가중된 처분기준은 최근 1년간 같은 위반행위로 행정처분을 받은 경우에 적용한다.

TIPS!

행정처분기준 가중사유〈시행규칙 별표8〉
㉠ 위반행위가 사소한 부주의나 오류가 아닌 고의나 중대한 과실에 의한 것으로 인정되는 경우
㉡ 위반의 내용 · 정도가 중대하여 관계인에게 미치는 피해가 크다고 인정되는 경우

## 47 다음 중 건축허가 등의 동의 요구 시 첨부서류 중 설계도서에 해당하는 서류가 아닌 것은?

① 건축물의 단면도 및 주단면 상세도(내장재료를 명시한 것에 한한다.)
② 소방시설의 층별 평면도 및 층별 계통도(시설별 계산서를 포함한다.)
③ 소방시설 설치계획표
④ 창호도

TIPS!

시행규칙 제4조 제2항 제2호
다음의 설계도서를 첨부한다. 다만, 설계도서는 「소방시설공사업법 시행령」에 따른 소방시설공사 착공신고대상에 해당되는 경우에 한한다.
㉠ 건축물의 단면도 및 주단면 상세도(내장재료를 명시한 것에 한한다)
㉡ 소방시설(기계 · 전기 분야의 시설을 말한다)의 층별 평면도 및 층별 계통도(시설별 계산서를 포함)
㉢ 창호도

Answer 46.③ 47.③

**48** 다음 중 빈 칸에 알맞은 단어를 고르시오.

> 특정소방대상물의 (　　　)은 대통령령으로 정하는 소방시설을 소방청장이 정하여 고시하는 (　　　)에 따라 설치 또는 유지 · 관리하여야 한다.

① 관계인 – 화재안전기준
② 관계인 – 소방시설업
③ 소방안전관리자 – 화재안전기준
④ 소방안전관리자 – 소방시설업

TIPS!

법 제9조(특정소방대상물에 설치하는 소방시설의 유지 · 관리 등)
특정소방대상물의 관계인은 대통령령으로 정하는 소방시설을 소방청장이 정하여 고시하는 화재안전기준에 따라 설치 또는 유지 · 관리하여야 한다.

**49** 소방시설 등의 종합정밀점검에 대한 설명으로 옳지 않은 것은?

① 제연설비가 설치된 터널은 종합정밀점검 대상이다.
② 건축물의 사용승인일이 속하는 달에 실시한다.
③ 신규로 건축물의 사용승인을 받은 건축물은 그 다음 해부터 실시하되, 건축물의 사용승인일이 속하는 달의 말일까지 실시한다.
④ 소방본부장 또는 소방서장은 소방청장이 소방안전관리가 우수하다고 인정한 특정소방대상물에 대해서는 2년의 범위에서 소방청장이 고시하거나 정한 기간 동안 종합정밀점검을 면제할 수 있다.

TIPS!

소방본부장 또는 소방서장은 소방청장이 소방안전관리가 우수하다고 인정한 특정소방대상물에 대해서는 3년의 범위에서 소방청장이 고시하거나 정한 기간 동안 종합정밀점검을 면제할 수 있다. 다만, 면제기간 중 화재가 발생한 경우는 제외한다〈시행규칙 별표1〉.

Answer 48.① 49.④

**50** **다음 중 제연설비를 설치하여야 하는 특정소방대상물이 아닌 것은?**

① 문화 및 집회시설로서 무대부의 바닥면적이 200m$^2$ 이상인 것
② 무창층에 설치된 판매시설로서 해당 용도로 사용되는 바닥면적의 합계가 1천m$^2$ 이상인 층
③ 운수시설 중 공항시설로서 지하층의 바닥면적이 200m$^2$ 이상인 것
④ 지하가로서 연면적 1천m$^2$ 이상인 것

TIPS!

**제연설비를 설치하여야 하는 특정소방대상물**〈시행령 별표5〉
㉠ 문화 및 집회시설, 종교시설, 운동시설로서 무대부의 바닥면적이 200m$^2$ 이상 또는 문화 및 집회시설 중 영화상영관으로서 수용인원이 100명 이상인 것
㉡ 지하층이나 무창층에 설치된 근린생활시설, 판매시설, 운수시설, 숙박시설, 위락시설, 의료시설, 노유자시설 또는 창고시설(물류터미널만 해당)로서 해당 용도로 사용되는 바닥면적의 합계가 1천m$^2$ 이상인 층
㉢ 운수시설 중 시외버스정류장, 철도 및 도시철도 시설, 공항시설 및 항만시설의 대기실 또는 휴게시설로서 지하층 또는 무창층의 바닥면적이 1천m$^2$ 이상인 것
㉣ 지하가(터널은 제외)로서 연면적 1천m$^2$ 이상인 것
㉤ 지하가 중 예상 교통량, 경사도 등 터널의 특성을 고려하여 행정안전부령으로 정하는 터널
㉥ 특정소방대상물(갓복도형 아파트 제외)에 부설된 특별피난계단, 비상용 승강기의 승강장 또는 피난용 승강기의 승강장

**51** **성능위주의 설계를 해야 하는 특정소방대상물의 범위 중 바르지 않은 것은?**

① 연면적 20만 제곱미터 이상인 특정소방대상물. 단, 아파트는 제외
② 건축물의 높이가 100미터 이상이거나 지하층을 제외한 층수가 30층 이상인 특정소방대상물
③ 연면적 3만 제곱미터 이상인 철도 및 도시철도 시설
④ 하나의 건축물에 영화상영관이 10개 이상인 특정소방대상물

TIPS!

**시행령 제15조의3**(성능위주설계를 하여야 하는 특정소방대상물의 범위)
㉠ 연면적 20만 제곱미터 이상인 특정소방대상물. 다만, 공동주택 중 주택으로 쓰이는 층수가 5층 이상인 주택(이하 이 조에서 "아파트 등"이라 한다)은 제외한다.
㉡ 다음의 어느 하나에 해당하는 특정소방대상물. 다만, 아파트 등은 제외한다.
- 건축물의 높이가 100미터 이상인 특정소방대상물
- 지하층을 포함한 층수가 30층 이상인 특정소방대상물

㉢ 연면적 3만 제곱미터 이상인 특정소방대상물로서 다음의 어느 하나에 해당하는 특정소방대상물
- 철도 및 도시철도 시설
- 공항시설

㉣ 하나의 건축물에 「영화 및 비디오물의 진흥에 관한 법률」에 따른 영화상영관이 10개 이상인 특정소방대상물

Answer 50.③ 51.②

**52** **화재예방, 소방시설 설치 · 유지 및 안전관리에 관한 법률 시행령 별표4 중 다중 이용업소 수용인원 산정방법으로 옳지 않은 것은?**

① 강의실 · 휴게실 용도로 쓰이는 특정소방대상물 : 해당 용도로 사용하는 바닥면적의 합계를 1.9$m^2$로 나누어 얻은 수
② 강당, 문화 및 집회시설, 운동시설, 종교시설 : 해당 용도로 사용하는 바닥면적의 합계를 4.6$m^2$로 나누어 얻은 수
③ 바닥면적을 산정할 때에는 복도, 계단 및 화장실의 바닥면적을 포함하지 않는다. 계산 결과 소수점 이하의 수는 반올림한다.
④ 침대가 없는 숙박시설은 해당 특정소방대상물의 바닥면적의 합계를 3$m^2$로 나누어 얻은 수

침대가 없는 숙박시설의 경우 '해당 특정 소방대상물의 종사자 수'에 '숙박시설 바닥면적의 합계를 3$m^2$로 나누어 얻은 수'를 합한 수로 구한다(시행령 별표4 수용인원의 산정 방법 참조).

**53** **인명구조의 소방시설 적용기준으로 바른 것은?**

① 지하층을 포함하는 층수가 7층 이상인 관광호텔 및 5층 이상인 병원
② 지하층을 제외하는 층수가 7층 이상인 병원 및 5층 이상인 관광호텔
③ 지하층을 제외하는 층수가 7층 이상인 관광호텔 및 5층 이상인 병원
④ 지하층을 포함하는 층수가 7층 이상인 병원 및 5층 이상인 관광호텔

TIPS!

인명구조 기구를 설치하여야 하는 특정소방대상물은 다음과 같다〈시행령 별표5 참조〉.

㉠ 방열복 또는 방화복(안전모, 보호장갑 및 안전화 포함), 인공소생기 및 공기호흡기를 설치하여야 하는 특정소방대상물 : 지하층을 포함하는 층수가 7층 이상인 관광호텔
㉡ 방열복 또는 방화복(안전모, 보호장갑 및 안전화 포함) 및 공기호흡기를 설치하여야 하는 특정소방대상물 : 지하층을 포함하는 층수가 5층 이상인 병원
㉢ 공기호흡기를 설치하여야 하는 특정소방대상물은 다음의 어느 하나와 같다.
- 수용인원 100명 이상인 문화 및 집회시설 중 영화상영관
- 판매시설 중 대규모 점포
- 운수시설 중 지하역사
- 지하가 중 지하상가
- 제1호 바목(물분무소화설비를 설치하여야 하는 특정소방대상물. 위험물 저장 및 처리시설 중 가스시설 또는 지하구는 제외) 및 화재안전기준에 따라 이산화탄소 소화설비(호스릴 이산화탄소 소화설비는 제외)를 설치하여야 하는 특정소방대상물

**Answer** 52.④ 53.①

**54** **연면적 1,000$m^2$ 이상 지하가(터널은 제외)에 설치해야 할 소방시설 중 제외되는 시설은?**

① 무선통신보조설비
② 제연설비
③ 연소방지설비
④ 스프링클러설비

TIPS!

시행령 제12조(건축허가 등의 동의대상물의 범위 등)에 따른 특정소방대상물의 관계인이 특정소방대상물의 규모 · 용도 및 수용인원 등을 고려하여 갖추어야 하는 소방시설의 종류 상세기준에 따라 연면적 1,000$m^2$ 이상의 지하가(터널 제외)에 설치해야 하는 시설은 ㉠ 제연설비, ㉡ 스프링클러설비, ㉢ 무선통신보조설비, ㉣ 자동 화재탐지기설비이다.

**55** **다음 중 정상적인 작동을 위한 소방시설을 설치하는 내진설계기준으로 옳지 않은 것은?**

① 옥내소화전설비
② 포소화설비
③ 물분무소화설비
④ 비상방송설비

TIPS!

내진설계를 해야 하는 소방시설이란 소방시설 중 옥내 소화전설비, 스프링클러 설비, 물분무 등 소화설비를 말한다〈시행령 제15조의2〉.

※ 물분무등 소화설비
- 물 분무 소화설비
- 미분무 소화설비
- 포 소화설비
- 이산화탄소 소화설비
- 할론소화설비
- 할로겐화합물 및 불활성기체 소화설비
- 분말 소화설비
- 강화액 소화설비
- 고체에어로졸 소화설비

Answer 54.③ 55.④

**56** 다음 중 성능위주설계를 해야 하는 특정소방대상물의 범위가 아닌 것은?

① 연면적 20만$m^2$ 이상인 특정소방대상물 신축
② 영화상영관이 10개 이상인 특정소방대상물 신축(비상설 상영장 제외)
③ 연면적 2만 5천$m^2$ 특정소방대상물로서 철도 및 도시철도 및 공항시설 신축
④ 건축물의 높이가 100m 이상인 특정소방대상물 신축

TIPS!

시행령 제15조의3(성능위주설계를 하여야 하는 특정소방대상물의 범위)
㉠ 연면적 20만 제곱미터 이상인 특정소방대상물. 다만, 공동주택 중 주택으로 쓰이는 층수가 5층 이상인 주택(이하 이 조에서 "아파트 등"이라 한다)은 제외한다.
㉡ 다음의 어느 하나에 해당하는 특정소방대상물. 다만, 아파트 등은 제외한다.
- 건축물의 높이가 100미터 이상인 특정소방대상물
- 지하층을 포함한 층수가 30층 이상인 특정소방대상물

㉢ 연면적 3만 제곱미터 이상인 특정소방대상물로서 다음의 어느 하나에 해당하는 특정소방대상물
- 철도 및 도시철도 시설
- 공항시설

㉣ 하나의 건축물에 「영화 및 비디오물의 진흥에 관한 법률」에 따른 영화상영관이 10개 이상인 특정소방대상물

**57** 다음 중 중앙소방심의 위원회의 업무가 아닌 것은?

① 화재안전기준에 관한 사항
② 소방시설의 설계 및 공사감리의 방법에 관한 사항
③ 소방시설공사의 하자가 있는지의 판단에 관한 사항
④ 소방시설의 구조 및 원리 등에서 공법이 특수한 설계 및 시공에 관한 사항

TIPS!

법 제11조의2(소방기술심의위원회) 제1항 소방청에 둔 중앙소방기술심의위원회의 심의 사항
㉠ 화재안전기준에 관한 사항
㉡ 소방시설의 구조 및 원리 등에서 공법이 특수한 설계 및 시공에 관한 사항
㉢ 소방시설의 설계 및 공사감리의 방법에 관한 사항
㉣ 소방시설공사의 하자를 판단하는 기준에 관한 사항
㉤ 그 밖에 소방기술 등에 관하여 대통령령으로 정하는 사항 [시행령 제18조의2]
- 연면적 10만 제곱미터 이상의 특정소방대상물에 설치된 소방시설의 설계·시공·감리의 하자 유무에 관한 사항
- 새로운 소방시설과 소방용품 등의 도입 여부에 관한 사항
- 그 밖에 소방기술과 관련하여 소방청장이 심의에 부치는 사항

Answer 56.③ 57.③

**58** **다음 중 각종 신고일의 내용으로서 옳지 않은 것은?**

① 소방안전관리자 선임신고는 60일 이내에 하여야 한다.
② 소방시설업 지위승계 신고는 30일 이내에 하여야 한다.
③ 소방시설공사업 착공신고의 변경신고는 30일 이내에 하여야 한다.
④ 공사업자는 소방시설의 하자보수를 3일 이내에 하여야 한다.

소방안전관리대상물의 관계인이 소방안전관리자를 선임한 경우에는 행정안전부령으로 정하는 바에 따라 선임한 날부터 14일 이내에 소방본부장이나 소방서장에게 신고하고 하여야 한다〈법 제20조 제4항〉.

**59** **특정소방대상물의 근무자, 거주자에 대한 소방훈련에 관한 설명으로 옳지 않은 것은?**

① 상시 근무하거나 거주하는 인원이 10명 이하인 특별소방대상물은 소방훈련에서 제외된다.
② 소방안전관리대상물의 관계인은 소방훈련 · 교육훈련 실시 결과를 기록부에 기재하고 2년간 보관하여야 한다.
③ 소방훈련 및 교육은 원칙적으로 연 2회 이상 실시한다.
④ 소방기관과 합동으로 소방훈련을 실시하게 할 수 있는 대상은 특급 및 1급 소방안전관리대상물이다.

TIPS!

시행규칙 제15조 제1항
특정소방대상물의 관계인은 소방훈련과 교육을 연 1회 이상 실시하여야 한다. 다만, 소방서장이 화재예방을 위하여 필요하다고 인정하여 2회의 범위 안에서 추가로 실시할 것을 요청하는 경우에는 소방훈련과 교육을 실시하여야 한다.

**60** **다음 중 청문대상으로 옳지 않은 것은?**

① 소방용품의 형식승인 취소
② 소방시설관리업의 등록취소 및 영업정지
③ 소방용품에 대한 우수품질인증 취소
④ 소방용품에 대한 성능인증 중지

TIPS!

법 제44조(청문)
소방청장 또는 시 · 도지사는 다음에 해당하는 처분을 하려면 청문을 하여야 한다.
㉠ 관리사 자격의 취소 및 정지
㉡ 관리업의 등록취소 및 영업정지
㉢ 소방용품의 형식승인 취소 및 제품검사 중지
㉣ 성능인증의 취소
㉤ 우수품질인증의 취소
㉥ 전문기관의 지정취소 및 업무정지

Answer 58.① 59.③ 60.④

# PART 04

# 위험물안전관리법

# 중요핵심이론

## section 1 총칙

### (1) 목적〈법 제1조〉

「위험물안전관리법」은 위험물의 저장·취급 및 운반과 이에 따른 안전관리에 관한 사항을 규정함으로써 위험물로 인한 위해를 방지하여 공공의 안전을 확보함을 목적으로 한다.

### (2) 용어의 정의〈법 제2조〉 ✡ 2020 기출

① "위험물"이라 함은 인화성 또는 발화성 등의 성질을 가지는 것으로서 대통령령이 정하는 물품을 말한다.

② "지정수량"이라 함은 위험물의 종류별로 위험성을 고려하여 대통령령이 정하는 수량으로서 제조소등의 설치허가 등에 있어서 최저의 기준이 되는 수량을 말한다.

③ "제조소"라 함은 위험물을 제조할 목적으로 지정수량 이상의 위험물을 취급하기 위하여 허가(허가가 면제된 경우 및 협의로써 허가를 받은 것으로 보는 경우를 포함한다)를 받은 장소를 말한다.

④ "저장소"라 함은 지정수량 이상의 위험물을 저장하기 위한 대통령령이 정하는 장소로서 허가를 받은 장소를 말한다.

⑤ "취급소"라 함은 지정수량 이상의 위험물을 제조 외의 목적으로 취급하기 위한 대통령령이 정하는 장소로서 규정에 따른 허가를 받은 장소를 말한다.

⑥ "제조소 등"이라 함은 제조소·저장소 및 취급소를 말한다.

⑦ 이 법에서 사용하는 용어의 정의는 위에서 규정하는 것을 제외하고는 「소방기본법」, 「화재예방, 소방시설 설치·유지 및 안전관리에 관한 법률」 및 「소방시설공사업법」에서 정하는 바에 따른다.

### (3) 적용 제외〈법 제3조〉

「위험물안전관리법」은 항공기·선박(「선박법」의 규정에 따른 선박을 말한다)·철도 및 궤도에 의한 위험물의 저장·취급 및 운반에 있어서는 이를 적용하지 아니한다.

---

**기출PLUS**

기출 2020. 6. 20. 소방공무원

**「위험물안전관리법」상 위험물에 대한 정의이다. ( ) 안에 들어갈 용어로 옳은 것은?**

보기
"위험물"이라 함은 ( 가 ) 또는 ( 나 ) 등의 성질을 가지는 것으로서 ( 다 )이 정하는 물품을 말한다.

| | (가) | (나) | (다) |
|---|---|---|---|
| ① | 인화성 | 가연성 | 대통령령 |
| ② | 인화성 | 발화성 | 대통령령 |
| ③ | 휘발성 | 가연성 | 행정안전부령 |
| ④ | 인화성 | 휘발성 | 행정안전부령 |

기출 2020. 6. 20. 소방공무원

**「「위험물안전관리법」상 용어의 정의에 관한 내용으로 옳지 않은 것은?**

① "취급소"라 함은 지정수량 이상의 위험물을 제조외의 목적으로 취급하기 위한 대통령령이 정하는 장소로서 「위험물안전관리법」에 따른 허가를 받은 장소를 말한다.
② "지정수량"이라 함은 위험물의 종류별로 위험성을 고려하여 대통령령이 정하는 수량으로서 제조소등의 설치허가 등에 있어서 최대의 기준이 되는 수량을 말한다.
③ "제조소등"이라 함은 제조소·저장소 및 취급소를 말한다.
④ "저장소"라 함은 지정수량 이상의 위험물을 저장하기 위하여 대통령령이 정하는 장소로서 「위험물안전관리법」에 따른 허가를 받은 장소를 말한다.

<정답 ②, ②

기출PLUS

#### (4) 국가의 책무〈법 제3조의2〉

① 국가는 위험물에 의한 사고를 예방하기 위하여 다음을 포함하는 시책을 수립 · 시행하여야 한다.

㉠ 위험물의 유통실태 분석

㉡ 위험물에 의한 사고 유형의 분석

㉢ 사고 예방을 위한 안전기술 개발

㉣ 전문인력 양성

㉤ 그 밖에 사고 예방을 위하여 필요한 사항

② 국가는 지방자치단체가 위험물에 의한 사고의 예방 · 대비 및 대응을 위한 시책을 추진하는 데에 필요한 행정적 · 재정적 지원을 하여야 한다.

#### (5) 지정수량 미만인 위험물의 저장 · 취급〈법 제4조〉

지정수량 미만인 위험물의 저장 또는 취급에 관한 기술상의 기준은 특별시 · 광역시 · 특별자치시 · 도 및 특별자치도(이하 "시 · 도"라 한다)의 조례로 정한다.

#### (6) 위험물의 저장 및 취급의 제한〈법 제5조〉

① 지정수량 이상의 위험물을 저장소가 아닌 장소에서 저장하거나 제조소 등이 아닌 장소에서 취급하여서는 아니된다.

② 다음에 해당하는 경우에는 제조소 등이 아닌 장소에서 지정수량 이상의 위험물을 취급할 수 있다. 이 경우 임시로 저장 또는 취급하는 장소에서의 저장 또는 취급의 기준과 임시로 저장 또는 취급하는 장소의 위치 · 구조 및 설비의 기준은 시 · 도의 조례로 정한다.

㉠ 시 · 도의 조례가 정하는 바에 따라 관할소방서장의 승인을 받아 지정수량 이상의 위험물을 90일 이내의 기간 동안 임시로 저장 또는 취급하는 경우

㉡ 군부대가 지정수량 이상의 위험물을 군사목적으로 임시로 저장 또는 취급하는 경우

③ 제조소 등에서의 위험물의 저장 또는 취급에 관하여는 다음의 중요기준 및 세부기준에 따라야 한다.

㉠ 중요기준 : 화재 등 위해의 예방과 응급조치에 있어서 큰 영향을 미치거나 그 기준을 위반하는 경우 직접적으로 화재를 일으킬 가능성이 큰 기준으로서 행정안전부령이 정하는 기준

㉡ 세부기준 : 화재 등 위해의 예방과 응급조치에 있어서 중요기준보다 상대적으로 적은 영향을 미치거나 그 기준을 위반하는 경우 간접적으로 화재를 일으킬 수 있는 기준 및 위험물의 안전관리에 필요한 표시와 서류 · 기구 등의 비치에 관한 기준으로서 행정안전부령이 정하는 기준

④ 제조소 등의 위치 · 구조 및 설비의 기술기준은 행정안전부령으로 정한다.

기출PLUS

**POINT** 소화설비의 기준〈시행규칙 제41조 참조〉

① 제조소 등에는 화재발생시 소화가 곤란한 정도에 따라 그 소화에 적응성이 있는 소화설비를 설치하여야 한다.
② ①에 의한 소화가 곤란한 정도에 따른 소화난이도는 소화난이도등급Ⅰ, 소화난이도등급Ⅱ 및 소화난이도등급Ⅲ으로 구분한다.

**POINT** 경보설비의 기준〈시행규칙 제42조 참조〉

① 지정수량(시행령 별표1)의 10배 이상의 위험물을 저장 또는 취급하는 제조소 등(이동탱크저장소를 제외한다)에는 화재발생 시 이를 알릴 수 있는 경보설비를 설치하여야 한다.
② 경보설비는 자동화재탐지설비 · 자동화재속보설비 · 비상경보설비(비상벨장치 또는 경종을 포함한다) · 확성장치(휴대용확성기를 포함한다) 및 비상방송설비로 구분한다. ✡ 2020 기출
③ 자동신호장치를 갖춘 스프링클러설비 또는 물분무등소화설비를 설치한 제조소 등에 있어서는 자동화재탐지설비를 설치한 것으로 본다.

**POINT** 피난설비의 기준〈시행규칙 제43조 참조〉 ✡ 2021 기출

주유취급소 중 건축물의 2층 이상의 부분을 점포 · 휴게음식점 또는 전시장의 용도로 사용하는 것과 옥내주유취급소에는 피난설비를 설치하여야 한다.

**POINT** 옥외탱크저장소의 위치 · 구조 및 설비의 기준〈시행규칙 별표 6 Ⅱ 제1호, Ⅵ 제10호 가목〉 ✡ 2021 기출

① 옥외저장탱크(위험물을 이송하기 위한 배관 그 밖에 이에 준하는 공작물을 제외한다)의 주위에는 그 저장 또는 취급하는 위험물의 최대수량에 따라 옥외저장탱크의 측면으로부터 다음 표에 의한 너비의 공지를 보유하여야 한다.

| 저장 또는 취급하는 위험물의 최대수량 | 공지의 너비 |
|---|---|
| 지정수량의 500배 이하 | 3m 이상 |
| 지정수량의 500배 초과 1,000배 이하 | 5m 이상 |
| 지정수량의 1,000배 초과 2,000배 이하 | 9m 이상 |
| 지정수량의 2,000배 초과 3,000배 이하 | 12m 이상 |
| 지정수량의 3,000배 초과 4,000배 이하 | 15m 이상 |
| 지정수량의 4,000배 초과 | 당해 탱크의 수평단면의 최대지름(가로형인 경우에는 긴 변)과 높이 중 큰 것과 같은 거리 이상. 다만, 30m 초과의 경우에는 30m 이상으로 할 수 있고, 15m 미만의 경우에는 15m 이상으로 하여야 한다. |

② 옥외저장탱크의 펌프설비의 주위에는 너비 3m 이상의 공지를 보유할 것. 다만, 방화상 유효한 격벽을 설치하는 경우와 제6류 위험물 또는 지정수량의 10배 이하 위험물의 옥외저장탱크의 펌프설비에 있어서는 그러하지 아니하다.

⑤ 둘 이상의 위험물을 같은 장소에서 저장 또는 취급하는 경우에 있어서 당해 장소에서 저장 또는 취급하는 각 위험물의 수량을 그 위험물의 지정수량으로 각각 나누어 얻은 수의 합계가 1 이상인 경우 당해 위험물은 지정수량 이상의 위험물로 본다.

**POINT** 탱크 용적의 산정기준〈시행규칙 제5조〉

① 위험물을 저장 또는 취급하는 탱크의 용량은 해당 탱크의 내용적에서 공간용적을 뺀 용적으로 한다. 이 경우 위험물을 저장 또는 취급하는 시행령 별표2 제6호에 따른 차량에 고정된 탱크(이하 "이동저장탱크"라 한다)의 용량은 「자동차 및 자동차부품의 성능과 기준에 관한 규칙」에 따른 최대적재량 이하로 하여야 한다.

② 탱크의 내용적 및 공간용적의 계산방법은 소방청장이 정하여 고시한다.

③ 제조소 또는 일반취급소의 위험물을 취급하는 탱크 중 특수한 구조 또는 설비를 이용함에 따라 당해 탱크내의 위험물의 최대량이 ①의 규정에 의한 용량 이하인 경우에는 당해 최대량을 용량으로 한다.

## section 2 위험물시설의 설치 및 변경

### (1) 위험물시설의 설치 및 변경 등〈법 제6조〉

① 제조소 등을 설치하고자 하는 자는 대통령령이 정하는 바에 따라 그 설치장소를 관할하는 특별시장 · 광역시장 · 특별자치시장 · 도지사 또는 특별자치도지사(이하 "시 · 도지사"라 한다)의 허가를 받아야 한다. 제조소 등의 위치 · 구조 또는 설비 가운데 행정안전부령이 정하는 사항을 변경하고자 하는 때에도 또한 같다.

② 제조소 등의 위치 · 구조 또는 설비의 변경없이 당해 제조소 등에서 저장하거나 취급하는 위험물의 품명 · 수량 또는 지정수량의 배수를 변경하고자 하는 자는 변경하고자 하는 날의 1일 전까지 행정안전부령이 정하는 바에 따라 시 · 도지사에게 신고하여야 한다.

③ 다음의 하나에 해당하는 제조소 등의 경우에는 허가를 받지 아니하고 당해 제조소 등을 설치하거나 그 위치 · 구조 또는 설비를 변경할 수 있으며, 신고를 하지 아니하고 위험물의 품명 · 수량 또는 지정수량의 배수를 변경할 수 있다.

㉠ 주택의 난방시설(공동주택의 중앙난방시설을 제외한다)을 위한 저장소 또는 취급소

㉡ 농예용 · 축산용 또는 수산용으로 필요한 난방시설 또는 건조시설을 위한 지정수량 20배 이하의 저장소 ✡ 2019 기출

**POINT** 제조소 등의 설치 및 변경의 허가〈시행령 제6조〉

① 제조소 등의 설치허가 또는 변경허가를 받으려는 자는 설치허가 또는 변경허가신청서에 행정안전부령으로 정하는 서류를 첨부하여 특별시장 · 광역시장 · 특별자치시장 · 도지사 또는 특별자치도지사(이하 "시 · 도지사"라 한다)에게 제출하여야 한다.

**기출PLUS**

기출 2019. 4. 6. 소방공무원

**「위험물안전관리법」상 신고를 하지 아니하고 위험물의 품명 · 수량 또는 지정수량의 배수를 변경할 수 있는 경우로 옳은 것은?**

① 농예용으로 필요한 건조시설을 위한 지정수량 20배 이하의 취급소

② 축산용으로 필요한 난방시설을 위한 지정수량 20배 이하의 저장소

③ 수산용으로 필요한 건조시설을 위한 지정수량 30배 이하의 저장소

④ 공동주택의 중앙난방시설을 위한 지정수량 30배 이하의 취급소

**TIP**

① '~20배 이하의 저장소'인 경우에 신고를 하지 아니하고 변경할 수 있다.

③ 지정수량 20배 이하인 경우여야 한다.

④ 변경신고해야 하는 경우에 해당한다.

〈정답 ②

기출PLUS

② 시 · 도지사는 제조소 등의 설치허가 또는 변경허가 신청 내용이 다음의 기준에 적합하다고 인정하는 경우에는 허가를 하여야 한다.
  ㉠ 제조소 등의 위치 · 구조 및 설비가 규정에 의한 기술기준에 적합할 것
  ㉡ 제조소 등에서의 위험물의 저장 또는 취급이 공공의 안전유지 또는 재해의 발생방지에 지장을 줄 우려가 없다고 인정될 것
  ㉢ 다음의 제조소 등은 해당 목에서 정한 사항에 대하여 「소방산업의 진흥에 관한 법률」에 따른 한국소방산업기술원(이하 "기술원"이라 한다)의 기술검토를 받고 그 결과가 행정안전부령으로 정하는 기준에 적합한 것으로 인정될 것. 다만, 보수 등을 위한 부분적인 변경으로서 소방청장이 정하여 고시하는 사항에 대해서는 기술원의 기술검토를 받지 않을 수 있으나 행정안전부령으로 정하는 기준에는 적합해야 한다.
  - 지정수량의 1천배 이상의 위험물을 취급하는 제조소 또는 일반취급소 : 구조 · 설비에 관한 사항
  - 옥외탱크저장소(저장용량이 50만 리터 이상인 것만 해당한다) 또는 암반탱크저장소 : 위험물탱크의 기초 · 지반, 탱크본체 및 소화설비에 관한 사항

③ ②㉢의 제조소 등에 관한 설치허가 또는 변경허가를 신청하는 자는 그 시설의 설치계획에 관하여 미리 기술원의 기술검토를 받아 그 결과를 설치허가 또는 변경허가신청서류와 함께 제출할 수 있다.

### (2) 군용위험물시설의 설치 및 변경에 대한 특례〈법 제7조〉

① 군사목적 또는 군부대시설을 위한 제조소 등을 설치하거나 그 위치 · 구조 또는 설비를 변경하고자 하는 군부대의 장은 대통령령이 정하는 바에 따라 미리 제조소 등의 소재지를 관할하는 시 · 도지사와 협의하여야 한다.

② 군부대의 장이 제조소 등의 소재지를 관할하는 시 · 도지사와 협의한 경우에는 제6조(위험물시설의 설치 및 변경 등) 제1항의 규정에 따른 허가를 받은 것으로 본다.

③ 군부대의 장은 협의한 제조소 등에 대하여는 제8조(탱크안전성능검사) 및 제9조(완공검사)의 규정에 불구하고 탱크안전성능검사와 완공검사를 자체적으로 실시할 수 있다. 이 경우 완공검사를 자체적으로 실시한 군부대의 장은 지체없이 행정안전부령이 정하는 사항을 시 · 도지사에게 통보하여야 한다.

**POINT** 군용위험물시설의 설치 및 변경에 대한 특례〈시행령 제7조〉

① 군부대의 장은 군사목적 또는 군부대시설을 위한 제조소 등을 설치하거나 그 위치 · 구조 또는 설비를 변경하고자 하는 경우에는 당해 제조소 등의 설치공사 또는 변경공사를 착수하기 전에 그 공사의 설계도서와 행정안전부령이 정하는 서류를 시 · 도지사에게 제출하여야 한다. 다만, 국가안보상 중요하거나 국가기밀에 속하는 제조소 등을 설치 또는 변경하는 경우에는 당해 공사의 설계도서의 제출을 생략할 수 있다.

② 시 · 도지사는 제출받은 설계도서와 관계서류를 검토한 후 그 결과를 당해 군부대의 장에게 통지하여야 한다. 이 경우 시 · 도지사는 검토결과를 통지하기 전에 설계도서와 관계서류의 보완요청을 할 수 있고, 보완요청을 받은 군부대의 장은 특별한 사유가 없는 한 이에 응하여야 한다.

기출PLUS

### (3) 탱크안전성능검사〈법 제8조〉

① 위험물을 저장 또는 취급하는 탱크로서 대통령령이 정하는 탱크(이하 "위험물탱크"라 한다)가 있는 제조소 등의 설치 또는 그 위치·구조 또는 설비의 변경에 관하여 허가를 받은 자가 위험물탱크의 설치 또는 그 위치·구조 또는 설비의 변경공사를 하는 때에는 완공검사를 받기 전에 기술기준에 적합한지의 여부를 확인하기 위하여 시·도지사가 실시하는 탱크안전성능검사를 받아야 한다. 이 경우 시·도지사는 허가를 받은 자가 탱크안전성능시험자 또는 「소방산업의 진흥에 관한 법률」에 따른 한국소방산업기술원(이하 "기술원"이라 한다)으로부터 탱크안전성능시험을 받은 경우에는 대통령령이 정하는 바에 따라 당해 탱크안전성능검사의 전부 또는 일부를 면제할 수 있다.

② 탱크안전성능검사의 내용은 대통령령으로 정하고, 탱크안전성능검사의 실시 등에 관하여 필요한 사항은 행정안전부령으로 정한다.

**POINT** 탱크안전성능검사의 대상이 되는 탱크 등〈시행령 제8조〉

① 탱크안전성능검사를 받아야 하는 위험물탱크는 탱크안전성능검사별로 다음의 하나에 해당하는 탱크로 한다.
  ㉠ **기초·지반검사**: 옥외탱크저장소의 액체위험물탱크 중 그 용량이 100만리터 이상인 탱크
  ㉡ **충수(充水)·수압검사**: 액체위험물을 저장 또는 취급하는 탱크. 다만, 다음의 어느 하나에 해당하는 탱크는 제외한다.
    - 제조소 또는 일반취급소에 설치된 탱크로서 용량이 지정수량 미만인 것
    - 「고압가스 안전관리법」에 따른 특정설비에 관한 검사에 합격한 탱크
    - 「산업안전보건법」에 따른 안전인증을 받은 탱크
  ㉢ **용접부검사**: ㉠의 규정에 의한 탱크. 다만, 탱크의 저부에 관계된 변경공사(탱크의 옆판과 관련되는 공사를 포함하는 것을 제외한다)시에 행하여진 정기검사에 의하여 용접부에 관한 사항이 행정안전부령으로 정하는 기준에 적합하다고 인정된 탱크를 제외한다.
  ㉣ **암반탱크검사**: 액체위험물을 저장 또는 취급하는 암반내의 공간을 이용한 탱크
② 탱크안전성능검사는 기초·지반검사, 충수·수압검사, 용접부검사 및 암반탱크검사로 구분하되, 그 내용은 별표4와 같다[부록 Ⅲ 참조].

**POINT** 탱크안전성능검사의 신청 등〈시행규칙 제18조〉

① 탱크안전성능검사를 받아야 하는 자는 신청서(전자문서로 된 신청서를 포함한다)를 해당 위험물탱크의 설치장소를 관할하는 소방서장 또는 기술원에 제출하여야 한다. 다만, 설치장소에서 제작하지 아니하는 위험물탱크에 대한 탱크안전성능검사(충수·수압검사에 한한다)의 경우에는 신청서(전자문서로 된 신청서를 포함한다)에 해당 위험물탱크의 구조명세서 1부를 첨부하여 해당 위험물탱크의 제작지를 관할하는 소방서장에게 신청할 수 있다.
② 탱크안전성능시험을 받고자 하는 자는 신청서에 해당 위험물탱크의 구조명세서 1부를 첨부하여 기술원 또는 탱크시험자에게 신청할 수 있다.
③ 충수·수압검사를 면제받고자 하는 자는 탱크시험필증에 탱크시험성적서를 첨부하여 소방서장에게 제출하여야 한다.
④ 탱크안전성능검사의 신청시기는 다음의 구분에 의한다.

기출PLUS

㉠ **기초 · 지반검사** : 위험물탱크의 기초 및 지반에 관한 공사의 개시 전
㉡ **충수 · 수압검사** : 위험물을 저장 또는 취급하는 탱크에 배관 그 밖의 부속설비를 부착하기 전
㉢ **용접부검사** : 탱크본체에 관한 공사의 개시 전
㉣ **암반탱크검사** : 암반탱크의 본체에 관한 공사의 개시 전

⑤ 소방서장 또는 기술원은 탱크안전성능검사를 실시한 결과 기준에 적합하다고 인정되는 때에는 당해 탱크안전성능검사를 신청한 자에게 탱크검사필증을 교부하고, 적합하지 아니하다고 인정되는 때에는 신청인에게 서면으로 그 사유를 통보하여야 한다.
⑥ 행정안전부령이 정하는 액체위험물탱크라 함은 이중벽탱크를 말한다.

### (4) 완공검사〈법 제9조〉

① 허가를 받은 자가 제조소 등의 설치를 마쳤거나 그 위치 · 구조 또는 설비의 변경을 마친 때에는 당해 제조소 등마다 시 · 도지사가 행하는 완공검사를 받아 기술기준에 적합하다고 인정받은 후가 아니면 이를 사용하여서는 아니된다. 다만, 제조소 등의 위치 · 구조 또는 설비를 변경함에 있어서 변경허가를 신청하는 때에 화재예방에 관한 조치사항을 기재한 서류를 제출하는 경우에는 당해 변경공사와 관계가 없는 부분은 완공검사를 받기 전에 미리 사용할 수 있다

② 완공검사를 받고자 하는 자가 제조소 등의 일부에 대한 설치 또는 변경을 마친 후 그 일부를 미리 사용하고자 하는 경우에는 당해 제조소 등의 일부에 대하여 완공검사를 받을 수 있다.

**POINT** 완공검사의 신청 등〈시행규칙 제19조〉

① 제조소 등에 대한 완공검사를 받고자 하는 자는 신청서(전자문서로 된 신청서를 포함한다)에 다음의 서류(전자문서를 포함한다)를 첨부하여 시 · 도지사 또는 소방서장(완공검사를 기술원에 위탁하는 제조소 등의 경우에는 기술원)에게 제출하여야 한다. 다만, 첨부서류는 완공검사를 실시할 때까지 제출할 수 있되, 「전자정부법」에 따른 행정정보의 공동이용을 통하여 첨부서류에 대한 정보를 확인할 수 있는 경우에는 그 확인으로 첨부서류를 갈음할 수 있다.
㉠ 배관에 관한 내압시험, 비파괴시험 등에 합격하였음을 증명하는 서류(내압시험 등을 하여야 하는 배관이 있는 경우에 한한다)
㉡ 소방서장, 기술원 또는 탱크시험자가 교부한 탱크검사필증 또는 탱크시험필증(해당 위험물탱크의 완공검사를 실시하는 소방서장 또는 기술원이 그 위험물탱크의 탱크안전성능검사를 실시한 경우는 제외한다)
㉢ 재료의 성능을 증명하는 서류(이중벽탱크에 한한다)

② 기술원은 완공검사를 실시한 경우에는 완공검사결과서를 소방서장에게 송부하고, 검사대상명 · 접수일시 · 검사일 · 검사번호 · 검사자 · 검사결과 및 검사결과서 발송일 등을 기재한 완공검사업무대장을 작성하여 10년간 보관하여야 한다.

**POINT** 완공검사의 신청시기〈시행규칙 제20조〉

① **지하탱크가 있는 제조소 등의 경우** : 당해 지하탱크를 매설하기 전
② **이동탱크저장소의 경우** : 이동저장탱크를 완공하고 상치장소를 확보한 후
③ **이송취급소의 경우** : 이송배관 공사의 전체 또는 일부를 완료한 후. 다만, 지하 · 하천 등에 매설하는 이송배관의 공사의 경우에는 이송배관을 매설하기 전

④ 전체 공사가 완료된 후에는 완공검사를 실시하기 곤란한 경우 : 다음에서 정하는 시기
㉠ 위험물설비 또는 배관의 설치가 완료되어 기밀시험 또는 내압시험을 실시하는 시기
㉡ 배관을 지하에 설치하는 경우에는 시·도지사, 소방서장 또는 기술원이 지정하는 부분을 매몰하기 직전
㉢ 기술원이 지정하는 부분의 비파괴시험을 실시하는 시기
⑤ ① 내지 ④에 해당하지 아니하는 제조소 등의 경우 : 제조소 등의 공사를 완료한 후

### (5) 제조소 등 설치자의 지위승계〈법 제10조〉

① 제조소 등의 설치자(허가를 받아 제조소 등을 설치한 자를 말한다. 이하 같다)가 사망하거나 그 제조소 등을 양도·인도한 때 또는 법인인 제조소 등의 설치자의 합병이 있는 때에는 그 상속인, 제조소 등을 양수·인수한 자 또는 합병 후 존속하는 법인이나 합병에 의하여 설립되는 법인은 그 설치자의 지위를 승계한다.

② 「민사집행법」에 의한 경매, 「채무자 회생 및 파산에 관한 법률」에 의한 환가, 「국세징수법」·「관세법」 또는 「지방세징수법」에 따른 압류재산의 매각과 그 밖에 이에 준하는 절차에 따라 제조소 등의 시설의 전부를 인수한 자는 그 설치자의 지위를 승계한다.

③ 제조소 등의 설치자의 지위를 승계한 자는 행정안전부령이 정하는 바에 따라 승계한 날부터 30일 이내에 시·도지사에게 그 사실을 신고하여야 한다.

### (6) 제조소 등의 폐지〈법 제11조〉

제조소 등의 관계인(소유자·점유자 또는 관리자를 말한다. 이하 같다)은 당해 제조소 등의 용도를 폐지(장래에 대하여 위험물시설로서의 기능을 완전히 상실시키는 것을 말한다)한 때에는 행정안전부령이 정하는 바에 따라 제조소 등의 용도를 폐지한 날부터 14일 이내에 시·도지사에게 신고하여야 한다.

### (7) 제조소 등의 사용 중지〈법 제11조의2〉

① 제조소 등의 관계인은 제조소 등의 사용을 중지(경영상 형편, 대규모 공사 등의 사유로 3개월 이상 위험물을 저장하지 아니하거나 취급하지 아니하는 것을 말한다. 이하 같다)하려는 경우에는 위험물의 제거 및 제조소 등에의 출입통제 등 행정안전부령으로 정하는 안전조치를 하여야 한다. 다만, 제조소 등의 사용을 중지하는 기간에도 위험물안전관리자가 계속하여 직무를 수행하는 경우에는 안전조치를 아니할 수 있다.

② 제조소 등의 관계인은 제조소 등의 사용을 중지하거나 중지한 제조소 등의 사용을 재개하려는 경우에는 해당 제조소 등의 사용을 중지하려는 날 또는 재개하려는 날의 14일 전까지 행정안전부령으로 정하는 바에 따라 제조소 등의 사용 중지 또는 재개를 시·도지사에게 신고하여야 한다.

기출PLUS

**지위승계의 신고〈시행규칙 제22조〉**
제조소 등의 설치자의 지위승계를 신고하고자 하는 자는 신고서(전자문서로 된 신고서를 포함한다)에 제조소 등의 완공검사필증과 지위승계를 증명하는 서류(전자문서를 포함한다)를 첨부하여 시·도지사 또는 소방서장에게 제출하여야 한다.

**용도폐지의 신고〈시행규칙 제23조〉**
① 제조소 등의 용도폐지신고를 하고자 하는 자는 신고서(전자문서로 된 신고서를 포함한다)에 제조소 등의 완공검사필증을 첨부하여 시·도지사 또는 소방서장에게 제출하여야 한다.
② 신고서를 접수한 시·도지사 또는 소방서장은 당해 제조소 등을 확인하여 위험물시설의 철거 등 용도폐지에 필요한 안전조치를 한 것으로 인정하는 경우에는 당해 신고서의 사본에 수리사실을 표시하여 용도폐지신고를 한 자에게 통보하여야 한다.

기출PLUS

③ 시 · 도지사는 ②에 따라 신고를 받으면 제조소 등의 관계인이 ①에 따른 안전조치를 적합하게 하였는지 또는 위험물안전관리자가 직무를 적합하게 수행하는지를 확인하고 위해 방지를 위하여 필요한 안전조치의 이행을 명할 수 있다.

④ 제조소 등의 관계인은 ②의 사용 중지신고에 따라 제조소 등의 사용을 중지하는 기간 동안에는 위험물안전관리자를 선임하지 아니할 수 있다.

### (8) 제조소 등 설치허가의 취소와 사용정지 등〈법 제12조〉

시 · 도지사는 제조소 등의 관계인이 다음의 어느 하나에 해당하는 때에는 행정안전부령이 정하는 바에 따라 허가를 취소하거나 6월 이내의 기간을 정하여 제조소 등의 전부 또는 일부의 사용정지를 명할 수 있다.

① 변경허가를 받지 아니하고 제조소 등의 위치 · 구조 또는 설비를 변경한 때

② 완공검사를 받지 아니하고 제조소 등을 사용한 때

③ 수리 · 개조 또는 이전의 명령을 위반한 때

④ 위험물안전관리자를 선임하지 아니한 때

⑤ 제15조(위험물안전관리자) 제5항을 위반하여 대리자를 지정하지 아니한 때

⑥ 정기점검을 하지 아니한 때

⑦ 정기검사를 받지 아니한 때

⑧ 저장 · 취급기준 준수명령을 위반한 때

⑨ 안전조치 이행명령을 따르지 아니한 때

### (9) 과징금처분〈법 제13조〉

① 시 · 도지사는 제12조 각 호의 어느 하나에 해당하는 경우로서 제조소 등에 대한 사용의 정지가 그 이용자에게 심한 불편을 주거나 그 밖에 공익을 해칠 우려가 있는 때에는 사용정지처분에 갈음하여 2억 원 이하의 과징금을 부과할 수 있다.

② 과징금을 부과하는 위반행위의 종별 · 정도 등에 따른 과징금의 금액, 그 밖의 필요한 사항은 행정안전부령으로 정한다.

③ 시 · 도지사는 과징금을 납부하여야 하는 자가 납부기한까지 이를 납부하지 아니한 때에는 「지방행정제재 · 부과금의 징수 등에 관한 법률」에 따라 징수한다.

## section 3 위험물시설의 안전관리

### (1) 위험물시설의 유지 · 관리〈법 제14조〉

① 제조소 등의 관계인은 당해 제조소 등의 위치 · 구조 및 설비가 제5조(위험물의 저장 및 취급의 제한) 제4항의 규정에 따른 기술기준에 적합하도록 유지 · 관리하여야 한다.

② 시 · 도지사, 소방본부장 또는 소방서장은 위험물시설의 유지 · 관리의 상황이 기술기준에 부적합하다고 인정하는 때에는 그 기술기준에 적합하도록 제조소 등의 위치 · 구조 및 설비의 수리 · 개조 또는 이전을 명할 수 있다.

### (2) 위험물안전관리자〈법 제15조〉

① 제조소 등[허가를 받지 아니하는 제조소 등과 이동탱크저장소(차량에 고정된 탱크에 위험물을 저장 또는 취급하는 저장소를 말한다)를 제외한다. 이하 이 조에서 같다]의 관계인은 위험물의 안전관리에 관한 직무를 수행하게 하기 위하여 제조소 등마다 대통령령이 정하는 위험물의 취급에 관한 자격이 있는 자(이하 "위험물취급자격자"라 한다)를 위험물안전관리자(이하 "안전관리자"라 한다)로 선임하여야 한다. 다만, 제조소 등에서 저장 · 취급하는 위험물이 「화학물질관리법」에 따른 유독물질에 해당하는 경우 등 대통령령이 정하는 경우에는 당해 제조소 등을 설치한 자는 다른 법률에 의하여 안전관리업무를 하는 자로 선임된 자 가운데 대통령령이 정하는 자를 안전관리자로 선임할 수 있다.

② 안전관리자를 선임한 제조소 등의 관계인은 그 안전관리자를 해임하거나 안전관리자가 퇴직한 때에는 해임하거나 퇴직한 날부터 30일 이내에 다시 안전관리자를 선임하여야 한다. ✡ 2020 기출

③ 제조소 등의 관계인은 안전관리자를 선임한 경우에는 선임한 날부터 14일 이내에 행정안전부령으로 정하는 바에 따라 소방본부장 또는 소방서장에게 신고하여야 한다. ✡ 2020 기출

④ 제조소 등의 관계인이 안전관리자를 해임하거나 안전관리자가 퇴직한 경우 그 관계인 또는 안전관리자는 소방본부장이나 소방서장에게 그 사실을 알려 해임되거나 퇴직한 사실을 확인받을 수 있다.

⑤ 안전관리자를 선임한 제조소 등의 관계인은 안전관리자가 여행 · 질병 그 밖의 사유로 인하여 일시적으로 직무를 수행할 수 없거나 안전관리자의 해임 또는 퇴직과 동시에 다른 안전관리자를 선임하지 못하는 경우에는 국가기술자격법에 따른 위험물의 취급에 관한 자격취득자 또는 위험물안전에 관한 기본지식과 경험이 있는 자로서 행정안전부령이 정하는 자를 대리자(代理者)로 지정하여 그 직무를 대행하게 하여야 한다. 이 경우 대리자가 안전관리자의 직무를 대행하는 기간은 30일을 초과할 수 없다.

기출PLUS

기출 2020. 6. 20. 소방공무원

**「위험물안전관리법」상 위험물안전관리자의 선임 등에 관한 사항이다. ( ) 안에 들어갈 숫자로 옳은 것은?**

보기
- 위험물안전관리자를 선임한 제조소등의 관계인은 그 위험물안전관리자를 해임하거나 위험물안전관리자가 퇴직한 때에는 해임하거나 퇴직한 날부터 ( 가 )일 이내에 다시 위험물안전관리자를 선임하여야 한다.
- 제조소등의 관계인은 위험물안전관리자를 선임한 경우에는 선임한 날부터 ( 나 )일 이내에 행정안전부령으로 정하는 바에 따라 소방본부장 또는 소방서장에게 신고하여야 한다.

| | (가) | (나) |
|---|---|---|
| ① | 15 | 14 |
| ② | 15 | 30 |
| ③ | 30 | 14 |
| ④ | 30 | 30 |

동법 제15조 제2항 및 제3항

〈정답 ③

기출PLUS

⑥ 안전관리자는 위험물을 취급하는 작업을 하는 때에는 작업자에게 안전관리에 관한 필요한 지시를 하는 등 행정안전부령이 정하는 바에 따라 위험물의 취급에 관한 안전관리와 감독을 하여야 하고, 제조소 등의 관계인과 그 종사자는 안전관리자의 위험물 안전관리에 관한 의견을 존중하고 그 권고에 따라야 한다.

⑦ 제조소 등에 있어서 위험물취급자격자가 아닌 자는 안전관리자 또는 대리자가 참여한 상태에서 위험물을 취급하여야 한다.

⑧ 다수의 제조소 등을 동일인이 설치한 경우에는 관계인은 대통령령이 정하는 바에 따라 1인의 안전관리자를 중복하여 선임할 수 있다. 이 경우 대통령령이 정하는 제조소 등의 관계인은 대리자의 자격이 있는 자를 각 제조소 등별로 지정하여 안전관리자를 보조하게 하여야 한다.

⑨ 제조소 등의 종류 및 규모에 따라 선임하여야 하는 안전관리자의 자격은 대통령령으로 정한다.

POINT 1인의 안전관리자를 중복하여 선임할 수 있는 경우 등〈시행령 제12조〉

① 다수의 제조소 등을 설치한 자가 1인의 안전관리자를 중복하여 선임할 수 있는 경우는 다음과 같다.
  ㉠ 보일러 · 버너 또는 이와 비슷한 것으로서 위험물을 소비하는 장치로 이루어진 7개 이하의 일반취급소와 그 일반취급소에 공급하기 위한 위험물을 저장하는 저장소[일반취급소 및 저장소가 모두 동일구내(같은 건물 안 또는 같은 울 안을 말한다. 이하 같다)에 있는 경우에 한한다. 이하 같다]를 동일인이 설치한 경우
  ㉡ 위험물을 차량에 고정된 탱크 또는 운반용기에 옮겨 담기 위한 5개 이하의 일반취급소[일반취급소간의 거리(보행거리를 말한다)가 300미터 이내인 경우에 한한다]와 그 일반취급소에 공급하기 위한 위험물을 저장하는 저장소를 동일인이 설치한 경우
  ㉢ 동일구내에 있거나 상호 100미터 이내의 거리에 있는 저장소로서 저장소의 규모, 저장하는 위험물의 종류 등을 고려하여 행정안전부령이 정하는 저장소를 동일인이 설치한 경우
  ㉣ 다음의 기준에 모두 적합한 5개 이하의 제조소 등을 동일인이 설치한 경우
  - 각 제조소 등이 동일구내에 위치하거나 상호 100미터 이내의 거리에 있을 것
  - 각 제조소 등에서 저장 또는 취급하는 위험물의 최대수량이 지정수량의 3천배 미만일 것. 다만, 저장소의 경우에는 그러하지 아니하다.
  ㉤ 그 밖에 ㉠ 또는 ㉡에 의한 제소소 등과 비슷한 것으로서 행정안전부령이 정하는 제조소 등을 동일인이 설치한 경우
② "대통령령이 정하는 제조소 등"이라 함은 다음에 해당하는 제조소 등을 말한다.
  ㉠ 제조소
  ㉡ 이송취급소
  ㉢ 일반취급소. 다만, 인화점이 38도 이상인 제4류 위험물만을 지정수량의 30배 이하로 취급하는 일반취급소로서 다음의 1에 해당하는 일반취급소를 제외한다.
  - 보일러 · 버너 또는 이와 비슷한 것으로서 위험물을 소비하는 장치로 이루어진 일반취급소
  - 위험물을 용기에 옮겨 담거나 차량에 고정된 탱크에 주입하는 일반취급소

기출PLUS

### (3) 탱크시험자의 등록 등〈법 제16조〉

① 시 · 도지사 또는 제조소 등의 관계인은 안전관리업무를 전문적이고 효율적으로 수행하기 위하여 탱크안전성능시험자(이하 "탱크시험자"라 한다)로 하여금 이 법에 의한 검사 또는 점검의 일부를 실시하게 할 수 있다.

② 탱크시험자가 되고자 하는 자는 대통령령이 정하는 기술능력 · 시설 및 장비를 갖추어 시 · 도지사에게 등록하여야 한다.

③ 규정에 따라 등록한 사항 가운데 행정안전부령이 정하는 중요사항을 변경한 경우에는 그 날부터 30일 이내에 시 · 도지사에게 변경신고를 하여야 한다.

④ 다음에 해당하는 자는 탱크시험자로 등록하거나 탱크시험자의 업무에 종사할 수 없다.
- ㉠ 피성년후견인
- ㉡ 이 법, 「소방기본법」, 「화재예방, 소방시설 설치 · 유지 및 안전관리에 관한 법률」 또는 「소방시설공사업법」에 따른 금고 이상의 실형의 선고를 받고 그 집행이 종료(집행이 종료된 것으로 보는 경우를 포함한다)되거나 집행이 면제된 날부터 2년이 지나지 아니한 자
- ㉢ 이 법, 「소방기본법」, 「화재예방, 소방시설 설치 · 유지 및 안전관리에 관한 법률」 또는 「소방시설공사업법」에 따른 금고 이상의 형의 집행유예 선고를 받고 그 유예기간 중에 있는 자
- ㉣ 탱크시험자의 등록이 취소(㉠에 해당하여 자격이 취소된 경우는 제외)된 날부터 2년이 지나지 아니한 자
- ㉤ 법인으로서 그 대표자가 ㉠ 내지 ㉣의 어느 하나에 해당하는 경우

⑤ 시 · 도지사는 탱크시험자가 다음의 어느 하나에 해당하는 경우에는 행정안전부령으로 정하는 바에 따라 그 등록을 취소하거나 6월 이내의 기간을 정하여 업무의 정지를 명할 수 있다.(㉠ 내지 ㉢에 해당하는 경우에는 그 등록을 취소하여야 한다.)
- ㉠ 허위, 그 밖의 부정한 방법으로 등록을 한 경우
- ㉡ 등록의 결격사유에 해당하게 된 경우
- ㉢ 등록증을 다른 자에게 빌려준 경우
- ㉣ 등록기준에 미달하게 된 경우
- ㉤ 탱크안전성능시험 또는 점검을 허위로 하거나 이 법에 의한 기준에 맞지 아니하게 탱크안전성능시험 또는 점검을 실시하는 경우 등 탱크시험자로서 적합하지 아니하다고 인정하는 경우

⑥ 탱크시험자는 이 법 또는 이 법에 의한 명령에 따라 탱크안전성능시험 또는 점검에 관한 업무를 성실히 수행하여야 한다.

기출PLUS

기출 2018. 10. 13 소방공무원

**「위험물안전관리법 시행령」상 관계인이 예방규정을 정하여야 하는 제조소 등으로 옳지 않은 것은?**

① 지정수량의 10배 이상의 위험물을 취급하는 제조소
② 지정수량의 50배 이상의 위험물을 저장하는 옥외저장소
③ 지정수량의 150배 이상의 위험물을 저장하는 옥내저장소
④ 암반탱크저장소

지정수량의 100배 이상의 위험물을 저장하는 옥외저장소인 경우에 관계인이 예방규정을 정하여야 한다.

< 정답 ②

### (4) 예방규정〈법 제17조〉

① 대통령령이 정하는 제조소 등의 관계인은 당해 제조소 등의 화재예방과 화재 등 재해발생시의 비상조치를 위하여 행정안전부령이 정하는 바에 따라 예방규정을 정하여 당해 제조소 등의 사용을 시작하기 전에 시 · 도지사에게 제출하여야 한다. 예방규정을 변경한 때에도 또한 같다.

② 시 · 도지사는 ①에 따라 제출한 예방규정이 기준에 적합하지 아니하거나 화재예방이나 재해발생시의 비상조치를 위하여 필요하다고 인정하는 때에는 이를 반려하거나 그 변경을 명할 수 있다.

③ 제조소 등의 관계인과 그 종업원은 예방규정을 충분히 잘 익히고 준수하여야 한다.

**POINT 관계인이 예방규정을 정하여야 하는 제조소 등〈시행령 제15조〉** ✡ 2018 기출

① 지정수량의 10배 이상의 위험물을 취급하는 제조소
② 지정수량의 100배 이상의 위험물을 저장하는 옥외저장소
③ 지정수량의 150배 이상의 위험물을 저장하는 옥내저장소
④ 지정수량의 200배 이상의 위험물을 저장하는 옥외탱크저장소
⑤ 암반탱크저장소
⑥ 이송취급소
⑦ 지정수량의 10배 이상의 위험물을 취급하는 일반취급소. 다만, 제4류 위험물(특수인화물을 제외한다)만을 지정수량의 50배 이하로 취급하는 일반취급소(제1석유류 · 알코올류의 취급량이 지정수량의 10배 이하인 경우에 한한다)로서 다음의 어느 하나에 해당하는 것을 제외한다.
  ㉠ 보일러 · 버너 또는 이와 비슷한 것으로서 위험물을 소비하는 장치로 이루어진 일반취급소
  ㉡ 위험물을 용기에 옮겨 담거나 차량에 고정된 탱크에 주입하는 일반취급소

**POINT 예방규정의 작성 등〈시행규칙 제63조〉**

① 제조소 등의 관계인은 다음의 사항이 포함된 예방규정을 작성하여야 한다.
  ㉠ 위험물의 안전관리업무를 담당하는 자의 직무 및 조직에 관한 사항
  ㉡ 안전관리자가 여행 · 질병 등으로 인하여 그 직무를 수행할 수 없을 경우 그 직무의 대리자에 관한 사항
  ㉢ 자체소방대를 설치하여야 하는 경우에는 자체소방대의 편성과 화학소방자동차의 배치에 관한 사항
  ㉣ 위험물의 안전에 관계된 작업에 종사하는 자에 대한 안전교육 및 훈련에 관한 사항
  ㉤ 위험물시설 및 작업장에 대한 안전순찰에 관한 사항
  ㉥ 위험물시설 · 소방시설 그 밖의 관련시설에 대한 점검 및 정비에 관한 사항
  ㉦ 위험물시설의 운전 또는 조작에 관한 사항
  ㉧ 위험물 취급작업의 기준에 관한 사항
  ㉨ 이송취급소에 있어서는 배관공사 현장책임자의 조건 등 배관공사 현장에 대한 감독체제에 관한 사항과 배관주위에 있는 이송취급소 시설 외의 공사를 하는 경우 배관의 안전확보에 관한 사항
  ㉩ 재난, 그 밖의 비상시의 경우에 취하여야 하는 조치에 관한 사항
  ㉪ 위험물의 안전에 관한 기록에 관한 사항
  ㉫ 제조소 등의 위치 · 구조 및 설비를 명시한 서류와 도면의 정비에 관한 사항

㉮ 그 밖에 위험물의 안전관리에 관하여 필요한 사항

② 예방규정은 「산업안전보건법」에 따른 안전보건관리규정과 통합하여 작성할 수 있다.

③ 시행령 제15조(관계인이 예방규정을 정하여야 하는 제조소 등) 각 호의 어느 하나에 해당하는 제조소 등의 관계인은 예방규정을 제정하거나 변경한 경우에는 예방규정제출서에 제정 또는 변경한 예방규정 1부를 첨부하여 시·도지사 또는 소방서장에게 제출하여야 한다.

### (5) 정기점검 및 정기검사〈법 제18조〉

① 대통령령이 정하는 제조소 등의 관계인은 그 제조소 등에 대하여 행정안전부령이 정하는 바에 따라 기술기준에 적합한지의 여부를 정기적으로 점검하고 점검결과를 기록하여 보존하여야 한다.

② ①에 따라 정기점검을 한 제조소 등의 관계인은 점검을 한 날부터 30일 이내에 점검결과를 시·도지사에게 제출하여야 한다.

③ ①에 따른 정기점검의 대상이 되는 제조소 등의 관계인 가운데 대통령령으로 정하는 제조소 등의 관계인은 행정안전부령으로 정하는 바에 따라 소방본부장 또는 소방서장으로부터 해당 제조소 등이 기술기준에 적합하게 유지되고 있는지의 여부에 대하여 정기적으로 검사를 받아야 한다.

**POINT 특정·준특정 옥외탱크저장소의 정기점검〈시행규칙 제65조〉**

① 옥외탱크저장소 중 저장 또는 취급하는 액체위험물의 최대수량이 50만 리터 이상인 것(이하 "특정·준특정 옥외탱크저장소"라 한다)에 대하여는 정기점검 외에 다음의 어느 하나에 해당하는 기간 이내에 1회 이상 특정·준특정 옥외저장탱크(특정·준특정 옥외탱크저장소의 탱크를 말한다. 이하 같다)의 구조 등에 관한 안전점검(이하 "구조안전점검"이라 한다)을 하여야 한다. 다만, 해당 기간 이내에 특정·준특정 옥외저장탱크의 사용중단 등으로 구조안전점검을 실시하기가 곤란한 경우에는 관할소방서장에게 구조안전점검의 실시기간 연장신청(전자문서에 의한 신청을 포함한다)을 할 수 있으며, 그 신청을 받은 소방서장은 1년(특정·준특정 옥외저장탱크의 사용을 중지한 경우에는 사용중지기간)의 범위에서 실시기간을 연장할 수 있다.
 ㉠ 특정·준특정 옥의탱크저장소의 설치허가에 따른 완공검사합격확인증을 발급받은 날부터 12년
 ㉡ 최근의 정밀정기검사를 받은 날부터 11년
 ㉢ 특정·준특정 옥외저장탱크에 안전조치를 한 후 기술원에 구조안전점검시기 연장신청을 하여 해당 안전조치가 적정한 것으로 인정받은 경우에는 최근의 정밀정기검사를 받은 날부터 13년

② 특정·준특정 옥외저장탱크의 안전조치는 특정·준특정 옥외저장탱크의 부식 등에 대한 안전성을 확보하는 데 필요한 다음의 어느 하나의 조치로 한다.
 ㉠ 특정·준특정 옥외저장탱크의 부식방지 등을 위한 다음의 조치
 - 특정·준특정 옥외저장탱크의 내부의 부식을 방지하기 위한 코팅[유리입자(글래스플레이크)코팅 또는 유리섬유강화플라스틱 라이닝에 한한다] 또는 이와 동등 이상의 조치
 - 특정·준특정 옥외저장탱크의 에뉼러판 및 밑판 외면의 부식을 방지하는 조치
 - 특정·준특정 옥외저장탱크의 에뉼러판 및 밑판의 두께가 적정하게 유지되도록 하는 조치

**기출PLUS**

**정기점검의 횟수〈시행규칙 제64조〉**
제조소 등의 관계인은 당해 제조소 등에 대하여 연 1회 이상 정기점검을 실시하여야 한다.

**정기점검의 대상인 제조소 등〈시행령 제16조〉** ✡ 2021 기출
법 제18조 제1항에서 "대통령령이 정하는 제조소 등"이라 함은 다음의 1에 해당하는 제조소 등을 말한다.
1. 시행령 제15조 각호의 1에 해당하는 제조소 등
2. 지하탱크저장소
3. 이동탱크저장소
4. 위험물을 취급하는 탱크로서 지하에 매설된 탱크가 있는 제조소·주유취급소 또는 일반취급소

**정기검사의 대상인 제조소 등〈시행령 제17조〉**
법 제18조 제2항에서 "대통령령이 정하는 제조소 등"이라 함은 액체위험물을 저장 또는 취급하는 50만 리터 이상의 옥외탱크저장소를 말한다.

기출PLUS

- 특정 · 준특정 옥외저장탱크에 구조상의 영향을 줄 우려가 있는 보수를 하지 아니하거나 변형이 없도록 하는 조치
- 현저한 부등침하가 없도록 하는 조치
- 지반이 충분한 지지력을 확보하는 동시에 침하에 대하여 충분한 안전성을 확보하는 조치
- 특정 · 준특정 옥외저장탱크의 유지관리체제의 적정 유지

ⓒ 위험물의 저장관리 등에 관한 다음의 조치
- 부식의 발생에 영향을 주는 물 등의 성분의 적절한 관리
- 특정 · 준특정 옥외저장탱크에 대하여 현저한 부식성이 있는 위험물을 저장하지 아니하도록 하는 조치
- 부식의 발생에 현저한 영향을 미치는 저장조건의 변경을 하지 아니하도록 하는 조치
- 특정 · 준특정 옥외저장탱크의 에뉼러판 및 밑판의 부식율(에뉼러판 및 밑판이 부식에 의하여 감소한 값을 판의 경과연수로 나누어 얻은 값을 말한다)이 연간 0.05밀리미터 이하일 것
- 특정 · 준특정 옥외저장탱크의 에뉼러판 및 밑판 외면의 부식을 방지하는 조치
- 특정 · 준특정 옥외저장탱크의 에뉼러판 및 밑판의 두께가 적정하게 유지되도록 하는 조치
- 특정 · 준특정 옥외저장탱크에 구조상의 영향을 줄 우려가 있는 보수를 하지 아니하거나 변형이 없도록 하는 조치
- 현저한 부등침하가 없도록 하는 조치
- 지반이 충분한 지지력을 확보하는 동시에 침하에 대하여 충분한 안전성을 확보하는 조치
- 특정 · 준특정 옥외저장탱크의 유지관리체제의 적정 유지

POINT 정기점검의 기록 · 유지〈시행규칙 제68조〉

① 제조소 등의 관계인은 정기점검 후 다음의 사항을 기록하여야 한다.
㉠ 점검을 실시한 제조소 등의 명칭
㉡ 점검의 방법 및 결과
㉢ 점검연월일
㉣ 점검을 한 안전관리자 또는 점검을 한 탱크시험자와 점검에 입회한 안전관리자의 성명

② 정기점검기록은 다음의 구분에 의한 기간 동안 이를 보존하여야 한다.
㉠ 시행규칙 제65조 제1항의 규정에 의한 옥외저장탱크의 구조안전점검에 관한 기록 : 25년(동항 제3호[㉢]의 기간을 적용받는 경우 30년)
㉡ ㉠에 해당하지 아니하는 정기점검의 기록 : 3년

### (6) 자체소방대〈법 제19조〉

다량의 위험물을 저장 · 취급하는 제조소 등으로서 대통령령이 정하는 제조소 등이 있는 동일한 사업소에서 대통령령이 정하는 수량 이상의 위험물을 저장 또는 취급하는 경우 당해 사업소의 관계인은 대통령령이 정하는 바에 따라 당해 사업소에 자체소방대를 설치하여야 한다.

POINT 자체소방대를 설치하여야 하는 사업소〈시행령 제18조〉

① 법 제19조에서 “대통령령이 정하는 제조소 등”이란 다음 각 호의 어느 하나에 해당하는 제조소 등을 말한다.

㉠ 제4류 위험물을 취급하는 제조소 또는 일반취급소. 다만, 보일러로 위험물을 소비하는 일반취급소 등 행정안전부령으로 정하는 일반취급소는 제외한다.
㉡ 제4류 위험물을 저장하는 옥외탱크저장소

② 법 제19조에서 "대통령령이 정하는 수량 이상"이란 다음 각 호의 구분에 따른 수량을 말한다.
㉠ 제1항 ㉠에 해당하는 경우 : 제조소 또는 일반취급소에서 취급하는 제4류 위험물의 최대수량의 합이 지정수량의 3천 배 이상
㉡ 제1항 ㉡에 해당하는 경우 : 옥외탱크저장소에 저장하는 제4류 위험물의 최대수량이 지정수량의 50만 배 이상

③ 자체소방대를 설치하는 사업소의 관계인은 별표8의 규정에 의하여 자체소방대에 화학소방자동차 및 자체소방대원을 두어야 한다. 다만, 화재 그 밖의 재난발생시 다른 사업소 등과 상호응원에 관한 협정을 체결하고 있는 사업소에 있어서는 행정안전부령이 정하는 바에 따라 별표8의 범위 안에서 화학소방자동차 및 인원의 수를 달리할 수 있다.

**POINT 자체소방대의 설치 제외대상인 일반취급소〈시행규칙 제73조〉**
① 보일러, 버너 그 밖에 이와 유사한 장치로 위험물을 소비하는 일반취급소
② 이동저장탱크 그 밖에 이와 유사한 것에 위험물을 주입하는 일반취급소
③ 용기에 위험물을 옮겨 담는 일반취급소
④ 유압장치, 윤활유순환장치 그 밖에 이와 유사한 장치로 위험물을 취급하는 일반취급소
⑤ 「광산안전법」의 적용을 받는 일반취급소

**[자체소방대에 두는 화학소방자동차 및 인원(시행령 제18조 제3항 관련 별표8)]**

| 사업소의 구분 | 화학소방자동차 | 자체 소방대원의 수 |
|---|---|---|
| 1. 제조소 또는 일반취급소에서 취급하는 제4류 위험물의 최대수량의 합이 지정수량의 3천 배 이상 12만 배 미만인 사업소 | 1대 | 5인 |
| 2. 제조소 또는 일반취급소에서 취급하는 제4류 위험물의 최대수량의 합이 지정수량의 12만 배 이상 24만 배 미만인 사업소 | 2대 | 10인 |
| 3. 제조소 또는 일반취급소에서 취급하는 제4류 위험물의 최대수량의 합이 지정수량의 24만 배 이상 48만 배 미만인 사업소 | 3대 | 15인 |
| 4. 제조소 또는 일반취급소에서 취급하는 제4류 위험물의 최대수량의 합이 지정수량의 48만 배 이상인 사업소 | 4대 | 20인 |
| 5. 옥외탱크저장소에 저장하는 제4류 위험물의 최대수량이 지정수량의 50만 배 이상인 사업소 | 2대 | 10인 |

※ 비고 : 화학소방자동차에는 행정안전부령으로 정하는 소화능력 및 설비를 갖추어야 하고, 소화활동에 필요한 소화약제 및 기구(방열복 등 개인장구를 포함한다)를 비치하여야 한다.

✡ 2018 기출

기출PLUS

기출 2018. 10. 13 소방공무원

**다음은 자체소방대에 두는 화학소방자동차와 자체소방대원의 수에 관한 규정이다. 빈칸에 들어갈 숫자가 바르게 짝지어진 것은?**

보기
제조소 또는 일반취급소에서 취급하는 제4류 위험물의 최대수량의 합이 지정수량의 24만 배 이상 48만 배 미만인 사업소에는 화학소방자동차 ( ㉠ )대와 자체소방대원 ( ㉡ )인을 두어야 한다.

| | ㉠ | ㉡ |
|---|---|---|
| ① | 2 | 10 |
| ② | 2 | 15 |
| ③ | 3 | 10 |
| ④ | 3 | 15 |

TIP
시행령 별표8(자체소방대에 두는 화학소방자동차 및 인원) 참조

〈정답 ④

기출PLUS

## section 4 위험물의 운반 등

### (1) 위험물의 운반〈법 제20조〉

① 위험물의 운반은 그 용기 · 적재방법 및 운반방법에 관한 다음의 중요기준과 세부기준에 따라 행하여야 한다.

㉠ 중요기준 : 화재 등 위해의 예방과 응급조치에 있어서 큰 영향을 미치거나 그 기준을 위반하는 경우 직접적으로 화재를 일으킬 가능성이 큰 기준으로서 행정안전부령이 정하는 기준

㉡ 세부기준 : 화재 등 위해의 예방과 응급조치에 있어서 중요기준보다 상대적으로 적은 영향을 미치거나 그 기준을 위반하는 경우 간접적으로 화재를 일으킬 수 있는 기준 및 위험물의 안전관리에 필요한 표시와 서류 · 기구 등의 비치에 관한 기준으로서 행정안전부령이 정하는 기준

② ①에 따라 운반용기에 수납된 위험물을 지정수량 이상으로 차량에 적재하여 운반하는 차량의 운전자는 다음 각 호의 어느 하나에 해당하는 요건을 갖추어야 한다.

㉠ 「국가기술자격법」에 따른 위험물 분야의 자격을 취득할 것

㉡ 제28조 제1항에 따른 교육을 수료할 것

③ 시 · 도지사는 운반용기를 제작하거나 수입한 자 등의 신청에 따라 운반용기를 검사할 수 있다. 다만, 기계에 의하여 하역하는 구조로 된 대형의 운반용기로서 행정안전부령이 정하는 것을 제작하거나 수입한 자 등은 행정안전부령이 정하는 바에 따라 당해 용기를 사용하거나 유통시키기 전에 시 · 도지사가 실시하는 운반용기에 대한 검사를 받아야 한다.

### (2) 위험물의 운송〈법 제21조〉

① 이동탱크저장소에 의하여 위험물을 운송하는 자(운송책임자 및 이동탱크저장소운전자를 말하며, 이하 "위험물운송자"라 한다)는 제20조 제2항의 어느 하나에 해당하는 요건을 갖추어야 한다.

② 대통령령이 정하는 위험물의 운송에 있어서는 운송책임자(위험물 운송의 감독 또는 지원을 하는 자를 말한다. 이하 같다)의 감독 또는 지원을 받아 이를 운송하여야 한다. 운송책임자의 범위, 감독 또는 지원의 방법 등에 관한 구체적인 기준은 행정안전부령으로 정한다.

**POINT** 운송책임자의 감독 · 지원을 받아 운송하여야 하는 위험물〈시행령 제19조〉

✡ 2018 기출

㉠ 알킬알루미늄

㉡ 알킬리튬

㉢ 알킬알루미늄 또는 알킬리튬의 물질을 함유하는 위험물

---

기출 2018. 10. 13 소방공무원

**「위험물안전관리법 시행령」상 운송책임자의 감독 또는 지원을 받아 운송하여야 하는 위험물로 옳은 것은?**

① 알킬알루미늄, 알킬리튬
② 마그네슘, 염소류
③ 적린, 금속분
④ 유황, 황산

TIP

알킬알루미늄 운송 시, 알킬리튬 운송 시, 알킬알루미늄 또는 알킬리튬의 물질을 함유하는 위험물 운송 시에 운송책임자를 두어야 한다.

<정답 ④

기출PLUS

③ 위험물운송자는 이동탱크저장소에 의하여 위험물을 운송하는 때에는 행정안전부령으로 정하는 기준을 준수하는 등 당해 위험물의 안전확보를 위하여 세심한 주의를 기울여야 한다.

## section 5 감독 및 조치명령

### (1) 출입 · 검사 등〈법 제22조〉

① 소방청장(중앙 119구조본부장 및 그 소속 기관의 장을 포함한다. 이하 제22조의 2에서 같다.), 시 · 도지사, 소방본부장 또는 소방서장은 위험물의 저장 또는 취급에 따른 화재의 예방 또는 진압대책을 위하여 필요한 때에는 위험물을 저장 또는 취급하고 있다고 인정되는 장소의 관계인에 대하여 필요한 보고 또는 자료제출을 명할 수 있으며, 관계공무원으로 하여금 당해 장소에 출입하여 그 장소의 위치 · 구조 · 설비 및 위험물의 저장 · 취급상황에 대하여 검사하게 하거나 관계인에게 질문하게 하고 시험에 필요한 최소한의 위험물 또는 위험물로 의심되는 물품을 수거하게 할 수 있다. 다만, 개인의 주거는 관계인의 승낙을 얻은 경우 또는 화재발생의 우려가 커서 긴급한 필요가 있는 경우가 아니면 출입할 수 없다.

② 소방공무원 또는 경찰공무원은 위험물운반자 또는 위험물운송자의 요건을 확인하기 위하여 필요하다고 인정하는 경우에는 주행 중인 위험물 운반 차량 또는 이동탱크저장소를 정지시켜 해당 위험물운반자 또는 위험물운송자에게 그 자격을 증명할 수 있는 국가기술자격증 또는 교육수료증의 제시를 요구할 수 있으며, 이를 제시하지 아니한 경우에는 주민등록증, 여권, 운전면허증 등 신원확인을 위한 증명서를 제시할 것을 요구하거나 신원확인을 위한 질문을 할 수 있다. 이 직무를 수행하는 경우에 있어서 소방공무원과 경찰공무원은 긴밀히 협력하여야 한다.

③ 출입 · 검사 등은 그 장소의 공개시간이나 근무시간 내 또는 해가 뜬 후부터 해가 지기 전까지의 시간 내에 행하여야 한다. 다만, 건축물 그 밖의 공작물의 관계인의 승낙을 얻은 경우 또는 화재발생의 우려가 커서 긴급한 필요가 있는 경우에는 그러하지 아니하다.

④ 출입 · 검사 등을 행하는 관계공무원은 관계인의 정당한 업무를 방해하거나 출입 · 검사 등을 수행하면서 알게 된 비밀을 다른 자에게 누설하여서는 아니된다.

⑤ 시 · 도지사, 소방본부장 또는 소방서장은 탱크시험자에게 탱크시험자의 등록 또는 그 업무에 관하여 필요한 보고 또는 자료제출을 명하거나 관계공무원으로 하여금 당해 사무소에 출입하여 업무의 상황 · 시험기구 · 장부 · 서류와 그 밖의 물건을 검사하게 하거나 관계인에게 질문하게 할 수 있다.

⑥ 출입 · 검사 등을 하는 관계공무원은 그 권한을 표시하는 증표를 지니고 관계인에게 이를 내보여야 한다.

**소방검사서〈시행규칙 제76조〉**
출입 · 검사 등을 행하는 관계공무원은 법 또는 법에 근거한 명령 또는 조례의 규정에 적합하지 아니한 사항을 발견한 때에는 그 내용을 기재한 위험물제조소 등 소방검사서의 사본을 검사현장에서 제조소 등의 관계인에게 교부하여야 한다. 다만, 도로상에서 주행중인 이동탱크저장소를 정지시켜 검사를 한 경우에는 그러하지 아니하다.

기출PLUS

 2018. 10. 13 소방공무원

**위험물의 누출 · 화재 · 폭발 등의 사고가 발생한 경우 사고의 원인 및 피해 등을 조사하여야 하는 자로 옳지 않은 것은?**

① 시 · 도지사
② 소방청장
③ 소방본부장
④ 소방서장

TIP

위험물 누출 등의 사고를 조사해야 하는 주체는 소방청장, 소방본부장 또는 소방서장이다.

< 정답 ④

**(2) 위험물 누출 등의 사고 조사〈법 제22조의2〉**

① 소방청장, 소방본부장 또는 소방서장은 위험물의 누출 · 화재 · 폭발 등의 사고가 발생한 경우 사고의 원인 및 피해 등을 조사하여야 한다. ✡ 2018 기출

② 위험물의 누출 · 화재 · 폭발 등의 사고 조사에 관하여는 제22조(출입 · 검사 등)의 규정 ① · ③ · ④ 및 ⑥을 준용한다.

③ 소방청장, 소방본부장 또는 소방서장은 사고 조사에 필요한 경우 자문을 하기 위하여 관련 분야에 전문지식이 있는 사람으로 구성된 사고조사위원회를 둘 수 있다.

④ 사고조사위원회의 구성과 운영 등에 필요한 사항은 대통령령으로 정한다.

**(3) 탱크시험자에 대한 명령〈법 제23조〉**

시 · 도지사, 소방본부장 또는 소방서장은 탱크시험자에 대하여 당해 업무를 적정하게 실시하게 하기 위하여 필요하다고 인정하는 때에는 감독상 필요한 명령을 할 수 있다.

**(4) 무허가장소의 위험물에 대한 조치명령〈법 제24조〉**

시 · 도지사, 소방본부장 또는 소방서장은 위험물에 의한 재해를 방지하기 위하여 제6조(위험물시설의 설치 및 변경 등) 제1항의 규정에 따른 허가를 받지 아니하고 지정수량 이상의 위험물을 저장 또는 취급하는 자(제6조 제3항의 규정에 따라 허가를 받지 아니하는 자를 제외한다)에 대하여 그 위험물 및 시설의 제거 등 필요한 조치를 명할 수 있다.

**(5) 제조소 등에 대한 긴급 사용정지명령 등〈법 제25조〉**

시 · 도지사, 소방본부장 또는 소방서장은 공공의 안전을 유지하거나 재해의 발생을 방지하기 위하여 긴급한 필요가 있다고 인정하는 때에는 제조소 등의 관계인에 대하여 당해 제조소 등의 사용을 일시정지하거나 그 사용을 제한할 것을 명할 수 있다.

**(6) 저장 · 취급기준 준수명령 등〈법 제26조〉**

① 시 · 도지사, 소방본부장 또는 소방서장은 제조소 등에서의 위험물의 저장 또는 취급이 제5조(위험물의 저장 및 취급의 제한) 제3항의 규정에 위반된다고 인정하는 때에는 당해 제조소 등의 관계인에 대하여 동항의 기준에 따라 위험물을 저장 또는 취급하도록 명할 수 있다.

기출PLUS

② 시 · 도지사, 소방본부장 또는 소방서장은 관할하는 구역에 있는 이동탱크저장소에서의 위험물의 저장 또는 취급이 제5조 제3항의 규정에 위반된다고 인정하는 때에는 당해 이동탱크저장소의 관계인에 대하여 동항의 기준에 따라 위험물을 저장 또는 취급하도록 명할 수 있다.

③ 시 · 도지사, 소방본부장 또는 소방서장은 이동탱크저장소의 관계인에 대하여 명령을 한 경우에는 행정안전부령이 정하는 바에 따라 당해 이동탱크저장소의 허가를 한 시 · 도지사, 소방본부장 또는 소방서장에게 신속히 그 취지를 통지하여야 한다.

**POINT 이동탱크저장소에 관한 통보사항〈시행규칙 제77조〉**

시 · 도지사, 소방본부장 또는 소방서장은 이동탱크저장소의 관계인에 대하여 위험물의 저장 또는 취급기준 준수명령을 한 때에는 다음의 사항을 당해 이동탱크저장소의 허가를 한 소방서장에게 통보하여야 한다.

① 명령을 한 시 · 도지사, 소방본부장 또는 소방서장
② 명령을 받은 자의 성명 · 명칭 및 주소
③ 명령에 관계된 이동탱크저장소의 설치자, 상치장소 및 설치 또는 변경의 허가번호
④ 위반내용
⑤ 명령의 내용 및 그 이행사항
⑥ 그 밖에 명령을 한 시 · 도지사, 소방본부장 또는 소방서장이 통보할 필요가 있다고 인정하는 사항

### (7) 응급조치 · 통보 및 조치명령〈법 제27조〉

① 제조소 등의 관계인은 당해 제조소 등에서 위험물의 유출 그 밖의 사고가 발생한 때에는 즉시 그리고 지속적으로 위험물의 유출 및 확산의 방지, 유출된 위험물의 제거 그 밖에 재해의 발생방지를 위한 응급조치를 강구하여야 한다.

② ①의 사태를 발견한 자는 즉시 그 사실을 소방서, 경찰서 또는 그 밖의 관계기관에 통보하여야 한다.

③ 소방본부장 또는 소방서장은 제조소 등의 관계인이 응급조치를 강구하지 아니하였다고 인정하는 때에는 응급조치를 강구하도록 명할 수 있다.

④ 소방본부장 또는 소방서장은 그 관할하는 구역에 있는 이동탱크저장소의 관계인에 대하여 응급조치를 강구하도록 명할 수 있다.

기출PLUS

**안전교육대상자〈시행령 제20조〉**
① 안전관리자로 선임된 자
② 탱크시험자의 기술인력으로 종사하는 자
③ 위험물운반자로 종사하는 자
③ 위험물운송자로 종사하는 자

## section 6 보칙

### (1) 안전교육〈법 제28조〉

① 안전관리자 · 탱크시험자 · 위험물운반자 · 위험물운송자 등 위험물의 안전관리와 관련된 업무를 수행하는 자로서 대통령령이 정하는 자는 해당 업무에 관한 능력의 습득 또는 향상을 위하여 소방청장이 실시하는 교육을 받아야 한다.

② 제조소 등의 관계인은 교육대상자에 대하여 필요한 안전교육을 받게 하여야 한다.

③ 교육의 과정 및 기간과 그 밖에 교육의 실시에 관하여 필요한 사항은 행정안전부령으로 정한다.

④ 시 · 도지사, 소방본부장 또는 소방서장은 교육대상자가 교육을 받지 아니한 때에는 그 교육대상자가 교육을 받을 때까지 이 법의 규정에 따라 그 자격으로 행하는 행위를 제한할 수 있다.

POINT 안전교육〈시행규칙 제78조〉
① 소방청장은 안전교육을 강습교육과 실무교육으로 구분하여 실시한다.
② 안전교육의 과정 · 기간과 그 밖의 교육의 실시에 관한 사항은 별표24와 같다.
③ 기술원 또는 「소방기본법」 제40조에 따른 한국소방안전원(이하 "안전원"이라 한다)은 매년 교육실시계획을 수립하여 교육을 실시하는 해의 전년도 말까지 소방청장의 승인을 받아야 하고, 해당 연도 교육실시결과를 교육을 실시한 해의 다음 연도 1월 31일까지 소방청장에게 보고하여야 한다.
④ 소방본부장은 매년 10월 말까지 관할구역 안의 실무교육대상자 현황을 안전원에 통보하고 관할구역 안에서 안전원이 실시하는 안전교육에 관하여 지도 · 감독하여야 한다.

### (2) 청문〈법 제29조〉

시 · 도지사, 소방본부장 또는 소방서장은 다음의 어느 하나에 해당하는 처분을 하고자 하는 경우에는 청문을 실시하여야 한다.

① 제조소 등 설치허가의 취소

② 탱크시험자의 등록취소

기출PLUS

### (3) 권한의 위임 · 위탁〈법 제30조〉

① 소방청장 또는 시 · 도지사는 이 법에 따른 권한의 일부를 대통령령이 정하는 바에 따라 시 · 도지사, 소방본부장 또는 소방서장에게 위임할 수 있다.

② 소방청장, 시 · 도지사, 소방본부장 또는 소방서장은 이 법에 따른 업무의 일부를 대통령령이 정하는 바에 따라 소방기본법의 규정에 의한 한국소방안전원(이하 "안전원"라 한다) 또는 기술원에 위탁할 수 있다.

### (4) 수수료 등〈법 제31조〉

다음에 해당하는 승인 · 허가 · 검사 또는 교육 등을 받으려는 자나 등록 또는 신고를 하려는 자는 행정안전부령이 정하는 바에 따라 수수료 또는 교육비를 납부하여야 한다.

① 임시저장 · 취급의 승인

② 제조소 등의 설치 또는 변경의 허가

③ 제조소 등의 탱크안전성능검사

④ 제조소 등의 완공검사

⑤ 설치자의 지위승계신고

⑥ 탱크시험자의 등록

⑦ 탱크시험자의 등록사항 변경신고

⑧ 정기검사

⑨ 운반용기의 검사

⑩ 안전교육

### (5) 벌칙적용에 있어서의 공무원 의제〈법 제32조〉

다음에 해당하는 자는 형법 제129조 내지 제132조의 적용에 있어서는 이를 공무원으로 본다.

① 제8조(탱크안전성능검사) 제1항 후단의 규정에 따른 검사업무에 종사하는 기술원의 담당 임원 및 직원

② 탱크시험자의 업무에 종사하는 자

③ 위탁받은 업무에 종사하는 안전원 및 기술원의 담당 임원 및 직원

**형법 제129조~제132조**
- 제129조(수뢰, 사전수뢰)
- 제130조(제삼자 뇌물제공)
- 제131조(수뢰 후 부정처사, 사후수뢰)
- 제132조(알선수뢰)

기출PLUS

## section 7 벌칙

### (1) 벌칙〈법 제33조〉

① 제조소 등에서 위험물을 유출·방출 또는 확산시켜 사람의 생명·신체 또는 재산에 대하여 위험을 발생시킨 자는 1년 이상 10년 이하의 징역에 처한다.

② ①에 따른 죄를 범하여 사람을 상해(傷害)에 이르게 한 때에는 무기 또는 3년 이상의 징역에 처하며, 사망에 이르게 한 때에는 무기 또는 5년 이상의 징역에 처한다.

### (2) 벌칙〈법 제34조〉

① 업무상 과실로 제조소 등에서 위험물을 유출·방출 또는 확산시켜 사람의 생명·신체 또는 재산에 대하여 위험을 발생시킨 자는 7년 이하의 금고 또는 7천만 원 이하의 벌금에 처한다.

② ①의 죄를 범하여 사람을 사상(死傷)에 이르게 한 자는 10년 이하의 징역 또는 금고나 1억 원 이하의 벌금에 처한다.

### (3) 벌칙〈법 제34조의2〉

제조소 등의 설치허가를 받지 아니하고 제조소 등을 설치한 자는 5년 이하의 징역 또는 1억 원 이하의 벌금에 처한다.

### (4) 벌칙〈법 제34조의3〉

저장소 또는 제조소 등이 아닌 장소에서 지정수량 이상의 위험물을 저장 또는 취급한 자는 3년 이하의 징역 또는 3천만 원 이하의 벌금에 처한다.

### (5) 1년 이하의 징역 또는 1천만 원 이하의 벌금〈법 제35조〉

① 탱크시험자로 등록하지 아니하고 탱크시험자의 업무를 한 자

② 정기점검을 하지 아니하거나 점검기록을 허위로 작성한 관계인으로서 위험물시설의 설치 및 변경 등의 허가(허가가 면제된 경우 및 협의로써 허가를 받은 것으로 보는 경우를 포함한다)를 받은 자

③ 정기검사를 받지 아니한 관계인으로서 위험물시설의 설치 및 변경 등의 허가를 받은 자

④ 자체소방대를 두지 아니한 관계인으로서 위험물시설의 설치 및 변경 등의 허가를 받은 자

⑤ 제20조 제3항의 단서를 위반하여 운반용기에 대한 검사를 받지 아니하고 운반용기를 사용하거나 유통시킨 자

⑥ 출입 · 검사 등의 규정에 따른 명령을 위반하여 보고 또는 자료제출을 하지 아니하거나 허위의 보고 또는 자료제출을 한 자 또는 관계공무원의 출입 · 검사 또는 수거를 거부 · 방해 또는 기피한 자

⑦ 제조소 등에 대한 긴급 사용정지 · 제한명령을 위반한 자

### (6) 1천 5백만 원 이하의 벌금〈법 제36조〉 ✡ 2020 기출

① 위험물의 저장 또는 취급에 관한 중요기준에 따르지 아니한 자

② 변경허가를 받지 아니하고 제조소 등을 변경한 자

③ 제조소 등의 완공검사를 받지 아니하고 위험물을 저장 · 취급한 자

④ 안전조치 이행명령을 따르지 아니한 자

⑤ 제조소 등의 사용정지명령을 위반한 자

⑥ 수리 · 개조 또는 이전의 명령에 따르지 아니한 자

⑦ 위험물 안전관리자를 선임하지 아니한 관계인으로서 위험물시설의 설치 및 변경 등의 허가를 받은 자

⑧ 대리자를 지정하지 아니한 관계인으로서 위험물시설의 설치 및 변경 등의 허가를 받은 자

⑨ 제16조(탱크시험자의 등록 등) 제5항의 규정에 따른 업무정지명령을 위반한 자

⑩ 탱크안전성능시험 또는 점검에 관한 업무를 허위로 하거나 그 결과를 증명하는 서류를 허위로 교부한 자

⑪ 제17조(예방규정) 제1항 전단의 규정에 위반하여 예방규정을 제출하지 아니하거나 변경명령을 위반한 관계인으로서 위험물시설의 설치 및 변경 등의 허가를 받은 자

⑫ 제22조(출입 · 검사 등) 제2항에 따른 정지지시를 거부하거나 국가기술자격증, 교육수료증 · 신원확인을 위한 증명서의 제시 요구 또는 신원확인을 위한 질문에 응하지 아니한 사람

⑬ 제22조(출입 · 검사 등) 제5항의 규정에 따른 명령을 위반하여 보고 또는 자료제출을 하지 아니하거나 허위의 보고 또는 자료제출을 한 자 및 관계공무원의 출입 또는 조사 · 검사를 거부 · 방해 또는 기피한 자

⑭ 탱크시험자에 대한 감독상 명령에 따르지 아니한 자

⑮ 무허가장소의 위험물에 대한 조치명령에 따르지 아니한 자

⑯ 저장 · 취급기준 준수명령 또는 응급조치명령을 위반한 자

기출PLUS

TIP

**제20조 제3항**

시 · 도지사는 운반용기를 제작하거나 수입한 자 등의 신청에 따라 제1항의 규정에 따른 운반용기를 검사할 수 있다. 다만, 기계에 의하여 하역하는 구조로 된 대형의 운반용기로서 행정안전부령이 정하는 것을 제작하거나 수입한 자 등은 행정안전부령이 정하는 바에 따라 당해 용기를 사용하거나 유통시키기 전에 시 · 도지사가 실시하는 운반용기에 대한 검사를 받아야 한다.

기출PLUS

기출 2020. 6. 20. 소방공무원

**「위험물안전관리법」상 벌칙 기준이 다른 것은?**

① 제조소등의 사용정지명령을 위반한 자
② 변경허가를 받지 아니하고 제조소등을 변경한 자
③ 위험물의 저장 또는 취급에 관한 중요기준에 따르지 아니한 자
④ 위험물안전관리자 또는 그 대리자가 참여하지 아니한 상태에서 위험물을 취급한 자

TIP

④의 경우 1천만 원 이하의 벌금에 처해진다(동법 제37조).
①②③은 동법 제36조에 따라 1천 5백만 원 이하의 벌금에 처해진다(각 제4호, 제2호, 제1호).

< 정답 ④

### (7) 1천만 원 이하의 벌금〈법 제37조〉

① 위험물의 취급에 관한 안전관리와 감독을 하지 아니한 자

② 위험물취급자격자가 아닌 자로서 안전관리자 또는 그 대리자가 참여하지 아니한 상태에서 위험물을 취급한 자 ✡ 2020 기출

③ 제17조(예방규정) 제1항 후단의 규정을 위반하여 변경한 예방규정을 제출하지 아니한 관계인으로서 위험물시설의 설치 및 변경 등의 허가를 받은 자

④ 위험물의 운반에 관한 중요기준에 따르지 아니한 자

⑤ 위험물의 운반에 관한 규정을 위반하여 요건을 갖추지 아니한 위험물운반자

⑥ 위험물의 운송의 규정(법 제21조 제1항 및 제2항)을 위반한 위험물운송자

⑦ 출입 · 검사 등 규정(법 제22조 제4항)을 위반하여 관계인의 정당한 업무를 방해하거나 출입 · 검사 등을 수행하면서 알게 된 비밀을 누설한 자

### (8) 양벌규정〈법 제38조〉

① 법인의 대표자나 법인 또는 개인의 대리인, 사용인, 그 밖의 종업원이 그 법인 또는 개인의 업무에 관하여 제33조 제1항의 위반행위(제조소 등에서 위험물을 유출 · 방출 또는 확산시켜 사람의 생명 · 신체 또는 재산에 대하여 위험을 발생시킨 행위)를 하면 그 행위자를 벌하는 외에 그 법인 또는 개인을 5천만 원 이하의 벌금에 처하고, 같은 조 제2항의 위반행위(제조소 등에서 위험물을 유출 · 방출 또는 확산시켜 사람을 상해에 이르게 한 때)를 하면 그 행위자를 벌하는 외에 그 법인 또는 개인을 1억 원 이하의 벌금에 처한다. 다만, 법인 또는 개인이 그 위반행위를 방지하기 위하여 해당 업무에 관하여 상당한 주의와 감독을 게을리 하지 아니한 경우에는 그러하지 아니하다.

② 법인의 대표자나 법인 또는 개인의 대리인, 사용인, 그 밖의 종업원이 그 법인 또는 개인의 업무에 관하여 제34조부터 제37조까지의 어느 하나에 해당하는 위반행위를 하면 그 행위자를 벌하는 외에 그 법인 또는 개인에게도 해당 조문의 벌금형을 과(科)한다. 다만, 법인 또는 개인이 그 위반행위를 방지하기 위하여 해당 업무에 관하여 상당한 주의와 감독을 게을리 하지 아니한 경우에는 그러하지 아니하다.

기출PLUS

#### (9) 과태료〈법 제39조〉

① 500만 원 이하의 과태료

㉠ 제5조(위험물의 저장 및 취급의 제한) 제2항 제1호 규정에 따라 시·도의 조례가 정하는 바에 따른 관할소방서장의 승인을 받지 아니한 자

㉡ 제5조(위험물의 저장 및 취급의 제한) 제3항 제2호 규정에 따른 위험물의 저장 또는 취급에 관한 세부기준을 위반한 자

㉢ 제6조(위험물시설의 설치 및 변경 등) 제2항의 규정에 따른 품명 등의 변경신고를 기간 내에 하지 아니하거나 허위로 한 자

㉣ 제10조(제조소 등 설치자의 지위승계) 제3항의 규정에 따른 지위승계신고를 기간 이내에 하지 아니하거나 허위로 한 자

㉤ 제조소 등의 폐지신고 또는 안전관리자의 선임신고를 기간 이내에 하지 아니하거나 허위로 한 자

㉥ 제조소 등의 사용 중지신고 또는 재개신고를 기간 이내에 하지 아니하거나 거짓으로 한 자

㉦ 제16조(탱크시험자의 등록 등)의 제3항의 규정을 위반하여 등록사항의 변경신고를 기간 이내에 하지 아니하거나 허위로 한 자

㉧ 제18조(정기점검 및 정기검사) 제1항의 규정을 위반하여 점검결과를 기록·보존하지 아니한 자

㉨ 제18조(정기점검 및 정기검사)제2항을 위반하여 기간 이내에 점검결과를 제출하지 아니한 자

㉩ 제20조(위험물의 운반) 제1항 제2호의 규정을 위반하여 위험물의 운반에 관한 세부기준을 위반한 자

㉪ 제21조(위험물의 운송) 제3항의 규정을 위반하여 위험물의 운송에 관한 기준을 따르지 아니한 자

② 과태료는 대통령령이 정하는 바에 따라 시·도지사, 소방본부장 또는 소방서장(이하 "부과권자"라 한다)이 부과·징수한다.

③ 제4조(지정수량 미만인 위험물의 저장·취급) 및 제5조(위험물의 저장 및 취급의 제한) 제2항 각 호 외의 부분 후단의 규정에 따른 조례에는 200만 원 이하의 과태료를 정할 수 있다. 이 경우 과태료는 부과권자가 부과·징수한다.

기출PLUS

기출 2019. 4. 6 소방공무원

「위험물안전관리법 시행령」상 위험물의 지정수량이 가장 큰 것은?

① 브롬산염류
② 아염소산염류
③ 과염소산염류
④ 중크롬산염류

TIP

제1류 산화성 고체로서 각 지정 수량
- 브롬산염류 : 300킬로그램
- 아염소산염류, 과염소산염류 : 50킬로그램
- 중크롬산염류 : 1,000킬로그램

<정답 ④

# 부록 – 별표

## Ⅰ. 위험물 및 지정수량〈시행령 별표1〉 2019 기출 2021 기출

| 위험물 | | | 지정수량 |
|---|---|---|---|
| 유별 | 성질 | 품명 | |
| 제1류 | 산화성 고체 | 1. 아염소산염류 | 50킬로그램 |
| | | 2. 염소산염류 | 50킬로그램 |
| | | 3. 과염소산염류 | 50킬로그램 |
| | | 4. 무기과산화물 | 50킬로그램 |
| | | 5. 브롬산염류 | 300킬로그램 |
| | | 6. 질산염류 | 300킬로그램 |
| | | 7. 요오드산염류 | 300킬로그램 |
| | | 8. 과망간산염류 | 1,000킬로그램 |
| | | 9. 중크롬산염류 | 1,000킬로그램 |
| | | 10. 그 밖에 행정안전부령으로 정하는 것 | 50킬로그램, 300킬로그램 또는 1,000킬로그램 |
| | | 11. 제1호 내지 제10호의 1에 해당하는 어느 하나 이상을 함유한 것 | |
| 제2류 | 가연성 고체 | 1. 황화린 | 100킬로그램 |
| | | 2. 적린 | 100킬로그램 |
| | | 3. 유황 | 100킬로그램 |
| | | 4. 철분 | 500킬로그램 |
| | | 5. 금속분 | 500킬로그램 |
| | | 6. 마그네슘 | 500킬로그램 |
| | | 7. 그 밖에 행정안전부령으로 정하는 것 | 100킬로그램 또는 500킬로그램 |
| | | 8. 제1호 내지 제7호의 1에 해당하는 어느 하나 이상을 함유한 것 | |
| | | 9. 인화성 고체 | 1,000킬로그램 |
| 제3류 | 자연발화성 물질 및 금수성 물질 | 1. 칼륨 | 10킬로그램 |
| | | 2. 나트륨 | 10킬로그램 |
| | | 3. 알킬알루미늄 | 10킬로그램 |
| | | 4. 알킬리튬 | 10킬로그램 |
| | | 5. 황린 | 20킬로그램 |
| | | 6. 알칼리금속(칼륨 및 나트륨을 제외한다) 및 알칼리토금속 | 50킬로그램 |

기출PLUS

| | | | | |
|---|---|---|---|---|
| | | 7. 유기금속화합물(알킬알루미늄 및 알킬리튬을 제외한다) | | 50킬로그램 |
| | | 8. 금속의 수소화물 | | 300킬로그램 |
| | | 9. 금속의 인화물 | | 300킬로그램 |
| | | 10. 칼슘 또는 알루미늄의 탄화물 | | 300킬로그램 |
| | | 11. 그 밖에 행정안전부령으로 정하는 것 | | 10킬로그램, 20킬로그램, 50킬로그램 또는 300킬로그램 |
| | | 12. 제1호 내지 제11호의 1에 해당하는 어느 하나 이상을 함유한 것 | | |
| 제4류 | 인화성 액체 | 1. 특수인화물 | | 50리터 |
| | | 2. 제1석유류 | 비수용성 액체 | 200리터 |
| | | | 수용성 액체 | 400리터 |
| | | 3. 알코올류 | | 400리터 |
| | | 4. 제2석유류 | 비수용성 액체 | 1,000리터 |
| | | | 수용성 액체 | 2,000리터 |
| | | 5. 제3석유류 | 비수용성 액체 | 2,000리터 |
| | | | 수용성 액체 | 4,000리터 |
| | | 6. 제4석유류 | | 6,000리터 |
| | | 7. 동식물유류 | | 10,000리터 |
| 제5류 | 자기 반응성 물질 | 1. 유기과산화물 | | 10킬로그램 |
| | | 2. 질산에스테르류 | | 10킬로그램 |
| | | 3. 니트로화합물 | | 200킬로그램 |
| | | 4. 니트로소화합물 | | 200킬로그램 |
| | | 5. 아조화합물 | | 200킬로그램 |
| | | 6. 디아조화합물 | | 200킬로그램 |
| | | 7. 히드라진 유도체 | | 200킬로그램 |
| | | 8. 히드록실아민 | | 100킬로그램 |
| | | 9. 히드록실아민염류 | | 100킬로그램 |
| | | 10. 그 밖에 행정안전부령으로 정하는 것 | | 10킬로그램 100킬로그램 또는 200킬로그램 |
| | | 11. 제1호 내지 제10호의 1에 해당하는 어느 하나 이상을 함유한 것 | | |
| 제6류 | 산화성 액체 | 1. 과염소산 | | 300킬로그램 |
| | | 2. 과산화수소 | | 300킬로그램 |
| | | 3. 질산 | | 300킬로그램 |
| | | 4. 그 밖에 행정안전부령으로 정하는 것 | | 300킬로그램 |
| | | 5. 제1호 내지 제4호의 1에 해당하는 어느 하나 이상을 함유한 것 | | 300킬로그램 |

기출PLUS

※ 비고 2018 기출

1. "산화성 고체"라 함은 고체[액체(1기압 및 섭씨 20도에서 액상인 것 또는 섭씨 20도 초과 섭씨 40도 이하에서 액상인 것을 말한다. 이하 같다)또는 기체(1기압 및 섭씨 20도에서 기상인 것을 말한다)외의 것을 말한다. 이하 같다]로서 산화력의 잠재적인 위험성 또는 충격에 대한 민감성을 판단하기 위하여 소방청장이 정하여 고시(이하 "고시"라 한다)하는 시험에서 고시로 정하는 성질과 상태를 나타내는 것을 말한다. 이 경우 "액상"이라 함은 수직으로 된 시험관(안지름 30밀리미터, 높이 120밀리미터의 원통형유리관을 말한다)에 시료를 55밀리미터까지 채운 다음 당해 시험관을 수평으로 하였을 때 시료액면의 선단이 30밀리미터를 이동하는 데 걸리는 시간이 90초 이내에 있는 것을 말한다.
2. "가연성 고체"라 함은 고체로서 화염에 의한 발화의 위험성 또는 인화의 위험성을 판단하기 위하여 고시로 정하는 시험에서 고시로 정하는 성질과 상태를 나타내는 것을 말한다.
3. 유황은 순도가 60중량퍼센트 이상인 것을 말한다. 이 경우 순도측정에 있어서 불순물은 활석 등 불연성물질과 수분에 한한다.
4. "철분"이라 함은 철의 분말로서 53마이크로미터의 표준체를 통과하는 것이 50중량퍼센트 미만인 것은 제외한다.
5. "금속분"이라 함은 알칼리금속 · 알칼리토류금속 · 철 및 마그네슘 외의 금속의 분말을 말하고, 구리분 · 니켈분 및 150마이크로미터의 체를 통과하는 것이 50중량퍼센트 미만인 것은 제외한다.
6. 마그네슘 및 제2류 제8호의 물품 중 마그네슘을 함유한 것에 있어서는 다음의 1에 해당하는 것은 제외한다.
   가. 2밀리미터의 체를 통과하지 아니하는 덩어리 상태의 것
   나. 지름 2밀리미터 이상의 막대 모양의 것
7. 황화린 · 적린 · 유황 및 철분은 제2호에 따른 성질과 상태가 있는 것으로 본다.
8. "인화성 고체"라 함은 고형알코올 그 밖에 1기압에서 인화점이 섭씨 40도 미만인 고체를 말한다.
9. "자연발화성물질 및 금수성물질"이라 함은 고체 또는 액체로서 공기 중에서 발화의 위험성이 있거나 물과 접촉하여 발화하거나 가연성가스를 발생하는 위험성이 있는 것을 말한다.
10. 칼륨 · 나트륨 · 알킬알루미늄 · 알킬리튬 및 황린은 제9호의 규정에 의한 성상이 있는 것으로 본다.
11. "인화성 액체"라 함은 액체(제3석유류, 제4석유류 및 동식물유류의 경우 1기압과 섭씨 20도에서 액체인 것만 해당)로서 인화의 위험성이 있는 것을 말한다. 다만, 다음의 어느 하나에 해당하는 것을 법 제20조 제1항의 중요기준과 세부기준에 따른 운반용기를 사용하여 운반하거나 저장(진열 및 판매를 포함한다)하는 경우는 제외한다.
    가. 「화장품법」에 따른 화장품 중 인화성 액체를 포함하고 있는 것
    나. 「약사법」에 따른 의약품 중 인화성액체를 포함하고 있는 것
    다. 「약사법」에 따른 의약외품(알코올류에 해당하는 것은 제외한다) 중 수용성인 인화성액체를 50부피퍼센트 이하로 포함하고 있는 것
    라. 「의료기기법」에 따른 체외진단용 의료기기 중 인화성액체를 포함하고 있는 것

마. 「생활화학제품 및 살생물제의 안전관리에 관한 법률」에 따른 안전확인대상 생활화학제품(알코올류에 해당하는 것은 제외한다) 중 수용성인 인화성액체를 50부피퍼센트 이하로 포함하고 있는 것

12. "특수인화물"이라 함은 이황화탄소, 디에틸에테르 그 밖에 1기압에서 발화점이 섭씨 100도 이하인 것 또는 인화점이 섭씨 영하 20도 이하이고 비점이 섭씨 40도 이하인 것을 말한다.
13. "제1석유류"라 함은 아세톤, 휘발유 그 밖에 1기압에서 인화점이 섭씨 21도 미만인 것을 말한다.
14. "알코올류"라 함은 1분자를 구성하는 탄소원자의 수가 1개부터 3개까지인 포화1가 알코올(변성알코올을 포함한다)을 말한다. 다만, 다음의 1에 해당하는 것은 제외한다.
    가. 1분자를 구성하는 탄소원자의 수가 1개 내지 3개의 포화1가 알코올의 함유량이 60중량퍼센트 미만인 수용액
    나. 가연성액체량이 60중량퍼센트 미만이고 인화점 및 연소점(태그개방식인화점측정기에 의한 연소점을 말한다. 이하 같다)이 에틸알코올 60중량퍼센트 수용액의 인화점 및 연소점을 초과하는 것
15. "제2석유류"라 함은 등유, 경유 그 밖에 1기압에서 인화점이 섭씨 21도 이상 70도 미만인 것을 말한다. 다만, 도료류 그 밖의 물품에 있어서 가연성 액체량이 40중량퍼센트 이하이면서 인화점이 섭씨 40도 이상인 동시에 연소점이 섭씨 60도 이상인 것은 제외한다.
16. "제3석유류"라 함은 중유, 클레오소트유 그 밖에 1기압에서 인화점이 섭씨 70도 이상 섭씨 200도 미만인 것을 말한다. 다만, 도료류 그 밖의 물품은 가연성 액체량이 40중량퍼센트 이하인 것은 제외한다.
17. "제4석유류"라 함은 기어유, 실린더유 그 밖에 1기압에서 인화점이 섭씨 200도 이상 섭씨 250도 미만의 것을 말한다. 다만 도료류 그 밖의 물품은 가연성 액체량이 40중량퍼센트 이하인 것은 제외한다.
18. "동식물유류"라 함은 동물의 지육 등 또는 식물의 종자나 과육으로부터 추출한 것으로서 1기압에서 인화점이 섭씨 250도 미만인 것을 말한다. 다만, 법 제20조 제1항의 규정에 의하여 행정안전부령으로 정하는 용기기준과 수납 · 저장기준에 따라 수납되어 저장 · 보관되고 용기의 외부에 물품의 통칭명, 수량 및 화기엄금(화기엄금과 동일한 의미를 갖는 표시를 포함한다)의 표시가 있는 경우를 제외한다.
19. "자기반응성 물질"이라 함은 고체 또는 액체로서 폭발의 위험성 또는 가열분해의 격렬함을 판단하기 위하여 고시로 정하는 시험에서 고시로 정하는 성질과 상태를 나타내는 것을 말한다.
20. 제5류 제11호의 물품에 있어서는 유기과산화물을 함유하는 것 중에서 불활성고체를 함유하는 것으로서 다음의 1에 해당하는 것은 제외한다.
    가. 과산화벤조일의 함유량이 35.5중량퍼센트 미만인 것으로서 전분가루, 황산칼슘2수화물 또는 인산1수소칼슘2수화물과의 혼합물
    나. 비스(4클로로벤조일)퍼옥사이드의 함유량이 30중량퍼센트 미만인 것으로서 불활성고체와의 혼합물
    다. 과산화지크밀의 함유량이 40중량퍼센트 미만인 것으로서 불활성고체와의 혼합물

**기출PLUS**

기출 2018. 10. 13 소방공무원

**「위험물안전관리법 시행령」상 용어에 대한 설명으로 옳지 않은 것은?**

① 특수인화물 : 이황화탄소, 디에틸에테르 그 밖에 1기압에서 발화점이 섭씨 100도 이하인 것 또는 인화점이 섭씨 영하 20도 이하이고 비점이 섭씨 40도 이하인 것

② 제1석유류 : 아세톤, 휘발유 그 밖에 1기압에서 인화점이 섭씨 70도 미만인 것

③ 제3석유류 : 중유, 클레오소트유 그 밖에 1기압에서 인화점이 섭씨 70도 이상 섭씨 200도 미만인 것

④ 동식물유류 : 동물의 지육 등 또는 식물의 종자나 과육으로부터 추출한 것으로서 1기압에서 인화점이 섭씨 250도 미만인 것

TIP

'제1석유류'라 함은 아세톤, 휘발유 그 밖에 1기압에서 인화점이 섭씨 21도 미만인 것을 말한다.

<정답 ②

기출PLUS

라. 1 · 4비스(2-터셔리부틸퍼옥시이소프로필)벤젠의 함유량이 40중량퍼센트 미만인 것으로서 불활성고체와의 혼합물

마. 시크로헥사놀퍼옥사이드의 함유량이 30중량퍼센트 미만인 것으로서 불활성고체와의 혼합물

21. "산화성 액체"라 함은 액체로서 산화력의 잠재적인 위험성을 판단하기 위하여 고시로 정하는 시험에서 고시로 정하는 성질과 상태를 나타내는 것을 말한다.

22. 과산화수소는 그 농도가 36중량퍼센트 이상인 것에 한하며, 제21호의 성상이 있는 것으로 본다.

23. 질산은 그 비중이 1.49 이상인 것에 한하며, 제21호의 성상이 있는 것으로 본다.

24. 위 표의 성질란에 규정된 성상을 2가지 이상 포함하는 물품(이하 "복수성상물품"이라 한다)이 속하는 품명은 다음의 1에 의한다.

가. 복수성상물품이 산화성 고체의 성상 및 가연성 고체의 성상을 가지는 경우 : 제2류 제8호의 규정에 의한 품명

나. 복수성상물품이 산화성 고체의 성상 및 자기반응성 물질의 성상을 가지는 경우 : 제5류 제11호의 규정에 의한 품명

다. 복수성상물품이 가연성 고체의 성상과 자연발화성 물질의 성상 및 금수성 물질의 성상을 가지는 경우 : 제3류 제12호의 규정에 의한 품명

라. 복수성상물품이 자연발화성 물질의 성상, 금수성 물질의 성상 및 인화성 액체의 성상을 가지는 경우 : 제3류 제12호의 규정에 의한 품명

마. 복수성상물품이 인화성 액체의 성상 및 자기반응성 물질의 성상을 가지는 경우 : 제5류 제11호의 규정에 의한 품명

25. 위 표의 지정수량란에 정하는 수량이 복수로 있는 품명에 있어서는 당해 품명이 속하는 유(類)의 품명 가운데 위험성의 정도가 가장 유사한 품명의 지정수량란에 정하는 수량과 같은 수량을 당해 품명의 지정수량으로 한다. 이 경우 위험물의 위험성을 실험 · 비교하기 위한 기준은 고시로 정할 수 있다.

26. 위 표의 기준에 따라 위험물을 판정하고 지정수량을 결정하기 위하여 필요한 실험은 「국가표준기본법」에 따라 인정을 받은 시험 · 검사기관, 기술원, 국립소방연구원 또는 소방청장이 지정하는 기관에서 실시할 수 있다. 이 경우 실험 결과에는 실험한 위험물에 해당하는 품명과 지정수량이 포함되어야 한다.

기출PLUS

## II. 위험물을 제조 외의 목적으로 취급하기 위한 장소와 그에 따른 취급소의 구분〈시행령 별표3〉

| 위험물을 제조 외의 목적으로 취급하기 위한 장소 | 취급소의 구분 |
|---|---|
| 1. 고정된 주유설비(항공기에 주유하는 경우에는 차량에 설치된 주유설비를 포함한다)에 의하여 자동차 · 항공기 또는 선박 등의 연료탱크에 직접 주유하기 위하여 위험물(「석유 및 석유대체연료 사업법」의 규정에 의한 가짜 석유제품에 해당하는 물품을 제외한다. 이하 같다)을 취급하는 장소(위험물을 용기에 옮겨 담거나 차량에 고정된 5천 리터 이하의 탱크에 주입하기 위하여 고정된 급유설비를 병설한 장소를 포함한다) | 주유취급소 |
| 2. 점포에서 위험물을 용기에 담아 판매하기 위하여 지정수량의 40배 이하의 위험물을 취급하는 장소 | 판매취급소 |
| 3. 배관 및 이에 부속된 설비에 의하여 위험물을 이송하는 장소. 다만, 다음의 1에 해당하는 경우의 장소를 제외한다.<br>가. 「송유관 안전관리법」에 의한 송유관에 의하여 위험물을 이송하는 경우<br>나. 제조소 등에 관계된 시설(배관을 제외한다) 및 그 부지가 같은 사업소 안에 있고 당해 사업소 안에서만 위험물을 이송하는 경우<br>다. 사업소와 사업소의 사이에 도로(폭 2미터 이상의 일반교통에 이용되는 도로로서 자동차의 통행이 가능한 것을 말한다)만 있고 사업소와 사업소 사이의 이송배관이 그 도로를 횡단하는 경우<br>라. 사업소와 사업소 사이의 이송배관이 제3자(당해 사업소와 관련이 있거나 유사한 사업을 하는 자에 한한다)의 토지만을 통과하는 경우로서 당해 배관의 길이가 100미터 이하인 경우<br>마. 해상구조물에 설치된 배관(이송되는 위험물이 별표1의 제4류 위험물 중 제1석유류인 경우에는 배관의 안지름이 30센티미터 미만인 것에 한한다)으로서 당해 해상구조물에 설치된 배관이 길이가 30미터 이하인 경우<br>바. 사업소와 사업소 사이의 이송배관이 다목 내지 마목의 규정에 의한 경우 중 2 이상에 해당하는 경우<br>사. 「농어촌 전기공급사업 촉진법」에 따라 설치된 자가발전시설에 사용되는 위험물을 이송하는 경우 | 이송취급소 |
| 4. 1 내지 3 외의 장소(「석유 및 석유대체연료 사업법」의 규정에 의한 가짜 석유제품에 해당하는 위험물을 취급하는 경우의 장소를 제외한다) | 일반취급소 |

기출PLUS

TIP

시행령 제8조(탱크안전성능검사의 대상이 되는 탱크 등) 제1항 제1호
기초 · 지반검사 : 옥외탱크저장소의 액체위험물탱크 중 그 용량이 100만 리터 이상인 탱크

## Ⅲ. 탱크안전성능검사의 내용〈시행령 별표4〉

| 구분 | 검사내용 |
|---|---|
| 기초 · 지반검사 | ① 시행령 제8조 제1항 제1호*의 탱크 중 ② 외의 탱크 : 탱크의 기초 및 지반에 관한 공사에 있어서 당해 탱크의 기초 및 지반이 행정안전부령으로 정하는 기준에 적합한지 여부를 확인함<br>② 시행령 제8조 제1항 제1호의 탱크 중 행정안전부령으로 정하는 탱크 : 탱크의 기초 및 지반에 관한 공사에 상당한 것으로서 행정안전부령으로 정하는 공사에 있어서 당해 탱크의 기초 및 지반에 상당하는 부분이 행정안전부령으로 정하는 기준에 적합한지 여부를 확인함 |
| 충수 · 수압검사 | 탱크에 배관 그 밖의 부속설비를 부착하기 전에 당해 탱크 본체의 누설 및 변형에 대한 안전성이 행정안전부령으로 정하는 기준에 적합한지 여부를 확인함 |
| 용접부검사 | 탱크의 배관 그 밖의 부속설비를 부착하기 전에 행하는 당해 탱크의 본체에 관한 공사에 있어서 탱크의 용접부가 행정안전부령으로 정하는 기준에 적합한지 여부를 확인함 |
| 암반탱크검사 | 탱크의 본체에 관한 공사에 있어서 탱크의 구조가 행정안전부령으로 정하는 기준에 적합한지 여부를 확인함 |

## Ⅳ. 제조소 등의 종류 및 규모에 따라 선임하여야 하는 안전관리자의 자격〈시행령 별표6〉

<table>
<tr><th colspan="3">제조소 등의 종류 및 규모</th><th>안전관리자의 자격</th></tr>
<tr><td rowspan="2">제조소</td><td colspan="2">1. 제4류 위험물만을 취급하는 것으로서 지정수량 5배 이하의 것</td><td>위험물기능장, 위험물산업기사, 위험물기능사, 안전관리자교육이수자 또는 소방공무원경력자</td></tr>
<tr><td colspan="2">2. 1에 해당하지 아니하는 것</td><td>위험물기능장, 위험물산업기사 또는 2년 이상의 실무경력이 있는 위험물기능사</td></tr>
<tr><td rowspan="2"></td><td rowspan="2">1. 옥내저장소</td><td>제4류 위험물만을 저장하는 것으로서 지정수량 5배 이하의 것</td><td rowspan="2"></td></tr>
<tr><td>제4류 위험물 중 알코올류 · 제2석유류 · 제3석유류 · 제4석유류 · 동식물유류만을 저장하는 것으로서 지정수량 40배 이하의 것</td></tr>
</table>

<table>
<tr><td rowspan="12">저장소</td><td rowspan="2">2. 옥외 탱크 저장소</td><td>제4류 위험물만 저장하는 것으로서 지정수량 5배 이하의 것</td><td rowspan="11">위험물기능장, 위험물산업기사, 위험물기능사, 안전관리자교육이수자 또는 소방공무원경력자</td></tr>
<tr><td>제4류 위험물 중 제2석유류 · 제3석유류 · 제4석유류 · 동식물유류만을 저장하는 것으로서 지정수량 40배 이하의 것</td></tr>
<tr><td rowspan="2">3. 옥내 탱크 저장소</td><td>제4류 위험물만을 저장하는 것으로서 지정수량 5배 이하의 것</td></tr>
<tr><td>제4류 위험물 중 제2석유류 · 제3석유류 · 제4석유류 · 동식물유류만을 저장하는 것</td></tr>
<tr><td rowspan="2">4. 지하 탱크 저장소</td><td>제4류 위험물만을 저장하는 것으로서 지정수량 40배 이하의 것</td></tr>
<tr><td>제4류 위험물 중 제1석유류 · 알코올류 · 제2석유류 · 제3석유류 · 제4석유류 · 동식물유류만을 저장하는 것으로서 지정수량 250배 이하의 것</td></tr>
<tr><td colspan="2">5. 간이탱크저장소로서 제4류 위험물만을 저장하는 것</td></tr>
<tr><td colspan="2">6. 옥외저장소 중 제4류 위험물만을 저장하는 것으로서 지정수량의 40배 이하의 것</td></tr>
<tr><td colspan="2">7. 보일러, 버너, 그 밖에 이와 유사한 장치에 공급하기 위한 위험물을 저장하는 탱크저장소</td></tr>
<tr><td colspan="2">8. 선박주유취급소, 철도주유취급소 또는 항공기주유취급소의 고정주유설비에 공급하기 위한 위험물을 저장하는 탱크저장소로서 지정수량의 250배(제1석유류의 경우에는 지정수량의 100배) 이하의 것</td></tr>
<tr><td colspan="2"></td></tr>
<tr><td colspan="2">9. 1~8에 해당하지 아니하는 저장소</td><td>위험물기능장, 위험물산업기사 또는 2년 이상의 실무경력이 있는 위험물기능사</td></tr>
</table>

기출PLUS

<table>
<tr><td rowspan="8">취급소</td><td colspan="2">1. 주유취급소</td><td rowspan="7">위험물기능장, 위험물산업기사, 위험물기능사, 안전관리자교육이수자 또는 소방공무원경력자</td></tr>
<tr><td rowspan="2">2. 판매 취급소</td><td>제4류 위험물만을 취급하는 것으로서 지정수량 5배 이하의 것</td></tr>
<tr><td>제4류 위험물 중 제1석유류·알코올류·제2석유류·제3석유류·제4석유류·동식물유류만을 취급하는 것</td></tr>
<tr><td colspan="2">3. 제4류 위험물 중 제1류 석유류·알코올류·제2석유류·제3석유류·제4석유류·동식물유류만을 지정수량 50배 이하로 취급하는 일반취급소(제1석유류·알코올류의 취급량이 지정수량의 10배 이하인 경우에 한한다)로서 다음의 어느 하나에 해당하는 것<br>가. 보일러, 버너, 그 밖에 이와 유사한 장치에 의하여 위험물을 소비하는 것<br>나. 위험물을 용기 또는 차량에 고정된 탱크에 주입하는 것</td></tr>
<tr><td colspan="2">4. 제4류 위험물만을 취급하는 일반취급소로서 지정수량 10배 이하의 것</td></tr>
<tr><td colspan="2">5. 제4류 위험물 중 제2석유류·제3석유류·제4석유류·동식물유류만을 취급하는 일반취급소로서 지정수량 20배 이하의 것</td></tr>
<tr><td colspan="2">6. 「농어촌 전기공급사업 촉진법」에 따라 설치된 자가발전시설에 사용되는 위험물을 취급하는 일반취급소</td></tr>
<tr><td colspan="2">7. 1~6에 해당하지 아니하는 취급소</td><td>위험물기능장, 위험물산업기사 또는 2년 이상의 실무경력이 있는 위험물기능사</td></tr>
</table>

※ 비고

1. 왼쪽란의 제조소 등의 종류 및 규모에 따라 오른쪽란에 규정된 안전관리자의 자격이 있는 위험물취급자격자는 (시행령) 별표5에 따라 해당 제조소 등에서 저장 또는 취급하는 위험물을 취급할 수 있는 자격이 있어야 한다.
2. 위험물기능사의 실무경력 기간은 위험물기능사 자격을 취득한 이후 「위험물안전관리법」에 따른 위험물안전관리자로 선임된 기간 또는 위험물안전관리자를 보조한 기간을 말한다.

기출PLUS

## V. 과태료의 부과기준〈시행령 별표9〉

### 1. 일반기준

가. 과태료 부과권자는 다음의 어느 하나에 해당하는 경우에는 개별기준에 따른 과태료 금액의 2분의 1까지 그 금액을 줄일 수 있다. 다만, 과태료를 체납하고 있는 위반행위자에 대해서는 그러하지 아니하다.
 1) 위반행위자가 「질서위반행위규제법 시행령」 과태료 감경 조항(제2조의2 제1항)의 어느 하나에 해당하는 경우
 2) 위반행위자가 처음 위반행위를 한 경우로서 3년 이상 해당 업종을 모범적으로 경영한 사실이 인정되는 경우
 3) 위반행위가 사소한 부주의나 오류 등 과실로 인한 것으로 인정되는 경우
 4) 위반행위자가 같은 위반행위로 다른 법률에 따라 과태료 · 벌금 · 영업정지 등의 처분을 받은 경우
 5) 위반행위자가 위법행위로 인한 결과를 시정하거나 해소한 경우
 6) 그 밖에 위반행위의 정도, 위반행위의 동기와 그 결과 등을 고려하여 과태료를 줄일 필요가 있다고 인정되는 경우

나. 위반행위의 횟수에 따른 과태료의 부과기준은 최근 1년간 같은 위반행위로 과태료 부과처분을 받은 경우에 적용한다. 이 경우 위반횟수는 과태료 부과처분을 한 날과 다시 같은 위반행위를 적발한 날을 각각 기준으로 하여 계산한다.

### 2. 개별기준

(단위 : 만 원)

| 위반행위 | 해당법조문 | 과태료금액 |
|---|---|---|
| 가. 법 제5조(위험물의 저장 및 취급의 제한) 제2항 제1호 규정에 의한 승인을 받지 아니한 자 | 법 제39조 제1항 제1호 | |
| 1) 승인기한(임시저장 또는 취급개시일의 전날)의 다음 날을 기산일로 하여 30일 이내에 승인을 신청한 자 | | 50 |
| 2) 승인기한(임시저장 또는 취급개시일의 전날)의 다음 날을 기산일로 하여 31일 이후에 승인을 신청한 자 | | 100 |
| 3) 승인을 받지 아니한 자 | | 200 |
| 나. 위험물의 저장 또는 취급에 관한 세부기준을 위반한 자 | 법 제39조 제1항 제2호 | |
| 1) 1차 위반 시 | | 50 |
| 2) 2차 위반 시 | | 100 |
| 3) 3차 이상 위반 시 | | 200 |
| 다. 법 제6조(위험물시설의 설치 및 변경 등) 제2항에 따른 품명 등의 변경신고를 기간 이내에 하지 아니하거나 허위로 한 자 | 법 제39조 제1항 제3호 | |
| 1) 신고기한(변경하려는 날의 1일 전날)의 다음날을 기산일로 하여 30일 이내에 신고한 자 | | 30 |
| 2) 신고기한(변경하려는 날의 1일 전날)의 다음날을 기산일로 하여 31일 이후에 신고한 자 | | 70 |
| 3) 허위로 신고한 자 | | 200 |
| 4) 신고를 하지 아니한 자 | | 200 |

기출PLUS

| | | |
|---|---|---|
| 라. 법 제10조(제조소 등 설치자의 지위승계) 제3항에 따른 지위승계신고를 기간 이내에 하지 아니하거나 허위로 한 자<br>1) 신고기한(지위승계일의 다음날을 기산일로 하여 30일이 되는 날)의 다음날을 기산일로 하여 30일 이내에 신고한 자<br>2) 신고기한(지위승계일의 다음날을 기산일로 하여 30일이 되는 날)의 다음날을 기산일로 하여 31일 이후에 신고한 자<br>3) 허위로 신고한 자<br>4) 신고를 하지 아니한 자 | 법 제39조 제1항 제4호 | 30<br>70<br>200<br>200 |
| 마. 법 제11조(제조소 등의 폐지)의 규정에 의한 폐지신고를 기간 이내에 하지 아니하거나 허위로 한 자<br>1) 신고기한(폐지일의 다음날을 기산일로 하여 14일이 되는 날)의 다음날을 기산일로 하여 30일 이내에 신고한 자<br>2) 신고기한(폐지일의 다음날을 기산일로 하여 14일이 되는 날)의 다음날을 기산일로 하여 31일 이후에 신고한 자<br>3) 허위로 신고한 자<br>4) 신고를 하지 아니한 자 | 법 제39조 제1항 제5호 | 30<br>70<br>200<br>200 |
| 바. 법 제15조(위험물 안전관리자) 제3항에 따른 안전관리자의 선임신고를 기간 이내에 하지 아니하거나 허위로 한 자<br>1) 신고기한(선임한 날의 다음날을 기산일로 하여 14일이 되는 날)의 다음날을 기산일로 하여 30일 이내에 신고한 자<br>2) 신고기한(선임한 날의 다음날을 기산일로 하여 14일이 되는 날)의 다음날을 기산일로 하여 31일 이후에 신고한 자<br>3) 허위로 신고한 자<br>4) 신고를 하지 아니한 자 | 법 제39조 제1항 제5호 | 30<br>70<br>200<br>200 |
| 사. 법 제16조(탱크시험자의 등록 등) 제3항을 위반하여 등록사항의 변경신고를 기간 이내에 하지 아니하거나 허위로 한 자<br>1) 신고기한(변경일의 다음날을 기산일로 하여 30일이 되는 날)의 다음날을 기산일로 하여 30일 이내에 신고한 자<br>2) 신고기한(변경일의 다음날을 기산일로 하여 30일이 되는 날)의 다음날을 기산일로 하여 31일 이후에 신고한 자<br>3) 허위로 신고한 자<br>4) 신고를 하지 아니한 자 | 법 제39조 제1항 제6호 | 30<br>70<br>200<br>200 |
| 아. 법 제18조(정기점검 및 정기검사) 제1항을 위반하여 점검 결과를 기록하지 않거나 보존하지 않은 경우<br>1) 1차 위반 시<br>2) 2차 위반 시<br>3) 3차 이상 위반 시 | 법 제39조 제1항 제7호 | 50<br>100<br>200 |

| | | |
|---|---|---|
| 자. 위험물의 운반에 관한 세부기준을 위반한 자<br>1) 1차 위반 시<br>2) 2차 위반 시<br>3) 3차 이상 위반 시 | 법 제39조<br>제1항 제8호 | 50<br>100<br>200 |
| 차. 위험물의 운송에 관한 기준을 따르지 아니한 자<br>1) 1차 위반 시<br>2) 2차 위반 시<br>3) 3차 이상 위반 시 | 법 제39조<br>제1항 제9호 | 50<br>100<br>200 |

## Ⅵ. 이송취급소 허가신청의 첨부서류〈시행규칙 별표1〉

| 구조 및 설비 | 첨부서류 |
|---|---|
| 1. 배관 | 1. 위치도(축척 : 50,000분의 1 이상, 배관의 경로 및 이송기지의 위치를 기재할 것)<br>2. 평면도[축척 : 3,000분의 1 이상, 배관의 중심선에서 좌우 300m 이내의 지형, 부근의 도로 · 하천 · 철도 및 건축물, 그 밖의 시설의 위치, 배관의 중심선 · 신축구조 · 지진감지장치 · 배관계 내의 압력을 측정하여 자동적으로 위험물의 누설을 감지할 수 있는 장치의 압력계 · 방호장치 및 밸브의 위치, 시가지 · 별표15 Ⅰ 제1호 각 목의 규정에 의한 장소* 그리고 행정구역의 경계를 기재하고 배관의 중심선에는 200m마다 누계거리를 기재할 것]<br>3. 종단도면(축척 : 가로는 3,000분의 1 · 세로는 300분의 1 이상, 지표면으로부터 배관의 깊이 · 배관의 경사도 · 주요한 공작물의 종류 및 위치를 기재할 것)<br>4. 횡단도면(축척 : 200분의 1 이상, 배관을 부설한 도로 · 철도 등의 횡단면에 배관의 중심과 지상 및 지하의 공작물의 위치를 기재할 것<br>5. 도로 · 하천 · 수로 또는 철도의 지하를 횡단하는 금속관 또는 방호구조물 안에 배관을 설치하거나 배관을 가공횡단하여 설치하는 경우에는 당해 횡단 개소의 상세도면<br>6. 강도계산서<br>7. 접합부의 구조도<br>8. 용접에 관한 설명서<br>9. 접합방법에 관하여 기재한 서류<br>10. 배관의 기점 · 분기점 및 종점의 위치에 관하여 기재한 서류 |

기출PLUS

**시행규칙 별표15**(이송취급소의 위치 · 구조 및 설비의 기준)

Ⅰ. 설치장소

1. 이송취급소는 다음 각목의 장소 외의 장소에 설치하여야 한다.
   가. 철도 및 도로의 터널 안
   나. 고속국도 및 자동차전용도로(「도로법」 제48조 제1항에 따라 지정된 도로를 말한다)의 차도 · 길어깨 및 중앙분리대
   다. 호수 · 저수지 등으로서 수리의 수원이 되는 곳
   라. 급경사지역으로서 붕괴의 위험이 있는 지역

기출PLUS

| | |
|---|---|
| 1. 배관 | 11. 연장에 관하여 기재한 서류(도로 밑 · 철도 밑 · 해저 · 하천 밑 · 지상 · 해상 등의 위치에 따라 구별하여 기재할 것)<br>12. 배관 내의 최대상용 압력에 관하여 기재한 서류<br>13. 주요 규격 및 재료에 관하여 기재한 서류<br>14. 그 밖에 배관에 대한 설비 등에 관한 설명도서 |
| 2. 긴급차단밸브 및 차단밸브 | 1. 구조설명서(부대설비를 포함한다)<br>2. 기능설명서<br>3. 강도에 관한 설명서<br>4. 제어계통도<br>5. 밸브의 종류 · 형식 및 재료에 관하여 기재한 서류 |
| 3. 누설탐지설비 | |
| 1) 배관계 내의 위험물의 유량측정에 의하여 자동적으로 위험물의 누설을 검지할 수 있는 장치 또는 이와 동등 이상의 성능이 있는 장치 | 1. 누설검지능력에 관한 설명서<br>2. 누설검지에 관한 흐름도<br>3. 연산처리장치의 처리능력에 관한 설명서<br>4. 누설의 검지능력에 관하여 기재한 서류<br>5. 유량계의 종류 · 형식 · 정밀도 및 측정범위에 관하여 기재한 서류<br>6. 연산처리장치의 종류 및 형식에 관하여 기재한 서류 |
| 2) 배관계 내의 압력을 측정하여 자동적으로 위험물의 누설을 검지할 수 있는 장치 또는 이와 동등 이상의 성능이 있는 장치 | 1. 누설검지능력에 관한 설명서<br>2. 누설검지에 관한 흐름도<br>3. 수신부의 구조에 관한 설명서<br>4. 누설검지능력에 관하여 기재한 서류<br>5. 압력계의 종류 · 형식 · 정밀도 및 측정범위에 관하여 기재한 서류 |
| 3) 배관계 내의 압력을 일정하게 유지하고 당해 압력을 측정하여 위험물의 누설을 검지할 수 있는 장치 또는 이와 동등 이상의 성능이 있는 장치 | 1. 누설검지능력에 관한 설명서<br>2. 누설검지능력에 관하여 기재한 서류<br>3. 압력계의 종류 · 형식 · 정밀도 및 측정범위에 관하여 기재한 서류 |
| 4. 압력안전장치 | 구조설명도 또는 압력제어방식에 관한 설명서 |
| 5. 지진감지장치 및 강진계 | 1. 구조설명도<br>2. 지진검지에 관한 흐름도<br>3. 종류 및 형식에 관하여 기재한 서류 |

기출PLUS

| | |
|---|---|
| 6. 펌프 | 1. 구조설명도<br>2. 강도에 관한 설명서<br>3. 용적식펌프의 압력상승방지장치에 관한 설명서<br>4. 고압판넬 · 변압기 등 전기설비의 계통도(원동기를 움직이기 위한 전기설비에 한한다)<br>5. 종류 · 형식 · 용량 · 양정 · 회전수 및 상용 · 예비의 구별에 관하여 기재한 서류<br>6. 실린더 등의 주요 규격 및 재료에 관하여 기재한 서류<br>7. 원동기의 종류 및 출력에 관하여 기재한 서류<br>8. 고압판넬의 용량에 관하여 기재한 서류<br>9. 변압기용량에 관하여 기재한 서류 |
| 7. 피그취급장치 | 구조설명도 |
| 8. 전기방식설비, 가열 · 보온설비, 지지물, 누설확산방지설비, 운전상태감시장치, 안전제어장치, 경보설비, 비상전원, 위험물주입 · 취출구, 금속관, 방호구조물, 보호설비, 신축흡수장치, 위험물제거장치, 통보설비, 가연성증기체류방지설비, 부등침하측정설비, 기자재창고, 점검상자, 표지 그 밖에 이송취급소에 관한 설비 | 1. 설비의 설치에 관하여 필요한 설명서 및 도면<br>2. 설비의 종류 · 형식 · 재료 · 강도 및 그 밖의 기능 · 성능 등에 관하여 기재한 서류 |

기출PLUS

1. 제조소 또는 일반취급소

*차~거목 : 시행규칙 별표 4 XII 관련

2. 옥내저장소

다~마목 : 시행규칙 별표 5 VIII 및 부표 관련

## VII. 제조소 등의 변경허가를 받아야 하는 경우〈시행규칙 별표1의2〉

| 제조소 등의 구분 | 변경허가를 받아야 하는 경우 |
|---|---|
| 1. 제조소 또는 일반취급소 | 가. 제조소 또는 일반취급소의 위치를 이전하는 경우<br>나. 건축물의 벽 · 기둥 · 바닥 · 보 또는 지붕을 증설 또는 철거하는 경우<br>다. 배출설비를 신설하는 경우<br>라. 위험물취급탱크를 신설 · 교체 · 철거 또는 보수(탱크의 본체를 절개하는 경우에 한한다)하는 경우<br>마. 위험물취급탱크의 노즐 또는 맨홀을 신설하는 경우(노즐 또는 맨홀의 지름이 250㎜를 초과하는 경우에 한한다)<br>바. 위험물취급탱크의 방유제의 높이 또는 방유제 내의 면적을 변경하는 경우<br>사. 위험물취급탱크의 탱크전용실을 증설 또는 교체하는 경우<br>아. 300m(지상에 설치하지 아니하는 배관의 경우에는 30m)를 초과하는 위험물배관을 신설 · 교체 · 철거 또는 보수(배관을 절개하는 경우에 한한다)하는 경우<br>자. 불활성기체의 봉입장치를 신설하는 경우<br>차. 누설범위를 국한하기 위한 설비를 신설하는 경우<br>카. 냉각장치 또는 보냉장치를 신설하는 경우<br>타. 탱크전용실을 증설 또는 교체하는 경우<br>파. 담 또는 토제를 신설 · 철거 또는 이설하는 경우<br>하. 온도 및 농도의 상승에 의한 위험한 반응을 방지하기 위한 설비를 신설하는 경우<br>거. 철이온 등의 혼입에 의한 위험한 반응을 방지하기 위한 설비를 신설하는 경우<br>너. 방화상 유효한 담을 신설 · 철거 또는 이설하는 경우<br>더. 위험물의 제조설비 또는 취급설비(펌프설비를 제외한다)를 증설하는 경우<br>러. 옥내소화전설비 · 옥외소화전설비 · 스프링클러설비 · 물분무등소화설비를 신설 · 교체(배관 · 밸브 · 압력계 · 소화전본체 · 소화약제탱크 · 포헤드 · 포방출구 등의 교체는 제외한다) 또는 철거하는 경우<br>머. 자동화재탐지설비를 신설 또는 철거하는 경우 |
| 2. 옥내저장소 | 가. 건축물의 벽 · 기둥 · 바닥 · 보 또는 지붕을 증설 또는 철거하는 경우<br>나. 배출설비를 신설하는 경우<br>다. 누설범위를 국한하기 위한 설비를 신설하는 경우<br>라. 온도의 상승에 의한 위험한 반응을 방지하기 위한 설비를 신설하는 경우<br>마. 담 또는 토제를 신설 · 철거 또는 이설하는 경우<br>바. 옥외소화전설비 · 스프링클러설비 · 물분무등소화설비를 신설 · 교체(배관 · 밸브 · 압력계 · 소화전본체 · 소화약제탱크 · 포헤드 · 포방출구 등의 교체는 제외한다) 또는 철거하는 경우<br>사. 자동화재탐지설비를 신설 또는 철거하는 경우 |

| | |
|---|---|
| 3. 옥외탱크 저장소 | 가. 옥외저장탱크의 위치를 이전하는 경우<br>나. 옥외탱크저장소의 기초 · 지반을 정비하는 경우<br>다. 물분무설비를 신설 또는 철거하는 경우<br>라. 주입구의 위치를 이전하거나 신설하는 경우<br>마. 300m(지상에 설치하지 아니하는 배관의 경우에는 30m)를 초과하는 위험물배관을 신설 · 교체 · 철거 또는 보수(배관을 절개하는 경우에 한한다)하는 경우<br>바. 수조를 교체하는 경우<br>사. 방유제(간막이 둑을 포함한다)의 높이 또는 방유제 내의 면적을 변경하는 경우<br>아. 옥외저장탱크의 밑판 또는 옆판을 교체하는 경우<br>자. 옥외저장탱크의 노즐 또는 맨홀을 신설하는 경우(노즐 또는 맨홀의 지름이 250㎜를 초과하는 경우에 한한다)<br>차. 옥외저장탱크의 밑판 또는 옆판의 표면적의 20%를 초과하는 겹침보수공사 또는 육성보수공사를 하는 경우<br>카. 옥외저장탱크의 에뉼러판의 겹침보수공사 또는 육성보수공사를 하는 경우<br>타. 옥외저장탱크의 에뉼러판 또는 밑판이 옆판과 접하는 용접이음부의 겹침보수공사 또는 육성보수공사를 하는 경우(용접길이가 300㎜를 초과하는 경우에 한한다)<br>파. 옥외저장탱크의 옆판 또는 밑판(에뉼러판을 포함한다) 용접부의 절개보수공사를 하는 경우<br>하. 옥외저장탱크의 지붕판 표면적 30% 이상을 교체하거나 구조 · 재질 또는 두께를 변경하는 경우<br>거. 누설범위를 국한하기 위한 설비를 신설하는 경우<br>너. 냉각장치 또는 보냉장치를 신설하는 경우<br>더. 온도의 상승에 의한 위험한 반응을 방지하기 위한 설비를 신설하는 경우<br>러. 철이온 등의 혼입에 의한 위험한 반응을 방지하기 위한 설비를 신설하는 경우<br>머. 불활성기체의 봉입장치를 신설하는 경우<br>버. 지중탱크의 누액방지판을 교체하는 경우<br>서. 해상탱크의 정치설비를 교체하는 경우<br>어. 물분무등소화설비를 신설 · 교체(배관 · 밸브 · 압력계 · 소화전본체 · 소화약제탱크 · 포헤드 · 포방출구 등의 교체는 제외한다) 또는 철거하는 경우<br>저. 자동화재탐지설비를 신설 또는 철거하는 경우 |
| 4. 옥내탱크 저장소 | 가. 옥내저장탱크의 위치를 이전하는 경우<br>나. 주입구의 위치를 이전하거나 신설하는 경우<br>다. 300m(지상에 설치하지 아니하는 배관의 경우에는 30m)를 초과하는 위험물배관을 신설 · 교체 · 철거 또는 보수(배관을 절개하는 경우에 한한다)하는 경우<br>라. 옥내저장탱크를 신설 · 교체 또는 철거하는 경우 |

기출PLUS

TIP

**3. 옥외탱크저장소**

- 다, 바목 : 시행규칙 별표6 II 및 VI 관련
- 거~러목 : 시행규칙 별표 6 XI 관련

기출PLUS

| | |
|---|---|
| | 마. 옥내저장탱크를 보수(탱크본체를 절개하는 경우에 한한다)하는 경우<br>바. 옥내저장탱크의 노즐 또는 맨홀을 신설하는 경우(노즐 또는 맨홀의 지름이 250㎜를 초과하는 경우에 한한다)<br>사. 건축물의 벽 · 기둥 · 바닥 · 보 또는 지붕을 증설 또는 철거하는 경우<br>아. 배출설비를 신설하는 경우<br>자. 누설범위를 국한하기 위한 설비 · 냉각장치 · 보냉장치 · 온도의 상승에 의한 위험한 반응을 방지하기 위한 설비 또는 철이온 등의 혼입에 의한 위험한 반응을 방지하기 위한 설비를 신설하는 경우(시행규칙 별표7 Ⅱ 관련)<br>차. 불활성기체의 봉입장치를 신설하는 경우<br>카. 물분무등소화설비를 신설 · 교체(배관 · 밸브 · 압력계 · 소화전본체 · 소화약제탱크 · 포헤드 · 포방출구 등의 교체는 제외한다) 또는 철거하는 경우<br>타. 자동화재탐지설비를 신설 또는 철거하는 경우 |
| 5. 지하탱크 저장소 | 가. 지하저장탱크의 위치를 이전하는 경우<br>나. 탱크전용실을 증설 또는 교체하는 경우<br>다. 지하저장탱크를 신설 · 교체 또는 철거하는 경우<br>라. 지하저장탱크를 보수(탱크본체를 절개하는 경우에 한한다)하는 경우<br>마. 지하저장탱크의 노즐 또는 맨홀을 신설하는 경우(노즐 또는 맨홀의 지름이 250㎜를 초과하는 경우에 한한다)<br>바. 주입구의 위치를 이전하거나 신설하는 경우<br>사. 300m(지상에 설치하지 아니하는 배관의 경우에는 30m)를 초과하는 위험물배관을 신설 · 교체 · 철거 또는 보수(배관을 절개하는 경우에 한한다)하는 경우<br>아. 특수누설방지구조를 보수하는 경우<br>자. 냉각장치 · 보냉장치 · 온도의 상승에 의한 위험한 반응을 방지하기 위한 설비 또는 철이온 등의 혼입에 의한 위험한 반응을 방지하기 위한 설비를 신설하는 경우(시행규칙 별표8 Ⅳ 관련)<br>차. 불활성기체의 봉입장치를 신설하는 경우<br>카. 자동화재탐지설비를 신설 또는 철거하는 경우<br>타. 지하저장탱크의 내부에 탱크를 추가로 설치하거나 철판 등을 이용하여 탱크 내부를 구획하는 경우 |
| 6. 간이탱크 저장소 | 가. 간이저장탱크의 위치를 이전하는 경우<br>나. 건축물의 벽 · 기둥 · 바닥 · 보 또는 지붕을 증설 또는 철거하는 경우<br>다. 간이저장탱크를 신설 · 교체 또는 철거하는 경우<br>라. 간이저장탱크를 보수(탱크본체를 절개하는 경우에 한한다)하는 경우<br>마. 간이저장탱크의 노즐 또는 맨홀을 신설하는 경우(노즐 또는 맨홀의 지름이 250㎜를 초과하는 경우에 한한다) |
| 7. 이동탱크 저장소 | 가. 상치장소의 위치를 이전하는 경우(같은 사업장 또는 같은 울안에서 이전하는 경우는 제외한다)<br>나. 이동저장탱크를 보수(탱크본체를 절개하는 경우에 한한다)하는 경우<br>다. 이동저장탱크의 노즐 또는 맨홀을 신설하는 경우(노즐 또는 맨홀의 지름이 250㎜를 초과하는 경우에 한한다) |

| | |
|---|---|
| | 라. 이동저장탱크의 내용적을 변경하기 위하여 구조를 변경하는 경우<br>마. 주입설비를 설치 또는 철거하는 경우(시행규칙 별표10 Ⅳ 관련)<br>바. 펌프설비를 신설하는 경우 |
| 8. 옥외 저장소 | 가. 옥외저장소의 면적을 변경하는 경우<br>나. 살수설비 등을 신설 또는 철거하는 경우(시행규칙 별표11 Ⅲ 관련)<br>다. 옥외소화전설비 · 스프링클러설비 · 물분무등소화설비를 신설 · 교체(배관 · 밸브 · 압력계 · 소화전본체 · 소화약제탱크 · 포헤드 · 포방출구 등의 교체는 제외한다) 또는 철거하는 경우 |
| 9. 암반탱크 저장소 | 가. 암반탱크저장소의 내용적을 변경하는 경우<br>나. 암반탱크의 내벽을 정비하는 경우<br>다. 배수시설 · 압력계 또는 안전장치를 신설하는 경우<br>라. 주입구의 위치를 이전하거나 신설하는 경우<br>마. 300m(지상에 설치하지 아니하는 배관의 경우에는 30m)를 초과하는 위험물배관을 신설 · 교체 · 철거 또는 보수(배관을 절개하는 경우에 한한다)하는 경우<br>바. 물분무등소화설비를 신설 · 교체(배관 · 밸브 · 압력계 · 소화전본체 · 소화약제탱크 · 포헤드 · 포방출구 등의 교체는 제외한다) 또는 철거하는 경우<br>사. 자동화재탐지설비를 신설 또는 철거하는 경우 |
| 10. 주유 취급소 | 가. 지하에 매설하는 탱크의 변경 중 다음의 어느 하나에 해당하는 경우<br>1) 탱크의 위치를 이전하는 경우<br>2) 탱크전용실을 보수하는 경우<br>3) 탱크를 신설 · 교체 또는 철거하는 경우<br>4) 탱크를 보수(탱크본체를 절개하는 경우에 한한다)하는 경우<br>5) 탱크의 노즐 또는 맨홀을 신설하는 경우(노즐 또는 맨홀의 지름이 250㎜를 초과하는 경우에 한한다)<br>6) 특수누설방지구조를 보수하는 경우<br>나. 옥내에 설치하는 탱크의 변경 중 다음의 어느 하나에 해당하는 경우<br>1) 탱크의 위치를 이전하는 경우<br>2) 탱크를 신설 · 교체 또는 철거하는 경우<br>3) 탱크를 보수(탱크본체를 절개하는 경우에 한한다)하는 경우<br>4) 탱크의 노즐 또는 맨홀을 신설하는 경우(노즐 또는 맨홀의 지름이 250㎜를 초과하는 경우에 한한다)<br>다. 고정주유설비 또는 고정급유설비를 신설 또는 철거하는 경우<br>라. 고정주유설비 또는 고정급유설비의 위치를 이전하는 경우<br>마. 건축물의 벽 · 기둥 · 바닥 · 보 또는 지붕을 증설 또는 철거하는 경우<br>바. 담 또는 캐노피를 신설 또는 철거(유리를 부착하기 위하여 담의 일부를 철거하는 경우를 포함한다)하는 경우<br>사. 주입구의 위치를 이전하거나 신설하는 경우<br>아. 시행규칙 별표13 Ⅴ 제1호 각 목에 따른 시설과 관계된 공작물(바닥면적이 4㎡ 이상인 것에 한한다)을 신설 또는 증축하는 경우<br>자. 개질장치(改質裝置), 압축기(壓縮機), 충전설비, 축압기(蓄壓器) 또는 수입설비(受入設備)를 신설하는 경우(시행규칙 별표13 XVI관련) |

기출PLUS

| | |
|---|---|
| | 차. 자동화재탐지설비를 신설 또는 철거하는 경우<br>카. 셀프용이 아닌 고정주유설비를 셀프용 고정주유설비로 변경하는 경우<br>타. 주유취급소 부지의 면적 또는 위치를 변경하는 경우<br>파. 300m(지상에 설치하지 않는 배관의 경우에는 30m)를 초과하는 위험물의 배관을 신설·교체·철거 또는 보수(배관을 자르는 경우만 해당한다)하는 경우<br>하. 탱크의 내부에 탱크를 추가로 설치하거나 철판 등을 이용하여 탱크 내부를 구획하는 경우 |
| 11. 판매 취급소 | 가. 건축물의 벽·기둥·바닥·보 또는 지붕을 증설 또는 철거하는 경우<br>나. 자동화재탐지설비를 신설 또는 철거하는 경우 |
| 12. 이송 취급소 | 가. 이송취급소의 위치를 이전하는 경우<br>나. 300m(지상에 설치하지 아니하는 배관의 경우에는 30m)를 초과하는 위험물배관을 신설·교체·철거 또는 보수(배관을 절개하는 경우에 한한다)하는 경우<br>다. 방호구조물을 신설 또는 철거하는 경우<br>라. 누설확산방지조치·운전상태의 감시장치·안전제어장치·압력안전장치·누설검지장치를 신설하는 경우<br>마. 주입구·배출구 또는 펌프설비의 위치를 이전하거나 신설하는 경우<br>바. 옥내소화전설비·옥외소화전설비·스프링클러설비·물분무등소화설비를 신설·교체(배관·밸브·압력계·소화전본체·소화약제탱크·포헤드·포방출구 등의 교체는 제외한다) 또는 철거하는 경우<br>사. 자동화재탐지설비를 신설 또는 철거하는 경우 |

## Ⅷ. 행정처분기준〈시행규칙 별표2〉

1. 일반기준
   가. 위반행위가 2 이상인 때에는 그 중 중한 처분기준(중한 처분기준이 동일한 때에는 그 중 하나의 처분기준을 말한다. 이하 이 호에서 같다)에 의하되, 2 이상의 처분기준이 동일한 사용정지이거나 업무정지인 경우에는 중한 처분의 2분의 1까지 가중처분할 수 있다.
   나. 사용정지 또는 업무정지의 처분기간 중에 사용정지 또는 업무정지에 해당하는 새로운 위반행위가 있는 때에는 종전의 처분기간 만료일의 다음 날부터 새로운 위반행위에 따른 사용정지 또는 업무정지의 행정처분을 한다.
   다. 차수에 따른 행정처분기준은 최근 2년간 같은 위반행위로 행정처분을 받은 경우에 적용한다. 이 경우 기준적용일은 최근의 위반행위에 대한 행정처분일과 그 처분 후에 같은 위반행위를 한 날을 기준으로 한다.
   라. 사용정지 또는 업무정지의 처분기간이 완료될 때까지 위반행위가 계속되는 경우에는 사용정지 또는 업무정지의 행정처분을 다시 한다.
   마. 사용정지 또는 업무정지에 해당하는 위반행위로서 위반행위의 동기·내용·횟수 또는 그 결과 등을 고려할 때 개별기준을 적용하는 것이 불합리하다고 인정되는 경우에는 그 처분기준의 2분의 1 기간까지 경감하여 처분할 수 있다.

기출PLUS

2. 개별기준

가. 제조소 등에 대한 행정처분기준

| 위반사항 | 근거법규 | 행정처분기준 | | |
|---|---|---|---|---|
| | | 1차 | 2차 | 3차 |
| 변경허가를 받지 아니하고, 제조소 등의 위치 · 구조 또는 설비를 변경한 때 | 법 제12조 | 경고 또는 사용정지 15일 | 사용정지 60일 | 허가취소 |
| 완공검사를 받지 아니하고 제조소 등을 사용한 때 | 법 제12조 | 사용정지 15일 | 사용정지 60일 | 허가취소 |
| 수리 · 개조 또는 이전의 명령에 위반한 때 | 법 제12조 | 사용정지 30일 | 사용정지 90일 | 허가취소 |
| 위험물안전관리자를 선임하지 아니한 때 | 법 제12조 | 사용정지 15일 | 사용정지 60일 | 허가취소 |
| 대리자를 지정하지 아니한 때 | 법 제12조 | 사용정지 10일 | 사용정지 30일 | 허가취소 |
| 정기점검을 하지 아니한 때 | 법 제12조 | 사용정지 10일 | 사용정지 30일 | 허가취소 |
| 정기검사를 받지 아니한 때 | 법 제12조 | 사용정지 10일 | 사용정지 30일 | 허가취소 |
| 저장 · 취급기준 준수명령을 위반한 때 | 법 제12조 | 사용정지 30일 | 사용정지 60일 | 허가취소 |

기출PLUS

나. 안전관리대행기관에 대한 행정처분기준

| 위반사항 | 근거법규 | 행정처분기준 | | |
|---|---|---|---|---|
| | | 1차 | 2차 | 3차 |
| 허위, 그 밖의 부정한 방법으로 등록을 한 때 | 제58조 | 지정취소 | | |
| 탱크시험자의 등록 또는 다른 법령에 의한 안전관리업무대행기관의 지정·승인 등이 취소된 때 | 제58조 | 지정취소 | | |
| 다른 사람에게 지정서를 대여한 때 | 제58조 | 지정취소 | | |
| 안전관리대행기관의 지정기준에 미달되는 때 | 제58조 | 업무정지 30일 | 업무정지 60일 | 지정취소 |
| 소방청장의 지도·감독에 정당한 이유없이 따르지 아니한 때 | 제58조 | 업무정지 30일 | 업무정지 60일 | 지정취소 |
| 변경 등의 신고를 연간 2회 이상 하지 아니한 때 | 제58조 | 경고 또는 업무정지 30일 | 업무정지 90일 | 지정취소 |
| 안전관리대행기관의 기술인력이 안전관리업무를 성실하게 수행하지 아니한 때 | 제58조 | 경고 | 업무정지 90일 | 지정취소 |

다. 탱크시험자에 대한 행정처분기준

| 위반사항 | 근거법령 | 행정처분기준 | | |
|---|---|---|---|---|
| | | 1차 | 2차 | 3차 |
| 허위, 그 밖의 부정한 방법으로 등록을 한 경우 | 법 제16조 제5항 | 등록취소 | | |
| 등록의 결격사유에 해당하게 된 경우 | 법 제16조 제5항 | 등록취소 | | |
| 다른 자에게 등록증을 빌려준 경우 | 법 제16조 제5항 | 등록취소 | | |
| 등록기준에 미달하게 된 경우 | 법 제16조 제5항 | 업무정지 30일 | 업무정지 60일 | 등록취소 |
| 탱크안전성능시험 또는 점검을 허위로 하거나 이 법에 의한 기준에 맞지 아니하게 탱크안전성능시험 또는 점검을 실시하는 경우 등 탱크시험자로서 적합하지 아니하다고 인정되는 경우 | 법 제16조 제5항 | 업무정지 30일 | 업무정지 90일 | 등록취소 |

## 02 출제예상문제

**1** 「위험물안전관리법」의 목적으로 옳은 것은?

① 소방기술의 진흥
② 공공의 안전 확보
③ 국민경제의 발전
④ 국민의 생명과 신체의 보호

TIPS!
「위험물안전관리법」은 위험물의 저장 · 취급 및 운반과 이에 따른 안전관리에 관한 사항을 규정함으로써 위험물로 인한 위해를 방지하여 공공의 안전을 확보함을 목적으로 한다〈법 제1조〉.

**2** 다음 중 용어에 대한 설명이 잘못된 것은?

① 지정수량 – 위험물의 종류별로 위험성을 고려하여 대통령령이 정하는 수량으로 제조소 등의 설치허가 등에 있어서 최상의 기준이 되는 수량을 말한다.
② 제조소 – 위험물을 제조할 목적으로 지정수량 이상의 위험물을 취급하기 위하여 허가를 받은 장소를 말한다.
③ 저장소 – 지정수량 이상의 위험물을 저장하기 위한 대통령령이 정하는 장소로서 허가를 받은 장소를 말한다.
④ 취급소 – 지정수량 이상의 위험물을 제조 외의 목적으로 취급하기 위한 대통령령이 정하는 장소로서 규정에 따른 허가를 받은 장소를 말한다.

TIPS!
**지정수량**〈법 제2조 제1항 제1호〉 … 위험물의 종류별로 위험성을 고려하여 대통령령이 정하는 수량으로서 제조소 등의 설치허가 등에 있어서 최저의 기준이 되는 수량을 말한다.

Answer 1.② 2.①

**3** **위험물의 저장 및 취급에 대한 설명으로 옳지 않은 것은?**

① 지정수량 이상의 위험물을 저장소가 아닌 장소에서 저장하거나 제조소 등이 아닌 장소에서 취급하여서는 아니된다.
② 화재 등 위해의 예방과 응급조치에 있어서 큰 영향을 미치거나 그 기준을 위반하는 경우 직접적으로 화재를 일으킬 가능성이 큰 기준으로서 행정안전부령이 정하는 기준을 중요기준이라 한다.
③ 제조소 등의 위치 · 구조 및 설비의 기술기준은 대통령령으로 정한다.
④ 둘 이상의 위험물을 같은 장소에서 저장 또는 취급하는 경우에 있어서 당해 장소에서 저장 또는 취급하는 각 위험물의 수량을 그 위험물의 지정수량으로 각각 나누어 얻은 수의 합계가 1 이상인 경우 당해 위험물은 지정수량 이상의 위험물로 본다.

TIPS!

제조소 등의 위치 · 구조 및 설비의 기술기준은 행정안전부령으로 정한다〈법 제5조 제4항〉.

**4** **다음 중 허가를 받지 아니하고 설치하거나 그 위치 · 구조 또는 설비를 변경할 수 있는 제조소 등에 해당하는 것은?**

① 제조소 등에서의 위험물의 저장 또는 취급이 공공의 안전유지에 지장이 없다고 인정된 저장소
② 한국소방산업기술원의 기술검토를 받고 그 결과가 적합한 것으로 인정된 취급소
③ 주택의 난방시설을 위한 저장소
④ 지정수량의 3천 배 이상의 위험물을 취급하는 저장소

TIPS!

다음의 하나에 해당하는 제조소 등의 경우에는 허가를 받지 아니하고 당해 제조소 등을 설치하거나 그 위치 · 구조 또는 설비를 변경할 수 있으며, 신고를 하지 아니하고 위험물의 품명 · 수량 또는 지정수량의 배수를 변경할 수 있다〈법 제6조 제3항〉.

㉠ 주택의 난방시설(공동주택의 중앙난방시설은 제외)을 위한 저장소 또는 취급소
㉡ 농예용 · 축산용 또는 수산용으로 필요한 난방시설 또는 건조시설을 위한 지정수량 20배 이하의 저장소

Answer 3.③ 4.③

**5** **군용위험물시설의 설치 및 변경에 대한 특례에 대한 설명으로 옳지 않은 것은?**

① 군사목적으로 제조소 등을 설치하고자 하는 군부대의 장은 미리 제조소 등의 소재지를 관할하는 시 · 도지사와 협의하여야 한다.
② 군부대의 장이 관할 시 · 도지사와 협의한 경우에는 허가를 받은 것으로 본다.
③ 국가안보상 중요한 제조소 등을 설치 또는 변경하는 경우에 공사의 설계도서를 반드시 시 · 도지사에게 제출하여야 한다.
④ 시 · 도지사는 제출받은 설계도서와 관계서류를 검토한 후 그 결과를 당해 군부대의 장에게 통지하여야 한다.

군부대의 장은 군사목적 또는 군부대시설을 위한 제조소 등을 설치하거나 그 위치 · 구조 또는 설비를 변경하고자 하는 경우에는 당해 제조소 등의 설치공사 또는 변경공사를 착수하기 전에 그 공사의 설계도서와 행정안전부령이 정하는 서류를 시 · 도지사에게 제출하여야 한다. 다만, 국가안보상 중요하거나 국가기밀에 속하는 제조소 등을 설치 또는 변경하는 경우에는 당해 공사의 설계도서의 제출을 생략할 수 있다〈시행령 제7조 제1항〉.

**6** **탱크안전성능검사의 신청시기에 대한 설명으로 틀린 것은?**

① 기초 · 지반검사 – 위험물탱크의 기초 및 지반에 관한 공사의 개시 전
② 충수 · 수압검사 – 위험물을 저장 또는 취급하는 탱크 본체에 관한 공사 개시 전
③ 용접부검사 – 탱크 본체에 관한 공사의 개시 전
④ 암반탱크검사 – 암반탱크의 본체에 관한 공사의 개시 전

TIPS!

충수 · 수압검사〈시행규칙 제18조 제4항 제2호〉 … 위험물을 저장 또는 취급하는 탱크에 배관 그 밖의 부속설비를 부착하기 전

Answer 5.③ 6.②

**7** **제조소 등 설치허가의 취소와 사용정지의 경우에 해당하지 않는 것은?**

① 변경허가를 받지 아니하고 제조소 등의 위치를 변경한 때
② 위험물안전관리자를 선임하지 아니한 때
③ 허위로 대리자를 지정한 때
④ 정기검사를 받지 아니한 때

TIPS!

**법 제12조** … 시 · 도지사는 제조소 등의 관계인이 다음의 어느 하나에 해당하는 때에는 행정안전부령이 정하는 바에 따라 허가를 취소하거나 6월 이내의 기간을 정하여 제조소 등의 전부 또는 일부의 사용정지를 명할 수 있다.
㉠ 변경허가를 받지 아니하고 제조소 등의 위치 · 구조 또는 설비를 변경한 때
㉡ 완공검사를 받지 아니하고 제조소 등을 사용한 때
㉢ 안전조치 이행명령을 따르지 아니한 때
㉣ 수리 · 개조 또는 이전의 명령을 위반한 때
㉤ 위험물안전관리자를 선임하지 아니한 때
㉥ 대리자를 지정하지 아니한 때
㉦ 정기점검을 하지 아니한 때
㉧ 정기검사를 받지 아니한 때
㉨ 저장 · 취급기준 준수명령을 위반한 때

**8** **다음 중에서 산화성고체에 해당하는 것은?**

① 과염소산염류
② 황화린
③ 금속분
④ 알칼리금속

TIPS!

**산화성고체**〈시행령 별표1〉 … 아염소산염류, 염소산염류, 과염소산염류, 무기과산화물, 브롬산염류, 질산염류, 요오드산염류, 과망간산염류, 중크롬산염류 등

Answer 7.③ 8.①

**9** 가연성고체로 볼 수 없는 것은 어느 것인가?

① 적린
② 유황
③ 철분
④ 칼륨

**TIPS!**

가연성고체로는 황화린, 적린, 유황, 철분, 금속분, 마그네슘 등이 있다〈시행령 별표1〉.

**10** 다음 중에서 산화성액체에 해당하는 것은?

① 황린 ② 마그네슘
③ 칼륨 ④ 과산화수소

**TIPS!**

산화성액체로는 과염소산, 과산화수소, 질산, 그 밖에 행정안전부령으로 정하는 것이 있다〈시행령 별표1〉.

**11** 다음 중 제조소 등에 해당하지 않는 것은?

① 판매소 ② 제조소
③ 저장소 ④ 취급소

**TIPS!**

제조소 등이란 저장소, 취급소, 제조소를 말한다〈법 제2조 제1항 제6호〉.

**Answer** 9.④ 10.④ 11.①

**12** 위험물의 저장 · 취급 및 운반에 있어서 「위험물안전관리법」이 적용되는 운송수단은?

① 선박　　② 항공기
③ 자동차　　④ 철도

**TIPS!**

「위험물안전관리법」은 항공기 · 선박 · 철도 및 궤도에 의한 위험물의 저장 · 취급 및 운반에 있어서는 이를 적용하지 아니한다 〈법 제3조〉.

**13** 다음 중 지정수량 미만의 위험물 취급기준을 정하고 있는 것은?

① 행정안전부령　　② 조리
③ 대통령령　　④ 조례

**TIPS!**

지정수량 미만인 위험물의 저장 또는 취급에 관한 기술상의 기준은 특별시 · 광역시 · 특별자치시 · 도 및 특별자치도(이하 "시 · 도"라 한다)의 조례로 정한다〈법 제4조〉.

**14** 다음 중 위험물의 정의로 가장 타당한 것은?

① 대통령의 허가를 받은 연소성 물질이다.
② 대통령령이 정하는 인화성 또는 발화성 물질이다.
③ 대통령의 인가를 받은 발화성 물질이다.
④ 위험물의 종류별로 위험성을 고려하여 대통령이 정하는 수량이다.

**TIPS!**

위험물이란 인화성 또는 발화성 등의 성질을 가지는 것으로서 대통령령이 정하는 물품을 말한다〈법 제2조 제1항 제1호〉.

**Answer** 12.③ 13.④ 14.②

**15** **예방규정에 대한 설명으로 옳지 않은 것은?**

① 예방규정은 「산업안전보건법」의 규정에 의한 안전보건관리규정과 통합하여 작성할 수 있다.
② 위험물의 안전관리업무를 담당하는 자의 직무 및 조직에 관한 사항이 포함되어야 한다.
③ 제조소 등의 관계인과 그 종업원은 예방규정을 충분히 익히고 준수하여야 한다.
④ 제조소 등의 관계인은 예방규정을 변경할 경우 소방본부장에게 변경한 예방규정 1부를 첨부하여 제출하여야 한다.

**TIPS!**

제조소 등의 관계인은 예방규정을 제정하거나 변경한 경우에는 예방규정제출서에 제정 또는 변경한 예방규정 1부를 첨부하여 시·도지사 또는 소방서장에게 제출하여야 한다〈시행규칙 제63조 제3항〉.

**16** **지정수량 이상의 위험물을 관할 소방서장의 승인을 받아 제조소 등이 아닌 장소에서 취급하는 경우, 위험물의 임시저장 최대일수로 옳은 것은 어느 것인가?**

① 14일
② 30일
③ 50일
④ 90일

**TIPS!**

제조소 등이 아닌 장소에서 위험물은 시·도의 조례가 정하는 바에 따라 관할소방서장의 승인을 받아 지정수량 이상의 위험물을 90일 이내의 기간 동안 임시로 저장 또는 취급할 수 있다〈법 제5조 제2항〉.

**17** **다음 설명 중 옳지 않은 것은?**

① 제조소 등의 관계인은 당해 제조소 등에서 위험물의 유출 그 밖의 사고가 발생한 때에는 즉시 그리고 지속적으로 응급조치를 강구하여야 한다.
② 위험물의 유출 그 밖의 사고의 발생을 발견한 자는 즉시 그 사실을 소방청장에게 신고하여야 한다.
③ 소방본부장은 제조소 등의 관계인이 응급조치를 강구하지 아니하였다고 인정하는 때에는 응급조치를 강구하도록 명할 수 있다.
④ 소방본부장은 관할구역에 있는 이동탱크저장소의 관계인에 대하여 응급조치를 강구하도록 명할 수 있다.

**TIPS!**

당해 제조소 등에서 위험물의 유출 그 밖의 사고가 발생한 것을 발견한 자는 즉시 그 사실을 소방서, 경찰서 또는 그 밖의 관계기관에 통보하여야 한다〈법 제27조 제2항 참조〉.

**Answer** 15.④ 16.④ 17.②

**18** **제조소 등의 위치·구조 또는 설비 가운데 행정안전부령이 정하는 사항을 변경하고자 할 때는?**

① 시·도지사의 특허를 받아야 한다.
② 소방서장에게 신고한다.
③ 시·도지사의 허가를 받아야 한다.
④ 소방청장의 인가를 받아야 한다.

제조소 등을 설치하고자 하는 자는 대통령령이 정하는 바에 따라 그 설치장소를 관할하는 특별시장·광역시장·특별자치시장·도지사 또는 특별자치도지사(이하 "시·도지사"라 한다)의 허가를 받아야 한다. 제조소 등의 위치·구조 또는 설비 가운데 행정안전부령이 정하는 사항을 변경하고자 하는 때에도 또한 같다〈법 제6조 제1항〉.

**19** **다음 중 청문을 실시하여야 하는 경우에 해당하는 것은?**

① 제조소 등의 변경허가 취소
② 설치자의 지위승계신고 취소
③ 탱크시험자의 등록취소
④ 운반용기의 검사

TIPS!

**청문**〈법 제29조〉 … 시·도지사, 소방본부장 또는 소방서장은 다음에 해당하는 처분을 하고자 하는 경우에는 청문을 실시하여야 한다.
㉠ 제조소 등 설치허가의 취소
㉡ 탱크시험자의 등록취소

**20** **제조소 등의 위치·구조 또는 설비의 변경없이 위험물의 품명·수량 또는 지정수량의 배수를 변경하고자 하는 경우에 대한 설명으로 옳은 것은?**

① 변경하고자 하는 날의 1일 전까지 시·도지사에게 신고한다.
② 변경하고자 하는 날의 14일 전까지 소방서장에게 신고한다.
③ 변경하고자 하는 날의 1일 전까지 시·도지사의 허가를 받아야 한다.
④ 변경하고자 하는 날의 14일 전까지 소방서장의 허가를 받아야 한다.

TIPS!

제조소 등의 위치·구조 또는 설비의 변경없이 당해 제조소 등에서 저장하거나 취급하는 위험물의 품명·수량 또는 지정수량의 배수를 변경하고자 하는 자는 변경하고자 하는 날의 1일 전까지 행정안전부령이 정하는 바에 따라 시·도지사에게 신고하여야 한다〈법 제6조 제2항〉.

**Answer** 18.③ 19.③ 20.①

**21** **소방청장이 「위험물안전관리법」에 따른 권한의 일부를 위임할 수 없는 사람은?**

① 시 · 도지사
② 소방본부장
③ 시장 · 군수 · 구청장
④ 소방서장

TIPS!
소방청장 또는 시 · 도지사는 「위험물안전관리법」에 따른 권한의 일부를 대통령령이 정하는 바에 따라 시 · 도지사, 소방본부장 또는 소방서장에게 위임할 수 있다〈법 제30조 제1항〉.

**22** **다음 중 탱크안전성능검사의 종류로 볼 수 없는 것은?**

① 기초 · 지반검사
② 용접부검사
③ 이중벽검사
④ 암반탱크검사

TIPS!
탱크안전성능검사는 기초 · 지반검사, 충수 · 수압검사, 용접부검사, 암반탱크검사로 구분한다〈시행령 제8조 제1항〉.

**23** **제조소 등의 사용의 정지가 그 이용자에게 심한 불편을 주는 경우에 부과할 수 있는 최대 과징금 액수는?**

① 3천만 원
② 5천만 원
③ 1억 원
④ 2억 원

TIPS!
시 · 도지사는 제12조 각 호의 어느 하나에 해당하는 경우로서 제조소 등에 대한 사용의 정지가 그 이용자에게 심한 불편을 주거나 그 밖에 공익을 해칠 우려가 있는 때에는 사용정지처분에 갈음하여 2억 원 이하의 과징금을 부과할 수 있다〈법 제13조 제1항〉.

Answer 21.③ 22.③ 23.④

**24** **다음 중 수수료 또는 교육비를 납부하여야 할 경우가 아닌 것은?**

① 제조소 등의 탱크안전성능검사
② 탱크시험자의 등록
③ 탱크시험자의 등록사항 변경신고
④ 탱크시험자의 등록취소

TIPS!

**수수료 등**〈법 제31조〉 … 다음에 해당하는 승인 · 허가 · 검사 또는 교육 등을 받고자 하거나 등록 또는 신고를 하고자 하는 자는 행정안전부령이 정하는 바에 따라 수수료 또는 교육비를 납부하여야 한다.
㉠ 법 제5조(위험물의 저장 및 취급의 제한) 제2항 제1호의 규정에 따른 임시저장 · 취급의 승인
㉡ 제조소 등의 설치 또는 변경의 허가
㉢ 제조소 등의 탱크안전성능검사
㉣ 제조소 등의 완공검사
㉤ 설치자의 지위승계신고
㉥ 탱크시험자의 등록
㉦ 탱크시험자의 등록사항 변경신고
㉧ 정기검사
㉨ 운반용기의 검사
㉩ 안전교육

**25** **위험물을 저장 또는 취급하는 탱크의 내용적 및 공간용적의 계산방법을 고시할 수 있는 자는?**

① 시 · 도지사
② 소방청장
③ 기획재정부장관
④ 위험물운송자

TIPS!

탱크의 내용적 및 공간용적의 계산방법은 소방청장이 정하여 고시한다〈시행규칙 제5조 제2항〉.

Answer 24.④ 25.②

**26** **위험물안전관리자에 관한 내용 중 잘못된 것은?**

① 제조소 등의 관계인은 제조소 등마다 위험물취급자격자를 위험물안전관리자로 선임하여야 한다.
② 위험물안전관리자의 대리자가 직무를 대행하는 기간은 30일을 초과할 수 없다.
③ 위험물취급자격자가 아닌 자는 안전관리자 또는 대리자가 참여한 상태에서 위험물을 취급하여야 한다.
④ 다수의 제조소 등을 동일인이 설치한 경우에는 1인의 위험물안전관리자를 중복하여 선임할 수 없다.

TIPS!

다수의 제조소 등을 동일인이 설치한 경우에는 관계인은 대통령령이 정하는 바에 따라 1인의 안전관리자를 중복하여 선임할 수 있다. 이 경우 대통령령이 정하는 제조소 등의 관계인은 대리자의 자격이 있는 자를 각 제조소 등별로 지정하여 안전관리자를 보조하게 하여야 한다〈법 제15조 제8항〉.

**27** **다음 설명 중 옳지 않은 것은?**

① 제조소 등에서 위험물을 유출·방출 또는 확산시켜 사람을 상해에 이르게 한 때에는 무기 또는 3년 이상의 징역에 처한다.
② 업무상 과실로 제조소 등에서 위험물을 유출·방출 또는 확산시켜 사람의 생명·신체 또는 재산에 대하여 위험을 발생시킨 자는 7년 이하의 금고 또는 7천만 원 이하의 벌금에 처한다.
③ 제조소 등에서 위험물을 유출·방출 또는 확산시켜 사람의 생명·신체 또는 재산에 대하여 위험을 발생시킨 자는 1년 이상 5년 이하의 징역에 처한다.
④ 업무상 과실로 제조소 등에서 위험물을 유출·방출 또는 확산시켜 사람을 사상에 이르게 한 자는 10년 이하의 징역 또는 금고나 1억 원 이하의 벌금에 처한다.

TIPS!

제조소 등에서 위험물을 유출·방출 또는 확산시켜 사람의 생명·신체 또는 재산에 대하여 위험을 발생시킨 자는 1년 이상 10년 이하의 징역에 처한다〈법 제33조 제1항〉.

Answer 26.④ 27.③

**28** **다음 중 탱크시험자가 되고자 하는 자는 누구에게 등록하여야 하는가?**

① 위험물안전관리자
② 시 · 도지사
③ 소방서장
④ 소방청장

탱크시험자가 되고자 하는 자는 대통령령이 정하는 기술능력 · 시설 및 장비를 갖추어 시 · 도지사에게 등록하여야 한다〈법 제16조 제2항〉.

**29** **다음 중에서 탱크시험자에게 그 등록을 반드시 취소해야 하는 경우가 아닌 것은?**

① 허위, 그 밖의 부정한 방법으로 등록을 한 경우
② 등록의 결격사유에 해당하는 경우
③ 등록증을 다른 자에게 빌려준 경우
④ 탱크시험자로서 적합하지 아니하다고 인정하는 경우

TIPS!

**법 제16조 제5항** … 시 · 도지사는 탱크시험자가 다음의 어느 하나에 해당하는 경우에는 행정안전부령으로 정하는 바에 따라 그 등록을 취소하거나 6월 이내의 기간을 정하여 업무의 정지를 명할 수 있다. 다만, ㉠ 내지 ㉢에 해당하는 경우에는 그 등록을 취소하여야 한다.

㉠ 허위 그 밖의 부정한 방법으로 등록을 한 경우
㉡ 등록의 결격사유에 해당하게 된 경우
㉢ 등록증을 다른 자에게 빌려준 경우
㉣ 등록기준에 미달하게 된 경우
㉤ 탱크안전성능시험 또는 점검을 허위로 하거나 이 법에 의한 기준에 맞지 아니하게 탱크안전성능시험 또는 점검을 실시하는 경우 등 탱크시험자로서 적합하지 아니하다고 인정하는 경우

**Answer** 28.② 29.④

**30** **제조소 등의 완공검사 신청시기가 틀린 것은?**

① 지하탱크가 있는 제조소 등의 경우 – 당해 지하탱크를 매설하기 전
② 이동탱크저장소의 경우 – 이동저장탱크를 완공하고 상치장소를 확보한 후
③ 이송취급소의 경우 – 제조소 등의 공사를 완료한 후
④ 지하 · 하천 등에 매설하는 이송배관공사의 경우 – 이송배관을 매설하기 전

TIPS!

이송취급소의 완공검사 신청시기는 이송배관 공사의 전체 또는 일부를 완료한 후이다. 다만, 지하 · 하천 등에 매설하는 이송배관의 공사의 경우에는 이송배관을 매설하기 전이다〈시행규칙 제20조 제3호〉.

**31** **다음 중 제4석유류에 해당하는 것은?**

① 등유
② 중유
③ 실린더유
④ 클레오소트유

TIPS!

석유류의 종류〈시행령 별표1〉
㉠ 제1석유류 : 아세톤, 휘발유 그 밖에 1기압에서 인화점이 섭씨 21도 미만인 것
㉡ 제2석유류 : 등유, 경유 그 밖에 1기압에서 인화점이 섭씨 21도 이상 70도 미만인 것
㉢ 제3석유류 : 중유, 클레오소트유 그 밖에 1기압에서 인화점이 섭씨 70도 이상 섭씨 200도 미만인 것
㉣ 제4석유류 : 기어유, 실린더유 그 밖에 1기압에서 인화점이 섭씨 200도 이상 섭씨 250도 미만의 것

**32** **다음 중 제조소 등의 완공검사 신청서는 누구에게 제출하여야 하는가?**

① 시장 · 군수 · 구청장
② 시 · 도지사
③ 소방청장
④ 소방기술자

TIPS!

제조소 등에 대한 완공검사를 받고자 하는 자는 신청서에 첨부서류를 포함하여 시 · 도지사 또는 소방서장에게 제출하여야 한다(완공검사를 기술원에 위탁하는 제조소 등의 경우에는 기술원에 제출)〈시행규칙 제19조 제1항〉.

Answer 30.③ 31.③ 32.②

**33** **다음 중 제조소 등의 위치 · 구조 및 설비의 이전을 명할 수 없는 자는?**

① 시 · 도지사 ② 소방본부장
③ 소방청장 ④ 소방서장

TIPS!

시 · 도지사, 소방본부장 또는 소방서장은 위험물시설의 유지 · 관리의 상황이 기술기준에 부적합하다고 인정하는 때에는 그 기술기준에 적합하도록 제조소 등의 위치 · 구조 및 설비의 수리 · 개조 또는 이전을 명할 수 있다〈법 제14조 제2항〉.

**34** **탱크의 본체에 관한 공사에 있어 탱크의 구조가 행정안전부령으로 정하는 기준에 적합한지 여부를 확인하는 검사는?**

① 기초 · 지반검사
② 충수 · 수압검사
③ 용접부검사
④ 암반탱크검사

TIPS!

탱크안전성능검사의 내용〈시행령 별표4〉

㉠ 기초 · 지반검사

1) 제8조 제1항 제1호(옥외탱크저장소의 액체위험물탱크 중 그 용량이 100만 리터 이상인 탱크)의 규정에 의한 탱크 중 2) 외의 탱크 : 탱크의 기초 및 지반에 관한 공사에 있어서 당해 탱크의 기초 및 지반이 행정안전부령으로 정하는 기준에 적합한지 여부를 확인한다.

2) 제8조 제1항 제1호(옥외탱크저장소의 액체위험물탱크 중 그 용량이 100만 리터 이상인 탱크)의 규정에 의한 탱크 중 행정안전부령으로 정하는 탱크 : 탱크의 기초 및 지반에 관한 공사에 상당한 것으로서 행정안전부령으로 정하는 공사에 있어서 당해 탱크의 기초 및 지반에 상당하는 부분이 행정안전부령으로 정하는 기준에 적합한지 여부를 확인한다.

㉡ 충수 · 수압검사 : 탱크에 배관 그 밖의 부속설비를 부착하기 전에 당해 탱크 본체의 누설 및 변형에 대한 안전성이 행정안전부령으로 정하는 기준에 적합한지 여부를 확인한다.

㉢ 용접부검사 : 탱크의 배관 그 밖의 부속설비를 부착하기 전에 행하는 당해 탱크의 본체에 관한 공사에 있어서 탱크의 용접부가 행정안전부령으로 정하는 기준에 적합한지 여부를 확인한다.

㉣ 암반탱크검사 : 탱크의 본체에 관한 공사에 있어서 탱크의 구조가 행정안전부령으로 정하는 기준에 적합한지 여부를 확인한다.

Answer 33.③ 34.④

**35** **제조소 등의 폐지에 관한 내용 중 잘못된 것은?**

① 제조소 등의 용도폐지는 장래에 대하여 위험물시설로서의 기능을 완전히 상실시키는 것을 말한다.
② 제조소 등을 폐지한 때에는 30일 이내에 소방서장에게 신고하여야 한다.
③ 전자문서로 된 신고서로 용도폐지를 신고할 수 있다.
④ 신고서를 접수한 소방서장은 업무처리 후 당해 신고서의 사본에 수리사실을 표시하여 용도폐지신고를 한 자에게 통보하여야 한다.

제조소 등의 관계인은 당해 제조소 등의 용도를 폐지한 때에는 행정안전부령이 정하는 바에 따라 제조소 등의 용도를 폐지한 날부터 14일 이내에 시 · 도지사에게 신고하여야 한다〈법 제11조〉.

**36** **다음 중 관계인이 예방규정을 정하여야 하는 제조소가 아닌 것은?**

① 지정수량이 10배 이상의 위험물을 취급하는 제조소
② 지정수량이 100배 이상의 위험물을 저장하는 옥외저장소
③ 이중벽탱크저장소
④ 이송취급소

TIPS!

관계인이 예방규정을 정하여야 하는 제조소 등〈시행령 제15조〉
㉠ 지정수량이 10배 이상의 위험물을 취급하는 제조소
㉡ 지정수량이 100배 이상의 위험물을 저장하는 옥외저장소
㉢ 지정수량이 150배 이상의 위험물을 저장하는 옥내저장소
㉣ 지정수량이 200배 이상의 위험물을 저장하는 옥외탱크저장소
㉤ 암반탱크저장소
㉥ 이송취급소
㉦ 지정수량의 10배 이상의 위험물을 취급하는 일반취급소. 다만, 제4류 위험물(특수인화물을 제외)만을 지정수량의 50배 이하로 취급하는 일반취급소(제1석유류 · 알코올류의 취급량이 지정수량의 10배 이하인 경우에 한한다)로서 다음의 어느 하나에 해당하는 것은 제외한다.
- 보일러 · 버너 또는 이와 비슷한 것으로서 위험물을 소비하는 장치로 이루어진 일반취급소
- 위험물을 용기에 옮겨 담거나 차량에 고정된 탱크에 주입하는 일반취급소

Answer 35.② 36.③

**37** **다음 중 제조소 등의 정기점검의 횟수로 옳은 것은?**

① 연 1회 이상 ② 연 3회 이상
③ 연 4회 이상 ④ 연 5회 이상

제조소 등의 관계인은 당해 제조소 등에 대하여 연 1회 이상 정기점검을 실시하여야 한다〈시행규칙 제64조〉.

**38** **다음 중 자체소방대를 설치하여야 하는 사업소에 해당하는 것은?**

① 제4류 위험물을 취급하는 제조소 또는 일반취급소
② 보일러, 버너 그 밖에 이와 유사한 장치로 위험물을 소비하는 일반취급소
③ 용기에 위험물을 옮겨 담는 일반취급소
④ 유압장치로 위험물을 취급하는 일반취급소

TIPS!

**자체소방대의 설치 제외대상인 일반취급소**〈시행규칙 제73조〉
㉠ 보일러, 버너 그 밖에 이와 유사한 장치로 위험물을 소비하는 일반취급소
㉡ 이동저장탱크 그 밖에 이와 유사한 것에 위험물을 주입하는 일반취급소
㉢ 용기에 위험물을 옮겨 담는 일반취급소
㉣ 유압장치, 윤활유순환장치 그 밖에 이와 유사한 장치로 위험물을 취급하는 일반취급소
㉤ 「광산보안법」의 적용을 받는 일반취급소

**39** **특정 · 준특정 옥외저장탱크의 구조안전점검에 관한 기록의 보관기간은?**

① 3년 ② 5년
③ 10년 ④ 25년

TIPS!

시행규칙 제65조(특정 · 준특정 옥외탱크저장소의 정기점검) 제1항의 규정에 의한 옥외저장탱크의 구조안전점검에 관한 기록은 25년간 보관하여야 한다〈시행규칙 제68조 제2항 제1호〉.

**Answer** 37.① 38.① 39.④

**40** 다음 중 위험물의 운반용기를 검사할 수 있는 자는?

① 시 · 도지사
② 소방청장
③ 시장 · 군수 · 구청장
④ 안전관리자

**TIPS!**

시 · 도지사는 운반용기를 제작하거나 수입한 자 등의 신청에 따라 운반용기를 검사할 수 있다. 다만, 기계에 의하여 하역하는 구조로 된 대형의 운반용기로서 행정안전부령이 정하는 것을 제작하거나 수입한 자 등은 행정안전부령이 정하는 바에 따라 당해 용기를 사용하거나 유통시키기 전에 시 · 도지사가 실시하는 운반용기에 대한 검사를 받아야 한다〈법 제20조 제2항〉.

**41** 제조소 등의 정기점검 후 기록하여야 할 사항이 아닌 것은?

① 장비보유 명세서
② 점검을 실시한 제조소 등의 명칭
③ 점검의 방법 및 결과
④ 점검을 한 안전관리자의 성명

**TIPS!**

제조소 등의 관계인이 정기점검 후 기록하여야 할 사항〈시행규칙 제68조 제1항〉

㉠ 점검을 실시한 제조소 등의 명칭
㉡ 점검의 방법 및 결과
㉢ 점검연월일
㉣ 점검을 한 안전관리자 또는 점검을 한 탱크시험자와 점검에 입회한 안전관리자의 성명

**42** 위험물의 운송에 관한 내용 중 옳지 않은 것은?

① 위험물운송자는 당해 위험물을 취급할 수 있는 국가기술자격자 또는 안전교육을 받은 자이어야 한다.
② 위험물운송자는 이동탱크저장소에 의하여 위험물을 운송하는 자이다.
③ 운송책임자의 범위, 감독 등에 관한 구체적인 기준은 대통령령으로 정한다.
④ 위험물운송자는 당해 위험물의 안전확보를 위하여 세심한 주의를 기울여야 한다.

**TIPS!**

위험물의 운송에 있어서 운송책임자의 범위, 감독 또는 지원의 방법 등에 관한 구체적인 기준은 행정안전부령으로 정한다〈법 제21조 제2항〉.

**Answer** 40.① 41.① 42.③

**43** **위험물의 저장 또는 취급에 따른 출입 및 검사의 내용으로 잘못된 것은?**

① 소방청장은 관계공무원으로 하여금 시험에 필요한 최소한의 위험물 또는 위험물로 의심되는 물품을 수거하게 할 수 있다.
② 개인의 주거는 관계인의 승낙을 얻은 경우 또는 화재발생의 우려가 커서 긴급한 필요가 있는 경우가 아니면 출입할 수 없다.
③ 위험물에 대한 출입 · 검사는 언제든지 자유롭게 할 수 있다.
④ 출입 · 검사 등을 하는 관계공무원은 그 권한을 표시하는 증표를 지니고 관계인에게 이를 내보여야 한다.

위험물에 대한 출입 · 검사 등은 그 장소의 공개시간이나 근무시간 내 또는 해가 뜬 후부터 해가 지기 전까지의 시간 내에 행하여야 한다. 다만, 건축물 그 밖의 공작물의 관계인의 승낙을 얻은 경우 또는 화재발생의 우려가 커서 긴급한 필요가 있는 경우에는 그러하지 아니하다〈법 제22조 제3항〉.

**44** **제4류 위험물만을 취급하는 것으로서 지정수량 5배 이하의 제조소에서 선임하여야 하는 안전관리자의 자격이 아닌 것은?**

① 위험물기능장
② 안전관리자교육이수자
③ 위험물산업기사
④ 경찰공무원경력자

TIPS!

제조소의 종류 및 규모에 따라 선임하여야 하는 안전관리자의 자격〈시행령 별표6〉

㉠ 제4류 위험물만을 취급하는 것으로서 지정수량 5배 이하의 것 : 위험물기능장, 위험물산업기사, 위험물기능사, 안전관리자교육이수자 또는 소방공무원경력자
㉡ ㉠에 해당하지 아니하는 것 : 위험물기능장, 위험물산업기사 또는 2년 이상의 실무경력이 있는 위험물기능사

**Answer** 43.③ 44.④

**45** **위험물의 취급에 대한 안전교육의 내용으로 틀린 것은?**

① 소방청장은 안전교육을 강습교육과 실무교육으로 구분하여 실시한다.
② 시 · 도지사는 관할구역 안에서 안전원이 실시하는 안전교육에 대해서 지도 · 감독하여야 한다.
③ 교육의 과정 및 기간과 그 밖에 교육의 실시에 관하여 필요한 사항은 행정안전부령으로 정한다.
④ 한국소방안전원은 매년 교육실시계획을 수립하여 교육을 실시하는 해의 전년도 말까지 소방청장의 승인을 받아야 한다.

**TIPS!**

소방본부장은 매년 10월 말까지 관할구역 안의 실무교육대상자 현황을 안전원에 통보하고 관할구역 안에서 안전원이 실시하는 안전교육에 관하여 지도 · 감독하여야 한다〈시행규칙 제78조 제4항〉.

**46** **다음 중 소방청장이 실시하는 교육의 대상자가 아닌 자는?**

① 안전관리자
② 탱크시험자
③ 위험물운송자
④ 운반용기의 유통자

**TIPS!**

**안전교육**〈법 제28조 제1항〉
안전관리자 · 탱크시험자 · 위험물운송자 등 위험물의 안전관리와 관련된 업무를 수행하는 자로서 대통령령이 정하는 자는 해당 업무에 관한 능력의 습득 또는 향상을 위하여 소방청장이 실시하는 교육을 받아야 한다.
※ **대통령령으로 정하는 안전교육대상자**〈시행령 제20조〉
- 안전관리자로 선임된 자
- 탱크시험자의 기술인력으로 종사하는 자
- 위험물운송자로 종사하는 자

**47** **제조소 등에서 위험물을 유출 · 방출시켜 사람의 생명 · 신체에 위험을 발생시킨 자는 어떠한 벌칙을 받는가?**

① 1년 이상 10년 이하의 징역
② 7년 이하의 금고
③ 1년 이하의 징역 또는 1천만 원 이하의 벌금
④ 500만 원 이하의 벌금

**TIPS!**

제조소 등에서 위험물을 유출 · 방출 또는 확산시켜 사람의 생명 · 신체 또는 재산에 대하여 위험을 발생시킨 자는 1년 이상 10년 이하의 징역에 처한다〈법 제33조 제1항〉.

**Answer** 45.② 46.④ 47.①

**48** **옥내저장소의 변경허가를 받아야 하는 경우에 해당하지 않는 것은?**

① 옥내저장소의 위치를 이전하는 경우
② 건축물의 벽 · 기둥 · 바닥 · 보 또는 지붕을 증설 또는 철거하는 경우
③ 온도의 상승에 의한 위험한 반응을 방지하기 위한 설비를 신설하는 경우
④ 자동화재탐지설비를 신설 또는 철거하는 경우

**TIPS!**

옥내저장소의 변경허가를 받아야 하는 경우〈시행규칙 별표1의2〉
㉠ 건축물의 벽 · 기둥 · 바닥 · 보 또는 지붕을 증설 또는 철거하는 경우
㉡ 배출설비를 신설하는 경우
㉢ 누설범위를 국한하기 위한 설비를 신설하는 경우
㉣ 온도의 상승에 의한 위험한 반응을 방지하기 위한 설비를 신설하는 경우
㉤ 담 또는 토제를 신설 · 철거 또는 이설하는 경우
㉥ 옥외소화전설비 · 스프링클러설비 · 물분무등소화설비를 신설 · 교체(배관 · 밸브 · 압력계 · 소화전본체 · 소화약제탱크 · 포헤드 · 포방출구 등의 교체는 제외한다) 또는 철거하는 경우
㉦ 자동화재탐지설비를 신설 또는 철거하는 경우

**49** **「위험물안전관리법」상 과태료 처분에 관한 내용 중 틀린 것은?**

① 과태료는 시 · 도지사, 소방본부장 또는 소방서장이 부과 · 징수한다.
② 품명 등의 변경신고를 기간 내에 하지 아니하거나 허위로 한 자는 500만 원 이하의 과태료에 처한다.
③ 위반행위의 횟수에 따른 과태료의 부과기준은 최근 1년간 같은 위반행위로 과태료 부과처분을 받은 경우에 적용한다.
④ 과태료를 체납하고 있는 위반행위자는 부과된 과태료 금액의 2분의 1의 범위에서 그 금액을 줄여 부과한다.

**TIPS!**

과태료 부과권자는 다음의 어느 하나에 해당하는 경우에는 개별기준에 따른 과태료 금액의 2분의 1까지 그 금액을 줄일 수 있다. 다만, 과태료를 체납하고 있는 위반행위자에 대해서는 그러하지 아니하다〈시행령 별표9〉.
㉠ 위반행위자가 「질서위반행위규제법 시행령」 과태료 감경사유의 어느 하나에 해당하는 경우
㉡ 위반행위자가 처음 위반행위를 하는 경우로서 3년 이상 해당 업종을 모범적으로 경영한 사실이 인정되는 경우
㉢ 위반행위가 사소한 부주의나 오류 등 과실로 인한 것으로 인정되는 경우
㉣ 위반행위자가 같은 위반행위로 다른 법률에 따라 과태료 · 벌금 · 영업정지 등의 처분을 받은 경우
㉤ 위반행위자가 위법행위로 인한 결과를 시정하거나 해소한 경우
㉥ 그 밖에 위반행위의 정도, 위반행위의 동기와 그 결과 등을 고려하여 과태료를 줄일 필요가 있다고 인정되는 경우

**Answer** 48.① 49.④

**50** 행정처분기준에 대한 설명으로 옳지 않은 것은?

① 위반행위가 2 이상인 때에는 그 중 중한 처분기준에 의하되, 2 이상의 처분기준이 동일한 사용정지이거나 업무정지인 경우에는 중한 처분의 2분의 1까지 가중처분할 수 있다.
② 사용정지 또는 업무정지의 처분기간 중에 사용정지 또는 업무정지에 해당하는 새로운 위반행위가 있는 때에는 종전의 처분기간 만료일부터 새로운 위반행위에 따른 사용정지 또는 업무정지의 행정처분을 한다.
③ 차수에 따른 행정처분기준은 최근 2년간 같은 위반행위로 행정처분을 받은 경우에 적용한다.
④ 사용정지 또는 업무정지에 해당하는 위반행위로서 위반행위의 동기 · 내용 · 횟수 또는 그 결과 등을 고려할 때 개별기준을 적용하는 것이 불합리하다고 인정되는 경우에는 그 처분기준의 2분의 1기간까지 경감하여 처분할 수 있다.

사용정지 또는 업무정지의 처분기간 중에 사용정지 또는 업무정지에 해당하는 새로운 위반행위가 있는 때에는 종전의 처분기간 만료일의 다음 날부터 새로운 위반행위에 따른 사용정지 또는 업무정지의 행정처분을 한다〈시행규칙 별표2〉.

**51** 허가를 받지 아니하고 당해 제조소 등을 설치하거나 그 위치 · 구조 또는 설비를 변경할 수 있으며, 신고를 하지 아니하고 위험물의 품명 · 수량 또는 지정수량의 배수를 변경할 수 있는 경우가 아닌 것은?

① 주택의 난방시설을 위한 저장소 또는 취급소
② 농예용의 난방시설 또는 건조시설을 위한 지정수량 30배 이하의 저장소
③ 축산용의 난방시설 또는 건조시설을 위한 지정수량 20배 이하의 저장소
④ 수산용의 난방시설 또는 건조시설을 위한 지정수량 20배 이하의 저장소

TIPS!

법 제6조 제3항
다음에 해당하는 제조소 등의 경우에는 허가를 받지 아니하고 당해 제조소 등을 설치하거나 그 위치 · 구조 또는 설비를 변경할 수 있으며, 신고를 하지 아니하고 위험물의 품명 · 수량 또는 지정수량의 배수를 변경할 수 있다.
㉠ 주택의 난방시설(공동주택의 중앙난방시설을 제외한다)을 위한 저장소 또는 취급소
㉡ 농예용 · 축산용 또는 수산용으로 필요한 난방시설 또는 건조시설을 위한 지정수량 20배 이하의 저장소

Answer 50.② 51.②

**52** **특정 · 준특정 옥외 탱크저장소는 소방본부장이나 소방서장으로부터 정기검사를 받아야 한다. 정기검사는 완공 검사필증을 발급받은 날로부터 몇 년 이내에 받아야 하는가?**

① 2년
② 3년
③ 11년
④ 12년

TIPS!

**특정 · 준특정 옥외 탱크저장소의 정기점검**[시행규칙 제65조 제1항]

옥외탱크저장소 중 저장 또는 취급하는 액체위험물의 최대수량이 50만 리터 이상인 것(이하 "특정 · 준특정 옥외 탱크저장소"라 한다)에 대하여 실시하는 정기점검은 정기점검 외에 다음에 해당하는 기간 이내에 1회 이상 특정 · 준특정 옥외 저장탱크의 구조 등에 관한 안전점검(이하 "구조안전점검"이라 한다)을 하여야 한다. 다만, 해당 기간 이내에 특정 · 준특정 옥외 저장탱크의 사용중단 등으로 구조안전점검을 실시하기가 곤란한 경우에는 관할소방서장에게 구조안전점검의 실시기간 연장신청(전자문서에 의한 신청을 포함)을 할 수 있으며, 그 신청을 받은 소방서장은 1년(특정 · 준특정 옥외 저장탱크의 사용을 중지한 경우에는 사용중지기간)의 범위에서 실시 기간을 연장할 수 있다.

㉠ 특정 · 준특정옥외탱크저장소의 설치허가에 따른 완공검사합격확인증을 발급받은 날부터 12년
㉡ 최근의 정기검사를 받은 날부터 11년
㉢ 특정 · 준특정 옥외 저장탱크에 안전조치를 한 후 기술원에 구조안전 점검시기 연장신청을 하여 해당 안전조치가 적정한 것으로 인정받은 경우에는 최근의 정밀정기검사를 받은 날부터 13년

**53** **다음 중 자체소방대의 설치조건에 해당되지 않는 것은?**

① 제4류 위험물을 지정수량의 3천 배 이상 취급하는 제조소
② 제4류 위험물을 지정수량의 3천 배 이상 취급하는 일반취급소
③ 제4류 위험물을 지정수량의 3천 배 이상 저장하는 옥외탱크저장소
④ 제4류 위험물을 지정수량의 50만 배 이상 저장하는 옥외탱크저장소

TIPS!

**법 제19조**(자체소방대)

다량의 위험물을 저장 · 취급하는 제조소등으로서 대통령령이 정하는 제조소등이 있는 동일한 사업소에서 대통령령이 정하는 수량 이상의 위험물을 저장 또는 취급하는 경우 당해 사업소의 관계인은 대통령령이 정하는 바에 따라 당해 사업소에 자체소방대를 설치하여야 한다.

※ **자체소방대를 설치하여야 하는 사업소**〈시행령 제18조〉

㉠ 법 제19조에서 "대통령령이 정하는 제조소등"이란 다음 각 호의 어느 하나에 해당하는 제조소등을 말한다.
1. 제4류 위험물을 취급하는 제조소 또는 일반취급소. 다만, 보일러로 위험물을 소비하는 일반취급소 등 행정안전부령으로 정하는 일반취급소는 제외한다.
2. 제4류 위험물을 저장하는 옥외탱크저장소

㉡ 법 제19조에서 "대통령령이 정하는 수량 이상"이란 다음 각 호의 구분에 따른 수량을 말한다.
1. ㉠의 제1호에 해당하는 경우 : 제조소 또는 일반취급소에서 취급하는 제4류 위험물의 최대수량의 합이 지정수량의 3천 배 이상
2. ㉠의 제2호에 해당하는 경우 : 옥외탱크저장소에 저장하는 제4류 위험물의 최대수량이 지정수량의 50만 배 이상

Answer 52.④ 53.③

**54** 위험물 제조소 등에서 출입 · 검사 명령권자로 옳은 것은?

① 소방청장, 시 · 도지사, 소방본부장 또는 소방서장
② 소방청장, 시 · 도지사, 소방대장 또는 소방서장
③ 소방청장, 시 · 도지사, 소방본부장 또는 소방공무원
④ 소방청장, 시 · 도지사, 소방본부장 또는 소방대장

TIPS!

법 제22조(출입 · 검사 등) 제1항
소방청장(중앙119 구조본부장 및 그 소속 기관의 장을 포함), 시 · 도지사, 소방본부장 또는 소방서장은 위험물의 저장 또는 취급에 따른 화재의 예방 또는 진압대책을 위하여 필요한 때에는 위험물을 저장 또는 취급하고 있다고 인정되는 장소의 관계인에 대하여 필요한 보고 또는 자료제출을 명할 수 있으며, 관계공무원으로 하여금 당해 장소에 출입하여 그 장소의 위치 · 구조 · 설비 및 위험물의 저장 · 취급상황에 대하여 검사하게 하거나 관계인에게 질문하게 하고 시험에 필요한 최소한의 위험물 또는 위험물로 의심되는 물품을 수거하게 할 수 있다. 다만, 개인의 주거는 관계인의 승낙을 얻은 경우 또는 화재발생의 우려가 커서 긴급한 필요가 있는 경우가 아니면 출입할 수 없다.

**55** 위험물안전관리법에서 과태료 부과권자로 바르지 않은 것은?

① 소방서장
② 시 · 도지사
③ 소방본부장
④ 소방청장

TIPS!

법 제39조 제2항
과태료는 대통령령이 정하는 바에 따라 시 · 도지사, 소방본부장 또는 소방서장이 부과 · 징수한다.

Answer 54.① 55.④

PART

# 05

# 최근기출문제분석

2021. 4. 3. 소방공무원 채용

# 2021. 4. 3. 소방공무원 채용

**1** 「소방기본법」 및 같은 법 시행령상 화재의 예방조치 등으로 옳지 않은 것은?

① 소방본부장 또는 소방서장은 보관기간이 종료되는 때에는 보관하고 있는 위험물 또는 물건을 매각하여야 한다.
② 위험물 또는 물건의 보관기간은 소방본부 또는 소방서의 게시판에 공고하는 기간의 종료일 다음 날부터 7일로 한다.
③ 위험물 또는 물건을 보관하는 경우에는 그 날부터 14일 동안 소방본부 또는 소방서의 게시판에 그 사실을 공고하여야 한다.
④ 시 · 도지사는 폐기된 위험물의 소유자가 보상을 요구하는 경우에는 보상금액에 대하여 소유자와 협의를 거쳐 이를 보상하여야 한다.

Point

④ 소방본부장 또는 소방서장은 「소방기본법 시행령」 제3조 제2항의 규정에 의하여 매각되거나 폐기된 위험물 또는 물건의 소유자가 보상을 요구하는 경우에는 보상금액에 대하여 소유자와 협의를 거쳐 이를 보상하여야 한다〈「소방기본법 시행령」 제3조(위험물 또는 물건의 보관기간 및 보관기간 경과후 처리 등) 제4항〉.
① 소방본부장 또는 소방서장은 「소방기본법 시행령」 제3조 제1항에 따른 보관기간이 종료되는 때에는 보관하고 있는 위험물 또는 물건을 매각해야 한다. 다만, 보관하고 있는 위험물 또는 물건이 부패 · 파손 또는 이와 유사한 사유로 정해진 용도에 계속 사용할 수 없는 경우에는 폐기할 수 있다〈「소방기본법 시행령」 제3조(위험물 또는 물건의 보관기간 및 보관기간 경과후 처리 등) 제2항〉.
② 「소방기본법」 제12조 제5항의 규정에 의한 위험물 또는 물건의 보관기간은 「소방기본법」 제12조 제4항의 규정에 의하여 소방본부 또는 소방서의 게시판에 공고하는 기간의 종료일 다음 날부터 7일로 한다〈「소방기본법 시행령」 제3조(위험물 또는 물건의 보관기간 및 보관기간 경과후 처리 등) 제1항〉.
③ 소방본부장이나 소방서장은 「소방기본법」 제12조 제3항에 따라 위험물 또는 물건을 보관하는 경우에는 그 날부터 14일 동안 소방본부 또는 소방서의 게시판에 그 사실을 공고하여야 한다〈「소방기본법」 제12조(화재의 예방조치 등) 제4항〉.

**2** 「소방기본법 시행규칙」상 소방용수시설의 설치기준으로 옳은 것은?

① 소방용호스와 연결하는 소화전의 연결금속구의 구경은 40밀리미터로 할 것
② 공업지역인 경우 소방대상물과 수평거리를 100미터 이하가 되도록 할 것
③ 저수조에 물을 공급하는 방법은 상수도에 연결하여 수동으로 급수되는 구조일 것
④ 급수탑의 개폐밸브는 지상에서 0.8미터 이상 1.5미터 이하의 위치에 설치하도록 할 것

Answer 1.④ 2.②

**Point**

소방용수시설의 설치기준〈시행규칙 별표 3〉

1. 공통기준
   가. 「국토의 계획 및 이용에 관한 법률」 제36조 제1항 제1호의 규정에 의한 주거지역 · 상업지역 및 공업지역에 설치하는 경우 : 소방대상물과의 수평거리를 100미터 이하가 되도록 할 것
   나. 가목 외의 지역에 설치하는 경우 : 소방대상물과의 수평거리를 140미터 이하가 되도록 할 것
2. 소방용수시설별 설치기준
   가. 소화전의 설치기준 : 상수도와 연결하여 지하식 또는 지상식의 구조로 하고, 소방용호스와 연결하는 소화전의 연결금속구의 구경은 65밀리미터로 할 것
   나. 급수탑의 설치기준 : 급수배관의 구경은 100밀리미터 이상으로 하고, 개폐밸브는 지상에서 1.5미터 이상 1.7미터 이하의 위치에 설치하도록 할 것
   다. 저수조의 설치기준
      (1) 지면으로부터의 낙차가 4.5미터 이하일 것
      (2) 흡수부분의 수심이 0.5미터 이상일 것
      (3) 소방펌프자동차가 쉽게 접근할 수 있도록 할 것
      (4) 흡수에 지장이 없도록 토사 및 쓰레기 등을 제거할 수 있는 설비를 갖출 것
      (5) 흡수관의 투입구가 사각형의 경우에는 한 변의 길이가 60센티미터 이상, 원형의 경우에는 지름이 60센티미터 이상일 것
      (6) 저수조에 물을 공급하는 방법은 상수도에 연결하여 자동으로 급수되는 구조일 것

**3** **「소방기본법」상 119종합상황실의 설치 및 운영목적에 대한 내용으로 옳지 않은 것은?**

① 상황관리

② 대응계획 실행 및 평가

③ 현장 지휘 및 조정 · 통제

④ 정보의 수집 · 분석과 판단 · 전파

**Point**

소방청장, 소방본부장 및 소방서장은 화재, 재난 · 재해, 그 밖에 구조 · 구급이 필요한 상황이 발생하였을 때에 신속한 소방활동(소방업무를 위한 모든 활동을 말한다)을 위한 정보의 수집 · 분석과 판단 · 전파, 상황관리, 현장 지휘 및 조정 · 통제 등의 업무를 수행하기 위하여 119종합상황실을 설치 · 운영하여야 한다〈「소방기본법」 제4조(119종합상황실의 설치와 운영) 제1항〉.

Answer. 3.②

**4** 「소방기본법」상 한국소방안전원이 수행하는 업무에 대한 내용으로 옳지 않은 것은?

① 소방기술과 안전관리에 관한 인허가 업무
② 소방기술과 안전관리에 관한 각종 간행물 발간
③ 소방기술과 안전관리에 관한 교육 및 조사 · 연구
④ 화재 예방과 안전관리의식 고취를 위한 대국민 홍보

Point

**안전원의 업무**〈「소방기본법」 제41조〉

1. 소방기술과 안전관리에 관한 교육 및 조사 · 연구
2. 소방기술과 안전관리에 관한 각종 간행물 발간
3. 화재 예방과 안전관리의식 고취를 위한 대국민 홍보
4. 소방업무에 관하여 행정기관이 위탁하는 업무
5. 소방안전에 관한 국제협력
6. 그 밖에 회원에 대한 기술지원 등 정관으로 정하는 사항

**5** 「소방기본법」상 소방활동 종사 명령에 대한 설명으로 옳지 않은 것은?

① 소방본부장 또는 소방서장은 화재 현장에서 소방활동 종사 명령을 할 수 있다.
② 소방활동 종사 명령은 관할구역에 사는 사람 또는 그 현장에 있는 사람을 대상으로 할 수 있다.
③ 소방활동에 종사한 사람은 소방본부장 또는 소방서장으로부터 소방활동의 비용을 지급받을 수 있다.
④ 소방본부장 또는 소방서장은 소방활동에 필요한 보호장구를 지급하는 등 안전을 위한 조치를 하여야 한다.

Point

**소방활동 종사 명령**〈「소방기본법」 제24조〉

① 소방본부장, 소방서장 또는 소방대장은 화재, 재난 · 재해, 그 밖의 위급한 상황이 발생한 현장에서 소방활동을 위하여 필요할 때에는 그 관할구역에 사는 사람 또는 그 현장에 있는 사람으로 하여금 사람을 구출하는 일 또는 불을 끄거나 불이 번지지 아니하도록 하는 일을 하게 할 수 있다. 이 경우 소방본부장, 소방서장 또는 소방대장은 소방활동에 필요한 보호장구를 지급하는 등 안전을 위한 조치를 하여야 한다.

② 삭제 〈2017. 12. 26.〉

③ 제1항에 따른 명령에 따라 소방활동에 종사한 사람은 시 · 도지사로부터 소방활동의 비용을 지급받을 수 있다. 다만, 다음 각 호의 어느 하나에 해당하는 사람의 경우에는 그러하지 아니하다.
  1. 소방대상물에 화재, 재난 · 재해, 그 밖의 위급한 상황이 발생한 경우 그 관계인
  2. 고의 또는 과실로 화재 또는 구조 · 구급 활동이 필요한 상황을 발생시킨 사람
  3. 화재 또는 구조 · 구급 현장에서 물건을 가져간 사람

Answer 4.① 5.③

**6** 「화재예방, 소방시설 설치 · 유지 및 안전관리에 관한 법률」 및 같은 법 시행령상 공동소방안전관리자 선임대상 특정소방대상물로 옳지 않은 것은?

① 판매시설 중 도매시장 및 소매시장
② 복합건축물로서 층수가 5층 이상인 것
③ 복합건축물로서 연면적 3천5백 제곱미터 이상인 것
④ 고층건축물(지하층을 제외한 층수가 11층 이상인 건축물만 해당한다.)

**Point**

**공동 소방안전관리**〈「화재예방, 소방시설 설치 · 유지 및 안전관리에 관한 법률」 제21조〉 … 다음 각 호의 어느 하나에 해당하는 특정소방대상물로서 그 관리의 권원(權原)이 분리되어 있는 것 가운데 소방본부장이나 소방서장이 지정하는 특정소방대상물의 관계인은 행정안전부령으로 정하는 바에 따라 대통령령으로 정하는 자를 공동 소방안전관리자로 선임하여야 한다.

1. 고층 건축물(지하층을 제외한 층수가 11층 이상인 건축물만 해당한다)
2. 지하가(지하의 인공구조물 안에 설치된 상점 및 사무실, 그 밖에 이와 비슷한 시설이 연속하여 지하도에 접하여 설치된 것과 그 지하도를 합한 것을 말한다)
3. 그 밖에 대통령령으로 정하는 특정소방대상물

※ **공동 소방안전관리자 선임대상 특정소방대상물**〈시행령 제25조〉 … 법 제21조 제3호에서 "대통령령으로 정하는 특정소방대상물"이란 다음 각 호의 어느 하나에 해당하는 특정소방대상물을 말한다.

1. 복합건축물로서 연면적이 5천 제곱미터 이상인 것 또는 층수가 5층 이상인 것
2. 판매시설 중 도매시장 및 소매시장
3. 정소방대상물 중 소방본부장 또는 소방서장이 지정하는 것

Answer. 6.③

**7** **「화재예방, 소방시설 설치 · 유지 및 안전관리에 관한 법률 시행령」상 소방용품 중 경보설비를 구성하는 제품 또는 기기로 옳지 않은 것은?**

① 수신기

② 감지기

③ 누전차단기

④ 가스누설경보기

Point

**소방용품**〈시행령 별표 3〉

1. 소화설비를 구성하는 제품 또는 기기
   가. 별표 1 제1호 가목의 소화기구(소화약제 외의 것을 이용한 간이소화용구는 제외한다)
   나. 별표 1 제1호 나목의 자동소화장치
   다. 소화설비를 구성하는 소화전, 관창(管槍), 소방호스, 스프링클러헤드, 기동용 수압개폐장치, 유수제어밸브 및 가스관선택밸브
2. 경보설비를 구성하는 제품 또는 기기
   가. 누전경보기 및 가스누설경보기
   나. 경보설비를 구성하는 발신기, 수신기, 중계기, 감지기 및 음향장치(경종만 해당한다)
3. 피난구조설비를 구성하는 제품 또는 기기
   가. 피난사다리, 구조대, 완강기(간이완강기 및 지지대를 포함한다)
   나. 공기호흡기(충전기를 포함한다)
   다. 피난구유도등, 통로유도등, 객석유도등 및 예비 전원이 내장된 비상조명등
4. 소화용으로 사용하는 제품 또는 기기
   가. 소화약제(별표 1 제1호 나목 2)와 3)의 자동소화장치와 같은 호 마목 3)부터 8)까지의 소화설비용만 해당한다)
   나. 방염제(방염액 · 방염도료 및 방염성물질을 말한다)
5. 그 밖에 행정안전부령으로 정하는 소방 관련 제품 또는 기기

Answer 7.③

**8** **「화재예방, 소방시설 설치 · 유지 및 안전관리에 관한 법률시행령」상 간이스프링클러설비를 설치하여야 하는 특정소방대상물로 옳지 않은 것은?**

① 교육연구시설 내에 합숙소로서 연면적 100$m^2$ 이상인 것

② 근린생활시설 중 의원, 치과의원 및 한의원으로서 입원실이 있는 시설

③ 근린생활시설 중 근린생활시설로 사용하는 부분의 바닥면적 합계가 1천$m^2$ 이상인 것은 모든 층

④ 숙박시설 중 생활형 숙박시설로서 해당 용도로 사용되는 바닥면적의 합계가 500$m^2$ 이상인 것

Point

간이스프링클러설비를 설치하여야 하는 특정소방대상물은 다음의 어느 하나와 같다〈「화재예방, 소방시설 설치 · 유지 및 안전관리에 관한 법률 시행령」 [별표 5] 제1호 마목〉.

1) 근린생활시설 중 다음의 어느 하나에 해당하는 것
   가) 근린생활시설로 사용하는 부분의 바닥면적 합계가 1천㎡ 이상인 것은 모든 층
   나) 의원, 치과의원 및 한의원으로서 입원실이 있는 시설
2) 교육연구시설 내에 합숙소로서 연면적 100㎡ 이상인 것
3) 의료시설 중 다음의 어느 하나에 해당하는 시설
   가) 종합병원, 병원, 치과병원, 한방병원 및 요양병원(정신병원과 의료재활시설은 제외한다)으로 사용되는 바닥면적의 합계가 600㎡ 미만인 시설
   나) 정신의료기관 또는 의료재활시설로 사용되는 바닥면적의 합계가 300㎡ 이상 600㎡ 미만인 시설
   다) 정신의료기관 또는 의료재활시설로 사용되는 바닥면적의 합계가 300㎡ 미만이고, 창살(철재 · 플라스틱 또는 목재 등으로 사람의 탈출 등을 막기 위하여 설치한 것을 말하며, 화재 시 자동으로 열리는 구조로 되어 있는 창살은 제외한다)이 설치된 시설
4) 노유자시설로서 다음의 어느 하나에 해당하는 시설
   가) 제12조 제1항 제6호 각 목에 따른 시설(제12조 제1항 제6호 가목 2) 및 같은 호 나목부터 바목까지의 시설 중 단독주택 또는 공동주택에 설치되는 시설은 제외하며, 이하 "노유자 생활시설"이라 한다)
   나) 가)에 해당하지 않는 노유자시설로 해당 시설로 사용하는 바닥면적의 합계가 300㎡ 이상 600㎡ 미만인 시설
   다) 가)에 해당하지 않는 노유자시설로 해당 시설로 사용하는 바닥면적의 합계가 300㎡ 미만이고, 창살(철재 · 플라스틱 또는 목재 등으로 사람의 탈출 등을 막기 위하여 설치한 것을 말하며, 화재 시 자동으로 열리는 구조로 되어 있는 창살은 제외한다)이 설치된 시설
5) 건물을 임차하여 「출입국관리법」 제52조 제2항에 따른 보호시설로 사용하는 부분
6) 숙박시설 중 생활형 숙박시설로서 해당 용도로 사용되는 바닥면적의 합계가 600㎡ 이상인 것
7) 복합건축물(별표 2 제30호 나목의 복합건축물만 해당한다)로서 연면적 1천㎡ 이상인 것은 모든 층

Answer 8.④

**9** **「화재예방, 소방시설 설치 · 유지 및 안전관리에 관한 법률시행규칙」상 종합정밀점검에 대한 설명으로 옳은 것은?**

① 소방시설관리업자만 할 수 있다.

② 소방시설등의 작동기능점검은 포함하지 않는다.

③ 건축물의 사용승인일이 속하는 다음 달에 실시한다.

④ 스프링클러설비가 설치된 특정소방대상물은 종합정밀점검을 받아야 한다.

Point

① 종합정밀점검은 소방시설관리업자 또는 소방안전관리자로 선임된 소방시설관리사 및 소방기술사가 실시할 수 있다. 이 경우 별표 2에 따른 점검인력 배치기준을 따라야 한다〈「화재예방, 소방시설 설치 · 유지 및 안전관리에 관한 법률 시행규칙」 [별표 1] 제3호 나목〉.

② 종합정밀점검은 소방시설등의 작동기능점검을 포함하여 소방시설등의 설비별 주요 구성 부품의 구조기준이 법 제9조 제1항에 따라 소방청장이 정하여 고시하는 화재안전기준 및 「건축법」 등 관련 법령에서 정하는 기준에 적합한지 여부를 점검하는 것을 말한다〈「화재예방, 소방시설 설치 · 유지 및 안전관리에 관한 법률 시행규칙」 [별표 1] 제1호 나목〉.

③ 종합정밀점검은 건축물의 사용승인일이 속하는 달에 실시한다. 다만, 「공공기관의 안전관리에 관한 규정」 제2조 제2호 또는 제5호에 따른 학교의 경우에는 해당 건축물의 사용승인일이 1월에서 6월 사이에 있는 경우에는 6월 30일까지 실시할 수 있다〈「화재예방, 소방시설 설치 · 유지 및 안전관리에 관한 법률 시행규칙」 [별표 1] 제3호 마목 1).

※ **종합정밀점검의 대상**〈「화재예방, 소방시설 설치 · 유지 및 안전관리에 관한 법률 시행규칙」 [별표 1] 제3호 가목〉 … 종합정밀점검은 다음의 어느 하나에 해당하는 특정소방대상물을 대상으로 한다.

1) 스프링클러설비가 설치된 특정소방대상물

2) 물분무등소화설비[호스릴(Hose Reel) 방식의 물분무등소화설비만을 설치한 경우는 제외한다]가 설치된 연면적 5,000㎡ 이상인 특정소방대상물(위험물 제조소등은 제외한다)

3) 「다중이용업소의 안전관리에 관한 특별법 시행령」 제2조 제1호 나목, 같은 조 제2호(비디오물소극장업은 제외한다) · 제6호 · 제7호 · 제7호의2 및 제7호의5의 다중이용업의 영업장이 설치된 특정소방대상물로서 연면적이 2,000㎡ 이상인 것

4) 제연설비가 설치된 터널

5) 「공공기관의 소방안전관리에 관한 규정」 제2조에 따른 공공기관 중 연면적(터널 · 지하구의 경우 그 길이와 평균폭을 곱하여 계산된 값을 말한다)이 1,000㎡ 이상인 것으로서 옥내소화전설비 또는 자동화재탐지설비가 설치된 것. 다만, 「소방기본법」 제2조 제5호에 따른 소방대가 근무하는 공공기관은 제외한다.

**10** **「화재예방, 소방시설 설치 · 유지 및 안전관리에 관한 법률 시행규칙」상 소방안전관리대상물의 관계인이 피난시설의 위치, 피난경로 또는 대피요령이 포함된 피난유도 안내정보를 근무자 또는 거주자에게 정기적으로 제공해야 하는 방법으로 옳지 않은 것은?**

① 연 1회 피난안내 교육을 실시하는 방법

② 분기별 1회 이상 피난안내방송을 실시하는 방법

③ 피난안내도를 층마다 보기 쉬운 위치에 게시하는 방법

④ 엘리베이터, 출입구 등 시청이 용이한 지역에 피난안내영상을 제공하는 방법

Answer. 9.④ 10.①

Point

**피난유도 안내정보의 제공**〈「화재예방, 소방시설 설치 · 유지 및 안전관리에 관한 법률 시행규칙」 제14조의5 제1항〉 … 법 제21조의2 제3항에 따른 피난유도 안내정보 제공은 다음 각 호의 어느 하나에 해당하는 방법으로 하여야 한다.

1. 연 2회 피난안내 교육을 실시하는 방법
2. 분기별 1회 이상 피난안내방송을 실시하는 방법
3. 피난안내도를 층마다 보기 쉬운 위치에 게시하는 방법
4. 엘리베이터, 출입구 등 시청이 용이한 지역에 피난안내영상을 제공하는 방법

**11** **「소방시설공사업법」 및 같은 법 시행령, 시행규칙상 공사감리에 관한 내용으로 옳은 것은?**

① 감리업자가 감리원을 배치하였을 때에는 소방본부장 또는 소방서장의 동의를 받아야 한다.
② 소방본부장 또는 소방서장은 특정소방대상물에 대해서 감리업자를 공사감리자로 지정하여야 한다.
③ 지하층을 포함한 층수가 16층 이상으로서 300세대 이상인아파트에 대한 소방시설 공사는 상주공사감리 대상이다.
④ 상주공사감리 대상인 경우 소방시설용 배관을 설치하거나 매립하는 때부터 완공검사증명서를 발급받을 때까지 소방공사감리현장에 감리원을 배치하여야 한다.

Point

④ 「소방시설공사업법 시행령」 별표 3에 따른 상주공사감리 대상인 경우 소방시설용 배관(전선관을 포함한다)을 설치하거나 매립하는 때부터 소방시설 완공검사증명서를 발급받을 때까지 소방공사감리현장에 감리원을 배치할 것〈「소방시설공사업법 시행규칙」 제16조(감리원의 세부 배치 기준 등) 제1항 제1호 나목〉

① 감리업자는 「소방시설공사업법」 제18조 제1항에 따라 소속 감리원을 배치하였을 때에는 행정안전부령으로 정하는 바에 따라 소방본부장이나 소방서장에게 통보하여야 한다. 감리원의 배치를 변경하였을 때에도 또한 같다〈「소방시설공사업법」 제18조(감리원의 배치 등) 제2항〉.

② 대통령령으로 정하는 특정소방대상물의 관계인이 특정소방대상물에 대하여 자동화재탐지설비, 옥내소화전설비 등 대통령령으로 정하는 소방시설을 시공할 때에는 소방시설공사의 감리를 위하여 감리업자를 공사감리자로 지정하여야 한다. 다만, 「소방시설공사업법」 제11조 제1항 단서와 제12조 제1항 후단에 따라 설계 · 시공하는 소방시설공사의 경우에는 그 설계업자를 공사감리자로 지정할 수 있다〈「소방시설공사업법」 제17조(공사감리자의 지정 등) 제1항〉

※ 위 조항은 2020. 6. 9. 개정되어 2021. 6. 10.부터 다음의 내용으로 시행된다.
대통령령으로 정하는 특정소방대상물의 관계인이 특정소방대상물에 대하여 자동화재탐지설비, 옥내소화전설비 등 대통령령으로 정하는 소방시설을 시공할 때에는 소방시설공사의 감리를 위하여 감리업자를 공사감리자로 지정하여야 한다.

③ 지하층을 포함한 층수가 16층 이상으로서 500세대 이상인 아파트에 대한 소방시설의 공사는 상주공사감리 대상이다〈「소방시설공사업법 시행령」 [별표 3]〉.

Answer. 11.④

## 12 「소방시설공사업법」에 규정한 내용으로 옳지 않은 것은? (기출변형)

① 특정소방대상물의 관계인 또는 발주자는 소방시설공사 등을 도급할 때에는 해당 소방시설업자에게 도급하여야한다.
② 소방본부장이나 소방서장은 완공검사나 부분완공검사를 하였을 때에는 완공검사증명서나 부분완공검사증명서를 발급하여야 한다.
③ 관계인은 하자보수기간에 소방시설의 하자가 발생하였을 때에는 공사업자에게 그 사실을 알려야 하며, 통보를 받은 공사업자는 7일 이내에 하자를 보수하거나 보수 일정을 기록한 하자보수계획을 관계인에게 서면으로 알려야 한다.
④ 소방시설업의 등록을 한 후 정당한 사유 없이 1년이 지날 때까지 영업을 시작하지 아니하거나 계속하여 1년 이상 휴업함으로써 그 이용자에게 불편을 줄 때에는 영업정지처분을 갈음하여 2억 원 이하의 과징금을 부과할 수 있다.

**Point**

③ 관계인은 「소방시설공사업법」 제15조 제1항에 따른 기간에 소방시설의 하자가 발생하였을 때에는 공사업자에게 그 사실을 알려야 하며, 통보를 받은 공사업자는 3일 이내에 하자를 보수하거나 보수 일정을 기록한 하자보수계획을 관계인에게 서면으로 알려야 한다〈「소방시설공사업법」 제15조(공사의 하자보수 등) 제3항〉.
① 「소방시설공사업법」 제21조(소방시설공사등의 도급) 제1항
② 「소방시설공사업법」 제14조(완공검사) 제3항
④ 시 · 도지사는 제9조 제1항 각 호의 어느 하나에 해당하는 경우로서 영업정지가 그 이용자에게 불편을 주거나 그 밖에 공익을 해칠 우려가 있을 때에는 영업정지처분을 갈음하여 2억 원 이하의 과징금을 부과할 수 있다〈「소방시설공사업법」 제10조 제1항〉.

## 13 「소방시설공사업법 시행규칙」상 소방기술과 관련된 자격 · 학력 및 경력의 인정범위에 관한 내용으로 옳은 것은?

① 소방공무원으로서 3년간 근무한 경력이 있는 사람은 중급감리원의 업무를 수행할 수 있다.
② 학사학위를 취득한 후 소방 관련 업무를 10년간 수행한 사람은 특급기술자 업무를 수행할 수 있다.
③ 소방시설관리사 자격을 취득한 후 소방 관련 업무를 3년간 수행한 사람은 특급기술자 업무를 수행할 수 있다.
④ 소방설비기사 기계분야 자격을 취득한 후 소방 관련 업무를 8년간 수행한 사람은 해당분야 특급감리원의 업무를 수행할 수 있다.

**Point**

「소방시설공사업법 시행규칙」 [별표 4의2]에 따르면 소방기술과 관련된 자격 · 학력 및 경력의 인정 범위는 다음과 같다.

④ 특급감리원의 기술등급 자격

| 기계분야 | 전기분야 |
|---|---|
| • 소방기술사 자격을 취득한 사람 | |
| • 소방설비기사 기계분야 자격을 취득한 후 8년 이상 소방 관련 업무를 수행한 사람<br>• 소방설비산업기사 기계분야 자격을 취득한 후 12년 이상 소방 관련 업무를 수행한 사람 | • 소방설비기사 전기분야 자격을 취득한 후 8년 이상 소방 관련 업무를 수행한 사람<br>• 소방설비산업기사 전기분야 자격을 취득한 후 12년 이상 소방 관련 업무를 수행한 사람 |

① 소방공무원으로서 3년 이상 근무한 경력이 있는 사람은 초급감리원의 업무를 수행할 수 있다.
② 학사학위를 취득한 후 12년 이상 소방 관련 업무를 수행한 사람은 특급기술자 업무를 수행할 수 있다.
③ 소방시설관리사 자격을 취득한 후 5년 이상 소방 관련 업무를 수행한 사람은 특급기술자 업무를 수행할 수 있다.

Answer. 12.③ 13.④

**14** 「소방시설공사업법」상 소방공사감리업자의 업무범위로 옳지 않은 것은?

① 완공된 소방시설등의 성능시험
② 소방시설등의 설치계획표의 적법성 검토
③ 소방시설등 설계 변경 사항의 적합성 검토
④ 설계업자가 작성한 시공 상세 도면의 적합성 검토

Point

제4조제 1항에 따라 소방공사감리업을 등록한 자(이하 "감리업자"라 한다)는 소방공사를 감리할 때 다음 각 호의 업무를 수행하여야 한다〈「소방시설공사업법」 제16조(감리) 제1항〉.

1. 소방시설등의 설치계획표의 적법성 검토
2. 소방시설등 설계도서의 적합성(적법성과 기술상의 합리성을 말한다) 검토
3. 소방시설등 설계 변경 사항의 적합성 검토
4. 「화재예방, 소방시설 설치 · 유지 및 안전관리에 관한 법률」 제2조 제1항 제4호의 소방용품의 위치 · 규격 및 사용 자재의 적합성 검토
5. 공사업자가 한 소방시설등의 시공이 설계도서와 화재안전기준에 맞는지에 대한 지도 · 감독
6. 완공된 소방시설등의 성능시험
7. 공사업자가 작성한 시공 상세 도면의 적합성 검토
8. 피난시설 및 방화시설의 적법성 검토
9. 실내장식물의 불연화(不燃化)와 방염 물품의 적법성 검토

**15** 「소방시설공사업법」 및 같은 법 시행령상 소방공사업자는 소방기술자를 소방공사 현장에 배치하는 것이 원칙이지만, 발주자가 서면으로 승낙하는 경우에는 해당 공사가 중단된 기간 동안 소방기술자를 공사 현장에 배치하지 않을 수 있도록 되어 있는 예외사항이 있다. 다음 중 예외사항으로 옳지 않은 것은?

① 발주자가 공사 중단을 요청하는 경우
② 소방공사감리원이 공사 중단을 요청하는 경우
③ 민원 또는 계절적 요인 등으로 해당 공정의 공사가 일정 기간 중단된 경우
④ 예산 부족 등 발주자의 책임 있는 사유 또는 천재지변 등 불가항력으로 공사가 일정 기간 중단된 경우

Point

소방기술자의 배치기간〈「소방시설공사업법 시행령」 [별표 2] 제2호〉

가. 공사업자는 [별표 2] 제1호에 따른 소방기술자를 소방시설공사의 착공일부터 소방시설 완공검사증명서 발급일까지 배치한다.
나. 공사업자는 가목에도 불구하고 시공관리, 품질 및 안전에 지장이 없는 경우로서 다음의 어느 하나에 해당하여 발주자가 서면으로 승낙하는 경우에는 해당 공사가 중단된 기간 동안 소방기술자를 공사 현장에 배치하지 않을 수 있다.
  1) 민원 또는 계절적 요인 등으로 해당 공정의 공사가 일정 기간 중단된 경우
  2) 예산의 부족 등 발주자(하도급의 경우에는 수급인을 포함한다. 이하 이 목에서 같다)의 책임 있는 사유 또는 천재지변 등 불가항력으로 공사가 일정기간 중단된 경우
  3) 발주자가 공사의 중단을 요청하는 경우

Answer 14.④ 15.②

**16** 「위험물안전관리법 시행규칙」상 옥외탱크저장소의 위치 · 구조 및 설비의 기준에 관한 내용이다. 빈칸에 들어갈 숫자로 옳은 것은?

> 가. 지정수량의 650배를 저장하는 옥외탱크저장소의 보유공지는 ( ㉠ )m 이상이다.
> 나. 펌프설비의 주위에는 너비 ( ㉡ ) m 이상의 공지를 보유해야 한다. 다만, 방화상 유효한 격벽을 설치하는 경우와 제6류 위험물 또는 지정수량의 ( ㉢ )배 이하 위험물의 옥외저장탱크의 펌프설비에 있어서는 그러하지 아니하다.

| | ㉠ | ㉡ | ㉢ |
|---|---|---|---|
| ① | 3 | 3 | 20 |
| ② | 3 | 5 | 10 |
| ③ | 5 | 3 | 10 |
| ④ | 5 | 5 | 20 |

**Point**

가. 옥외저장탱크(위험물을 이송하기 위한 배관 그 밖에 이에 준하는 공작물을 제외한다)의 주위에는 그 저장 또는 취급하는 위험물의 최대수량에 따라 옥외저장탱크의 측면으로부터 다음 표에 의한 너비의 공지를 보유하여야 한다〈「위험물안전관리법 시행규칙」 [별표 6] Ⅱ 제1호〉.

| 저장 또는 취급하는 위험물의 최대수량 | 공지의 너비 |
|---|---|
| 지정수량의 500배 이하 | 3m 이상 |
| 지정수량의 500배 초과 1,000배 이하 | 5m 이상 |
| 지정수량의 1,000배 초과 2,000배 이하 | 9m 이상 |
| 지정수량의 2,000배 초과 3,000배 이하 | 12m 이상 |
| 지정수량의 3,000배 초과 4,000배 이하 | 15m 이상 |
| 지정수량의 4,000배 초과 | 당해 탱크의 수평단면의 최대지름(횡형인 경우에는 긴 변)과 높이 중 큰 것과 같은 거리 이상. 다만, 30m 초과의 경우에는 30m 이상으로 할 수 있고, 15m 미만의 경우에는 15m 이상으로 하여야 한다. |

나. 펌프설비의 주위에는 너비 3m 이상의 공지를 보유할 것. 다만, 방화상 유효한 격벽을 설치하는 경우와 제6류 위험물 또는 지정수량의 10배 이하 위험물의 옥외저장탱크의 펌프설비에 있어서는 그러하지 아니하다〈「위험물안전관리법 시행규칙」 [별표 6] Ⅵ 제10호 가목〉.

Answer. 16.③

**17** 「위험물안전관리법 시행규칙」상 제조소의 환기설비의 기준에 대한 설명으로 옳지 않은 것은?

① 환기는 기계배기방식으로 할 것

② 환기구는 지상 2m 이상의 높이에 루푸팬방식으로 설치할 것

③ 바닥면적이 90m$^2$일 경우 급기구의 면적은 450cm$^2$ 이상으로 할 것

④ 급기구는 낮은 곳에 설치하고 가는 눈의 구리망 등으로 인화방지망을 설치할 것

**Point**

환기설비는 다음의 기준에 의할 것〈「위험물안전관리법 시행규칙」 [별표 4] Ⅴ 제1호 다목〉

1) 환기는 자연배기방식으로 할 것
2) 급기구는 당해 급기구가 설치된 실의 바닥면적 150m$^2$마다 1개 이상으로 하되, 급기구의 크기는 800cm$^2$ 이상으로 할 것. 다만 바닥면적이 150m$^2$ 미만인 경우에는 다음의 크기로 하여야 한다.

| 바닥면적 | 급기구의 면적 |
|---|---|
| 60m$^2$ 미만 | 150cm$^2$ 이상 |
| 60m$^2$ 이상 90m$^2$ 미만 | 300cm$^2$ 이상 |
| 90m$^2$ 이상 120m$^2$ 미만 | 450cm$^2$ 이상 |
| 120m$^2$ 이상 150m$^2$ 미만 | 600cm$^2$ 이상 |

3) 급기구는 낮은 곳에 설치하고 가는 눈의 구리망 등으로 인화방지망을 설치할 것
4) 환기구는 지붕위 또는 지상 2m 이상의 높이에 회전식 고정벤티레이터 또는 루푸팬방식으로 설치할 것

**18** 「위험물안전관리법 시행령」 및 같은 법 시행규칙상 위험물의 성질과 품명이 옳지 않은 것은?

① 가연성 고체 : 적린, 금속분

② 산화성 액체 : 과염소산, 질산

③ 산화성 고체 : 요오드산염류, 과요오드산

④ 자연발화성 및 금수성 물질 : 황린, 아조화합물

**Point**

④ 아조화합물은 제5류 위험물인 자기반응성 물질이다. 제3류 위험물인 자연발화성 물질 및 금수성 물질로는 칼륨, 나트륨, 알킬알루미늄, 알킬리튬, 황린, 알칼리금속(칼륨 및 나트륨을 제외한다) 및 알칼리토금속, 유기금속화합물(알킬알루미늄 및 알킬리튬을 제외한다), 금속의 수소화물, 금속의 인화물, 칼슘 또는 알루미늄의 탄화물 등이 있다〈「위험물안전관리법 시행령」 [별표 1].

① 제2류 위험물(가연성 고체) : 황화린, 적린, 유황, 철분, 금속분, 마그네슘, 인화성 고체 등

② 제6류 위험물(산화성 액체) : 과염소산, 과산화수소, 질산 등

③ 제1류 위험물(산화성 고체) : 아염소산염류, 염소산염류, 과염소산염류, 무기과산화물, 브롬산염류, 질산염류, 요오드산염류, 과망간산염류, 중크롬산염류 등

Answer. 17.① 18.④

**19** **「위험물안전관리법 시행령」상 정기점검 대상인 저장소로 옳지 않은 것은?**

① 옥내탱크저장소
② 지하탱크저장소
③ 이동탱크저장소
④ 암반탱크저장소

Point

**정기점검의 대상인 제조소등**〈「위험물안전관리법 시행령」 제16조〉

1. 제15조 각호의 1에 해당하는 제조소 등
2. 지하탱크저장소
3. 이동탱크저장소
4. 위험물을 취급하는 탱크로서 지하에 매설된 탱크가 있는 제조소 · 주유취급소 또는 일반취급소

※ **「위험물안전관리법 시행령」 제15조**(관계인이 예방규정을 정하여야 하는 제조소 등)

1. 지정수량의 10배 이상의 위험물을 취급하는 제조소
2. 지정수량의 100배 이상의 위험물을 저장하는 옥외저장소
3. 지정수량의 150배 이상의 위험물을 저장하는 옥내저장소
4. 지정수량의 200배 이상의 위험물을 저장하는 옥외탱크저장소
5. 암반탱크저장소
6. 이송취급소
7. 지정수량의 10배 이상의 위험물을 취급하는 일반취급소. 다만, 제4류 위험물(특수인화물을 제외한다)만을 지정수량의 50배 이하로 취급하는 일반취급소(제1석유류 · 알코올류의 취급량이 지정수량의 10배 이하인 경우에 한한다)로서 다음 각목의 어느 하나에 해당하는 것을 제외한다.
   가. 보일러 · 버너 또는 이와 비슷한 것으로서 위험물을 소비하는 장치로 이루어진 일반취급소
   나. 위험물을 용기에 옮겨 담거나 차량에 고정된 탱크에 주입하는 일반취급소

**20** **「위험물안전관리법 시행규칙」상 제조소 등에 설치하는 소방시설 설치에 대한 내용으로 옳지 않은 것은?**

① 제조소 등에는 화재발생시 소화가 곤란한 정도에 따라 그 소화에 적응성이 있는 소화설비를 설치하여야 한다.
② 제조소 등에는 화재발생시 소방공무원이 화재를 진압하거나 인명구조 활동을 할 수 있도록 소화활동설비를 설치하여야 한다.
③ 주유취급소 중 건축물의 2층 이상의 부분을 점포 · 휴게음식점 또는 전시장의 용도로 사용하는 것과 옥내주유취급소에는 피난설비를 설치하여야 한다.
④ 지정수량의 10배 이상의 위험물을 저장 또는 취급하는 제조소 등(이동탱크저장소 제외)에는 화재발생시 이를 알릴 수 있는 경보설비를 설치하여야 한다.

Point

② 「위험물안전관리법 시행규칙」에서는 제조소 등에 설치하는 소방시설로 소화설비(제41조), 경보설비(제42조), 피난설비(제43조)를 규정하고 있다.
① 「위험물안전관리법 시행규칙」 제41조(소화설비의 기준) 제1항
③ 「위험물안전관리법 시행규칙」 제43조(피난설비의 기준) 제1항
④ 「위험물안전관리법 시행규칙」 제42조(경보설비의 기준) 제1항

Answer. 19.① 20.②

# “서원각 교재와 함께하는 STEP”

## 공무원 학습방법

01 파워특강

공무원 시험을 처음 시작할 때
파워특강으로 핵심이론 파악

02 기출문제 정복하기

기본개념 학습을 했다면
과목별 기출문제 회독하기

03 전과목 총정리

전 과목을 한 권으로 압축한
전과목 총정리로 개념 완성

04 전면돌파 면접

필기합격!
면접 준비는 실제 나온 문제를
기반으로 준비하기

서원각과 함께하는
**공무원 합격**을 위한
공부법

05 인적성검사 준비하기

중요도가 점점 올라가는
인적성검사, 출제 유형 파악하기
제공도서 : 소방, 교육공무직

• 교재와 함께 병행하는 학습 step3 •

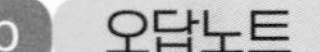
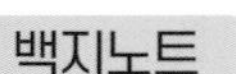

1step 회독하기

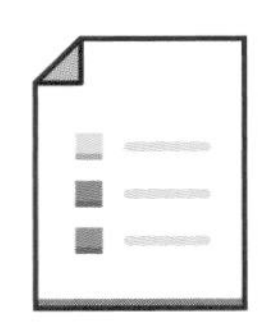

최소 3번 이상의
회독으로 문항을 분석

2step 오답노트

틀린 문제 알고 가자!

3step 백지노트

오늘 공부한 내용,
빈 백지에 써보면서 암기

# 다양한 정보와 이벤트를 확인하세요!

서원각 블로그에서 제공하는 용어를 보면서 알아두면 유용한 시사, 경제, 금융 등 다양한 주제의 용어를 공부해보세요. 또한 블로그를 통해서 진행하는 이벤트를 통해서 다양한 혜택을 받아보세요.

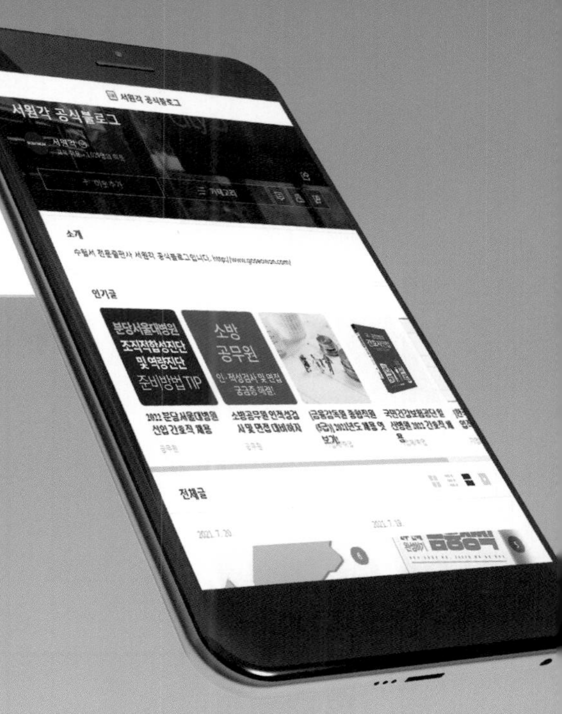

**최신상식용어**

최신 상식을 사진과 함께 읽어보세요.

**시험정보**

최근 시험정보를 확인해보세요.

**도서이벤트**

다양한 교재이벤트에 참여해서 혜택을 받아보세요.

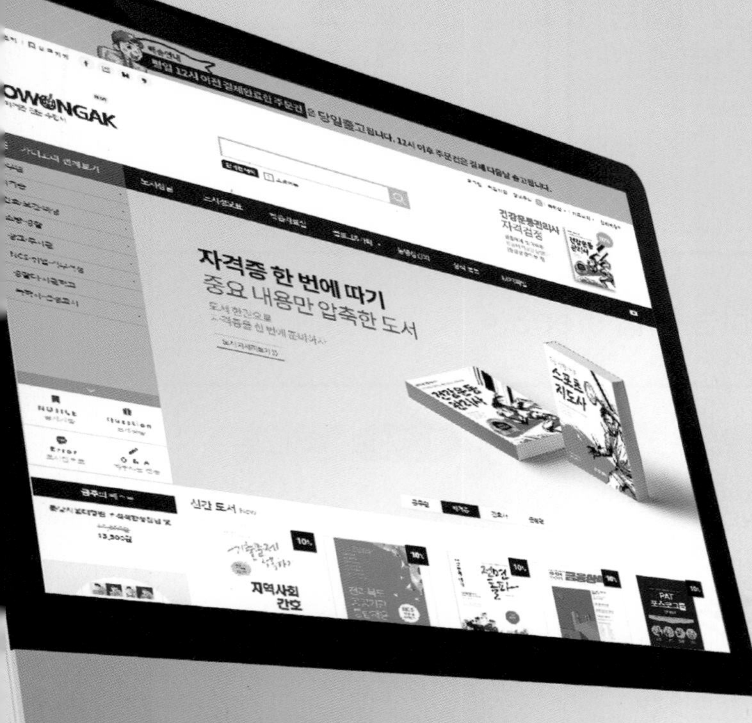


1 **상식 톡톡** **최신 상식용어 제공 !**

알아두면 좋은 최신 용어를 학습해보세요. 매주 올라오는 용어를 보면서 다양한 용어 학습 !

**학습자료실** **학습 PDF 무료제공**

일부 교재에 보다 풍부한 학습자료를 제공합니다. 홈페이지에서 다양한 학습자료를 확인해보세요.

**도서상담** **교재 관련 상담게시판**

서원각 교재로 학습하면서 궁금하셨던 점을 물어보세요.

QR코드 찍으시면
서원각 홈페이지(www.goseowon.com)에
빠르게 접속할 수 있습니다.